EXTRAITS

DES

ENQUÊTES PARLEMENTAIRES ANGLAISES

SUR LES

QUESTIONS DE BANQUE

DE

CIRCULATION MONÉTAIRE ET DE CRÉDIT

TRADUITS ET PUBLIÉS PAR ORDRE

DU GOUVERNEUR ET DU CONSEIL DE RÉGENCE DE LA BANQUE DE FRANCE

ET SOUS LA DIRECTION

DE MM. COULLET ET JUGLAR.

ENQUÊTES DE 1810, 1818, 1819, 1841.

BULLION REPORT. — INTÉRÊT DE L'ARGENT. — PAIEMENTS EN ESPÈCES.

PARIS,

FURNE ET Cie | GUILLAUMIN ET Cie
Rue Saint-André-des-Arts, 45. | Rue de Richelieu, 14.

1865

ENQUÊTES DE 1810, 1818, 1819, 1841.

BULLION REPORT. INTÉRÊT DE L'ARGENT.
PAIEMENTS EN ESPÈCES.

EXTRAITS

DES

ENQUÊTES PARLEMENTAIRES ANGLAISES

SUR LES

QUESTIONS DE BANQUE

DE

CIRCULATION MONÉTAIRE ET DE CRÉDIT

TRADUITS ET PUBLIÉS PAR ORDRE

DU GOUVERNEUR ET DU CONSEIL DE RÉGENCE DE LA BANQUE DE FRANCE

ET SOUS LA DIRECTION

DE MM. COULLET ET JUGLAR.

ENQUÊTES DE 1810, 1818, 1819, 1841.

BULLION REPORT. — INTÉRÊT DE L'ARGENT. — PAIEMENTS EN ESPÈCES.

PARIS,

FURNE ET Cⁱᵉ  GUILLAUMIN ET Cⁱᵉ
Rue Saint-André-des-Arts, 45.   Rue de Richelieu, 14.

—

1865

AVIS AUX LECTEURS.

La présente publication se compose de huit livraisons dont la réunion embrasse les principales enquêtes parlementaires anglaises sur les questions de Banque, de Circulation monétaire et de Crédit.

Voici la liste des enquêtes dont les extraits sont publiés avec l'indication de l'objet de chaque enquête.

Première Livraison.

ENQUÊTE DE 1810. — Sur les causes de la hausse du prix de l'or en lingots.

ENQUÊTE DE 1818. — Sur les lois qui limitent le taux de l'intérêt de l'argent.

ENQUÊTE DE 1819. — Sur l'opportunité de la reprise des paiements en espèces par la Banque d'Angleterre.

ENQUÊTE DE 1841. — Sur les effets produits par la modification des lois sur le taux de l'intérêt.

Deuxième Livraison.

ENQUÊTE DE 1832. — Sur le renouvellement de la charte de la Banque d'Angleterre.

Troisième Livraison.

ENQUÊTE DE 1840. — Sur les Banques d'émission.

Quatrième Livraison.

Enquête de 1848.— Sur la crise commerciale de 1847 (Chambre des Communes).

Cinquième Livraison.

Enquête de 1848.— Sur la crise commerciale de 1847 (Chambre des Lords).

Sixième et septième Livraisons.

Enquête de 1857.— Sur la législation des Banques d'émission.

Huitième Livraison.

Enquête de 1858.— Sur la législation des Banques d'émission.

TABLE

DES

MATIÈRES CONTENUES DANS LE PRÉSENT VOLUME.

Années.		Pages
	INTRODUCTION...	IX
1810.	— Enquête sur le prix de l'or (Bullion Report).	
	Rapport du Comité...	1
1818.	— Enquête sur les lois qui limitent le taux de l'intérêt.	
	Rapport du Comité...	63
	Sommaire des dépositions.......................................	65
	Déposition de M. DAVID RICARDO..............................	69
	Id. de M. EDWARD SUGDEN..................................	77
	Id. de M. NÉRÉMIAH ROTHSCHILD.........................	84
	Id. de M. SAMUEL GURNEY...................................	90
	Id. de M. S.-C. HOLLAND....................................	97
1819.	— Enquête sur la reprise des paiements en espèces.	
	Sommaire du rapport du Comité.............................	109
	Rapport du Comité...	113
	Sommaire des dépositions.......................................	147
	Déposition de M. SAMUEL THORNTON........................	155
	Id. de M. THOMAS TOOKE....................................	175
	Id. de M. DAVID RICARDO....................................	188
	Id. Id. Id.	205
	Id. de M. NATHANIEL ROTHSCHILD........................	217

Année.

1841. — **Enquête sur les lois qui limitent le taux de l'intérêt.**

 Rapport du Comité... 233
 Sommaire des dépositions.. 233
 Déposition de M. George-Warde Norman...................... 239
  Id. Id. Id. 248
  Id. de M. Samuel-Jones Loyd........................... 263
  Id. de M. George-Carr Glyn............................ 274
  Id. de Sir John-William Lubbock 281
  Id. de M. Samuel Gurney.............................. 293
  Id. de M. Joseph Maynard............................. 310

ENQUÊTES PARLEMENTAIRES ANGLAISES

SUR

LES QUESTIONS DE BANQUE, DE CIRCULATION MONÉTAIRE, ET DE CRÉDIT.

INTRODUCTION.

La guerre civile qui, durant quatre années, a sévi dans les Etats-Unis de l'Amérique du Nord, a produit de graves conséquences dans le monde entier. Parmi ces conséquences, l'une des plus considérables a été, sans contredit, le déplacement soudain des sources de l'approvisionnement du coton pour les manufactures de l'Europe occidentale.

La partie sud des Etats-Unis fournissait à l'Europe la majeure partie du coton employé par ses manufactures, la guerre civile ayant supprimé complétement l'importation du coton américain, l'industrie européenne dut faire les plus grands efforts pour se procurer dans d'autres contrées cette matière première indispensable.

Ce fut vers l'Egypte, la Syrie, la Thessalie, le Brésil, la Chine, et surtout les provinces nord-ouest de l'Empire anglais dans les Indes que se dirigèrent les efforts du commerce. Après une période de deux ans environ, indispensable pour la généralisation d'une culture nouvelle, chacun de ces pays, surexcité par l'appât de prix très-rémunérateurs, augmenta considérablement sa production de coton.

L'Egypte et les provinces indiennes, qui ont Bombay pour port principal, furent les deux contrées dans lesquelles la production du coton prit les plus grands développements, et, à partir de 1863, l'approvisionnement européen se trouva à peu près complété, quoique à des prix extrêmement élevés.

Mais les contrées qui fournissaient ainsi le coton n'étaient pas, comme les Etats-Unis d'Amérique, de grands centres de consommation pour les produits européens ; il fut donc impossible de solder en marchandises les importations de coton, et l'on dut expédier en numéraire des sommes considérables, dont l'importance détruisit temporairement, sur les marchés monétaires européens, l'équilibre entre les ressources disponibles et les besoins. Ce mouvement anormal des métaux précieux a été, sans contredit, la cause la plus puissante de la rareté des capitaux disponibles et, par suite, de l'élévation exceptionnelle du taux de l'escompte durant les deux années 1863 et 1864.

A cette cause est venu s'ajouter un deuxième élément, qui a exercé également une action manifeste sur la cherté de l'argent; nous voulons parler du développement continu des grandes entreprises industrielles dans l'Europe tout entière. On doit encore tenir compte des emprunts d'Etats, si nombreux pendant cette période. Les Etats-Unis, pour poursuivre la guerre civile, ont emprunté des sommes considérables, dont une partie a été fournie par l'Europe. Un grand nombre d'Etats européens et diverses puissances musulmanes ont aussi eu recours au crédit pendant les deux années qui nous occupent.

Ainsi, trois ordres de causes : le déplacement de la production du coton ; le développement continu des entreprises financières et industrielles ; les emprunts d'Etats ; tels sont les grands éléments qui ont agi sur le marché monétaire durant une période qui restera dans les annales du commerce comme la démonstration la plus éclatante des ressources prodigieuses que possèdent les marchés monétaires du monde moderne, et en particulier ceux des deux grands pays européens, la France et l'Angleterre.

Un seul des trois éléments de hausse de l'intérêt que nous venons d'indiquer aurait suffi pour produire des résultats considérables, et quand on réfléchit que tous les trois ont agi simultanément et sur une échelle aussi vaste, on est forcé de reconnaître que le résultat a été à peine proportionné à la cause et se féliciter de la puissance des richesses accumulées qui nous a permis de traverser sans catastrophe des temps aussi difficiles.

Pour apprécier sainement les causes qui ont agi sur le taux de l'intérêt durant les années 1863 et 1864, il faut avoir présentes à l'esprit trois considérations : en premier lieu, pour la production du coton, on doit songer que la disparition complète de la récolte américaine ayant pour conséquence une élévation des prix égale au triple, au quadruple, un moment même au quintuple des anciens cours, avait surexcité l'esprit de spéculation en Europe et en Asie, au-delà de toutes les bornes ; que, par suite, l'appât des bénéfices à réaliser décidait le commerce à ne tenir aucun compte de l'intérêt des capitaux dont il avait besoin, et l'engageait à accepter sans examen le taux résultant des circonstances générales. En second lieu, pour les entreprises industrielles, il faut se rappeler que les profits considérables réalisés sur les émissions d'actions, à partir de 1852, et les dividendes élevés d'un grand nombre d'entreprises avaient fait concevoir aux capitalistes, grands et petits, des espérances souvent déraisonnables, et qu'il suffisait du patronage de quelques spéculateurs heureux et de certains grands établissements pour entraîner en Angleterre comme en France la foule des souscripteurs. En troisième lieu, en ce qui concerne les emprunts d'Etats, il ne faut pas perdre de vue qu'un gouvernement qui a besoin d'argent parvient toujours à s'en procurer, dût-il pour cela payer un taux exorbitant d'intérêt. Depuis quinze ans, tous les gouvernements ont usé largement du crédit public, et l'on a vu se présenter sur le marché monétaire des pays qui jadis n'y paraissaient jamais. C'est ainsi que l'Empire Ottoman, qui autrefois ne connaissait pas les emprunts, et qui, en 1852, refusait de ratifier, par scrupule religieux, assurait-on, un premier emprunt négocié en France par ses agents, est entré depuis sur une très-grande échelle dans la voie de la dette publique. Ces nouveaux clients du marché des capitaux ont à subir des exigences coûteuses ; il leur faut payer un intérêt élevé et souvent de ruineuses commissions. Il y a donc eu dans les emprunts d'Etats, en 1863 et 1864, une cause très-active de cherté de l'argent.

Lorsqu'on tient compte de tous les éléments que nous venons d'indiquer, on ne saurait être surpris du taux moyen que l'escompte a atteint pendant ces deux années, et les cours devenus célèbres, 6 1/2 0/0 en France et 7 0/0 en Angleterre, n'ont rien qui étonne l'observateur attentif.

Cependant, ces résultats d'événements d'ordre supérieur ont surpris bien des gens, de grands étonnements se sont manifestés et d'innombrables plaintes se sont fait entendre. Beaucoup de commerçants et d'industriels ont souffert d'un état de choses qui, pour eux, n'avait que de pénibles conséquences, et dont les causes réelles leur échappaient. Toutes ces souffrances et toutes ces plaintes se sont fait jour dans la presse et dans les assemblées ; elles ont trouvé des organes autorisés dans quelques hommes distingués, mais professant, en matière de crédit, des opinions que les faits ne justifient pas. On a attribué le taux élevé de l'intérêt à l'organisation même du crédit, et à l'existence de certaines institutions permanentes, au lieu de se borner à en chercher la cause dans des circonstances toutes puissantes, quoique passagères, et dont les faits ont clairement démontré l'influence durant les deux années qui nous occupent. Une polémique des plus vives a été soutenue par les diverses opinions, et l'émotion publique a survécu aux causes qui l'avaient fait naître.

Cependant, l'éducation publique en matière économique et financière se poursuit au milieu de toutes les crises commerciales, de toutes les luttes d'opinion, et les véritables principes se dégagent des luttes de la pensée, manifestée par la parole et par les écrits.

En France comme en Angleterre, toutes les opinions se font successivement jour, toutes rencontrent d'habiles auxiliaires et des contradicteurs non moins distingués. C'est au public à conclure, et il n'est pas douteux qu'il saura trouver la vraie solution et qu'il fera triompher, en fin de compte, les principes les plus salutaires et les plus efficaces pour la sécurité du crédit et pour le développement des affaires.

Au moment où toutes ces questions s'agitent et s'instruisent, la Banque de France, qui, à raison de son caractère national, n'a pas cru pouvoir prendre part à la polémique de ces dernières années, mais qui est toujours disposée à prendre l'initiative de toute mesure pouvant contribuer à éclairer l'opinion, a pensé qu'il ne serait pas sans intérêt de présenter au public français une série de documents empruntés à l'histoire économique de l'Angleterre, et qui jettent une grande lumière sur les principes et sur la pratique des questions financières.

Les crises commerciales ne sont point des faits économiques nouveaux; partout où il y a commerce, il y a hausse et baisse des prix; quand la hausse exagérée est suivie d'une baisse soudaine et parfois immodérée elle-même, il y a crise commerciale. Ces crises, presque inaperçues aux époques et dans les pays où le crédit et le commerce sont peu développés, prennent de plus grandes proportions et acquièrent plus de gravité à mesure que le cercle du crédit et des affaires va s'agrandissant. Lorsque, comme cela a lieu à notre époque, les relations internationales, basées sur une longue paix et sur des traités de commerce libéraux, ont acquis un grand développement; lorsque des facilités de communication sans précédents ont abaissé toutes les barrières et rendu solidaires, par un mutuel crédit, les commerçants de toutes les nations, les crises deviennent générales et prennent des proportions d'autant plus graves que la hausse des prix a rencontré, dans les conditions nouvelles du crédit, de plus grandes facilités. Mais les crises elles-mêmes sont des faits anciens, et partout, depuis que le crédit commercial a été un peu largement établi, on a souffert des crises et noté leur intensité.

Le tableau suivant présente les dates des principales crises commerciales depuis la fondation de la Banque d'Angleterre :

EN ANGLETERRE.	EN FRANCE.	AUX ÉTATS-UNIS.
1695	»	»
1708	»	»
1714	»	»
1720	»	»
1745	»	»
1763	»	»
1772	»	»
1783	»	»
1793	»	»
1797	»	»
1803	1804	»
1810	1810	»
1816	1813	1814
1818	1818	1818
1825	1825	1825
1832	1830	»
1837	1837	1837
1839	1839	1839
1847	1847	1847
1857	1857	1857
1864	1864	»

L'Angleterre, on le voit, ayant précédé les autres nations dans les voies du commerce, de l'industrie et du crédit, a souffert la première des crises commerciales. Pour la France, les crises commerciales proprement dites ne datent que du commencement du XIXe siècle, car on ne peut donner ce nom aux convulsions politiques et sociales qui agitèrent durant le XVIIIe siècle une société profondément ébranlée et marchant à grand pas vers une crise d'où devait sortir une rénovation. La catastrophe du système de Law et les désastres financiers de la Révolution ne sont donc pas des crises commerciales. Pour les Etats-Unis, les crises commencent au moment où ayant surmonté les embarras de son organisation et terminé les guerres avec la mère-patrie, ce grand pays voit naître cette merveilleuse prospérité qui, durant un demi-siècle, a frappé le monde d'étonnement, et qui, un moment interrompue par une crise sociale terrible, mais nécessaire, se dispose à prendre un nouvel essor.

Enfin, pour les trois pays, les crises deviennent générales, à partir du moment où le développement de leurs relations commerciales a créé entre eux cette étroite solidarité qui frappe les yeux de toute personne mêlée aux affaires commerciales.

L'étude des crises commerciales est pleine d'enseignements, et de nos jours elle s'impose à tous par la nécessité de chercher les moyens les plus propres à diminuer pour l'avenir leurs funestes conséquences, si l'on ne peut pas parvenir à en conjurer le retour.

Depuis bien longtemps déjà, mais surtout à dater du commencement de ce siècle, l'Angleterre se préoccupe des crises commerciales et en étudie soigneusement les causes et l'intensité; c'est donc dans les archives de nos voisins que nous devons puiser pour trouver les premiers éléments des études que nous avons à faire à notre tour.

On sait que depuis la constitution définitive du régime parlementaire dans la Grande-Bretagne, toutes les questions d'économie politique et de finance ont été successivement étudiées et élaborées dans de solennelles enquêtes poursuivies devant des Comités de la Chambre des Communes et de la Chambre des Lords.

Ces enquêtes ont été publiées et l'on retrouve dans les dépositions des personnes entendues et dans les rapports des comités, l'expression de toutes les opinions, la trace de toutes les émotions que les événements politiques et commerciaux avaient soulevées dans le public aux différentes époques.

Les débats et les conclusions de ces enquêtes ont contribué, dans une grande mesure, à élucider des questions qui, chez nos voisins comme chez nous, ont, à toutes les époques, divisé et même passionné les meilleurs esprits. On peut dire sans exagération que c'est surtout aux enquêtes parlementaires sur les crises commerciales et sur les questions de banque, de circulation monétaire et de crédit que l'Angleterre est redevable de l'état de calme dont elle jouit en matière de théories financières et d'innovations économiques.

Grâce à la lumière que les enquêtes ont répandue sur toutes ces questions, on est à peu près d'accord en Angleterre sur un certain nombre de principes fondamentaux, et c'est dans leur développement et non pas dans leur renversement que l'on cherche à réaliser chaque jour de nouveaux progrès.

Il n'était pas possible, sans de très-grands efforts et sans beaucoup de temps, de traduire en français et de publier tout l'ensemble des enquêtes anglaises. D'ailleurs cette publication, beaucoup trop volumineuse, aurait été sans intérêt et n'aurait pas été lue. Il a paru suffisant de donner, pour chacune des grandes enquêtes qui ont eu lieu depuis le commencement du siècle, un extrait choisi de façon à reproduire la physionomie générale de l'enquête, et à faire connaître au lecteur toutes les opinions de quelque valeur qui s'y sont produites.

On a cherché, dans les extraits qui sont présentés au public, à faire un choix complétement impartial et aussi satisfaisant que possible. La forme des enquêtes et la constitution des comités ont facilité cette tâche. Le Parlement anglais a toujours eu soin de placer dans les Comités d'enquête des membres représentant les diverses opinions en lutte aux différentes époques. Chaque déposant devant les comités est successivement interrogé par tous ceux des membres qui jugent convenable de prendre part à la discussion ; de sorte que, un déposant, pourvu qu'il possède quelque notoriété et quelque compétence, est successivement conduit à traiter tous les aspects d'une question et à combattre les opinions contraires, en même temps qu'il défend ses propres convictions.

On s'est donc attaché à reproduire les dépositions d'hommes distingués dont les noms au moins ne soient pas inconnus du lecteur français. Des noms célèbres commandent tout d'abord l'attention, et lorsque l'homme qui interroge et celui qui répond sont tous les deux connus du lecteur, les documents que l'on parcourt acquièrent une double importance.

Pour chaque enquête, on a donné la liste des membres qui composaient le Comité ; presque toujours ces noms offrent au public un grand intérêt. On y trouve les hommes politiques les plus marquants de chaque époque, surtout pour les affaires financières ; on y remarque aussi les noms d'économistes célèbres et de publicistes très accrédités ; enfin, un certain nombre de banquiers et d'hommes d'affaires de premier ordre faisaient toujours partie de ces comités. On comprend sans peine que devant des réunions ainsi composées, aucune opinion n'était émise à la légère, et que toute idée extrême ou peu fondée trouvait une contradiction immédiate.

La manière de procéder dans les enquêtes anglaises se prête, du reste, admirablement à la manifestation de toutes les opinions. Il s'établit une sorte de discussion entre le déposant et les membres du Comité ; les questions sont creusées dans tous les sens, on cherche à faire ressortir toutes les conséquences des diverses opinions, et la discussion ne s'arrête que lorsque le sujet est épuisé ou que le déposant lui-même témoigne le désir de ne pas être plus longtemps poussé sur une même question.

La lecture de ces extraits des enquêtes sur les crises et les questions de crédit paraît devoir offrir une grande utilité au moment où se prépare en France même une enquête sur les questions de Banque et de Crédit. On a pensé qu'il convenait aussi de donner quelques extraits de deux enquêtes dans lesquelles ont été examinées les lois qui réglaient le taux de l'intérêt et à la suite desquelles toute limite légale a été supprimée. La question est encore pendante en France, et par conséquent les hommes qui se livrent à son étude ne peuvent pas manquer de recueillir quelque fruit de la publication de ces précédents.

Il convient de dire quelques mots de chacune des enquêtes dont les extraits ont trouvé place dans la présente publication.

La première, par ordre de date, est celle de 1810.

Au milieu de la grande crise politique que traversait l'Europe, l'Angleterre avait depuis l'année 1797 suspendu le paiement en espèces des billets de la Banque d'Angleterre, et donné cours forcé à ces billets. La Banque d'Angleterre, dirigée par des hommes prudents, apportait beaucoup de réserve et d'habileté dans l'émission de ses billets; elle ne les donnait qu'en échange d'effets de commerce présentant toute garantie, et le Gouvernement comme les directeurs de la Banque croyaient que la valeur de ces billets devait rester égale à celle du numéraire. Il n'en était point ainsi, cependant, et le prix de l'or, calculé en billets de banque, s'élevait chaque jour. C'est que, la véritable monnaie de l'Angleterre, par suite du cours forcé, était le papier, et que l'or était devenu une simple marchandise dont le cours variait suivant les nécessités du commerce extérieur et les besoins du Gouvernement pour la continuation de la lutte avec la France.

Cet état de choses, dont on méconnaissait les motifs et auquel une grave crise commerciale ajoutait encore un nouvel élément de perturbation, inquiétait le public et préoccupait le Parlement; un Comité fut nommé par la Chambre des Communes, l'enquête fut sérieuse et approfondie et aboutit à un rapport qui, sous le nom de *Bullion Report*, restera comme un monument de sagesse et de bon sens, et comme un guide lumineux dans les questions de circulation monétaire, de change et d'émission fiduciaire. Ce document est publié en entier au commencement de cette collection.

En 1818, une enquête eut lieu devant un Comité de la Chambre des Communes sur les lois qui limitaient le taux de l'intérêt de l'argent. Cette enquête se termina par une série de résolutions complètement libérales et que nous reproduisons. Nous donnons également les dépositions de M. David Ricardo, le célèbre économiste; celles de l'avocat Sugden, depuis chancelier d'Angleterre sous le titre de lord Saint-Léonard; celles de MM. N. Rothschild, Samuel Gurney et Holland de la maison Baring.

En 1819, à la suite de la crise de 1818, la Chambre des Communes, sur la proposition de sir Robert Peel, chargea un Comité de se prononcer, après enquête, sur la question de l'opportunité de la reprise des paiements en espèces par la Banque d'Angleterre. Les travaux de cette commission eurent une grande importance et un grand retentissement. Nous donnons la traduction du rapport fait à la Chambre par le Comité, et les dépositions des personnages suivants : MM. Samuel Thornton, Thomas Tooke, David Ricardo et Nathaniel Rothschild.

En 1841, la Chambre des Lords procéda à une enquête sur les effets des changements apportés aux lois qui limitaient le taux de l'intérêt de l'argent, c'est-à-dire sur la liberté partiellement rendue à l'intérêt conventionnel. Le sentiment de la Chambre haute n'était pas favorable à la liberté de l'intérêt, et l'enquête n'aboutit pas à un rapport développé ; mais il résulta clairement des dépositions recueillies que la liberté du taux de l'intérêt n'avait eu que de bons résultats. Nous publions les principales dépositions recueillies dans cette enquête, savoir : celles de MM. G.-W. Norman, Samuel-Jones Loyd, G.-C. Glyn, sir J.-W. Lubbock, Samuel Gurney et J. Maynard, homme de loi distingué.

En 1832, la charte de la Banque d'Angleterre, arrivant à son terme, la Chambre des Communes, avant d'en autoriser le renouvellement, procéda à une solennelle enquête, dans laquelle on engloba l'étude générale du système sur lequel reposaient les banques d'émission d'Angleterre et du pays de Galles, et l'examen des causes et des effets de la crise commerciale que l'on venait de traverser. Parmi les membres du Comité, on remarquait lord Althorp, sir Robert Peel, lord John Russell, M. Goulburn, sir James Graham, M. Baring, M. Warburton.

Nous reproduisons le rapport du Comité et les dépositions de MM. John Horsley Palmer, gouverneur de la Banque d'Angleterre ; Samuel-Jones Loyd, Thomas Tooke et N. Rothschild. Ces noms, mis en regard de ceux des membres du Comité, indiquent assez l'importance de cette enquête.

En 1840, la même question préoccupant encore l'opinion publique, et une nouvelle crise commerciale ayant eu lieu en 1839, la

Chambre des communes institua un Comité présidé par M. Charles Wood, et dans lequel figurait également sir Robert Peel.

Nous publions les dépositions de Richard Cobden, de M. Samuel-Jones Loyd et de M. Thomas Tooke. Nous appelons spécialement l'attention sur la déposition de M. Loyd ; c'est dans les idées émises par cet habile financier que sir Robert Peel puisa les bases de la loi célèbre qui, en 1844, vint donner à la Banque d'Angleterre et à tout le système de la circulation fiduciaire en Angleterre une organisation qui dure encore.

En 1848, à la suite de la crise terrible qui avait sévi en 1847 dans le monde commercial, la Chambre des Communes et la Chambre des Lords procédèrent chacune à une enquête approfondie sur la nature, l'étendue, les causes et les résultats de cette crise. La question principale qui préoccupait les esprits était de savoir si l'*Act* de 1844, sur la circulation fiduciaire, n'avait pas eu une influence funeste durant les circonstances graves que l'on venait de traverser. Aussi les dépositions du gouverneur et du sous-gouverneur de la Banque d'Angleterre, et les discussions qui s'engagèrent entre eux et les membres des deux Comités furent-elles d'une importance extrême. Au même rang que ces dépositions, il faut placer celles de M. Samuel-Jones Loyd, qui fut longuement interrogé par les deux Comités. Nous avons reproduit pour les deux enquêtes, outre les dépositions que nous venons de mentionner, celles de M. Thomas Tooke, de M. G.-W. Norman et de lord Ashburton. A la suite de ces deux enquêtes, le progrès que l'*Act* de 1844 avait introduit dans le régime de la circulation fiduciaire du Royaume-Uni, en supprimant la liberté illimitée des émissions par les banques particulières des provinces, fut victorieusement démontré, et l'opinion publique, jusque-là peu favorable à cette loi, fut sensiblement modifiée.

En 1857, nouvelle crise commerciale et nouvelle enquête parlementaire devant un Comité de la Chambre des Communes. Dans ce Comité on voit figurer MM. Disraéli, Gladstone, Glyn, sir James Graham, Ricardo, Spooner et James Wilson, fondateur de l'*Eco-*

nomist. La discussion principale roule toujours sur l'organisation financière du pays et sur les conséquences de l'*Act* de 1844; mais le point le plus délicat et le plus important de toutes les controverses est incontestablement le taux de l'escompte. Sur cette grave question on lira avec intérêt la discussion serrée et la vive argumentation d'hommes aussi éminents que M. James Wilson et M. Samuel-Jones Loyd, devenu lord Overstone. Pour cette enquête, nous nous sommes bornés à reproduire les dépositions considérables de MM. Weguelin et Neave, gouverneur et sous-gouverneur de la Banque d'Angleterre, et de lord Overstone (Samuel-Jones Loyd). Ces interrogatoires sont, sans contredit, les plus importants et résument toute la discussion.

Le Comité de 1857 ne parvint pas à se mettre assez d'accord pour arriver à la rédaction d'un rapport, et il dut siéger de nouveau avec à peu près la même composition en 1858. Le gouverneur et le sous-gouverneur de la Banque d'Angleterre furent encore entendus, ainsi que bon nombre d'autres personnes, et le Comité, après de longues discussions intérieures dont on a la trace dans les nombreux amendements proposés et repoussés, présenta à la Chambre des Communes un rapport qui constitue encore aujourd'hui le dernier mot du Parlement britannique sur la grave question de la circulation fiduciaire. Nous publions la déposition de MM. Neave et Dobree, gouverneur et sous-gouverneur de la Banque d'Angleterre, ainsi que le rapport du Comité.

Ce rapport entre dans d'intéressants détails sur tous les faits commerciaux qui se sont produits de 1847 à 1857 ; il étudie surtout la crise de 1857 et recherche avec soin les causes de cette crise. Il insiste longuement sur le rôle de la Banque, et sur la question toujours si controversée du taux de l'escompte. A tous ces titres, ce rapport est d'une grande importance et présente encore aujourd'hui une véritable actualité.

RAPPORT DU COMITÉ

NOMMÉ EN 1810

PAR LA CHAMBRE DES COMMUNES

POUR

RECHERCHER LES CAUSES DE LA HAUSSE DU PRIX DE L'OR EN LINGOTS

(Bullion Report).

8 juin 1810.

MEMBRES DU COMITÉ :

MM. F. Horner.
   R' Hon. S. Perceval, chancelier de l'Échiquier.
   R' Hon. G. Tierney.
   Comte Temple.
   Hon. T. Brand.
   H. Parnell.
   D. M. Magens.
   G. Johnstone.
   D. Giddy.
   W. Dickinson.

MM. H. Thornton.
   R' Hon. R. B. Sheridan.
   A. Baring.
   W. Manning.
   R. Sharp.
   P. Grenfell.
   J. L. Forster.
   T. Thompson.
   J. Irving.
   W. Huskisson.
   Hon. J. Abercrombie.

   La Commission nommée pour rechercher les causes de la cherté de l'or en lingots et pour se rendre compte de l'état de la monnaie, ainsi que des changes entre la Grande-Bretagne et les pays étrangers, et pour faire un rapport à la Chambre sur le résultat de son étude, a examiné, pour se conformer aux ordres de la Chambre, les matières qui lui ont été soumises, et a adopté le rapport suivant :
   Votre Commission s'est occupée, tout d'abord, d'établir quels ont été le prix de l'or en lingots et les divers taux des changes sur les pays étrangers, pendant les dernières années, et notamment pendant celle qui vient de s'écouler.
   Votre Commission a reconnu que le prix de l'or en lingots, qui, d'après les règlements de la Monnaie de Sa Majesté, est de £3.17.10 1/2 par once, au titre légal de fin, s'est élevé sur le marché, pendant les

années 1806, 1807 et 1808, jusqu'à £4. Vers la fin de 1808, il commença à croître très-rapidement et il se maintint très-haut pendant toute l'année 1809 ; en même temps le prix de l'or en barres, au titre légal de fin, sur le marché, variait de £4.9 à £4.12 par once. Le prix du marché, à £4.10, est de 15 1/2 0/0 environ plus élevé que le prix fixé par la Monnaie.

Votre Commission a reconnu également que, pendant les trois premiers mois de l'année courante, le prix de l'or en barres, au titre légal de fin, est resté à peu près le même que pendant l'année dernière, c'est-à-dire qu'il a été de £4.10 à £4.12 par once. Dans le courant des mois de mars et d'avril, le prix de l'or fin n'est coté qu'une seule fois dans les tables de Wettenhall : le 6 avril dernier, à £4.6, ce qui est plus de 10 0/0 au-dessus du prix fixé par la Monnaie. Les dernières cotes du prix de l'or indiquées dans ces tables sont du 18 et du 22 mai, et l'or monnayé de Portugal y est coté à £4.11 par once : l'or monnayé de Portugal a le même degré de fin que notre type. On trouve dans les mêmes tables qu'en mars dernier le prix des doublons neufs s'élevait de £4.7 à £4.9 par once. L'or d'Espagne est de 4 grains 1/2 à 4 grains 3/4 plus fin que notre type, ce qui fait une différence d'environ 4sh. par once dans la valeur.

Il résulte des dépositions de l'Enquête que le prix de l'or monnayé étranger est généralement plus élevé que celui de l'or en barres, par la raison que le premier trouve plus aisément à se vendre sur les marchés étrangers. La différence entre l'or espagnol et portugais, monnayé, et l'or en barres a été depuis longtemps d'environ 2sh. par once. Votre Commission doit aussi faire remarquer qu'il y a, dit-on, à présent une différence de 3 à 4sh. par once entre le prix de l'or en barres que l'on peut déclarer pour l'exportation comme étant de l'or étranger et le prix de l'or en barres que le commerçant n'osera pas déclarer comme tel ; tandis que le premier était de £4.10 sur le marché, on prétend que l'autre était de £4.6 environ. A cause de ces différences extrinsèques, résultant soit des frais de monnayage, soit des prohibitions de la loi, le prix de l'or en barres, au titre légal de fin, et dans des conditions à être exporté, est celui qu'il est le plus important de considérer dans tout le cours de cette Enquête.

Il a semblé à votre Commission qu'il pourrait être utile, en étudiant les causes de l'élévation du prix de l'or en lingots, de connaître aussi les prix de l'argent durant la même période. Le prix de l'argent fin, à la Monnaie de Sa Majesté, est de 5sh. 2d. par once; à ce prix type, la valeur d'un dollar espagnol est de 4sh. 4d., ou, ce qui revient au même, les dollars espagnols, à ce prix, valent 4sh. 11 1/2d. par once. On trouve dans les tables de Wettenhall que, pendant toute l'année 1809, le prix des dollars neufs a varié de 5sh. 5d. à 5sh. 7d. par once, soit de 10 à 13 0/0 au-dessus du prix de l'argent fin à la Monnaie. Pendant le mois dernier, les dollars neufs ont été cotés jusqu'à 5sh. 8d. par once, soit plus de 15 0/0 au-dessus du prix de la Monnaie.

Votre Commission a également reconnu que, vers la fin de l'année 1808, les changes avec le continent sont devenus très-défavorables à notre pays et qu'ils ont continué d'être plus défavorables encore pendant tout le cours de l'année 1809 et les trois premiers mois de la présente année.

Hambourg, Amsterdam et Paris sont les principales places avec lesquelles les changes sont actuellement établis. Pendant les six derniers mois de 1809 et les trois premiers mois de l'année courante, les changes sur Hambourg et sur Amsterdam sont descendus au point d'être de 16 à 20 0/0 au-dessous du pair; et le change sur Paris a été plus bas encore. Le change sur le Portugal a été en proportion des autres; mais il s'est compliqué de quelques circonstances qui seront expliquées séparément.

Dans le courant du mois de mars dernier, c'est-à-dire du 2 mars au 3 avril, les changes avec les trois places ci-dessus mentionnées se sont graduellement améliorés. Le change avec Hambourg s'est élevé par degrés de 29.4 à 31; avec Amsterdam, de 31.8 à 33.5; avec Paris, de 19.16 à 21.11. Depuis le 3 avril jusqu'à ce jour, les changes se sont à peu près maintenus à ces divers taux; et, ainsi qu'il résulte des tables imprimées pour l'usage des commerçants, le change avec Hambourg est, par rapport à notre pays, de £9 0/0 au-dessous du pair; avec Amsterdam, plus de £7 0/0 au-dessous du pair; et avec Paris plus de £14 0/0 au-dessous du pair.

Une élévation si extraordinaire du prix de l'or sur le marché de notre pays, jointe à un abaissement si sensible du taux des changes avec le continent a, dès le principe, fait juger à votre Commission que l'état de notre circulation nationale était la cause de ces deux phénomènes. Mais avant d'adopter cette conclusion, qui paraissait d'ailleurs être en harmonie avec les données du raisonnement et de l'expérience, elle a pensé qu'il y avait intérêt à faire une enquête plus particulièrement sur les circonstances auxquelles se rattachaient ces deux faits, et d'entendre, de la bouche même de personnes versées dans la pratique et le détail des affaires commerciales, les explications qu'elles seraient à même de donner sur un état de choses si anormal.

C'est dans ce but que votre Commission a appelé devant elle un certain nombre de commerçants recommandables par l'importance de leurs affaires et l'étendue de leurs relations, pour avoir leur opinion sur la cause du haut prix de l'or et du peu d'élévation des taux du change.

I.

On verra par les dépositions que l'élévation du prix de l'or est attribuée entièrement, par un grand nombre de témoins, à une rareté de cet article, qui serait la conséquence d'une demande exceptionnelle sur le continent européen. Cette demande exceptionnelle de l'or sur le continent aurait, selon quelques-uns, pour cause principale, les besoins des armées françaises, et à cette cause viendraient se joindre cet état d'anxiété et ce manque de confiance qui poussent à la thésaurisation.

Votre Commission est d'avis que, dans l'état naturel et normal de la circulation dans la Grande-Bretagne, dont l'or est le fondement, une demande excessive de l'or, venant de toutes les parties du monde, quelque grande qu'elle soit et de quelque cause qu'elle procède, ne peut point avoir pour effet de produire chez nous, pour une longue période de temps, une élévation sensible dans le prix de l'or sur le marché. Mais avant d'exposer les fondements sur lesquels repose cette opinion générale, votre Commission désire vous faire connaître quelques autres raisons qui, à elles seules, l'auraient fait douter si, en fait, une demande de l'or, telle que celle que l'on a mise en avant, a pu produire les résultats qu'on lui attribue.

S'il y avait, sur le continent, une demande de l'or exceptionnelle et de nature à influencer sa valeur vénale dans notre pays, cette demande influencerait aussi, et avant tout, sa valeur vénale sur les marchés du continent. Aussi devait-on s'attendre que ceux qui attribuaient l'élévation du prix de l'or chez nous à une demande considérable de la part de l'étranger étaient prêts à établir qu'il y avait chez l'étranger une élévation de prix correspondante. Cependant ils n'ont appuyé leurs conclusions d'aucun fait de cette nature ; et, autant que votre Commission a pu le constater, il ne paraît pas que durant la période pendant laquelle le prix de l'or en lingots allait toujours croissant chez nous, par rapport à sa contre-valeur en papier de notre pays, il y ait eu aucune hausse correspondante dans le prix de l'or en lingots sur les marchés du continent.

M. Whitmore, le dernier gouverneur de la Banque, a établi que, dans son opinion, c'était l'élévation du prix de l'or à l'étranger qui avait fait sortir l'or monnayé de notre pays ; mais il n'a donné à votre Commission aucune preuve de cette élévation de prix. A M. Greffulhe, négociant en relations avec le continent, qui s'est montré particulièrement bien informé dans tous les détails des questions commerciales, votre Commission a posé la question suivante : « Pouvez-vous dire s'il s'est produit quelque changement dans le prix de l'or sur les marchés étrangers, dans le cours de l'année dernière?» Il a répondu : « Non; il n'y a eu aucun changement notable, que je sache. » Quelques jours après, ayant eu le temps de se reporter aux prix actuels, il a dit devant votre Commission : « Je vous prierai de « remarquer qu'il n'y a pas eu, depuis longtemps, de changement « dans le prix de l'or à la Monnaie sur les places étrangères, et que « son prix sur le marché n'a subi aucune hausse corrélative à celle « qui s'est produite en Angleterre. Une des notes que j'ai placées « sous les yeux de la Commission indiquait les prix étrangers réduits « en monnaie sterling au taux du change actuel qui est peu élevé, et « la différence en plus que l'on y remarque, par rapport aux prix de « notre marché, peut être considérée comme représentant les frais de « transport. »

La note à laquelle se réfère M. Greffulhe se trouve à l'appendice ; et ce fait, ainsi posé par ce commerçant, jette une grande lumière sur cette partie de la question ; car il démontre que les prix actuels de l'or, sur les marchés étrangers, sont précisément au-dessous du prix de notre marché, d'une somme égale à la différence du change. La note de M. Greffulhe se trouve confirmée par une autre, qui a été mise sous les yeux de votre Commission.

M. Abraham Goldsmidt a également déposé devant nous que pendant la partie de l'année dernière où le prix de l'or s'élevait si haut sur notre marché, son prix à Hambourg n'avait pas varié de plus de 3 à 4 0/0.

Ici, votre Commission doit faire remarquer qu'à Hambourg et à Amsterdam, où la mesure de la valeur n'est pas l'or, comme dans notre pays, mais l'argent, une demande exceptionnelle de l'or affecterait sa valeur monétaire, c'est-à-dire son prix en argent ; et comme il ne paraît pas qu'il y ait eu une élévation considérable dans le prix de l'or, évalué en argent, sur ces deux places, pendant l'année dernière, il est naturel d'en conclure qu'il n'y a pas eu un accroissement considérable dans la demande de l'or. Cette hausse permanente dans le prix de l'or sur le marché, au-dessus de son prix à la Monnaie, qui paraît, d'après la note de M. Greffulhe, s'être manifestée pendant quelques années à Hambourg et à Amsterdam, peut jusqu'à un certain point être attribuée, à ce que pense votre Commission, à une altération qui s'est produite, dans le monde entier, dans la valeur relative des deux métaux précieux ; à ce sujet, on trouvera des preuves curieuses et concluantes dans l'appendice et particulièrement dans les documents déposés entre les mains de votre Commission par M. Allen. C'est à la même cause qu'il faut attribuer une baisse dans le prix relatif de l'argent, qui s'est fait sentir dans notre pays quelque temps avant que l'accroissement de notre circulation fiduciaire n'eût commencé à produire son effet. L'argent ayant perdu de sa valeur, par rapport à l'or, dans le monde entier, l'or a paru hausser de prix sur les marchés où l'argent est la mesure commune, et l'argent a paru baisser de prix sur ceux où l'or est la mesure commune.

En ce qui concerne la prétendue demande d'or de la part du continent, pour les besoins des armées françaises, votre Commission doit ajouter que, si les besoins du trésor militaire se sont considérablement accrus dans ces derniers temps, l'approvisionnement général de l'Europe en or s'est augmenté de toute la quantité que notre pays, ce grand pays commercial, a accumulé par suite de la substitution d'un autre médium de circulation. Et votre Commission ne saurait s'empêcher de remarquer que, bien que les circonstances de nature à occasionner un accroissement de demande aient pu se produire récemment avec plus de force qu'autrefois, cependant, à l'époque des anciennes guerres et des anciennes convulsions du continent, elles doivent s'être produites avec une force suffisante pour produire quelque effet. Or sir Francis Baring a rappelé avec beaucoup de justesse la guerre de Sept ans et la guerre d'Amérique, et il a fait remarquer qu'à cette époque aucun besoin de numéraire ne s'était fait sentir dans notre pays. En se reportant, pour un certain nombre d'années aux Tables publiées pour l'usage des commerçants, les Listes de Lloyd, par exemple, et le Cours du change de Wettenhall, votre Commission a constaté que, depuis le milieu de l'année 1773, époque de la réforme de la monnaie d'or, jusque vers le milieu de l'année 1799, deux ans après la suspension des payements de la Banque en numéraire, le prix de l'or fin en barres sur le marché s'est constamment maintenu au taux de £3.17.6 (prix qui est égal, en tenant compte d'une petite différence pour la perte causée par le séjour à la Monnaie, au prix de £3.17.10 1/2 offert par la Monnaie), à l'exception d'une année, de mai 1783 à mai 1784, pendant laquelle il a été par moments de £3.18.0. Il faut noter que, pendant la même période, l'or monnayé de Portugal s'est élevé quelquefois au prix de £4.2.0 ; et votre Commission fait observer, en outre, qu'il fut établi, dans le comité des Lords en 1797, par M. Abraham Newland, que la Banque avait été obligée fréquemment d'acheter de l'or à un prix plus élevé que le prix de la Monnaie, et que même, dans une occasion particulière, elle a payé pour une petite quantité, que son agent lui avait procurée en Portugal, jusqu'à £4. 8. Mais votre Commission a trouvé que le prix de l'or fin en barres n'a jamais été, pour aucune période de temps, sensiblement au-dessus du prix offert par la Monnaie, pendant la durée des vingt-quatre ans qui se sont écoulés, depuis la réforme de la monnaie d'or jusqu'à la suspension des payements de la Banque en numéraire.

Antérieurement à la crise actuelle, les deux périodes les plus remarquables, pendant lesquelles le prix de l'or sur le marché de notre pays a dépassé le prix offert par la Monnaie, sont : le règne du roi Guillaume, qui a vu la monnaie d'argent descendre, par l'effet de l'usure, bien au-dessous de son titre légal, et la première partie du règne de Sa Majesté régnante, qui a vu la monnaie d'or, également par suite de l'usure, descendre beaucoup au-dessous de son titre légal. Dans ces deux périodes, l'excès du prix de l'or sur le marché sur son prix à la Monnaie avait pour raison, ainsi qu'on l'a reconnu, le mauvais état du numéraire en circulation ; et dans les deux cas, la réforme de numéraire a eu pour effet d'abaisser le prix de l'or sur le marché au niveau du prix de l'or à la Monnaie. Pendant toute la durée des années 1796 et 1797, pendant lesquelles l'or était si rare, à cause des demandes considérables faites par les banquiers des provinces pour augmenter leurs dépôts, le prix de l'or sur le marché ne s'est jamais élevé au-dessus de son prix à la Monnaie.

Votre Commission doit, à ce propos, faire observer encore que les témoignages déposés devant elle l'ont amenée à douter plus fortement de la réalité du fait que l'on a mis en avant, à savoir qu'une certaine rareté de l'or en lingots s'est fait récemment sentir dans ce pays. Que les guinées aient disparu de la circulation, c'est ce qui ne peut faire question ; mais cela ne prouve pas qu'il y ait une rareté d'or en lingots, pas plus que son prix élevé ne prouve cette même rareté.

Si l'or est rendu cher par toute autre cause que la rareté, ceux qui ne pourront pas se le procurer sans le payer cher seront tout disposés à conclure que l'or est rare. Un négociant considérable de notre pays, qui a été interrogé dans l'Enquête et qui a beaucoup parlé de la rareté de l'or, a reconnu qu'il n'avait éprouvé aucune difficulté à se procurer toute la quantité d'or dont il avait besoin, à la condition de le payer son prix. Et votre Commission a vu que, s'il s'est fait dans le cours de la dernière année des exportations considérables d'or sur le continent, il y a eu aussi des importations très-considérables de ce métal dans notre pays de l'Amérique du Sud, principalement par les Indes occidentales. Les changements qu'ont subis l'Espagne et le Portugal, combinés avec nos avantages commerciaux et maritimes, semblent avoir fait de notre pays un canal par lequel les produits des mines de la nouvelle Espagne et du Brésil passent pour se répandre dans le reste du monde. Dans une telle situation, les importations d'or brut et monnayé nous donnent la facilité de commencer par nous approvisionner avant les autres, et, par suite, notre marché doit être le dernier de tous les grands marchés sur lequel on ait à souffrir de la rareté de cet article. C'est ce que prouve surabondamment ce fait, que l'or monnayé de Portugal est régulièrement envoyé de chez nous au Brésil, à Pernambuco et à Maranham, pour les plantations de coton, tandis que les dollars reviennent chez nous, en quantités considérables, de Rio-Janeiro.

Il est important de remarquer aussi que l'élévation dans le prix de l'argent sur notre marché, qui a correspondu à peu près à la hausse du prix de l'or, ne peut en aucune façon être attribuée à la rareté de l'argent. Les importations d'argent ont été depuis longues années énormes, tandis que l'exportation de ce métal précieux vers l'Inde et vers la Chine se trouvait arrêtée.

Par toutes ces raisons, votre Commission incline à penser que ceux qui attribuent l'élévation du prix de l'or à une demande exceptionnelle de ce métal et à la rareté qui en serait la conséquence, tiennent pour certains des faits qui ne sont nullement prouvés. Mais en admettant même que ces suppositions fussent fondées, assigner pour cause à l'élévation du prix de l'or, dans ce pays, la rareté de ce métal, paraît être aux yeux de votre Commission une erreur de jugement qu'elle croit essentiel de détruire.

Dans notre pays, l'or est par lui-même la mesure de toute valeur échangeable, l'échelle à laquelle sont rapportés tous les prix exprimés en monnaie. Il en est ainsi, non-seulement par suite de l'usage et des habitudes commerciales, mais encore par un effet de la loi, depuis l'acte de la quatorzième année du règne de Sa Majesté régnante (rendu définitif par un acte de la trente-neuvième année du règne) qui a prohibé tout payement légal en monnaie d'argent au-delà de la somme de £25. L'or étant ainsi notre mesure des prix, on dit qu'une denrée est chère ou à bon marché, suivant qu'une quantité d'or plus ou moins grande doit être donnée en échange pour une quantité déterminée de cette denrée; mais une quantité déterminée d'or ne sera jamais échangée contre une quantité plus ou moins grande d'or ayant le même degré de fin. Dans certaines circonstances, on peut avoir à donner, en échange d'une monnaie d'or particulière, plus qu'une quantité égale d'or d'une autre espèce; mais cette différence ne peut jamais dépasser une certaine limite très-étroite : c'est ainsi qu'il est arrivé que la Banque, quand elle a été forcée de payer ses billets en espèces, s'est trouvée, parfois, sous l'influence de circonstances particulières, dans la nécessité d'acheter de l'or avec perte, soit pour maintenir, soit pour reconstituer sa réserve métallique. Mais, généralement parlant, le prix de l'or étant lui-même mesuré et exprimé en or, ne peut pas être élevé ou abaissé par l'accroissement ou la diminution de la demande de ce métal. Une once d'or s'échangera pour ni plus ni moins qu'une once d'or ayant le même degré de fin, excepté dans le cas où il y a une différence à établir, si la première once est monnayée ou manufacturée d'une manière quelconque, l'autre ne l'étant pas, pour représenter les frais de monnayage ou de main-d'œuvre. Une once d'or fin en lingots n'atteindra pas, sur notre marché, plus de £3.17.10 1/2, à moins que £3.17.10 1/2 dans notre monnaie actuelle ne vaillent moins qu'une once d'or. Une augmentation ou une diminution dans la demande de l'or, ou, ce qui revient au même, une diminution ou une augmentation dans l'approvisionnement général en or, aura, sans aucun doute, un effet sensible sur le prix en monnaie des autres articles. Une augmentation dans la demande de l'or, et la rareté de cet article, qui en est la conséquence, augmenteront sa valeur par rapport à tous les autres articles; la même quantité d'or servira à se procurer une plus grande quantité d'un autre article quelconque qu'elle ne l'aurait fait auparavant : en d'autres termes, le prix réel de l'or ou la quantité de denrées données en échange s'élèvera, tandis que les prix exprimés en monnaie de toutes les denrées baisseront. Seul, le prix de l'or exprimé en monnaie ne subira pas d'altération, mais les prix de toutes les autres denrées baisseront.

Il est plus que manifeste que ce n'est pas là l'état actuel des choses ; les prix de toutes les denrées ont haussé et l'or paraît lui-même avoir haussé de prix, mais seulement avec les autres denrées. Si ce double effet doit être attribué à une même et unique cause, cette cause ne peut être trouvée que dans l'état de la monnaie qui circule dans notre pays.

Votre Commission pense qu'il n'est pas sans utilité de fixer plus particulièrement les principes qui, selon elle, régissent les prix relatifs de l'or en lingots et de l'or monnayé aussi bien que du papier circulant à sa place et échangeable contre lui. Elle ne saurait mieux aborder son sujet, qu'en exposant les principes et les règles simples sur lesquelles repose l'opération du monnayage à la Monnaie du roi.

Le but est de garantir au peuple un étalon d'une valeur déterminée, en imprimant une empreinte, sous l'autorité du roi, sur les pièces d'or, qui sont certifiées ainsi être d'un poids et d'un degré de fin déterminés. L'or en lingots est l'étalon auquel le législateur a voulu que la monnaie fût rendue conforme, et avec lequel elle fût identifiée autant que possible. Et si cette intention du législateur était complétement remplie, la valeur de l'or monnayé serait précisément la même, par rapport aux autres produits, que celle qu'il aurait eue s'il était resté sous la forme de lingots; mais cette valeur est sujette à quelques petites fluctuations.

En premier lieu, il y a une certaine dépense occasionnée par la conversion des lingots en monnaie. Ceux qui envoient des lingots pour les faire monnayer, et chacun en a la faculté, bien qu'ils ne soient imposés d'aucun droit de seigneuriage, encourent cependant une perte d'intérêt proportionnelle au temps pendant lequel l'or est retenu à la Monnaie. Cette perte, jusqu'à ce jour, peut être évaluée à £1 pour £100 : mais il est à présumer que les perfectionnements du système adopté à la nouvelle Monnaie abrégeront à la fois la durée de ce séjour et la perte qui en est la conséquence. Ainsi se trouve déterminée la limite, ou à peu près, de l'élévation possible de la valeur de l'or monnayé au-dessus de celle de l'or en lingots; car supposer que l'or monnayé pourrait, par une cause quelconque, dépasser de beaucoup cette limite, ce serait admettre qu'il y aurait un grand profit à faire dans une transaction qui n'offre aucun risque à courir et où tout le monde peut s'engager.

Voici maintenant deux circonstances réunies qui expliqueront la dépression de la valeur de la monnaie par rapport au prix des lingots et qui feront voir quelle a dû en être la limite avant 1797, époque de la suspension des payements en numéraire par la Banque d'Angleterre. D'abord, la monnaie, après avoir été mise en circulation, a graduellement perdu de son poids par l'usure, et, si elle était fondue, elle produirait une quantité de lingots moins grande. La diminution moyenne du poids de l'or monnayé, actuellement en circulation, par rapport au poids du même numéraire, lorsqu'il sortait de la Monnaie, parait être, d'après le compte rendu de l'Enquête, de près de £1 pour 100. Ce mal, dans des temps plus reculés, était quelquefois beaucoup plus grand. Il s'est particulièrement fait sentir dans la première partie du règne de Sa Majesté régnante, et il a conduit à la réforme de l'or monnayé, en 1773. Mais aujourd'hui on s'est précautionné avec le plus grand soin contre lui, non-seulement en punissant, conformément à la loi, toute détérioration volontaire de la monnaie d'or, mais aussi par cette disposition du statut, en vertu de laquelle les guinées, dont le poids plein, lorsqu'elles sortent de la Monnaie, est de 5 penny weight 9 89/89 grains, ne sont plus monnaie légale si, par l'effet de l'usage, leur poids descend au-dessous de 5 penny weight 8 grains; la tolérance de dépréciation étant au plus de 1.11 0/0.

Une cause plus effective encore de dépression de valeur est la difficulté qu'ont rencontrée les détenteurs de numéraire lorsqu'ils ont voulu le convertir en lingots. La loi de notre pays défend de mettre au creuset tout autre or monnayé que celui qui est devenu trop léger, et, par l'effet d'une politique douteuse, prohibe l'exportation de notre or monnayé et même d'un or quelconque, à moins qu'on ne déclare, sous la foi du serment, qu'il n'a pas été produit avec le numéraire de ce royaume. Il résulte du compte-rendu de l'Enquête, que la différence entre la valeur de l'or en lingots, qui peut être exporté sous serment, et la valeur de l'or produit ou supposé produit avec notre numéraire, qui, aux termes de la loi, ne peut être fondu que pour servir à l'intérieur du pays, s'élève à présent entre 3 et 4sh. par once.

Dans l'opinion de votre Commission, les deux circonstances qui viennent d'être rapportées ont été indubitablement la cause de la dépréciation de la valeur de l'or monnayé, par rapport aux autres produits, dépréciation qui s'est produite ou pouvait se produire aux époques où la Banque payait en numéraire et où, par conséquent, on pouvait se procurer autant d'or qu'on en désirait. La limite assignée par ces deux circonstances réunies à cet excès du prix de l'or sur le marché sur le prix de l'or à la Monnaie, était une limite d'environ 5 1/2 0/0. La plus grande partie de cette dépression de valeur doit être attribuée à cette vieille mais contestable politique de notre pays, qui, en s'efforçant de retenir le numéraire dans le pays, a eu pour résultat, comme les restrictions permanentes apportées à l'exportation des autres articles, de placer le numéraire dans une situation désavantageuse, et de lui donner sur le marché une valeur moindre que celle qu'il aurait eue s'il n'avait été soumis à aucune prohibition.

La justesse de ces observations sur les causes et les limites de la différence ordinaire entre le prix de l'or sur le marché et à la Monnaie, peut être démontrée comme on le verra dans le compte rendu de l'Enquête, par le procédé employé pour assurer un type de valeur invariable dans les grands payements commerciaux à Hambourg. Les payements, dans les transactions ordinaires de la vie, sont faits en numéraire composé des monnaies de chacun des États environnants ; mais l'argent est le type auquel on a recours dans les grands payements commerciaux, comme on a recours à l'or en Angleterre. Aucune différence analogue à celle que l'on remarque chez nous, entre le prix de l'or à la Monnaie et sur le marché, ne peut jamais se produire à Hambourg en ce qui concerne l'argent, parce qu'on évite qu'aucune des trois causes spécifiées ci-dessus (les frais de monnayage, la dépréciation par l'usage ou les obstacles mis à l'exportation) ne puisse avoir un effet quelconque. Les grands payements de Hambourg se font en monnaie de banque, qui consiste en argent d'un degré de fin déterminé, placé à la Banque de Hambourg par les commerçants de la place, qui ont par suite un crédit proportionné sur les livres de la Banque, crédit qu'ils transfèrent suivant les circonstances. L'argent étant essayé et pesé presque sans la moindre perte de temps, la première cause que nous avons mentionnée de fluctuation dans la valeur relative du médium circulant comparée avec la valeur des lingots, est écartée. Certaines parties étant alors certifiées (sans l'apposition d'aucune empreinte sur le métal) comme étant d'une quantité et d'une pureté déterminées, la valeur en est transférée d'un individu à un autre, uniquement par l'intermédiaire des livres de la Banque, et l'usure du métal monnayé étant ainsi empêchée, une cause de dépréciation se trouve écartée. On a également une entière liberté de le retirer, de le fondre, et de l'exporter ; et ainsi l'autre et la principale cause de la baisse occasionnelle de la valeur du médium courant de payement, au-dessous de la valeur des lingots qu'elle est destinée à représenter, est aussi réellement écartée.

De cette manière, à Hambourg, l'argent n'est pas seulement la mesure de toute valeur échangeable, mais il est rendu lui-même une mesure invariable, jusqu'à concurrence des variations que subit la valeur relative de l'argent, d'après celles de l'approvisionnement de ce précieux métal fourni par les mines. De la même manière, l'usage, et enfin la loi, qui ont fait de l'or monnayé le type usuel et enfin le seul légal pour les payements importants chez nous, ont fait de ce métal notre mesure de valeur; et, depuis la période de la réforme de la monnaie d'or jusqu'à la suspension des payements en espèces par la Banque, en 1797, l'or monnayé n'était pas une mesure de valeur très-variable; il était sujet seulement à cette variation dans la valeur relative de l'or en lingots provenant des variations de l'approvisionnement fourni par les mines, et aussi à cette variation restreinte, ainsi qu'on l'a dit plus haut, qui pouvait se produire entre le prix de l'or monnayé sur le marché et à la Monnaie.

Le taux le plus élevé de la dépression de valeur de l'or monnayé qui puisse se voir quand la Banque paye en or, a été tout à l'heure estimé à 5 1/2 0/0 environ; et conséquemment on verra que dans toutes les périodes antérieures à 1797 la différence entre ce que l'on appelle le prix de l'or à la Monnaie et le prix du marché n'a jamais excédé cette limite.

Depuis la suspension des payements en numéraire, en 1797, il est certain, cependant, que si l'or est encore notre mesure de valeur et le type de comparaison des prix, il a été exposé à une nouvelle cause de variation, par suite de la surabondance possible de ce papier qui n'est pas convertible en or à volonté; et la limite de cette nouvelle variation est aussi indéfinie que la surabondance avec laquelle ce papier peut être mis en circulation. On peut donc douter si, depuis que le nouveau système de payements de la Banque d'Angleterre a été complétement organisé, l'or a réellement continué d'être notre mesure de valeur, et si nous n'avons pas un type de comparaison des prix autre que ce médium de circulation, émis d'abord par la Banque d'Angleterre, et en seconde main par les Banques provinciales, et dont les variations, quant à sa valeur relative, peuvent être aussi indéfinies que l'excès possible de ce nouveau médium de circulation.

Mais, que notre mesure actuelle de valeur et notre type de comparaison des prix soient cette monnaie de papier aussi variable dans sa valeur relative, ou que cette mesure continue d'être l'or; mais l'or rendu plus variable qu'auparavant parce qu'il peut être échangé contre cette monnaie de papier qui n'est pas elle-même convertible en or à volonté; il est très-désirable pour le public, dans les deux cas, que notre médium de circulation puisse de nouveau, aussi promptement que les circonstances le permettront, être rendu conforme à son type réel et légal, l'or en lingots.

Si la monnaie d'or de ce pays devait un jour s'user beaucoup et perdre beaucoup de son poids, ou si elle devait subir une altération de son degré de fin, il est évident qu'il se produirait une élévation proportionnelle du prix de l'or en lingots sur le marché au-dessus de son prix à la Monnaie. Car le prix à la Monnaie est la somme en numéraire équivalente en valeur intrinsèque à une quantité donnée, une once par exemple, du métal en lingots; et si la valeur intrinsèque de cette somme de numéraire est amoindrie, elle est équivalente à une quantité d'or en lingots moindre qu'auparavant.

La même élévation du prix de l'or sur le marché, au-dessus de son prix à la Monnaie, se fera sentir si le médium local de circulation, propre à notre pays en particulier, cessant d'être convertible en or, vient à être émis avec excès. Cet excédant ne peut pas être exporté dans les autres pays, et, n'étant pas convertible en espèces, il ne retourne pas nécessairement chez ceux qui l'ont émis ; il reste dans le canal de la circulation et il est graduellement absorbé par l'augmentation du prix de toutes les denrées. Une augmentation dans le médium de circulation, propre à une contrée donnée, élève les prix dans cette contrée, exactement comme un accroissement dans l'approvisionnement général des métaux précieux élève les prix dans le monde entier. Par suite de cette augmentation dans la quantité, la valeur d'une portion donnée de ce médium de circulation, en échange d'autres produits, se trouve abaissée; en d'autres termes, les prix en numéraire de tous les autres produits s'élevant, le prix des lingots s'élève avec le reste. De telle sorte qu'une surabondance du médium de circulation, d'une contrée déterminée, occasionnera une élévation du prix de l'or au-dessus de son prix à la Monnaie.

Il est non moins évident que, dans le cas où les prix des produits sont haussés dans un pays par suite d'une augmentation de son médium de circulation, tandis qu'en même temps il n'y a pas dans un pays voisin d'augmentation semblable dans le médium de circulation, qui ait eu pour résultat une semblable élévation dans les prix, les monnaies des deux pays ne continueront pas d'avoir, l'une par rapport à l'autre, la même valeur qu'auparavant. La valeur intrinsèque d'une portion donnée de l'une des deux monnaies se trouvant amoindrie, pendant que l'autre reste la même, le change entre les deux pays sera au désavantage du premier.

Ainsi, une hausse générale de tous les prix, une hausse dans le prix de l'or sur le marché, et une dépréciation du taux des changes avec l'étranger, tels seront les effets d'une surabondance du médium de circulation dans un pays qui a adopté une monnaie non exportable dans les autres pays, ou non convertible à volonté en une espèce de numéraire exportable.

II.

Votre Commission est ainsi amenée à l'objet suivant de son Enquête : l'état actuel des changes entre l'Angleterre et le continent. Et ici, comme dans le chapitre précédent, votre Commission doit rappeler d'abord les avis qu'elle a recueillis de la bouche d'hommes pratiques, touchant les causes de l'état actuel du change.

M. Greffulhe, un négociant faisant un commerce général, et trafiquant surtout avec le continent, a attribué la baisse du taux du change entre Londres et Hambourg, près de 18 0/0 au-dessous du pair, dans l'année 1809, « à la fois à la situation commerciale de notre pays par rapport au continent, et à cette circonstance que les importations, payements de subsides, etc., ont de beaucoup dépassé les exportations ».

Il a ajouté cependant qu'il avait formé son opinion sur la balance du commerce en grande partie d'après l'état du change, bien qu'elle eût été corroborée par les faits qu'il avait observés. Il a insisté particulièrement sur les importations considérables de la Baltique, sur les vins et les eaux-de-vie apportés de France, en échange desquels aucune denrée n'avait été exportée de notre pays. Il a fait observer d'autre part que l'exportation des produits coloniaux sur le continent s'est accrue l'année dernière, comparativement aux autres années; et que, pendant l'année dernière, il y a eu un excédant, qui s'élevait à une quantité considérable, dans les exportations des produits coloniaux et des objets manufacturés anglais en Hollande, par rapport aux importations de cette dernière provenance, mais pas un excédant à peu près égal, croyait-il, à l'excédant des importations de toutes autres provenances, à en juger et par l'état du change et par les faits généraux qu'il avait été à même d'observer. Il a exposé ensuite que ce n'était pas la balance du commerce, mais la balance des payements, qui était défavorable à notre pays, et que c'était là la cause principale du taux du change; il a fait remarquer aussi que la balance des payements pour une année pouvait être à notre désavantage, lorsque les exportations générales excédaient les importations.

Il a dit enfin que, selon lui, la cause de l'état actuel du change était entièrement commerciale, en tenant compte toutefois de la dépense que faisait notre gouvernement à l'étranger; et il a ajouté qu'un excès des importations sur les exportations indiquait pourquoi les taux du change persistaient à être aussi élevés que 16 0/0, au détriment de notre pays, pendant un laps de temps de longue durée.

On verra par l'Enquête que quelques autres témoins sont d'accord, en substance, avec M. Greffulhe, sur l'explication de l'état critique du taux du change, particulièrement M. Chambers et M. Coningham.

Sir Francis Baring a exposé, devant votre Commission, que les deux grands faits, dont le change subissait l'influence dans son état actuel si désavantageux, c'étaient les restrictions imposées au commerce avec le continent, et l'accroissement de la circulation du papier dans notre pays, qui a eu pour effet de rendre plus rare le numéraire. Il a cité, comme exemple d'un état de choses contraires, la guerre de Sept ans et la guerre d'Amérique, pendant lesquelles, quoiqu'il y eût à faire les mêmes dépenses sur le continent pour l'entretien des forces de terre et de mer, aucun besoin de numéraire ne s'était cependant fait sentir.

La Commission a également interrogé un négociant éminent du continent, dont la déposition offre une grande variété de renseignements utiles. Ce négociant a démontré que le taux du change, s'il est évalué en monnaie d'une valeur fixe, ou en quelque chose de convertible en une monnaie de ce genre, ne peut descendre actuellement, dans aucune contrée de l'Europe, au-dessous d'une différence représentant le prix du transport et en même temps un profit proportionnel au risque couru par suite de la transmission. Il prétend que si notre change a excédé cette différence pendant les quinze derniers mois, la cause en est certainement dans notre papier circulant qui n'est pas convertible en espèces; que si le papier avait été convertible, et que les guinées eussent été en majeure partie dans la circulation, une balance de commerce défavorable aurait à peine pu produire une baisse de 5 ou 6 0/0 dans le taux du change. Il développa son opinion plus particulièrement dans les réponses suivantes de son interrogatoire :

« A quelles causes attribuez-vous l'état actuellement défavorable du cours du change ? — La première grande dépréciation s'est produite lorsque les Français ont pris possession de l'Allemagne du Nord et ont décrété des pénalités sévères contre toute communication avec ce pays-ci ; à la même époque on mettait sous séquestre les biens et les propriétés des Anglais, tandis qu'il y avait encore des payements à faire pour le compte des Anglais et des recouvrements à opérer sur notre pays ; aussi y eut-il beaucoup plus de lettres de change à vendre que de personnes ayant des payements à faire en Angleterre. La communication par lettres étant également difficile et incertaine, on ne trouvait pas, comme dans les temps ordinaires, d'intermédiaires pour acheter ces billets et les envoyer en Angleterre pour des retours, et aucune action ne pouvait être intentée devant les cours de justice contre ceux qui se refusaient au payement d'une lettre de change retournée ou contestaient les conditions du change. Pendant que ces causes déprimaient le taux du change, les payements dus à l'Angleterre ne s'effectuaient qu'à des périodes éloignées ; le taux du change une fois abaissé par ces circonstances, et l'or étant retenu en Angleterre pour suppléer à ces différences occasionnelles, les opérations entre notre pays et le continent ont continué à se faire à un taux très-bas, et la valeur d'une livre sterling sur le continent devenait purement une question d'appréciation individuelle, puisqu'il n'était plus possible de se procurer ce que la livre sterling était censée représenter. »

« Le change sur l'Angleterre variant de 15 à 20 0/0, quelle part de cette perte peut-on attribuer aux mesures prises par l'ennemi dans le nord de la Germanie et à l'interruption de l'intercourse qui en a été le résultat, et quelle part au papier de la Banque d'Angleterre non convertible en espèces, auquel vous avez attribué une part de cette dépréciation ? — Selon moi, la dépréciation tout entière a été la conséquence, à l'origine, des mesures prises par l'ennemi ; et sa persistance est due à ce fait que le papier de la Banque d'Angleterre n'était pas convertible en espèces. »

« Depuis les mesures prises par l'ennemi, que vous avez rappelées, quelles causes ont contribué sur le continent à abaisser le taux du change? — Des chargements très-considérables expédiés de la Baltique, pour lesquels on faisait des traites qui étaient immédiatement négociées, à peine les chargements effectués, sans consulter beaucoup l'intérêt des propriétaires de notre pays, comme on l'aurait fait en différant la négociation jusqu'à ce que ces traites eussent été demandées; ce sont ensuite la difficulté et l'incertitude prolongées de transporter la correspondance entre notre pays et le continent ; le nombre très-restreint de maisons sur le continent qui voulaient bien se charger d'opérations de ce genre, soit en acceptant des traites pour le compte de l'Angleterre tirées des divers points où les chargements ont lieu, ou en acceptant des traites tirées de notre pays, soit sur la propriété embarquée, soit par cette idée de la spéculation que le taux du change doit ou peut probablement se relever ; la longue durée du temps nécessaire pour convertir les marchandises en numéraire, à cause des routes détournées qu'elles sont obligées de suivre ; les sommes importantes payées aux armateurs étrangers, qui, dans quelques cas, pour le chanvre par exemple, se sont élevées presque au prix d'achat de cet article en Russie ; l'absence d'intermédiaires employant, comme autrefois, de grands capitaux dans les opérations de change, intermédiaires qui, par suite des difficultés croissantes et des dangers que ces opérations présentent aujourd'hui, sont actuellement très-difficiles à trouver pour faire des opérations de change combinées ayant pour but d'anticiper sur des résultats définitifs problématiques. »

Les réponses qui précèdent, et le reste de l'interrogatoire de ce négociant, contiennent toutes ce principe, exprimé plus ou moins distinctement, que le métal est le vrai régulateur à la fois de la valeur d'un médium de circulation local et du taux des changes avec l'étranger ; et que la libre convertibilité du papier circulant en métaux précieux, et la libre exportation de ces métaux, imposent une limite à la dépréciation du change, et non-seulement empêchent les changes de tomber au-dessous de cette limite, mais encore les relèvent en établissant la balance.

Votre Commission n'a point à faire ressortir à quels titres ces opinions, émanées d'hommes pratiques, sont vagues et insuffisantes, ni en quoi elles se contredisent ; cependant on peut trouver un secours précieux dans le témoignage de ces hommes pour rechercher les causes de l'état actuel des changes.

Votre Commission estime qu'il n'y a point de matière commerciale, considérée au point de vue politique, qui soit plus clairement définie que le sujet des changes avec l'étranger. Le pair du change entre deux pays est la somme de monnaie de l'un des deux pays, qui, en valeur intrinsèque, est précisément égale à une somme donnée de monnaie de l'autre pays ; c'est-à-dire qui contient précisément un poids égal d'or ou d'argent de la même pureté. Si 25 livres de France contenaient précisément la même quantité d'argent pur que 20 shillings sterling, on dirait que 25 est le pair du change entre Londres et Paris. Si un pays a adopté l'or comme sa principale mesure de valeur et un autre pays l'argent, le pair entre ces deux pays ne peut être évalué pour aucune période particulière, sans tenir compte de la valeur relative de l'or et de l'argent pendant cette même période ; et comme la valeur relative de ces deux métaux précieux est sujette à des variations, le pair du change entre deux pays de ce genre ne peut pas être rigoureusement déterminé, parce qu'il varie entre de certaines limites. On en verra la preuve dans l'Enquête, dans le calcul du pair entre Londres et Hambourg, qui est évalué à 34. 3 1/2 schillings flamands pour 1 livre sterling. Le taux du change, qui est le résultat, à une époque quelconque, de la balance du commerce ou des payements faits entre deux pays, ainsi que de la disproportion, qui en est la conséquence, entre l'offre et la demande des traites tirées par l'un des deux pays sur l'autre, le taux du change, disons-nous, est l'écart qui se produit d'un côté ou de l'autre par rapport au pair réel et fixe. Mais le pair réel se trouvera altéré s'il survient quelque changement dans la monnaie de l'un des deux pays, que ce changement consiste dans l'usure ou un abaissement de la monnaie métallique au-dessous de son titre légal, ou dans le discrédit d'un papier ayant cours forcé, ou dans l'excès d'un papier circulant non convertible en numéraire. S'il se produit une dépréciation dans la valeur intrinsèque d'une portion déterminée d'une monnaie, cette portion cessera d'être égale à la même portion de l'autre monnaie. Mais quoique le pair réel des monnaies soit ainsi altéré, les négociants, ayant peu ou point d'occasions de se préoccuper du pair, continuent à évaluer le cours du change d'après la première dénomination du pair ; et dans cet état de choses il est nécessaire de faire une distinction entre le cours du change réel et le cours du change évalué. Le cours du change évalué, tel qu'on le trouve dans les Tables à l'usage des commerçants, doit comprendre alors, non-seulement la différence réelle de change provenant de l'état du commerce, mais aussi la différence entre l'ancien et le nouveau pair. Ces deux sommes peuvent se trouver ajoutées l'une à l'autre dans le calcul ou se faire contre-poids l'une à l'autre. Si le pays, dont la monnaie a subi une dépréciation en comparaison de l'autre, a aussi contre lui la balance du commerce, le taux évalué du change sera plus défavorable encore que la différence réelle du change ; et si le même pays a la balance du commerce en sa faveur, le taux évalué du change paraîtra moins favorable que la différence réelle du change. Avant le nouveau monnayage de notre argent sous le règne du roi Guillaume, le change entre l'Angleterre et la Hollande, évalué de la manière ordinaire, d'après le titre de leurs monnaies respectives, était de 25 0/0 au détriment de l'Angleterre ; mais la valeur du numéraire ayant cours en

Angleterre était de plus de 25 0/0 au-dessous de la valeur étalon ; de sorte que si la monnaie de Hollande avait toute sa valeur étalon, le change réel était en faveur de l'Angleterre. Il peut arriver de même que les deux parts de l'évaluation soient à la fois contraires et égales et s'équilibrent, le change réel en faveur du pays par le commerce étant égal au change nominal quoique à son détriment par suite de l'état de sa monnaie : dans ce cas, le change évalué sera au pair, tandis que le change réel se trouvera, en fait, favorable à ce pays.

En outre, les monnaies de deux pays qui commercent ensemble peuvent avoir subi une altération, et cela, soit au même degré, soit à des degrés inégaux : dans ce cas, la question de l'état réel du change entre eux devient un peu plus compliquée. Sans sortir des bornes de la présente Enquête, cette question peut être éclaircie par l'état actuel du change entre Londres et le Portugal, tel qu'il figure dans les Tables pour le 18 mai dernier. Le change de Londres sur Lisbonne y est fixé à 67 1/2 ; 67 1/2 d. pour 1,000 reis est l'ancien pair de change établi entre les deux pays, et 67 1/2 est conséquemment encore appelé le pair. Mais d'après la déposition de M. Lyne, tous les payements, en Portugal, se font maintenant, en vertu de la loi, moitié en espèces, moitié en papier du gouvernement ; et ce papier, à l'escompte, subit une dépréciation de 27 0/0. C'est pourquoi, sur tous les payements faits en Portugal, il y a un escompte ou une perte de 13 1/2 0/0, et le change à 67 1/2, quoique au pair nominalement, est en réalité de 13 1/2 0/0 au détriment de notre pays. Si le change était réellement au pair, il serait coté à 56.65/100, ou évidemment 13 1/2 0/0 en faveur de Londres, si on le compare à l'ancien taux fixé avant la dépréciation du médium de payements en Portugal.

Votre Commission pourra peut-être, dans ce qu'elle a encore à dire, déterminer si cette différence de 13 1/2 0/0 actuellement au détriment de notre pays dans le taux du change sur Lisbonne, est réellement une différence de change occasionnée par le cours des opérations commerciales et par les remises faites au Portugal pour le compte du gouvernement, ou bien si c'est un change nominal et apparent, résultat de l'état de notre monnaie, ou bien enfin s'il est en partie réel et en partie nominal.

Votre Commission a reconnu qu'on a longtemps considéré comme un principe que la différence de change résultant de l'état du commerce et des payements entre deux pays est limitée à la dépense du transport et de l'assurance des métaux précieux d'un pays à l'autre, ou que, du moins, elle ne saurait longtemps dépasser cette limite. La différence réelle du change, résultant de l'état du commerce et des payements ne peut jamais descendre au-dessous de la somme des frais de transport, y compris l'assurance. La vérité de cette assertion est si entière, si uniformément reconnue par tous les hommes pratiques faisant autorité, à la fois dans le monde commercial et dans le monde politique, que votre Commission la considérera comme indiscutable.

Elle a remarqué cependant que ce prix de transport et la prime d'assurance pouvaient se trouver élevés au-dessus de la somme qu'ils atteignent dans les temps de guerre comme celui-ci, par les circonstances particulières qui empêchent l'intercourse entre notre pays et le continent d'Europe. Que cette élévation des frais abaisse proportionnellement la limite à laquelle peut descendre le taux du change, c'est ce que pourrait démontrer la baisse anormale du taux du change actuellement. Votre Commission a dirigé, en conséquence, son enquête sur ce point.

Le négociant qui a déjà été mentionné comme particulièrement mêlé aux transactions entre notre pays et le continent, a déposé devant votre Commission que le prix actuel du transport de l'or de Londres à Hambourg, indépendamment de la prime d'assurance, était de 1 1/2 à 2 0/0 ; que le risque étant très-sujet à varier d'un jour à l'autre, il n'y avait pas de prime déterminée : mais il estimait le risque moyen pour les quinze mois qui avaient précédé le moment où il parlait, à 4 0/0 environ, ce qui mettait le coût total du transport de l'or de Londres à Hambourg, pendant ces quinze mois, avec ce risque moyen, à 5 1/2 ou 6 0/0. M. Abraham Goldsmidt a dit que dans les cinq ou six derniers mois de l'année 1809, le prix du transport de l'or pour la Hollande avait varié extraordinairement, de 4 à 7 0/0 tout compris, aussi bien les risques que les frais de transport. Il ressort de l'enquête faite par les commissions sur les affaires de banque en 1797 que le prix de transport des espèces de Londres à Hambourg, à cette époque de guerre, était évalué, en y comprenant tous les frais ainsi qu'une prime moyenne d'assurance, à un peu plus de 3 1/2 0/0. Il est donc évident que par suite des circonstances particulières de la guerre actuelle et des difficultés énormes de l'intercourse avec le continent, le prix de transport des métaux précieux de notre pays sur le continent est devenu non-seulement plus variable qu'autrefois, mais surtout qu'il a considérablement augmenté. On remarque cependant que, sur une moyenne du risque pendant la période à laquelle il a été le plus haut, la dernière moitié de l'année dernière, le prix du transport et l'assurance pour Hambourg ou pour la Hollande n'a pas excédé 7 0/0. Sans doute, il a été plus élevé à certaines époques où le risque s'élevait au-dessus de cette moyenne. Il est évident aussi que le risque, et par conséquent le prix total du transport de l'or sur un marché à l'intérieur du continent, à Paris, par exemple, serait, en moyenne, plus élevé que le prix du transport pour Amsterdam ou Hambourg. Il suit de là que la limite à laquelle le change, résultant de l'état du commerce, peut descendre et se maintenir à notre désavantage pendant un long espace de temps, a été, pendant la période en question, beaucoup plus basse que pendant les premiers temps de la guerre; mais on voit aussi que les frais d'envoi d'espèces ne se sont pas élevés aussi haut, et que la limite à laquelle s'arrête la baisse du change n'est pas descendue assez bas pour justifier une baisse des changes s'élevant de 16 à 20 0/0 au-dessus du pair. L'accroissement de ces frais d'envoi peut expliquer, aux époques où le risque a été le plus grand, une baisse de plus de 7 0/0 dans le change avec Hambourg ou la Hollande, et une baisse plus grande encore peut-être dans le change sur Paris; mais le surplus de la baisse qui s'est produite actuellement doit être expliqué d'une autre manière.

Votre Commission est disposée à penser, d'après le résultat de l'Enquête tout entière, que l'état du commerce de notre pays, dans le cours de l'année dernière, a été de nature à produire une baisse réelle de nos changes avec le continent jusqu'à une certaine limite, et peut-être même à un certain moment jusqu'à une limite aussi reculée que celle qui est déterminée par les frais de transport de l'or de chez nous sur les divers marchés. Et votre Commission a penché vers cette opinion, d'abord en considérant ce qui a été dit au sujet de l'excédant des importations du continent sur les exportations, bien que ce soit la partie du sujet qui soit la moins éclaircie, et ensuite en considérant ce qui a été dit sur la manière dont les payements de notre commerce ont été effectués en dernier lieu, puisque une avance a été payée sur les importations du continent d'Europe, et un long crédit accordé sur les exportations dans toutes les parties du monde.

Votre Commission ayant remarqué avec quelle unanimité la dépression actuelle de notre change sur l'Europe est attribuée par un grand nombre de personnes à un excès considérable de nos importations sur nos exportations, a demandé un tableau de leur valeur actuelle pendant les cinq dernières années, et M. Irving, inspecteur général des douanes, nous a donné des unes et des autres l'estimation la plus minutieuse qu'il lui a été possible. Il a essayé aussi d'aller au-devant du projet de votre Commission, en calculant de combien il fallait réduire la valeur des marchandises importées en considération des articles en retour desquels il n'était rien exporté. Cette réduction porte sur le produit de la pêche et sur les importations des Indes orientales et occidentales, qui se composent des rentes, bénéfices et capitaux envoyés à leurs propriétaires dans notre pays. La balance du commerce en faveur de l'Angleterre, d'après le compte ainsi établi, était :

En 1805 environ £ 6,616,000 ;
1806 — 10,437,000 ;
1807 — 5,866,000 ;
1808 — 12,481,000 ;
1809 — 14,834,000.

De sorte qu'on pourrait conclure de la balance ainsi établie, que les changes pendant l'année courante où doivent se faire de nombreux payements à notre pays sur le compte des balances très-avantageuses des deux années précédentes, doivent être particulièrement favorables.

Toutefois, votre Commission a peu de confiance dans les déductions tirées du document que lui ont fourni l'habileté et l'intelligence de l'inspecteur général des douanes. Il est défectueux, comme M. Irving en convient lui-même, en ce qu'il ne tient pas compte de la somme pour laquelle les étrangers ont fait traite sur nous pour le fret qui leur est dû par suite de l'emploi de leurs navires, non plus que de la somme que, d'autre part, nous avons à recevoir d'eux (et qui doit s'ajouter à la valeur de nos articles exportés) pour le fret des navires anglais dont ils se sont servis. Il laisse de côté l'intérêt du capital possédé en Angleterre par des étrangers et du capital appartenant, au dehors, à des habitants de la Grande-Bretagne, aussi bien que les transactions pécuniaires entre les gouvernements d'Angleterre et d'Irlande. Ce document ne mentionne pas non plus le commerce de contrebande, pas plus que les importations et les exportations de lingots dont il n'est pas rendu compte à la douane. Il omet également un article très-important, dont les variations, si elles sont exactement notées, doivent probablement correspondre très-approximativement avec les variations de la balance évidemment favorable ; savoir, les traites tirées sur le gouvernement pour les frais d'entretien de notre marine et de notre armée, ainsi que pour nos autres dépenses à l'étranger.

Votre Commission avait espéré trouver un compte de ces dépenses dans la Table publiée par la Chambre ; mais il s'est produit quelques difficultés qui ont entraîné des délais dans l'exécution. Il résulte d'un relevé, aussi exact qu'il pouvait l'être, des sommes payées pour les dépenses faites à l'étranger en 1793, 1794, 1795, 1796, inséré dans l'appendice du rapport des Lords sur la suspension des payements, que les sommes payées pour cet objet ont été :

En 1793. . . . £ 2,785,252;
1794. . . .   8,335,591;
1795. . . . 11,040,236;
1796. . . . 10,649,916.

Voici maintenant un relevé de la valeur officielle de nos importations et de nos exportations avec le continent d'Europe, seulement pendant chacune des cinq dernières années :

	Importations.	Exportations.	Balance en faveur de la Grande-Bretagne, calculée en valeur officielle.
1805	£10,008,649	£15,465,430	£5,456,781
1806	8,197,256	13,216,386	5,019,130
1807	7,973,510	12,689,590	4,716,080
1808	4,210,671	11,280,490	7,069,819
1809	9,551,857	23,722,615	14,170,758

Les soldes avec l'Europe seule en faveur de la Grande-Bretagne, ainsi que le montre ce tableau imparfait, ne sont pas éloignés de correspondre avec les balances générales et plus soigneusement établies que nous avons déjà données. Le balance favorable de 1809 avec l'Europe seule, si elle était estimée d'après la valeur actuelle, serait plus considérable que la valeur de la même année qui figure au premier tableau général.

Une balance favorable du commerce dans le relevé des importations et des exportations, présenté annuellement au parlement, est la conséquence très-probable des traites importantes tirées sur le gouvernement pour les dépenses extérieures, parce que ces traites favorisent et même produisent nécessairement une augmentation des exportations et une diminution des importations.

Car si le nombre des traites tirées à l'extérieur, soit par les agents du gouvernement ou par des individus, est disproportionné à la demande, le prix de ces traites en monnaie étrangère décroît jusqu'à ce qu'il soit assez bas pour attirer les acheteurs ; et ceux-ci, qui sont généralement des étrangers, désirant transférer d'une façon permanente leur propriété en Angleterre, recherchent les conditions dans lesquelles les traites sur l'Angleterre peuvent servir à acheter celles des denrées anglaises qui sont le plus demandées, soit dans leur propre pays, soit dans des pays intermédiaires avec lesquels ils puissent régler leurs comptes.

Ainsi, le prix des traites se trouvant réglé jusqu'à un certain point par celui des denrées anglaises et continuant à baisser jusqu'à ce qu'il soit assez bas pour procurer un bénéfice sur l'achat et l'exportation de ces denrées, une exportation proportionnelle au montant des traites tirées ne peut guère manquer de se produire actuellement. D'où il résulte qu'il ne peut y avoir pour longtemps une balance du commerce soit très-avantageuse, soit très-désavantageuse ; car à peine la balance a-t-elle exercé une influence sur le prix des traites que, par sa réaction sur l'état du commerce, elle amène une égalisation des importations et des exportations commerciales. Votre Commission a considéré le numéraire et les lingots comme formant une partie de la masse générale des articles exportés et importés, et comme se transférant suivant l'état de l'offre et de la demande, mais offrant cependant, sous l'influence de certaines circonstances et spécialement dans le cas de grandes fluctuations dans le commerce général, un mode de remise particulièrement avantageux.

Votre Commission s'est étendue sur les documents fournis par M. Irving, afin de faire pénétrer plus avant la lumière dans la question générale de la balance du commerce et des changes, et aussi afin de dissiper quelques erreurs très-accréditées qui ont une grande influence pratique sur le sujet actuellement à l'étude.

Que le change réel avec le continent au désavantage de notre pays n'ait pu à aucune époque dépasser sensiblement la limite déterminée par le prix de transport des espèces, c'est ce dont votre Commission s'est convaincue d'après les principes précédemment exposés. Qu'en fait ces changes n'aient pas dépassé cette limite, c'est ce qui paraît être victorieusement démontré par une partie de la déposition de M. Greffulhe, qui, de tous les négociants interrogés, a paru adhérer le plus à cette opinion que l'état de la balance des payements suffisait à lui seul pour expliquer toute dépression des changes, quelque grande qu'elle soit. D'après ce que votre Commission a exposé au sujet du pair du change, il est manifeste que le change entre deux pays est à *son pair réel* lorsqu'une quantité donnée d'or ou d'argent dans l'un des deux pays est convertible, au prix du marché en une somme suffisante de la monnaie de ce pays pour acheter une lettre de change sur l'autre pays représentant une somme suffisante de la monnaie de l'autre pays pour qu'elle soit convertible au prix du marché en une *égale* quantité d'or et d'argent de la même finesse. De la même manière le change réel est *en faveur* d'un pays faisant des transactions monétaires avec un autre, lorsqu'une quantité donnée d'or ou d'argent dans le premier pays est convertible en une somme de monnaie du second pays, convertible elle-même en une *plus grande* quantité d'or et d'argent de la même finesse.

A l'appui de ces principes, votre Commission a prié M. Greffulhe de faire certaines évaluations que l'on trouvera dans ses réponses aux questions suivantes :

« Supposons que vous avez à Paris une livre *troy* d'or à l'étalon anglais et que vous voulez vous en servir pour vous procurer une lettre de change sur Londres, quel devra être le montant de la lettre de change que vous pourrez vous procurer dans les circonstances présentes ? — Je trouve qu'une livre d'or à l'étalon anglais au prix actuel du marché de 105 francs, au change de 20 livres, servirait à acheter une lettre de change de £59.8sh. »

— « Au prix actuel de l'or sur le marché à Londres, quelle quantité d'or étalon pouvez-vous acheter pour £59.8sh. ? — Au prix de £4.12sh. je trouve que je pourrai acheter 13 onces d'or et une très-petite fraction. »

— « Alors quelle est la différence pour cent dans la quantité d'or étalon qui équivaut à £598.sh. de notre monnaie, à Paris et Londres. — Environ 8 1/2 0/0. »

— « Supposez que vous avez une livre (troy) de notre or étalon à Hambourg et que vous voulez vous procurer avec cet or une lettre de change sur Londres; quel devra être le montant de la lettre de change que, dans les circonstances présentes, vous pourrez vous procurer ? — Au prix de Hambourg qui est de 101, le change étant à 29, le montant de la lettre de change sur Londres sera £58.4sh. »

« Quelle quantité de notre or étalon, au prix actuel de £4.12sh., achetez-vous pour £58.4sh. ? — Environ 12 onces et 3dwts. »

« Alors quelle est la différence pour cent entre la quantité d'or étalon à Hambourg et à Londres qui équivaut à £58.4sh. sterling ? — Environ 5 1/2 0/0. »

— « Supposez que vous avez une livre (troy) de notre or étalon à Amsterdam et que vous voulez vous en servir pour avoir une lettre de change sur Londres, quel devra être le montant sterling de cette lettre de change ? — Au prix d'Amsterdam de 14 1/2, change 31.6 et agio de banque de 1 0/0, le montant de la lettre de change serait de £58.18sh.

— « Au prix actuel de £4.12sh., quelle quantité de notre or étalon achetez-vous à Londres pour £58.18sh. sterling ? — 12 onces 16dwts. »

— « Combien cela fait-il pour cent ? — 7 0/0. » —

Des calculs semblables, mais faits sur des données différentes, se trouvent dans la déposition de M. Abraham Goldsmidt. Des réponses de M. Greffulhe il résulte que lorsque le change estimé avec Hambourg était 29, c'est-à-dire de 16 à 17 0/0 au-dessous du pair, la différence réelle du change, résultant de l'état du commerce et de la balance des payements n'était pas plus de 5 1/2 0/0 au désavantage de notre pays ; que lorsque le change estimé avec Amsterdam était £31.6sh., c'est-à-dire environ 15 0/0 au-dessous du pair, le change réel n'était pas plus de 7 0/0 au détriment de notre pays ; que, lorsque le change estimé avec Paris était 20, c'est-à-dire 20 0/0 au-dessous du pair, le change réel n'était pas plus de 8 1/2 0/0 au désavantage de notre pays. Après avoir fait cette part à l'effet de la balance du commerce et des payements sur nos changes avec ces trois places, il restera encore une dépréciation de 11 0/0 dans le change avec Hambourg, de plus de 8 0/0 dans le change avec la Hollande, et de 11 1/2 0/0 dans le change avec Paris, qui devra être expliquée d'une autre manière.

Si le même mode de calcul était appliqué aux relevés plus récents de nos changes avec le continent, on verrait peut-être que, quoique le change estimé soit actuellement défavorable à notre pays, le change réel est en sa faveur.

D'après les raisonnements qui précèdent au sujet de l'état des changes, si on les envisage séparément, votre Commission aurait de la peine à ne pas supposer qu'une partie au moins de la grande dépréciation que les changes ont récemment éprouvée est le résultat non de l'état du commerce, mais d'un changement survenu dans la valeur relative de notre agent de circulation.

Mais quand cette déduction vient s'ajouter à ce que votre Commission a exposé relativement aux modifications du prix de l'or sur le marché, cette supposition se trouve démontrée.

III.

Comme conséquence de l'opinion à laquelle votre Commission s'est rangée, à savoir que, dans la condition artificielle de notre médium actuel de circulation, il est très-important de surveiller les changes avec l'étranger et le prix de l'or sur le marché, votre Commission a désiré savoir si les directeurs de la Banque d'Angleterre étaient du même avis et s'ils tiraient de cette opinion une règle pratique pour le contrôle de leur circulation, et particulièrement si, dans le cours de l'année dernière, la grande dépression des changes et la grande hausse du prix de l'or avaient suggéré aux directeurs la pensée que la circulation du pays pouvait être excessive.

M. Whitmore, le dernier gouverneur de la Banque, a déposé devant votre Commission qu'en réglant le montant des prêts et des escomptes, « il ne s'était point préoccupé des changes, parce qu'il ressortait du rapprochement du montant des billets en circulation et du cours du change, qu'il n'y avait entre ces deux choses le plus souvent aucune connexité. » Il a dit ensuite : « Mon opinion est, j'ignore si c'est celle de la Banque, que le montant de notre papier en circulation n'a aucun rapport avec l'état du change. » Un des jours suivants, M. Whitmore a déposé que « l'état actuellement défavorable du change n'avait aucune influence sur le montant des émissions, la Banque ayant continué à faire comme par le passé. » On lui a demandé également si, en réglant le montant de sa circulation, la Banque se préoccupait toujours de la différence entre le prix de l'or sur le marché et à la Monnaie. Et comme il avait désiré qu'on lui laissât le temps de la réflexion, M. Whitmore répondit, un autre jour, dans les termes suivants aux questions suivantes :

« Lorsque vous examinez le montant de vos billets en circulation et que vous limitez l'étendue de vos escomptes aux négociants, vous préoccupez-vous de la différence, lorsqu'il en existe une, entre le prix de l'or sur le marché et à la Monnaie ?

— « Nous nous en préoccupons d'autant plus que nous ne faisons jamais d'escompte aux personnes que nous connaissons ou que nous avons de bonnes raisons de soupçonner comme exportant de l'or.

— « Ne vous en préoccupez-vous pas autrement que pour refuser l'escompte à ces personnes?

— « Nous nous en préoccupons encore en ce sens que toutes les fois qu'un directeur pense que cette différence intéresse la question de nos escomptes, il s'empresse de provoquer une discussion sur ce sujet.

— « Le prix de l'or sur le marché s'étant, dans le cours de l'année dernière, élevé jusqu'à £4.10 ou £4.12, avez-vous tenu compte de cette circonstance dans une mesure qui ait pu produire un certain effet sur l'augmentation ou sur la diminution de la demande de l'or?

— « Je ne m'en suis pas occupé à ce point de vue. »

M. Pearse, gouverneur actuel de la Banque, a été d'accord avec M. Whitmore, relativement à cette pratique de la Banque et a exprimé sa parfaite concordance de vues sur cette opinion.

M. Pearse. — « En étudiant cette question au point de vue des règles qui président à l'émission des billets de banque, émission qui résulte des demandes d'escompte faites pour obtenir les billets de banque nécessaires à la circulation, ce qui établit sur l'émission un contrôle naturel qui ne lui permet pas de devenir excessive, je ne vois pas comment le montant des billets émis peut influer sur le prix des lingots ou sur l'état des changes, et c'est pourquoi je suis personnellement d'avis que le prix des métaux précieux ou l'état des changes ne peut jamais être une raison pour diminuer le montant des émissions des billets de banque, toujours en ne perdant pas de vue le contrôle que j'ai déjà indiqué.

— « Le gouverneur de la Banque est-il de la même opinion que celle qui vient d'être exprimée par le sous-gouverneur?

M. Whitmore. — « Je suis d'autant plus de cet avis que je n'ai jamais pensé qu'il fût nécessaire de se préoccuper du prix de l'or ou de l'état du change, les jours où nous faisons nos avances.

— « En tenez-vous compte au point de vue de la fixation du montant général de vos avances ?

— « Je ne m'en préoccupe nullement à ce point de vue, parce que je pense que cela n'a rien à voir avec la question. »

Et M. Harman, un autre directeur de la Banque, a exprimé son opinion en ces termes : « Il faudra que mes opinions changent beaucoup, avant que je puisse supposer que les changes puissent être influencés par notre papier circulant. »

Ces messieurs, aussi bien que quelques-uns des négociants qui ont déposé devant votre Commission, ont eu plus de confiance dans un argument tiré du défaut de concordance, quant aux dates, que l'on a observé entre le montant des billets de la Banque d'Angleterre et l'état du change à Hambourg pendant quelques années, et M. Pearse a présenté sur ce sujet une note qui est insérée dans l'appendice. Votre Commission n'aurait pas moins de confiance dans cet argument, quand bien même ce défaut de concordance aurait été plus grand, en considérant la variété des circonstances qui ont un effet temporaire sur le change et l'incertitude à la fois du temps et du degré auxquels il peut être influencé par une quantité donnée de papier. On peut ajouter que le montant numérique des billets (en supposant exclus les billets de £1 et de £2) n'a pas varié sensiblement pendant la période prise pour type de comparaison, et que, pendant l'année dernière, tandis que les changes généraux avec l'Europe sont devenus beaucoup plus défavorables, les billets de la Banque d'Angleterre, aussi bien que ceux des banques de province, se sont considérablement accrus. Cependant votre Commission, à tout prendre, n'est pas d'opinion qu'une dépression sensible des changes ait eu pour origine une augmentation simultanée des billets. Elle pense que les plus petites et les plus ordinaires fluctuations de change doi- être attribuées généralement à la situation de notre commerce ; que les événements politiques influant sur l'état du commerce, peuvent avoir souvent contribué aussi bien à la hausse qu'à la baisse du change, et, en particulier, que la première dépression remarquable du change au commencement de 1809 doit être attribuée aux événements commerciaux résultant de l'occupation de l'Allemagne du nord par l'empereur des Français. Le mal a été que le change, une fois tombé, n'a pas eu tous les moyens nécessaires pour se relever sous l'empire du système actuellement en vigueur. Et si ces dépressions occasionnelles, provenant de causes commerciales, ne sont pas après quelque temps successivement corrigées par le remède que l'on avait l'habitude d'appliquer avant la suspension des payements de la Banque en espèces, les conséquences peuvent, en fin de compte, être exactement semblables à celles que produirait une émission de papier soudaine ou désordonnée. On avait l'habitude de relever le change par la transmission clandestine de guinées qui le soutenait pour un moment, en produisant l'effet d'une remise d'espèces, et sans aucun doute aussi on le relevait en partie, et probablement avec plus d'efficacité, par la réduction de la quantité totale du médium de circulation, réduction à laquelle la Banque était amenée à contribuer par les mesures de précaution que faisait prendre naturellement toute exportation d'or.

Avec le système actuel, le premier de ces remèdes peut être considéré comme de plus en plus inefficace, parce que les guinées en circulation, même actuellement, sont évidemment en trop petit nombre pour servir à une remise d'espèces de quelque importance ; aussi la réduction du papier semble-t-elle être le principal, sinon le seul correctif auquel on puisse avoir recours. C'est seulement quelque temps après que la Banque aura repris ses payements en espèces, que les deux remèdes pourront être de nouveau employés comme dans toutes les occasions antérieures à la suspension des payements en espèces.

Votre Commission ne peut pas s'empêcher de déclarer que telle est son opinion, après avoir mûrement réfléchi à cette partie de son sujet, à savoir que c'est une grande erreur pratique que de croire que les changes avec les pays étrangers et le prix des métaux précieux ne sont pas susceptibles d'être influencés par le montant d'une circulation de papier émis sans la condition du payement en espèces à la volonté du porteur. Que les changes soient abaissés et le prix des métaux précieux relevé par une émission successive de ce papier, ce n'est pas seulement un principe établi par les autorités les plus éminentes en matière de commerce et de finance ; c'est encore une vérité pratique, démontrée par l'histoire de presque tous les États qui, dans les temps modernes, ont eu recours à une circulation de papier, et, dans tous ces pays, les hommes d'État se sont servis de ce principe comme du meilleur critérium pour juger si cette circulation était ou n'était pas excessive.

Dans les circonstances les plus connues de l'histoire des pays étrangers, l'excès du papier a été ordinairement accompagné d'un autre phénomène qui ne se produit pas dans notre situation présente : c'est le manque de confiance dans la suffisance des fonds sur lesquels le papier avait été émis. Partout où ces deux choses, l'excès de papier et le manque de confiance, seront réunies, elles agiront ensemble et produiront leur effet beaucoup plus rapidement que lorsqu'il y a seulement excès d'un papier d'une valeur parfaitement bonne; et, dans les deux cas, un effet du même genre se produira à la fois sur les changes étrangers et sur le prix des métaux précieux. Les exemples les plus remarquables du premier cas se trouvent dans l'histoire de la circulation de papier des colonies anglaises de l'Amérique du Nord, dans la première partie du siècle dernier et dans l'histoire des assignats de la république française : exemples auxquels votre Commission a pu en ajouter un autre, presque aussi remarquable : il est tiré des spéculations monétaires du gouvernement autrichien pendant la dernière campagne et que l'on trouvera dans l'appendice. L'état actuel de la circulation du Portugal offre aussi un exemple du même genre.

Des exemples d'une autre sorte, dans lesquels la dépréciation est produite par l'excès seul du papier, peuvent être recueillis dans l'expérience du Royaume-Uni à différentes époques.

En Écosse, vers la fin de la guerre de Sept ans, les opérations de banque avaient pris un développement excessif; et par l'usage d'insérer dans leurs billets la clause facultative de payer à vue ou à six mois de vue avec intérêts, la convertibilité de ces billets en espèces à la volonté du porteur était effectivement suspendue. Par suite ces billets subirent une dépréciation par rapport au numéraire; et, tant que dura l'abus, le change entre Londres et Dumfries, par exemple, fut quelquefois de 4 0/0 au détriment de Dumfries, tandis qu'entre Londres et Carlisle, qui n'est pas à trente milles de Dumfries, le change était au pair. Les Banques d'Édimbourg, lorsque leur papier était apporté à Londres pour y être échangé contre des billets, avaient l'habitude de reculer ou d'avancer la date de l'échéance des billets qu'elles donnaient suivant l'état du change; diminuant ainsi la valeur de ces billets, presque à un degré égal à celui auquel l'émission excessive avait déprécié leur papier. Cet excès de papier fut enfin écarté en garantissant des billets sur Londres à une date fixe; il était nécessaire de pourvoir au payement de ces billets, ou, en d'autres termes, au payement de cet excès de papier, en plaçant des sommes considérables en numéraire entre les mains de leurs correspondants à Londres. A l'appui des mesures de précaution prises par les Banques d'Édimbourg, un acte du Parlement défendit les clauses facultatives et supprima les billets de 10 et de 5 shillings. Le change entre l'Angleterre et l'Écosse revint promptement à son taux naturel; et des billets sur Londres à une date fixe ayant toujours été donnés depuis en échange pour les billets formant la circulation de l'Écosse, tout excédant appréciable du papier écossais sur celui de la Banque d'Angleterre s'est trouvé ainsi prévenu, et le change est resté stationnaire.

L'expérience de la Banque d'Angleterre elle-même, dans une courte période après son premier établissement, fournit une preuve très-instructive à l'appui des principes exposés ci-dessus. Alors les effets de la dépréciation de la monnaie par l'usure et la rognure, eurent pour corollaire une émission excessive de papier. Les directeurs de la Banque d'Angleterre n'avaient pas encore acquis une connaissance très-approfondie de tous les principes qui devaient présider à la direction d'une institution de cette nature. Ils prêtaient de l'argent non-seulement par l'escompte, mais encore sur garanties matérielles, sur hypothèques et même sur dépôt d'objets non périssables ; en même temps la Banque donnait au gouvernement une aide très-effective pour l'entretien de l'armée sur le continent. Par la largeur de ces prêts faits aux particuliers aussi bien que par les avances considérables faites au gouvernement, la quantité des billets de la Banque devenant excessive, leur valeur relative se trouva dépréciée, et ils descendirent jusqu'à subir un escompte de 17 0/0. On ne voit pas qu'à cette époque il y ait eu dans le sentiment public manque de confiance dans les fonds de garantie de la Banque ; car ses actions se vendaient à 110 0/0, quoique 60 0/0 seulement du montant des souscriptions eussent été versés. Par suite des effets combinés de cette dépréciation du papier de la Banque provenant de sa surabondance, et de la dépréciation de la monnaie d'argent provenant de l'usure et de la rognure, le prix de l'or en lingots s'éleva si haut que les guinées valaient jusqu'à 30 shillings ; tout ce qui restait d'argent au titre avait disparu de la circulation ; et le change avec la Hollande, qui auparavant avait été un peu affecté par les envois faits pour l'armée, tomba à 25 0/0 au-dessous du pair, lorsque les billets de la Banque subissaient un escompte de 17 0/0. Quelques expédients furent essayés à la fois par le parlement et par la Banque pour faire entrer dans la circulation une meilleure monnaie d'argent et pour réduire le prix des guinées, mais ils furent infructueux. A la fin, on eut recours aux vrais remèdes : d'abord, un nouveau monnayage de l'argent, qui ramena cette partie de la circulation à sa valeur type, quoique la rareté de la monnaie occasionnée par le retrait du vieux numéraire eût mis la Banque dans la gêne et même eût momentanément affecté son crédit ; secondement, le retrait de la circulation de l'excédant des billets. Cette dernière mesure paraît avoir été prise très-judicieusement. Le Parlement consentit à augmenter le capital de la Banque, mais il y mit cette condition qu'une certaine proportion des nouvelles souscriptions serait versée en billets de Banque. Proportionnellement au montant des billets ainsi amortis, la valeur de ceux qui restèrent en circulation commença à s'élever ; en peu de temps les billets furent au pair et les changes avec l'étranger à peu près également au pair. Tous ces détails sont consignés dans des brochures authentiques publiées à cette époque, et ces exemples ont semblé à votre Commission jeter un grand jour sur l'Enquête actuelle.

Votre Commission doit maintenant vous montrer la confirmation et la sanction que toutes les considérations qu'elle a développées reçoivent des travaux de la Commission de cette Chambre qu'un précédent Parlement avait chargée de rechercher les causes de la grande dépréciation du change irlandais avec l'Angleterre en 1804. Bon nombre de personnes qui ont déposé devant cette Commission, y compris deux directeurs de la Banque d'Irlande, se refusaient à admettre que la baisse du change fût à aucun degré le résultat d'un excès dans la circulation fiduciaire provenant de la suspension de 1797 ; la baisse, à cette époque, comme aujourd'hui, était attribuée tout entière à une balance désavantageuse du commerce ou des payements ; et on affirmait aussi alors que « des billets émis seulement en proportion de la demande, en échange de gages solides, convertibles et payables à des époques spécifiées, ne pouvaient donner naissance à aucun excédant dans la circulation ni à aucune dépréciation.» Cette doctrine, quoique plus ou moins adoucie par quelques-uns des témoins, se fait jour cependant à travers la plupart des dépositions faites devant cette Commission ; il y a, toutefois, une exception remarquable, celle de M. Mansfield, que sa parfaite connaissance des effets de cette émission excessive de papier écossais, mentionnée plus haut, a mis à même de formuler une plus juste opinion sur cette question. Un grand nombre de ceux qui ont déposé devant la Commission, quoique ne voulant pas reconnaître la nature réelle du mal, ont fait des concessions importantes qui les ont amenés nécessairement à des contradictions. Ils ne pouvaient pas, en leur qualité d'hommes pratiques, contredire la vérité de ce principe général, que « les fluctuations du change entre deux pays ont généralement pour limite le prix auquel une quantité donnée de métal précieux peut être achetée au moyen du médium de circulation du pays débiteur et converti en médium de circulation du pays créditeur, et aussi l'assurance et les frais de transport d'un pays à l'autre. On admettait, à la même époque que les frais de transport de l'or d'Angleterre en Irlande, y compris l'assurance, étaient au-dessous de 1 0/0 ; qu'avant la restriction, les fluctuations n'avaient jamais dépassé longtemps et de beaucoup cette limite ; et en outre que le change avec Belfast, où les guinées circulaient librement à l'époque de l'Enquête faite par cette Commission, était de 1 1/4 en faveur de l'Irlande, tandis que le change avec Dublin, où on ne se servait que de papier, était de £10 0/0 au détriment de ce pays. Il ressortait aussi de documents aussi imparfaits que ceux que l'on pouvait se procurer, que la balance du commerce était alors favorable à l'Irlande. Cependant on prétendait encore que ce n'était pas là une dépréciation du papier irlandais, qu'il y avait rareté et par conséquent cherté de l'or, et que la diminution du papier irlandais ne modifierait pas le change. » La dépréciation du papier de Banque en Irlande (disait un des témoins, directeur de la Banque d'Irlande) est un mot d'une signification tout-à-fait relative pour l'homme qui achète et vend à Dublin à l'aide de cette monnaie ; pour lui cette monnaie n'est pas dépréciée du tout ; mais pour l'acheteur d'une traite sur Londres, il y a, dans ce cas particulier, une dépréciation de 10 0/0. » En laissant aussi de côté toute comparaison pouvant servir à décider la question, entre la valeur de leur propre papier et celle soit du médium de circulation employé alors dans notre pays, soit de l'or en lingots, ou même de l'or monnayé qui passait alors avec prime dans les autres parties de l'Irlande, ils paraissent avoir gardé la conviction que le papier irlandais n'avait subi aucune dépréciation.

Il faut faire remarquer, en outre, que la valeur d'une quantité considérable de dollars mis en circulation à cette époque par la Banque d'Irlande, fut élevée à 5 shillings par dollar, dans le but avoué de rendre la nouvelle monnaie d'argent conforme à l'état du change alors existant ; c'est là une circonstance que la Commission a marquée dans son rapport et qui sert à montrer que la circulation fiduciaire de l'Irlande ne pouvait soutenir la comparaison avec le prix type de l'argent, pas plus qu'avec celui de l'or en lingots, de l'or monnayé ou de la circulation fiduciaire de notre royaume à cette époque.

Dans la déposition de M. Colville, directeur de la Banque d'Irlande, un fait a été mentionné devant cette commission, fait qui, bien qu'il n'ait pas apporté la conviction dans l'esprit de la Commission au sujet de la tendance de la limitation du papier à abaisser le taux du change, semble néanmoins décisif sur ce point. M. Colville a exposé qu'en 1753 et 1754, le change de Dublin se trouvant très-défavorable, et les billets de la Banque de Dublin ayant été soudainement retirés, le change devint extraordinairement favorable. Une grande détresse se produisit alors dans le commerce par suite de cette mesure subite; car elle fut exécutée, non pas avec les ménagements graduels et prudents qu'emploient les autres Banques, mais bien sous l'influence de cette pression violente à laquelle l'avaient soumise ses émissions inconsidérées. Le résultat général, cependant, n'est pas moins remarquable.

Pour mieux élucider encore cette question des changes irlandais, qui a tout dernièrement attiré l'attention du Parlement, il est bon de faire remarquer que l'Irlande n'a pas d'affaires de change avec les pays étrangers, excepté avec Londres ; et que les payements d'Irlande au continent sont par conséquent convertis en monnaie anglaise et ensuite en monnaie des pays dont l'Irlande est la débitrice. Au printemps de 1804, le change de l'Angleterre avec le continent était au-dessus du pair, et le change de l'Irlande était dans un état tel que £118 10sh., en billets de la Banque d'Irlande, pouvaient acheter seulement £100 de billets de la Banque d'Angleterre. C'est pourquoi, si les billets de la Banque d'Irlande n'étaient pas dépréciés, et on l'a soutenu, il s'ensuit que les billets de la Banque d'Angleterre faisaient prime de plus de 10 0/0 au-dessus du type de la monnaie des deux pays.

Les principes émis par la Commission de 1804 eurent probablement quelque poids aux yeux des directeurs de la Banque d'Irlande ; car entre la date du rapport de la Commission (juin 1804) et janvier 1806, la circulation des billets de la Banque d'Irlande fut graduellement réduite (quoique avec de petites fluctuations occasionnelles) de 3 millions environ à £2.410.000, ce qui équivaut à une diminution de près de 1/5. A la même époque, toute la monnaie d'argent qui avait été mise en circulation fut supprimée par une loi. La circulation fiduciaire de la Banque d'Angleterre et des Banques provinciales paraît s'être accrue graduellement pendant la même période. Ces deux causes réunies ont eu une influence notable pour relever au pair le change de l'Irlande avec l'Angleterre.

La Banque d'Irlande a de nouveau graduellement accru ses émissions jusqu'à environ £3.100.000, chiffre un peu plus élevé que celui qu'elles atteignaient en 1804, et cette augmentation n'était probablement pas disproportionnée par rapport à celle qui eut lieu en Angleterre pendant la même période. Peut-être, cependant, ne faudrait-il pas assurer que la diminution des émissions de la Banque d'Irlande entre 1804 et 1806 produisit une réduction correspondante dans les émissions des Banques particulières en Irlande, exactement de la même manière qu'une diminution du papier de la Banque d'Angleterre produit cet effet sur les Banques provinciales dans la Grande-Bretagne ; parce que la Banque d'Irlande ne possède pas le privilége exclusif de la circulation fiduciaire, privilége dont jouit la Banque d'Angleterre à l'égard de la capitale de ce royaume. Le Banque d'Angleterre en restreignant la quantité de cet article nécessaire dans cette partie importante du pays, peut plus efficacement assurer l'amélioration de sa valeur ; et toute amélioration de cette nature doit nécessairement conduire, par une diminution correspondante dans la quotité, à une augmentation semblable de la valeur du papier des Banques de province, échangeable contre le papier de la Banque d'Angleterre. Il est plus que probable que la même diminution de la circulation des Banques particulières se produisit en Irlande, parce que les banques particulières en Irlande ont l'habitude de donner du papier de la Banque d'Irlande à la place de leurs propres billets, lorsqu'on le leur demande, et elles ne pouvaient pas, par conséquent, ne pas ressentir les effets d'une nouvelle limitation du papier contre lequel le leur était échangeable.

On doit, cependant, par justice pour les directeurs actuels de la Banque, rappeler à la Chambre que la suspension des payements en espèces, bien qu'elle ait paru avoir eu pour origine une fausse appréciation faite par la Banque des difficultés particulières de notre époque, n'a pas été une mesure émanant de l'initiative de la Banque, mais imposée par le législateur qui a cherché à la justifier par des raisons majeures de politique intérieure et d'utilité publique. Aussi ne faut-il pas faire un crime aux directeurs, de ce que, dans la nouvelle situation où leur compagnie commerciale a été placée par la loi, et se trouvant investis du soin de régler et de contrôler la circulation tout entière du pays, ils n'ont pas eu une connaissance approfondie des principes qui doivent présider à l'accomplissement d'un mandat aussi délicat, et s'ils ont continué à conduire leurs affaires d'escompte et d'avances suivant leur ancienne routine.

Il est important, également, de remarquer que, sous l'empire du premier système, lorsque la Banque était tenue d'échanger ses billets contre des espèces à première réquisition, l'état des changes avec l'étranger et le prix de l'or influencèrent très-notablement sa conduite dans l'émission de ces billets, quoique ce ne fût point une pratique des directeurs de se préoccuper systématiquement de l'une ou de l'autre. Aussi longtemps qu'on put demander de l'or en échange de leur papier, ils furent promptement informés de toute baisse du change et de toute élévation du prix de l'or, parce qu'on courait chez eux pour s'en procurer. Si, à un moment quelconque ils dépassaient imprudemment la limite normale de leurs avances et de leurs émissions, le papier leur était promptement rapporté par ceux qui étaient tentés de faire un profit soit sur le prix de l'or sur le marché, soit par le taux du change. De cette manière, le mal se guérissait bientôt. Les directeurs de la Banque étant tenus dans l'appréhension par la réduction de leur approvisionnement d'or, et ne pouvant réparer leurs pertes que par des achats de lingots à des prix très-onéreux, resserraient naturellement leurs émissions de papier, et donnaient ainsi au papier qui restait, aussi bien qu'au numéraire contre lequel il était échangeable, une valeur plus grande, tandis que l'exportation clandestine soit du numéraire, soit de l'or provenant de la fusion de ce numéraire, venait se combiner avec la restriction des émissions pour améliorer l'état du change et produire une diminution correspondante de la différence entre le prix de l'or sur le marché et à la Monnaie, ou du papier convertible en or.

Votre Commission n'a pas besoin de vous représenter que la manière dont cet effet a été produit par la conduite qu'elle a décrite, a été parfaitement comprise par les directeurs de la Banque. Le fait d'avoir limité leur papier aussi souvent qu'ils voyaient se produire un écoulement d'or est, cependant, indubitable. M. Bosanquet a exposé, dans sa déposition devant le comité secret de la Chambre des Lords, en l'année 1797 : « Que, en 1783, la Banque ayant vu se produire un écoulement de numéraire qui l'alarma, les directeurs prirent une résolution énergique et refusèrent de faire des avances sur l'emprunt de cette année. Cette mesure, a-t-il dit, atteignait le but de produire une suspension temporaire dans la quotité de l'écoulement de leur numéraire. » Et les trois directeurs qui ont été interrogés par votre Commission ont fait voir qu'il y a eu habituellement restriction des émissions de la Banque dans les périodes antérieures à la suspension des payements en numéraire, toutes les fois qu'il y avait une demande de quelque importance.

Une demande très-pressante de guinées, quoique provenant non pas de la cherté de l'or, ni de l'état du change, mais d'une crainte d'invasion, eut lieu en 1793 et aussi en 1797, et dans chacune de ces périodes, la Banque restreignit ses escomptes et conséquemment aussi le montant de ses billets, beaucoup au-dessous de la demande des commerçants. Votre Commission met en doute l'habileté de cette mesure consistant à limiter les facilités dans une période d'alarme qui n'était pas accompagnée d'un change défavorable ni de la cherté des métaux précieux ; mais elle considère la conduite de la Banque aux deux périodes en question comme faisant ressortir sa tendance générale, antérieurement à 1797, à restreindre ses prêts et ses émissions, lorsqu'elle voyait qu'on lui retirait son or. Une conséquence nécessaire de la suspension des payements en numéraire, a été de soustraire la

Banque à ce retrait de l'or, qui, dans les premiers temps, résultait évidemment de l'état défavorable du change et de la cherté des métaux précieux. Les directeurs, allégés de toutes leurs craintes à cet égard et ne sentant plus les inconvénients d'un tel état de choses, n'ont pas été stimulés à relever les changes et le prix de l'or à leur niveau convenable par une réduction de leurs avances et de leurs émissions. Les directeurs, dans les premiers temps, ne se rendaient peut-être pas compte du principe plus distinctement que ceux d'aujourd'hui, mais ils sentaient les inconvénients et obéissaient à leur impulsion ; ce qui, dans la pratique, produisait un arrêt et une restriction de l'émission du papier. De nos jours, les inconvénients ne se font pas sentir; et par suite le frein n'a plus de force. Mais votre Commission demande à la Chambre la permission de lui dire que son opinion la plus formelle est que, aussi longtemps qu'on laissera subsister la suspension des payements en espèces, le prix de l'or en lingots et le cours général du change avec les pays étrangers considéré pendant une longue période de temps, est le meilleur critérium qui permette de juger de la suffisance ou de la surabondance de la monnaie de papier en circulation, et que la Banque d'Angleterre ne peut pas régler, en toute sécurité, le montant de ses émissions, sans se reporter au critérium fourni par ces deux données. Et en résumant tous les faits et tous les raisonnements qui ont déjà été exposés, votre Commission est encore d'opinion que, quoique l'état commercial de notre pays et l'état politique du continent puissent avoir quelque influence sur la cherté de l'or en lingots et le cours défavorable du change avec les pays étrangers, ce prix et cette dépréciation doivent être attribués aussi à l'absence d'un frein permanent et d'une limitation suffisante de la circulation fiduciaire de ce pays.

Comme complément du sujet général de cette partie de son rapport, la politique de la Banque d'Angleterre en ce qui concerne le montant de sa circulation, votre Commission doit appeler maintenant l'attention de la chambre sur un autre point, qui lui a été signalé dans le cours de l'enquête, et qui, dans son jugement, mérite d'être pris en très-sérieuse considération. Les directeurs de la Banque, aussi bien que quelques-uns des commerçants qui ont été interrogés, se sont montrés fort empressés de développer devant votre Commission une doctrine de la vérité de laquelle ils se disaient entièrement convaincus, à savoir qu'il ne pouvait y avoir aucun excès dans l'émission du papier de la Banque d'Angleterre aussi longtemps que les avances pour lesquelles il est émis seront faites d'après les principes qui guident actuellement la conduite des directeurs, c'est-à-dire aussi longtemps que l'escompte des effets de commerce est limité à du papier d'une solidité indubitable, ayant pour origine des transactions commerciales réelles et payable à une échéance courte et déterminée. Que l'escompte doive être fait seulement sur des billets provenant de transactions commerciales réelles et venant à échéance dans une courte période et à une date fixe, voilà un principe judicieux et bien établi. Mais que, lorsque la Banque ne paye plus en espèces, il n'y ait besoin d'autre limite à l'émission de son papier que celle qui est déterminée par les règles de son escompte, et que pendant la suspension des payements en espèces l'escompte de bonnes valeurs échéant à de courtes périodes ne puisse avoir pour conséquence aucun excès dans le montant de la circulation fiduciaire de la Banque, voilà ce qui semble être à votre Commission un principe erroné et plein de conséquences dangereuses dans la pratique.

Mais votre Commission, avant de faire sur cette théorie les observations qu'elle lui paraît motiver, pense qu'il convient de vous montrer, d'après les résultats de l'Enquête, jusqu'à quel point cette théorie est soutenue par des hommes qui ont été à la tête des affaires de la Banque. L'opinion de ces hommes pourrait avoir une grande influence pratique; et de plus, votre Commission la considère comme la meilleure démonstration de la ligne de conduite suivie par cet établissement dans l'exercice de ses fonctions.

M. Whitmore, le dernier gouverneur de la Banque, dit expressément : « La Banque ne fait jamais entrer de force un billet en circulation, et il ne restera jamais dans la circulation un billet de plus que ce que réclament les besoins du public ; car je présume qu'aucun banquier ne gardera par-devers lui un stock de billets de banque plus considérable que ne l'exigent ses payements immédiats, puisqu'il peut toujours s'en procurer à un moment donné. » Cette raison est plus particulièrement expliquée par M. Whitmore, lorsqu'il dit : « Les billets de banque nous seraient retournés s'il y avait surabondance dans la circulation, parce que personne ne voudrait payer un intérêt pour un billet dont il n'aurait pas l'emploi. » M. Whitmore dit plus loin : « Le critérium à l'aide duquel je juge de l'exacte proportion qui doit être maintenue entre les besoins du public et les émissions de la Banque, c'est d'éviter autant que possible d'escompter un papier qui ne paraît pas être un vrai papier de commerce. » Et plus loin, lorsqu'on lui demande quel moyen le conseil des directeurs a de juger si la quantité de billets en circulation est excessive?

M. Whitmore répond que la mesure de la rareté ou de l'abondance des billets se trouve dans la plus ou moins grande demande qui en est faite pour l'escompte du bon papier.

M. Pearse, dernier sous-gouverneur, et actuellement gouverneur de la Banque, a exprimé très-clairement sa concordance de vues avec M. Whitmore sur cette question particulière. Il s'est reporté à la manière dont les billets sont émis, par suite des demandes faites pour les escomptes, afin de satisfaire au besoin des billets de la Banque, demandes qui servent de contrôle au montant des émissions, de manière à les empêcher de devenir excessives. Il considère « le montant des billets de banque en circulation comme étant contrôlé par les besoins du public pour des opérations intérieures, et il ajoute que, grâce à la manière dont est contrôlée l'émission des billets de banque, le public ne peut jamais en demander plus qu'il ne lui en faut absolument pour ses besoins. »

A un autre directeur de la Banque, M. Harman, « on a demandé s'il pensait que la somme totale des escomptes demandés, même dans le cas où les avances seraient faites sur la garantie de bonnes valeurs à des personnes solvables, pouvait arriver à produire un excès dans les émissions de la Banque, si on faisait droit à toutes les demandes. » Il a répondu : « Je pense que si nous ne faisons l'escompte qu'à des personnes solides et sur du papier ayant pour origine des transactions réelles et de bonne foi, nous ne pouvons nous tromper d'une manière notable. » Il ajoute ensuite « que ce qu'il considérerait comme une preuve de surabondance, ce serait la présence sur le marché d'une plus grande quantité d'argent. »

Il est important de faire remarquer que M. Whitmore et M. Pearse ont déclaré tous deux « que la Banque ne fait pas droit à toutes les demandes d'escompte qui lui sont faites et qu'elle n'est jamais conduite, par la considération de son propre intérêt, à pousser ses émissions au-delà de ce qu'elle croit nécessaire pour l'intérêt public. »

Une autre partie capitale de la déposition de ces messieurs sur ce point est contenue dans l'extrait suivant :

« Pensez-vous qu'on serait aussi rassuré contre tout excès dans les émissions de la Banque, si le taux de l'escompte était réduit de £5 à £4 0/0 ? » — *Réponse* : « La sécurité, à l'égard de toute émission excessive, serait, je crois, exactement la même. » — *M. Pearse* : « Je m'associe à cette réponse. » — « Et s'il était réduit à £3 0/0 ? » — *M. Whitmore* : « J'estime qu'il n'y aurait pas de différence, si notre manière de faire restait ce qu'elle est aujourd'hui, c'est-à-dire si on ne faisait pas entrer de force un billet en circulation. » —*M. Pearse:* « Je m'associe à cette réponse. »

Votre Commission ne saurait s'empêcher d'appeler l'attention de la Chambre sur les vues exposées dans cette Enquête, relativement aux conséquences nées de la situation particulière où a été placée la Banque d'Angleterre par la suspension des payements en espèces. Tant que le papier de la Banque était convertible en espèces à la volonté du porteur, il suffisait, à la fois pour la sûreté de la Banque et pour l'intérêt du public en ce qui concerne le médium de circulation, que les directeurs fissent attention seulement au caractère et à la qualité des billets escomptés, pour voir s'ils étaient bien réels et payables à une échéance courte et déterminée. Ils ne pouvaient pas dépasser de beaucoup les limites régulières de la quantité et du montant des billets escomptés, de manière à produire un excédant dans leur papier en circulation, sans voir promptement que le surplus leur était retourné avec une demande d'espèces. L'intérêt personnel de la Banque à se mettre en garde contre une demande prolongée de cette nature, était pour le public une protection suffisante contre tout excès du papier de la Banque capable de produire un abaissement dans la valeur relative du médium de circulation. La restriction des payements en espèces, ainsi qu'on l'a déjà fait voir, ayant rendu désormais inutiles pour la Banque les mesures préventives, a écarté ce frein qui, en modérant les émissions, était la garantie du public contre tout excès. Lorsque les directeurs n'ont plus été exposés à l'inconvénient de se voir demander de l'or, ils ont naturellement senti qu'ils n'avaient pas à se mettre en garde contre cet inconvénient par un système plus restreint d'escomptes et d'avances, et il était tout naturel pour eux de poursuivre comme auparavant (mais en laissant de côté ces précautions et cette limitation qui n'était plus utile à leur sécurité) ce système libéral et prudent d'avances commerciales qui avait fait la prospérité de leur établissement, aussi bien que la prospérité du pays tout entier dans une large mesure. Il était naturel pour les directeurs de la Banque de croire qu'il ne pouvait y avoir que du profit pour le public en général, lorsqu'ils voyaient le progrès des bénéfices de la Banque marcher de pair avec les prêts faits aux commerçants. On ne pouvait guère attendre des directeurs de la Banque qu'ils connussent à fond les conséquences qui pouvaient résulter de la continuation, après la suspension des payements en espèces, du système dans lequel ils avaient auparavant trouvé leur sûreté. La surveillance de l'application d'une loi si nouvelle et les mesures de précaution à prendre contre le dommage qui pouvait en résulter pour l'intérêt public étaient du domaine, moins de la Banque que de la législature. Et, dans l'opinion de votre Commission, il y a sujet de regretter que la Chambre n'ait pas cherché plus tôt à se rendre compte de toutes les conséquences de cette loi.

La plus importante de toutes ces conséquences, sans contredit, est que, tandis que la onvertibilité en espèces n'existe plus comme un frein mis à une émission excessive de papier, les directeurs de la Banque n'ont pas compris que l'éloignement de ce frein a rendu possible une émission excessive par l'escompte de billets parfaitement bons. Votre Commission a démontré que, loin de le comprendre, ils soutiennent la doctrine opposée avec la confiance la plus grande, bien qu'ils l'aient dans certaines occasions modifiée par quelques-unes de leurs expressions. Votre Commission ne doute pas un instant que cette doctrine ne soit des plus captieuses. Le sophisme sur lequel elle repose consiste dans ceci qu'on ne fait pas de distinction entre les avances de capital faites aux commerçants et une addition supplémentaire de monnaie faite à la masse générale du médium de circulation. Si on considère seulement les avances de capital comme faites à des gens prêts à l'employer en entreprises judicieuses et productives, il est évident qu'il n'est pas besoin qu'il y ait d'autre limite au montant total des avances que celle que peuvent imposer les moyens du prêteur et sa prudence dans le choix des emprunteurs. Mais, dans la situation actuelle de la Banque, investie qu'elle est du soin d'approvisionner le public de cette monnaie de papier qui forme la base de notre circulation et n'étant pas en même temps soumise à l'obligation de convertir le papier en espèces, toute avance de capital qu'elle fait aux marchands sous la forme d'escompte devient aussi une addition à la masse du médium de circulation. Dans le premier cas, lorsque l'avance consiste en billets donnés pour l'escompte d'une valeur, c'est indubitablement autant de capital, autant de pouvoir de faire des achats placé entre les mains du négociant qui reçoit les billets, et autant ces mains offrent de garanties, autant l'opération, même dans ce premier degré, est utile et productive pour le public. Mais aussitôt que la portion de médium de circulation qui a servi à faire cette avance accomplit dans les mains de celui auquel elle a été faite son premier rôle comme capital, aussitôt que les billets sont échangés par lui contre quelque autre article qui est un capital, elles se mêlent au canal de la circulation comme autant de médiums de circulation et forment une addition à la masse de la monnaie. L'effet certain d'une telle addition à la masse est de diminuer la valeur relative de toute portion donnée de cette masse en comparaison des autres denrées. Si les additions étaient faites par des billets convertibles en espèces, cette diminution de la valeur relative d'une portion donnée de la masse tout entière ferait rapidement rapporter à la Banque qui a émis les billets, une quantité égale à l'excès produit. Mais si, par l'effet de la loi, les billets ne sont pas convertibles, évidemment cet excédant ne reviendra pas à la Banque ; il restera dans le canal de la circulation, jusqu'à ce qu'il soit de nouveau donné à la Banque en payement pour acquitter les valeurs escomptées à l'origine. Pendant tout le temps qu'ils restent dehors, ils jouent le rôle de médiums de circulation, et avant de revenir pour payer les billets escomptés, ils ont déjà été suivis d'une nouvelle émission de billets pour une semblable opération d'escompte. Chaque avance successive donne lieu à la même opération. Si la somme totale des escomptes se maintient à un montant donné, il restera d'une manière permanente dans la circulation une somme de papier correspondante, et si le montant des escomptes s'accroît progressivement, le montant du papier qui reste dans la circulation, dans une proportion bien plus élevée que ne l'exigent les besoins du public, s'accroîtra aussi, et le prix en monnaie de toutes les denrées s'accroîtra progressivement. Ce progrès peut être aussi indéfini que l'essor de la spéculation et de l'esprit d'entreprise dans un grand pays commercial.

Il est nécessaire de faire remarquer que la loi, qui dans notre pays limite le taux de l'intérêt, et, par suite, le taux auquel la Banque peut escompter légalement, expose la Banque à des demandes plus étendues encore d'escomptes commerciaux. Lorsque le taux du profit commercial est beaucoup au-dessus de 5 0/0, comme il l'a été dernièrement dans beaucoup de branches de notre commerce extérieur, il n'y a en fait aucune limite aux demandes que les commerçants, ayant un capital parfaitement solide et un esprit d'entreprise très-prudent, peuvent être tentés de faire à la Banque pour obtenir les facilités de l'escompte. Aucun argument, aucune preuve ne saurait mieux faire ressortir à quel degré les directeurs de la Banque qui ont été interrogés semblent avoir, en théorie, embrassé la doctrine sur laquelle votre Commission a fait ces observations, aussi bien que les conséquences pratiques auxquelles peut mener cette doctrine, dans les temps où est très-développé l'esprit des entreprises commerciales, que l'opinion exprimée par M. Whitmore et M. Pearse : à savoir que le public aurait une aussi complète garantie contre les émissions excessives de la Banque, si le taux de l'escompte était réduit de 5 à 4 et même à 3 0/0. Cependant il résulte de la déposition du dernier gouverneur et du sous-gouverneur de la Banque que, bien que proclamant très-haut le principe qu'il ne peut pas y avoir d'excès dans leur circulation si elle est émise d'après les règles qui président à leurs escomptes, cependant ils écartent cette opinion que dans leur conduite ils poussent ce principe jusqu'à ses dernières conséquences.

Quoiqu'ils aient dit que les demandes d'escompte de billets réguliers étaient leur seul critérium de la rareté ou de l'abondance, ils ont néanmoins fait entendre à votre Commission qu'ils n'accordaient pas l'escompte dans la proportion de toutes les demandes. En d'autres termes, les directeurs ne poussent pas à l'extrême l'application du principe qu'ils représentent comme étant parfaitement sain et sûr, et l'on doit, par conséquent, les considérer comme ne possédant pas une règle distincte et certaine pour guider leur conduite dans le contrôle du montant de leur circulation.

La suspension des payements en numéraire a eu pour effet de confier aux mains des directeurs de la Banque d'Angleterre, pour être exercée à l'aide de leur seul discernement, la charge importante de fournir au pays la quantité de médium de circulation qui est exactement proportionnée aux besoins du public. Dans l'opinion de votre Commission, c'est une mission qu'il serait déraisonnable de croire que les directeurs de la Banque sont capables de remplir. La connaissance la plus approfondie du commerce actuel de notre pays combinée avec la science profonde de tous les principes qui régissent la monnaie et la circulation ne suffirait pas pour rendre un homme ou un conseil d'hommes capables d'établir et de maintenir toujours une juste proportion entre le médium de circulation d'un pays et les besoins du commerce. Lorsque la monnaie consiste uniquement en métaux précieux ou en papier convertible à volonté en métaux précieux, le cours naturel du commerce, en établissant les changes entre les différents pays du monde, établit dans chaque pays en particulier, la proportion entre le médium de circulation et les besoins actuels du pays, d'après cet approvisionnement de métaux précieux que les mines fournissent au marché général du monde entier. La proportion, qui est ainsi établie et maintenue par l'effet naturel du commerce, ne peut être établie par aucune prudence ni par aucune science humaine. Si le système naturel de monnaie et de circulation était abandonné pour y substituer une émission discrétionnaire de monnaie de papier, ce serait une erreur de croire qu'on pourrait fixer des règles pour l'application exacte de cette faculté d'émission discrétionnaire, quoiqu'on puisse néanmoins signaler quelques mesures de précaution pour modérer et contrôler ses conséquences, telles que celles qui sont indiquées par les effets d'une émission excessive sur les changes et sur le prix de l'or. Les directeurs de la Banque d'Angleterre, dans l'opinion de votre comité, ont exercé le pouvoir discrétionnaire nouveau et extraordinaire qui leur a été confié depuis 1797, avec une parfaite intégrité et un profond souci de l'intérêt public, entendu à leur manière, ils se sont assurément bien moins attachés à les faire tourner au profit de la Banque qu'on ne l'eût facilement toléré, et ils méritent la continuation de cette confiance que le public a eue si longtemps et si justement dans l'intégrité avec laquelle ses affaires sont conduites, aussi bien que dans l'inébranlable stabilité et les fonds considérables de ce grand établissement. Que leur récente ligne de conduite renferme de grandes erreurs pratiques, qu'il est du plus grand intérêt pour le public de corriger, c'est ce dont votre Commission est pleinement convaincue; mais il faut moins imputer ces erreurs aux directeurs de la Banque, que les envisager comme l'effet d'un nouveau système dont le Parlement aurait dû plus tôt considérer toutes les conséquences, quoiqu'à l'origine ou par la suite, il ait été rendu nécessaire comme un expédient temporaire. Quand votre Commission considère que ce pouvoir discrétionnaire d'approvisionner le royaume d'un médium de circulation a été exercé sous l'influence de cette opinion que le papier ne pouvait pas être émis avec excès s'il était avancé aux commerçants en escomptant de bonnes valeurs payables à des périodes déterminées, et de cette autre opinion qu'on n'avait à se préoccuper ni du prix des métaux précieux, ni du cours des changes comme ne fournissant aucune indication sur la suffisance ou l'excès de ce papier, votre commission ne peut pas hésiter à dire que ces opinions de la Banque doivent être regardées comme étant en grande partie la cause efficiente de la persistance de l'état de choses actuel.

IV.

Votre Commission va maintenant continuer à exposer, d'après les renseignements qu'elle a recueillis, quelle a été l'augmentation progressive et quel est actuellement le montant de la circulation fiduciaire de notre pays, consistant d'abord en billets de la Banque d'Angleterre qui ne sont pas à présent convertibles en espèces, et, en second lieu, en billets des banques de province qui sont convertibles, à la volonté du porteur, en papier de la Banque d'Angleterre. Après avoir déterminé le montant du papier de la Banque d'Angleterre, votre Commission exposera les raisons qui lui donnent à penser que le montant numérique de ce papier n'est pas la seule chose à considérer pour résoudre la question de sa surabondance ; et avant d'établir le montant du papier des banques de province, autant que ce montant peut être déterminé, votre Commission expliquera pour quelles raisons elle pense que le montant de la circulation fiduciaire des banques de province est limité par le montant de celle de la Banque d'Angleterre.

1. — Il ressort des comptes déposés devant les Commissions sur les affaires de Banque en 1797, que pendant les quelques années antérieures à 1796, le montant des billets de banque en circulation variait en moyenne de £10.000.000 à £11.000.000 ; très-rarement au dessous de £9.000.000, il ne dépassait pas souvent d'une manière sensible £11.000.000.

L'extrait suivant des comptes, mis sous les yeux de votre Commission ou fournis par la Banque sur sa demande, montrera l'augmentation progressive des billets depuis l'année 1798 jusqu'à la fin de l'année dernière.

Montant moyen des billets de la Banque d'Angleterre, en circulation pendant chacune des années suivantes :

	Billets de £5 et au-dessus y compris les mandats.	Billets au-dessous de £5.	Total.
1798	£11,527,250	£1,807,502	£13,334,752
1799	12,408,522	1,653,805	14,062,327
1800	13,598,666	2,243,266	15,841,932
1801	13,454,367	2,715,182	16,169,594
1802	13,917,977	3,136,477	17,054,454
1803	12,983,477	3,864,045	16,847,522
1804	12,621,348	4,723,672	17,345,020
1805	12,697,352	4,544,580	17,241,932
1806	12,844,170	4,291,230	17,135,400
1807	13,221,988	4,183,013	17,405,001
1808	13,402,160	4,132,420	17,534,580
1809	14,133,615	4,868,275	19,001,890

En relevant sur ces comptes le second semestre de l'année 1809, on trouvera que la moyenne de la circulation a été plus élevée que la moyenne générale de l'année et a été portée à £19.880.310.

Les comptes qui figurent dans l'appendice donnent des relevés très-détaillés pour les quatre premiers mois de l'année courante, jusqu'au 12 mai, relevés desquels il résulte que le montant des billets de banque est allé en augmentant, particulièrement pour les billets de moindre valeur. Le montant total des billets de banque en circulation, en en retranchant £939.990 de mandats, est, d'après la moyenne des deux évaluations du 5 et du 12 mai dernier, de £14.136.610 en billets de £5 et au dessus, et de £6.173.380 en billets au-dessous de £5, ce qui fait un total de £20.309.990 et, en y comprenant les mandats, un total de £21.249.980.

Il faut remarquer que la partie la plus considérable de cette augmentation depuis 1798 porte sur les petites coupures, dont une portion doit être considérée comme ayant été introduite pour tenir lieu des espèces qui manquaient à l'époque de la suspension des payements en numéraire. On voit cependant que la quantité primitive des petites coupures mises en circulation après cet événement était très-réduite en comparaison de leur montant actuel; une augmentation considérable s'est produite de la fin de l'année 1799 à celle de l'année 1802; et une augmentation très-rapide a encore eu lieu depuis le mois de mai de l'année dernière jusques à aujourd'hui. L'augmentation de ces petites coupures, depuis le 1er mai 1809 jusqu'au 5 mai 1810, étant représentée par la différence entre la somme de £4.509.470 et celle de £6.161.020.

Les billets de la Banque d'Angleterre sont émis principalement pour faire des avances au gouvernement pour les services publics, et pour faire des avances aux commerçants en escomptant leurs billets.

Votre Commission a eu sous les yeux un compte des avances faites par la Banque au gouvernement sur les impôts fonciers et sur la drèche, les bons de l'Échiquier et autres valeurs, chaque année depuis la suspension des payements en espèces; en le comparant aux comptes présentés aux Commissions de 1797 et qui remontaient jusqu'à vingt ans en arrière, on voit que les avances annuelles de la Banque au gouvernement ont été en moyenne, depuis la suspension des payements en numéraire, beaucoup plus faibles que le montant des avances faites antérieurement à cet événement; et le montant de ces avances dans les deux dernières années, quoique plus élevé que celui des avances faites pendant les quelques années ayant précédé immédiatement, est cependant inférieur au montant des avances faites pendant une quelconque des six années précédant la restriction des payements en espèces.

En ce qui concerne le montant des escomptes commerciaux, votre Commission n'a pas jugé à propos de demander aux directeurs de la Banque une déclaration de leur montant exact, parce que cette opération faisant partie des transactions privées de la Banque comme compagnie commerciale, il ne paraît pas convenable de demander une communication de cette nature sans des motifs impérieux. Néanmoins le dernier gouverneur et le sous-gouverneur, sur le désir exprimé par votre Commission, ont fourni une échelle comparative, montrant, par des nombres progressifs, l'augmentation du montant de leurs escomptes depuis l'année 1790 jusques et y compris 1809. Ils ont exprimé le vœu, auquel votre commission croit qu'il est de son devoir de déférer, que ce document ne fût pas rendu public; aussi, au lieu de le placer dans l'appendice qui fait suite au présent rapport, elle l'a renvoyé à la Banque. Mais votre Commission peut dire en termes généraux que le montant des escomptes s'est accru progressivement depuis l'année 1796, et qu'il a atteint l'année dernière (1809) des proportions très-élevées par rapport même au montant le plus élevé dans une quelconque des années antérieures à 1797.

A ce propos, votre Commission tient à faire remarquer que le montant des escomptes commerciaux de la Banque, quelque élevé qu'il soit, ne devrait jamais, s'il pouvait être considéré en lui-même, être regardé comme autre chose que comme un grand bien pour le public ; et c'est seulement l'excès du papier émis et jeté dans la circulation pour faire face aux escomptes, qui doit être considéré comme un mal.

Mais votre Commission ne doit pas manquer d'établir un principe très-important, à savoir que le montant numérique des billets de banque en circulation ne peut pas être considéré du tout comme décidant la question de savoir si le papier est ou n'est pas excessif. La même somme de papier peut à un moment donné être insuffisante et à un autre moment plus que suffisante. La quantité de monnaie nécessaire variera dans une certaine mesure avec le développement du commerce; et l'augmentation de notre commerce qui s'est manifestée depuis la suspension doit avoir occasionné une certaine augmentation dans la quantité de notre monnaie. Mais entre la quantité de monnaie et la quantité de denrées il n'y a pas de proportion fixe; et toutes conséquences déduites d'une supposition de cette nature seraient entièrement erronées. La monnaie effective du pays dépend de la rapidité de la circulation et du nombre d'échanges accomplis dans un temps donné, aussi bien que de son montant numérique ; et toutes les circonstances qui ont une tendance à accélérer ou à ralentir le cours de la circulation rendent le montant de cette monnaie plus ou moins proportionné aux besoins du commerce. Il faut un montant beaucoup plus faible dans un état de crédit public très-développé que lorsqu'une panique engage les particuliers à faire rentrer leurs avances et à se prémunir contre les accidents par le retrait de leurs capitaux; et moindre aussi dans une période de sécurité commerciale et de confiance privée que lorsqu'une défiance mutuelle empêche toute transaction pécuniaire pour une époque un peu éloignée. Mais par-dessus tout, la même somme de monnaie sera plus ou moins proportionnée aux besoins du commerce, suivant le degré d'habileté que mettront les grands détenteurs de capitaux à diriger et à économiser l'emploi du médium de circulation. Votre Commission pense que les améliorations qui se sont produites depuis longues années dans ce pays et en particulier dans le district de Londres, en ce qui concerne l'usage et l'économie de la monnaie parmi les banquiers, ainsi que dans le mode de règlement des payements commerciaux, doivent avoir contribué plus qu'on ne le leur a attribué jusqu'ici, à rendre la même somme suffisante pour un plus grand chiffre d'opérations commerciales et de payements que précédemment. Quelques-unes de ces améliorations sont consignées en détail dans l'Enquête : elles consistent principalement dans l'usage plus fréquent des traites des banquiers pour les payements ordinaires à Londres; l'invention d'apporter ces traites tous les jours à un réceptacle commun, où elles sont balancées les unes par les autres; l'intermédiaire des courtiers de change, et quelques autres changements dans la pratique des banquiers de Londres, ont eu pour effet de les dispenser de garder chez eux un dépôt de numéraire aussi considérable qu'auparavant. On verrait certainement dans le district de Londres qu'il faut une moindre somme de monnaie pour faire le même nombre d'échanges et les mêmes payements, si les prix étaient restés les mêmes. Il est bon de remarquer aussi que l'impulsion donnée à la Banque d'Angleterre et la compétition du papier des banques provinciales ont eu pour effet de confiner de plus en plus le papier de la Banque d'Angleterre dans l'intérieur de Londres et du district adjacent. Toutes ces circonstances ont dû coopérer à rendre nécessaire, pour satisfaire aux exigences d'un commerce croissant, une augmentation du papier de la Banque d'Angleterre plus petite qu'elle n'aurait dû l'être dans une autre situation ; et elles ont montré combien il est impossible, d'après le montant numérique du papier seul, de décider s'il est excessif ou non : on doit avoir recours à un critérium plus sûr que votre Commission a déjà signalé et qu'on ne trouve que dans l'état des changes et le prix de l'or en lingots. Les circonstances particulières des deux années qui sont si remarquables dans l'histoire récente de notre circulation, 1793 et 1797, jettent une grande lumière sur le principe que votre Commission vient d'établir.

En l'année 1793, la détresse fut occasionnée par un manque de confiance dans la circulation de la province et, comme conséquence, par une affluence de demandes qui se porta sur celle de Londres. La Banque d'Angleterre ne pensa pas pouvoir élargir le cercle de ses émissions pour faire face à cette demande croissante, et les billets, émis antérieurement à la panique, circulant moins librement à cause de cette panique, se trouvèrent insuffisants pour les payements nécessaires. Au milieu de cette crise, le Parlement appliqua un remède très-semblable, dans son effet, à une augmentation des avances et des émissions de la Banque ; il autorisa à prêter des bons de l'Échiquier à tous les commerçants qui en réclameraient, moyennant une garantie sérieuse ; et la confiance que cette mesure répandit, ainsi que les facilités plus grandes qu'elle donnait pour obtenir des billets de Banque par la vente des bons de l'Échiquier, firent rapidement cesser la détresse de Londres et de la province. Sans émettre une opinion sur la convenance de la manière particulière dont cette opération fut accomplie, votre Commission pense que c'est là une démonstration importante de ce principe qu'une augmentation dans les avances est le vrai remède contre ce manque accidentel de confiance dans les districts de province, auquel notre système de circulation de papier est inévitablement exposé.

Les circonstances qui se produisirent au commencement de l'année 1797 furent les mêmes que celles de 1793; une crainte d'invasion, une affluence de demandes aux Banques de province pour avoir de l'or, la faillite de quelques-unes d'entre elles, et une affluence de demandes à la Banque d'Angleterre, produisant une crise comme celle de 1793, et contre laquelle peut-être on aurait pu trouver un remède, si la Banque d'Angleterre avait eu le courage d'étendre, au lieu de restreindre, ses avances et ses émissions de billets. Quelques personnes en petit nombre étaient alors de cet avis, ainsi qu'il résulte du rapport du comité secret des Lords ; et le dernier gouverneur et le sous-gouverneur de la Banque ont déposé devant votre Commission qu'eux-mêmes et beaucoup de directeurs sont maintenant convaincus qu'il est démontré par l'expérience de l'année 1797, que la diminution de leurs billets dans cette circonstance avait augmenté la détresse publique : opinion à la justesse de laquelle votre Commission s'associe entièrement.

Il semble à votre Commission que l'expérience de la Banque d'Angleterre en 1793 et 1797, mise en opposition avec les faits consignés dans le présent rapport, engage à ne pas perdre de vue une distinction très-importante entre cette demande d'or faite à la Banque pour alimenter les canaux de la circulation domestique, demande quelquefois grande et soudaine, occasionnée par un manque de confiance, et cette demande d'or faite à la Banque par suite d'un état défavorable des changes étrangers. La première, tant que la Banque maintient son grand crédit, peut être satisfaite par une augmentation judicieuse des avances faites au pays; la seconde, tant que la Banque ne paye pas en espèces, doit suggérer aux directeurs cette question, à savoir si leurs émissions ne sont pas déjà trop abondantes.

Votre Commission trouve une grande satisfaction à penser que les directeurs savent parfaitement qu'ils peuvent se tromper en faisant des avances très-restreintes aux époques de stagnation du crédit; et elle est formellement d'avis que, quoique les directeurs de la Banque dussent avoir pour règle générale de diminuer leur papier dans le cas d'une longue persistance de la cherté des métaux précieux et d'un état défavorable du change, cependant il est essentiel aux intérêts commerciaux du pays et à l'accomplissement général de ses engagements commerciaux qu'une libre émission de papier peut avoir fait naître, de ne pas réduire subitement le degré d'avances accoutumé sur lequel les commerçants peuvent compter; et s'il pouvait s'élever sur ce sujet quelque difficulté ou quelque appréhension générale et sérieuse, elle pourrait, dans l'opinion de votre Commission être combattue sans danger et avec avantage pour le public par une libéralité dans l'émission du papier de la Banque d'Angleterre proportionnée à l'urgence du cas particulier. Dans ces circonstances, c'est à la Banque qu'il appartient d'examiner, en ne perdant pas de vue les intérêts immédiats du public, jusqu'à quel point il est possible de réduire son papier, plutôt par une réduction graduelle de ses avances au gouvernement que par une suppression brusque des escomptes qu'elle fait aux commerçants.

2. — Avant que votre Commission continue à exposer les renseignements recueillis par elle relativement au montant du papier des Banques provinciales, elle doit vous faire observer que, pendant tout

le temps que les payements de la Banque en espèces seront suspendus, tout le papier des banquiers de province sera une sorte de construction élevée sur les fondations du papier de la Banque d'Angleterre. Ce même frein qui sert, avec la convertibilité en espèces sous un meilleur système, à arrêter tout excès dans une partie quelconque de la circulation fiduciaire, ce même frein sert, avec le système actuel à réprimer l'excès du papier des Banques de province, au moyen de sa convertibilité en papier de la Banque d'Angleterre. S'il y a excès d'émission de papier dans un district provincial, pendant que la circulation de Londres n'excède pas sa proportion normale, il y aura une élévation locale de prix dans ce district, mais les prix de Londres resteront ce qu'ils étaient. Ceux qui ont du papier des Banques de province entre les mains, préférant acheter à Londres où les choses sont à plus bas prix, retourneront ce papier de province au banquier qui l'aura émis et lui demanderont des billets de la Banque d'Angleterre ou des traites sur Londres ; et ainsi, l'excès du papier de province étant continuellement retourné à ceux qui l'ont émis pour avoir du papier de la Banque d'Angleterre, la quantité de celui-ci limite nécessairement et effectivement la quantité du premier.

C'est ce que démontre le relevé qui a déjà été donné de l'excès et de la limitation subséquente du papier des Banques d'Écosse vers l'année 1763. Si le papier de la Banque d'Angleterre devait lui-même, à une époque quelconque, être émis avec excès, pendant la suspension des payements en numéraire, il pourrait y avoir, de la part des Banques provinciales, une émission excessive correspondante qui ne serait arrêtée par rien ; les fondations se trouvant élargies, les constructions qu'on élève dessus admettent une extension proportionnelle. Et ainsi, sous l'empire d'un tel système, l'excès du papier de la Banque d'Angleterre produira son effet sur les prix non pas dans la mesure de l'augmentation qu'il aura reçue, mais dans une proportion beaucoup plus élevée.

Il n'a pas été au pouvoir de la Commission d'obtenir des renseignements de nature à lui permettre d'établir avec quelque soin le montant du papier des Banques provinciales en circulation. Mais elle est amenée à conclure de tous les témoignages qu'elle a pu recueillir sur ce sujet, non seulement qu'un grand nombre de nouvelles Banques provinciales ont été établies dans ces deux dernières années, mais aussi que le montant des émissions de celles qui ont été établies plus anciennement a été en général très-considérablement augmenté : tandis que, d'autre part, la situation élevée du crédit commercial et public, la facilité proportionnée de convertir à courte date toutes les valeurs publiques et commerciales en papier de la Banque d'Angleterre, ainsi que la préférence généralement accordée dans les limites de sa propre circulation au papier d'une Banque provinciale solide sur le papier de la Banque d'Angleterre, ont probablement rendu inutile pour les Banques provinciales de garder entre leurs mains un dépôt important et permanent de papier de la Banque d'Angleterre. Il paraît raisonnable de croire que le montant total du stock improductif de toutes les Banques provinciales, consistant en espèces et en papier de la Banque d'Angleterre, est beaucoup moindre à notre époque, sous l'empire d'une circulation très-développée, qu'il ne l'était avant la suspension de 1797. La tentation d'établir des Banques provinciales et par suite d'émettre des billets, s'est considérablement accrue. On peut conjecturer le montant probable de ces émissions, ou du moins leur récente augmentation, ainsi que le pense votre Commission, d'après le montant des droits de timbre payés pour les billets dont la réémission est autorisée par les Banques de province dans la Grande-Bretagne. Le chiffre total de ces droits pour l'année finissant le 10 octobre 1808, paraît avoir été de £60,522. 15. 3, et pour l'année finissant le 10 octobre 1809, de £175,129. 17. 7. Il faut remarquer, cependant, qu'au 10 octobre 1808, les droits ont subi une augmentation d'un peu plus d'un tiers; et que quelques dispositions ont été prises pour imposer une limite à la réémission de tous les billets n'excédant pas £2. 2. 0, ce qui a eu pour effet de produire une demande plus qu'ordinaire de timbre ou de billets de cette dénomination pendant l'année 1809.

Par suite de cette circonstance, il paraît impossible de déterminer quelle a été l'augmentation réelle dans la circulation des billets n'excédant pas £2.2.0 pendant l'année dernière; mais en ce qui concerne les billets d'une valeur supérieure, aucun changement n'ayant été apporté à la loi relative à leur réémission, la comparaison suivante donne le meilleur relevé qui puisse être tiré des documents déposés devant la Commission, de l'addition faite en 1809 au nombre de ces billets.

Nombre des billets des Banques de province supérieurs à £2.2, timbrés durant les années finissant le 10 octobre 1808 et le 10 octobre 1809.

	1808	1809
	Nombre.	Nombre.
Excédant £ 2.2 et n'excédant pas £ 5.5	666,071	922,073
— 5.5 — 20	198,473	380,006
— 20 — 30	»	2,425
— 30 — 50	»	674
— 50 — 108	»	2,611

En admettant que les billets de ces deux premières catégories ont été émis pour la dénomination la plus basse à laquelle les droits les attachent respectivement, et tels sont la plupart des billets que l'on rencontre dans la circulation de province, savoir les billets de £5 et de £10 (quoique dans la seconde classe il y ait un nombre considérable de billets de £20), et même en laissant en dehors de la comparaison les billets des trois dernières classes, dont l'émission est réservée, en fait, aux Banques d'Écosse autorisées, le résultat serait que, sans y comprendre l'augmentation dans le nombre des billets au-dessous de £2.2, le montant du papier des Banques provinciales timbré pendant l'année finissant le 10 octobre 1809 a excédé celui de l'année finissant le 10 octobre 1808 de la somme de £3.095.340. Votre Commission ne peut pas faire une évaluation positive du montant du papier des Banques provinciales annulé et retiré de la circulation dans le courant de l'année dernière. Mais en considérant que c'est l'intérêt et la pratique des banquiers provinciaux de se servir des mêmes billets le plus longtemps possible; que, d'après les dispositions actuelles de la loi, il n'y a pas de limitation de temps pour la réémission de ceux qui n'excèdent pas £2.2; et que tous les billets d'une valeur supérieure peuvent être réémis pendant trois ans après la date de leur première émission; il paraît difficile d'admettre que le montant des billets au-dessus de £2.2 annulés en 1809 ait été égal au montant des billets timbrés en 1808; mais, même dans cette hypothèse, il y aurait encore pour l'année 1809 dans les billets de £5 et de £10 seulement, une augmentation s'élevant à la somme indiquée ci-dessus de £3.095.340, à laquelle il faut ajouter une augmentation, pendant la même période, des billets de la Banque d'Angleterre, s'élevant à la somme de £1.500.000 environ, ce qui fait dans l'année 1809 une augmentation totale de 4,000,000 à 5,000,000 dans la circulation de la Grande-Bretagne seule, en déduisant seulement la quantité d'or qui peut avoir été retirée de la circulation actuelle pendant le cours de ladite année, quantité qui ne peut pas avoir été très-considérable, et aussi en faisant sa part à une certaine augmentation du papier de province, qui, bien que timbré, peut ne pas être dans la circulation actuelle. Cette augmentation dans l'ensemble de la monnaie fiduciaire l'année dernière, même après avoir fait ces déductions, doit être probablement très-peu au-dessous du chiffre qui, presque chaque année, depuis la découverte de l'Amérique, est venu s'ajouter au numéraire circulant dans l'Europe entière. Ainsi que votre Commission a déjà eu occasion de le faire remarquer, quoiqu'on ne puisse tirer aucune conclusion certaine du montant numérique du papier en circulation, considéré, abstraction faite de toutes les autres circonstances, pour reconnaître l'excès de ce papier et encore moins pour déterminer la proportion de cet excès ; cependant il faut remarquer que le fait d'une augmentation rapide et considérable dans ce montant, lorsqu'il se lie avec tous les signes d'une circulation dépréciée, fait jaillir l'évidence la plus forte à l'appui de cette assertion, que c'est faute d'un frein suffisant que les émissions de ce papier n'ont pas été contenues dans la limite convenable.

Votre Commission ne peut pas abandonner cette partie du sujet sans ajouter que l'addition de £4.000.000 à £5.000.000 à la circulation fiduciaire de ce pays a occasionné une dépense très-minime à ceux qui ont fait cette émission, puisque seulement £100.000 environ ont été payées pour droits de timbre au Trésor public, et que, probablement pour les motifs déjà exposés, les Banques provinciales n'ont pas jugé nécessaire, pour faire face à leurs émissions additionnelles, de déposer une valeur correspondante d'or ou de billets de la Banque d'Angleterre.

De sorte que ces Banques, ainsi qu'on peut le démontrer clairement, ont pu, sous la protection de la loi qui les garantit virtuellement contre de telles demandes, pendant les douze ou quinze derniers mois, avec des frais insignifiants, et presque sans aucun risque pour leurs crédits respectifs comme marchands de monnaie de papier, créer des émissions s'élevant à plusieurs millions, faisant les fonctions à leur profit, dès le premier moment et dans leurs mains, d'un capital qui, lorsqu'ils s'en servent comme tel, se mêle successivement dans la masse de la circulation, dont la valeur, en échange des autres denrées, est diminuée en proportion de l'accroissement que la masse a reçu.

Si votre Commission pouvait penser que la sagesse du Parlement ne chercherait pas à apporter un remède à un état de choses si anormal et qui, s'il n'était réformé dans un certain délai, serait si gros de conséquences extrêmes et très-préjudiciables au bien public, elle n'hésiterait pas à exprimer l'opinion qu'il faudrait trouver un moyen de faire participer l'État beaucoup plus largement aux profits résultant du système actuel ; mais comme c'est une politique qu'elle ne désire recommander en aucune façon, elle terminera ses observations sur cette partie du sujet, en faisant remarquer que d'accord entièrement avec le Dr Adam Smith et les plus illustres écrivains et hommes d'État de ce pays, elle considère une circulation de papier constamment convertible en espèces, comme une des plus grandes améliorations pratiques qui puissent être introduites dans l'économie politique et domestique d'un État quelconque, et elle estime que l'établissement de Banques provinciales émettant un papier de cette nature est une des parties les plus précieuses et les plus essentielles de cette amélioration dans notre royaume : aussi votre Commission est-elle désireuse au même degré de revenir, aussi promptement que possible, au premier état de choses : convaincue, d'une part, qu'un abandon permanent et systématique des anciens errements doit avoir, en fin de compte, pour conséquence, entre autres calamités, la destruction du système lui-même ; et, d'autre part, qu'un tel événement doit être conjuré avec d'autant plus d'énergie que c'est seulement dans un pays comme celui-ci, où la bonne foi privée et publique est maintenue à un si haut point, et où, avec l'heureuse union de la liberté et de la loi, la propriété et les valeurs de toute sorte qui la représentent sont également protégées contre les empiétements du pouvoir et la violence des commotions populaires, que les avantages de ce système, dégagés de tous les dangers, peuvent être sentis d'une manière permanente et portés à leur plus grand développement.

D'après les faits et les arguments soumis à l'examen de votre Commission dans le cours de son Enquête, elle s'est formé une opinion qu'elle soumet à la Chambre : c'est qu'il y a actuellement un excès dans la circulation fiduciaire de notre pays, dont le symptôme le moins équivoque est la cherté excessive des métaux précieux, et, à côté de cela, le taux très-bas des changes avec le continent ; que cet excès doit être attribué à l'absence d'un frein suffisant et d'un contrôle dans les émissions de papier de la Banque d'Angleterre, et, dans l'origine, à la suspension des payements en espèces, qui a détruit le contrôle naturel et véritable. Pour formuler sur ce sujet une appréciation générale, votre Commission pense qu'on ne peut trouver une sauvegarde sûre, certaine et constamment suffisante contre cet excès de circulation fiduciaire que dans la convertibilité de ce papier en espèces.

Votre Commission ne peut donc que regretter que la suspension des payements en espèces, qui, sous son jour le plus favorable, ne pouvait être considérée que comme une mesure temporaire, ait été maintenue si longtemps ; et, particulièrement, que par la manière dont est conçu l'acte qui la maintient actuellement, on ait donné à cette mesure le caractère d'une mesure de guerre permanente.

Votre Commission pense qu'il serait superflu de faire ressortir en détail les désavantages qui doivent résulter pour notre pays d'un excès général dans notre monnaie, tel qu'il en diminue la valeur relative. L'effet d'une telle augmentation de prix sur toutes les transactions monétaires pour un long temps ; le dommage inévitable souffert par les rentiers et par les créanciers de toutes sortes, privés ou publics ; le profit involontaire acquis par le gouvernement et par tous les autres débiteurs : voilà des conséquences trop évidentes pour avoir besoin de preuve, et trop contraires à la justice pour être laissées sans remède. Aux yeux de votre Commission, un des effets les plus importants de cet état de choses, c'est l'influence qu'il a exercée sur le salaire des travaux ordinaires des champs, du salaire dont le taux, comme personne ne l'ignore, suit plus lentement les changements dans la valeur de la monnaie que le prix de toute autre espèce de travail ou de denrée. Et votre Commission se contente de citer quelques classes de serviteurs publics dont le salaire, une fois qu'il a été augmenté par suite de la dépréciation de la monnaie, ne peut pas être aussi facilement ramené à son taux primitif, même après que la monnaie a recouvré sa valeur première. Le progrès futur de tous ces inconvénients et de tous ces maux, si on ne l'arrête, doit avant longtemps jeter une conviction pratique dans l'esprit de ceux qui peuvent encore douter de leur existence ; mais même l'aggravation progressive du mal serait-elle moins probable qu'elle ne paraît l'être aux yeux de votre Commission, elle ne peut s'empêcher d'exprimer l'opinion que l'intégrité et l'honneur du Parlement sont intéressés à ne pas autoriser plus longtemps que ne l'exigera une impérieuse nécessité la continuation dans ce grand pays commercial d'un système de circulation dépourvu de ce frein ou de ce contrôle qui maintient la valeur de la monnaie et qui, par la permanence de cet étalon commun de la valeur, garantit la justice et la bonne foi qui sont l'essence des transactions monétaires et des obligations d'homme à homme.

Votre Commission doit encore signaler la tentation d'avoir recours à une dépréciation même de la valeur de la monnaie d'or par une altération de l'étalon, à laquelle le Parlement cédera forcément à la suite d'une surabondance considérable et prolongée de papier. Elle a été la ressource de beaucoup de gouvernements dans des circonstances analogues, parce qu'elle est le remède qui s'offre le premier et le plus facile au mal dont il s'agit. Mais il n'est pas nécessaire de s'appesantir sur cette violation de la foi publique et sur cet abandon du premier devoir d'un gouvernement qui seraient la conséquence inévitable du système qui ferait préférer la réduction de la monnaie au-dessous de la valeur type du papier, au lieu de relever le papier jusqu'à la valeur type de la monnaie.

C'est pourquoi votre Commission, après avoir examiné ce sujet avec mûre réflexion, déclare à la Chambre que son opinion est : que le système de circulation du pays doit être ramené avec toute la célérité compatible avec les précautions nécessaires, au principe fondamental des payements en espèces à la volonté du porteur du papier de la Banque.

Votre Commission a compris que des remèdes ou des palliatifs de différente nature ont été projetés; tels qu'une limitation forcée du montant des avances et des escomptes de la Banque pendant tout le temps que la suspension sera maintenue; ou une limitation forcée, pendant la même période, du taux des bénéfices et du dividende de la Banque, en faisant profiter le public du surplus de ce taux. Mais, dans l'opinion de votre Commission, des projets si indirects, pour pallier les maux possibles résultant de la suspension des payements en espèces, seraient tout à fait insuffisants pour le but qu'on se propose, parce qu'on ne pourrait jamais fixer la proportion nécessaire, et que, si elle était fixée, elle pourrait aggraver beaucoup les inconvénients d'une pression temporaire; et même si on pouvait en faire ressortir l'efficacité, on pourrait encore objecter que ces mesures sont une atteinte très-préjudiciable aux droits de la propriété commerciale.

D'après la meilleure opinion que votre Commission a été à même de se former, il ne peut y avoir de remède suffisant pour le présent ou de sécurité pour l'avenir que dans l'abrogation de la loi qui suspend les payements en espèces de la Banque d'Angleterre.

Pour faire un changement aussi important, votre Commission

pense qu'on rencontrera quelques difficultés, et qu'il y a quelques dangers éventuels pour la Banque, contre lesquels il faut se prémunir très-fortement et avec le plus grand soin. Mais on peut se prémunir contre tous les dangers en confiant au discernement de la Banque elle-même le soin de conduire et de mener à fin l'opération et en lui accordant pour cela un délai amplement suffisant pour la terminer. Votre Commission est assurée que le Parlement peut confier en toute sûreté au discernement, à l'expérience et à l'intégrité des directeurs de la Banque ce qu'il croira nécessaire de faire; et que les directeurs de cette grande institution, au lieu de faire cause commune avec ceux qui ont un intérêt passager à répandre l'alarme, s'inspireront de considérations plus élevées au point de vue des intérêts de la Banque comme étant intimement liés à ceux du public. La manière particulière de reprendre peu à peu les payements en espèces, doit être, en grande partie, selon votre Commission, laissée à l'appréciation de la Banque, et le Parlement n'a guère autre chose à faire qu'à fixer définitivement l'époque à laquelle les payements en espèces redeviendront, comme autrefois, obligatoires. Le délai accordé doit être large, afin que les directeurs de la Banque aient le temps de trouver leur voie et que, étant toujours en éveil sur les circonstances qui peuvent les guider, et, profitant seulement des circonstances favorables, ils puissent doucement rétrograder et sauvegarder à la fois leurs propres affaires comme compagnie et celles du crédit public et commercial, qui n'est sûr que lorsqu'il n'éprouve aucun embarras.

Dans cette pensée, votre Commission voudrait ajouter que la suspension des payements en espèces ne peut être abrogée dans un délai plus court que deux ans à dater d'aujourd'hui; mais votre Commission pense que le Parlement peut dès à présent prendre des mesures pour faire cesser, à la fin de cette période, l'effet des statuts qui ont imposé et maintenu la suspension.

En indiquant cette période de deux ans, votre Commission n'a pas perdu de vue cette circonstance que, avec la loi telle qu'elle est à présent, la Banque serait amenée à payer en espèces six mois après la ratification d'un traité de paix définitif; de sorte que, si la paix était conclue dans ce délai, la recommandation de votre Commission semblerait avoir pour effet de reculer au lieu d'avancer la reprise des payements en espèces. Mais elle pense que si la paix devait être immédiatement signée, dans l'état actuel de notre circulation, il serait très-hasardeux de forcer la Banque à payer en espèces dans les six mois, et cette mesure serait absolument impraticable. Sans doute, le rétablissement de la paix, en ouvrant un nouveau champ aux entreprises commerciales, multiplierait, au lieu de les restreindre, les demandes d'escompte faites à la Banque, et il serait particulièrement dommageable pour le monde commercial de voir la Banque restreindre soudainement et notablement ses émissions. C'est pourquoi votre Commission pense que, même si la paix se faisait, il faudrait donner deux ans à la Banque pour reprendre ses payements en espèces; mais dans le cas où la guerre continuerait, les payements devraient être repris dans ce délai.

Votre Commission n'est pas restée indifférente à cette considération qu'il pouvait se produire des circonstances politiques qui pourraient être considérées comme un argument en faveur d'une certaine prolongation de la période proposée pour reprendre les payements en espèces ou même en faveur d'une nouvelle loi pour leur suspension temporaire après que la Banque les aura repris. Votre Commission est loin cependant de songer à la nécessité de revenir, dans aucun cas, au système actuel. Mais si l'on pouvait supposer qu'il pût jamais se produire une occasion de recourir à une nouvelle mesure de suspension à une époque quelconque, votre Commission pense qu'elle ne pourrait jamais à aucun degré être fondée sur l'état des changes avec l'étranger (que la Banque a un pouvoir général de contrôler ainsi qu'elle l'a surabondamment démontré), mais bien sur un état de choses politique produisant, ou capable de produire bientôt, une panique intérieure ayant pour effet de provoquer une demande d'espèces, pour les besoins privés, telle qu'aucun établissement de banque ne pût y suffire. Au point de vue de la dépréciation extraordinaire des changes qui a eu lieu récemment et de l'élévation du prix de l'or, un retour au système ordinaire de la Banque est particulièrement réclamé. C'est le seul moyen de rétablir la confiance générale dans le médium de circulation du royaume; et l'attente sérieuse de cet événement donnera de la force à une réduction préparatoire de la quantité de papier et à toutes les autres mesures qui s'accordent avec les vrais principes de la Banque.

La connaissance de l'époque à laquelle la Banque sera obligée de reprendre ses payements peut être considérée comme devant contribuer à l'amélioration des changes ; tandis qu'une prorogation de ce délai, aussi indéfinie que celle de six mois après la fin de la guerre, et spécialement dans l'hypothèse où le change continuerait à baisser (ce que l'on comprendrait de plus en plus comme étant la conséquence d'un excès de papier et de la dépréciation qui en est la suite), pourrait conduire, sous l'empire d'un mauvais état des affaires publiques, à un tel manque de confiance (spécialement parmi les étrangers) dans la résolution du Parlement de revenir à l'étalon légal de la mesure des payements, qu'il pourrait précipiter encore la baisse des changes et conduire aux résultats les plus désastreux pour le crédit.

Quoique les détails pratiques du meilleur moyen de revenir aux payements en espèces doivent être laissés à l'appréciation de la Banque d'Angleterre, ainsi qu'on l'a déjà dit, certaines mesures de précaution devraient être prises, sous l'autorité du Parlement, pour la convenance de la Banque elle-même et pour la sécurité des autres établissements de banque en province et en Irlande.

Votre Commission pense qu'il serait avantageux pour la Banque de lui permettre d'émettre des billets d'une valeur inférieure à £5 pendant quelque temps après qu'elle aura repris les payements en espèces.

Il serait utile aussi pour les Banques autorisées d'Irlande et d'Écosse et pour toutes les Banques provinciales de n'être pas obligées de payer en espèces pendant un certain temps après la reprise des payements en espèces par la Banque d'Angleterre; mais de continuer pendant une courte période, conformément à la pratique actuelle, à être seulement obligées de payer leurs propres billets avec ceux de la Banque d'Angleterre.

(*Traduit par* M. E. MARRE.)

ENQUÊTE DE 1818

SUR

LES LOIS QUI RÈGLENT LE TAUX DE L'INTÉRÊT DE L'ARGENT.

RAPPORT DU COMITÉ D'ENQUÊTE.

Imprimé en vertu d'un ordre de la Chambre des Communes
en date du 28 mai 1818.

Constitué dans le but spécial d'étudier les effets produits par les lois qui réglementent ou restreignent l'*intérêt de l'argent,* et devant faire connaître son opinion, à cet égard, à la *Chambre des Communes,* le Comité qui a reçu, en outre, l'autorisation de s'appuyer sur les textes des dépositions faites devant lui, a, conformément aux instructions de la Chambre des Communes, étudié la question dont il s'agit, et s'est trouvé d'accord pour adopter les résolutions suivantes :

Première résolution. — Le Comité exprime l'opinion que les lois qui réglementent ou restreignent le taux de l'intérêt ont été le plus souvent éludées, et qu'elles ont manqué leur but, qui était de limiter ce taux ; que, dans ces dernières années, le taux de l'intérêt du marché s'étant trouvé continuellement supérieur au taux légal, ces lois ont ajouté aux charges des personnes qui empruntaient sur des garanties effectives et poussé ces personnes à recourir au système des ANNUITÉS, ce qui n'était qu'un prétexte pour obtenir un intérêt plus élevé que l'intérêt légal; que ces lois, enfin, ont été la source de charges énormes pour les emprunteurs, et les ont souvent forcés à se défaire à perte de leurs biens immeubles.

Deuxième résolution. — Le Comité exprime l'opinion que ces l oi ne sont pas susceptibles d'une application nette dans la plupart de transactions du commerce actuel; qu'elles laissent une grande incertitude sur la légalité de ces transactions, et sont, par suite, une cause fréquente d'embarras et de procès.

Troisième résolution. — Le Comité exprime l'opinion que le taux de l'intérêt du marché se trouvant actuellement au-dessous du taux légal, ce serait une excellente occasion pour abroger les lois sur l'usure.

30 mai 1818.

ENQUÊTE DE 1818

SUR

LES LOIS QUI RÈGLENT LE TAUX DE L'INTÉRÊT DE L'ARGENT

SOMMAIRE DES QUESTIONS TRAITÉES DANS LES DÉPOSITIONS.

DÉPOSITION DE M. DAVID RICARDO. . . . . Page 69

2. Les lois sur l'usure ne sont d'aucun avantage.
3. Il est facile de les éluder ; préjudices que cause leur observation commerciale.
5. Elles entravent l'emploi de l'argent.
7. On les élude au moyen de reports.
8. Mécanisme de l'opération.
19. Le report est un véritable emprunt.
24. Les opérations à terme sont nécessaires au placement des emprunts.
36. Avantages des reports.
52. Principes qui déterminent le taux de l'intérêt.
53. La valeur de l'argent se règle par les mêmes principes que la valeur des autres marchandises.
57. Les lois sur l'usure ont créé ce qu'elles avaient voulu éviter : les emprunts ruineux et usuraires.
58. Ces lois excitent à l'exportation des capitaux.

DÉPOSITION M. ÉDOUARD SUGDEN (DEPUIS LORD ST LÉONARD). Page 77

90. Les lois sur l'usure sont préjudiciables à la propriété foncière.
91. Elles ont engendré les emprunts sur annuités, opérations à la fois funestes au prêteur et à l'emprunteur.

94. Avantages que la propriété foncière retirerait de l'abolition de ces lois.
96. Précautions à prendre en cas d'abolition de ces lois. — Fraudes auxquelles les annuités ont donné lieu.
97. Le Gouvernement et la société tout entière n'ont qu'à gagner à l'abolition de lois qui sont violées à chaque instant.

DÉPOSITION DE M. NÉHÉMIAH ROTHSCHILD. . . . . . . Page 84

139. Taux et conditions de l'escompte en Hollande.
150. Causes des fluctuations de l'escompte dans ce pays.
151. Les valeurs commerciales de second ordre ne s'y escomptent pas.
158. Conditions des emprunts sur titres.
163. Régime légal et régime pratique du taux de l'intérêt en France.
173. Taux de l'intérêt dans les villes du Rhin et à Hambourg.
176. L'élévation de l'escompte peut être un signe de prospérité.
177. Régime légal du taux de l'intérêt en Prusse, en Autriche et à Augsbourg.
181. Les lois sur l'usure sont partout éludées.
182. Elles n'empêchent pas le prix de l'argent de s'élever.
187. Les conditions spéciales du petit commerce et de la petite industrie, en Angleterre, exigent le maintien des lois sur l'usure.

DÉPOSITION DE M. S. GURNEY. . . . . Page 90

218. Escomptes difficiles en temps d'emprunt.
221. En 1815, les escomptes à Londres ont été tout autant gênés par les lois sur l'usure que par les emprunts.
224. L'élévation du taux de l'escompte n'amène pas toujours des ventes forcées.

SOMMAIRE DES DÉPOSITIONS.

227. Les différences entre le prix de vente des marchandises à terme et les prix de vente au comptant ne constituent pas une infraction aux lois sur l'usure.
228. Ces ventes ne sauraient remplacer les escomptes.
237. L'abolition des lois sur l'usure serait funeste au petit commerce et à la petite industrie.
241. Placements ordinaires des banquiers de province.
244. La liberté de l'intérêt augmenterait les frais de négociation et d'intérêt des emprunts.
245. Elle amènerait des changements de mains plus fréquents dans la propriété territoriale.
249. Le maintien de ces propriétés entre les mêmes mains exige que les emprunts sur hypothèques ne soient pas trop faciles.
251. La propriété immobilière et les transactions commerciales peuvent être soumises à des taux d'intérêt différents.
256. L'abolition des lois sur l'usure ferait hausser l'intérêt.

DÉPOSITION DE M. S. C. HOLLAND. . . . . Page 97

447, 457 et 460. Régime légal du taux de l'intérêt actuellement et à diverses époques en Hollande, à Hambourg, à Gênes, à Livourne, à Cadix, à Lisbonne, à Paris, à Saint-Pétersbourg, à Trieste, aux Etats-Unis.
453. Fluctuation du taux de l'escompte en Hollande de 1795 à 1817.
457. L'élévation du taux de l'intérêt moins redoutée à Hambourg que le défaut d'argent.
459. La liberté d'intérêt rend les opérations usuraires moins fréquentes et diminue l'intensité et la durée des crises commerciales.
467. Démonstration pratique des avantages que la liberté de l'intérêt pourrait réaliser et des inconvénients auxquels les lois sur l'usure soumettent la propriété foncière et le commerce.
9. Ces lois sont mauvaises en tout temps.

472 et 492. Elles entravent toute bonne distribution du capital.

474. Elles sont sans influence pour les emprunts du Gouvernement.

478. Leur abolition ne peut être immédiate.

479. Avantage qu'aura pour la propriété foncière comme pour le commerce leur amélioration progressive.

488. Leur abolition profiterait surtout au petit commerce et à la petite industrie.

494. Ces lois gênent les opérations sur nantissement.

495. Commerçants et légistes ne savent pas précisément ce que c'est que l'usure.

DÉPOSITION

DE

M. DAVID RICARDO

DEVANT

LE COMITÉ D'ENQUÊTE SUR LES LOIS QUI RÈGLENT LE TAUX
DE L'INTÉRÊT DE L'ARGENT.

SÉANCE DU 30 AVRIL 1818.

Présidence de M. Serjeant ONSLOW.

1. Votre attention s'est-elle portée sur les lois restrictives du taux de l'intérêt ? — Oui.

2. Votre expérience ou vos réflexions vous permettent-elles de dire si ces lois sont avantageuses ? — J'en ai une opinion toute contraire.

3. Comment cela ? — Mon expérience de banquier et d'homme de bourse m'autorise à dire qu'en presque toutes circonstances, ces lois ont été éludées et qu'elles ne sont préjudiciables qu'aux personnes qui les observent consciencieusement.

4. Le rappel de ces lois aurait-il pour effet d'élever ou d'abaisser la moyenne du taux de l'intérêt ? — L'effet de ce rappel serait, je crois, très-insignifiant ; sa tendance serait peut-être d'abaisser le taux de l'intérêt.

5. Lorsque les fonds publics produisent un intérêt supérieur à 5 0/0, les lois sur l'usure, qui entravent alors la liberté des escomptes, ne sont-elles pas préjudiciables au commerce ? — Ces lois sont encore nuisibles dans d'autres circonstances ; il arrive souvent que le prix des fonds publics donne moins de 5 0/0 d'intérêt, tandis que le taux de l'intérêt sur le marché est fort au-dessus de 5 0/0.

6. En fait, pendant les dernières années, les lois sur l'usure n'ont-elles pas été préjudiciables au commerce ? — Oui, je le crois.

7. Avez-vous quelque doute à cet égard? — Aucun, en tant qu'il s'agit de faits dont j'ai personnellement connaissance; la facilité des moyens que le commerce avait à sa disposition pour éluder ces lois a beaucoup diminué ces inconvénients.

8. Pouvait-on les éluder avec succès? — L'ordre naturel dans des opérations dont se compose une transaction commerciale a par lui-même cet effet.

9. Comment a-t-on éludé ces lois? — Dans les opérations spéciales dont je m'occupe, c'est-à-dire les achats et ventes de fonds publics, on élude ces lois au moyen de la différence qui existe entre le prix de l'argent et le prix courant des fonds publics. Cette différence permet au porteur de titres d'emprunter à plus de 5 0/0 d'intérêt ou de prêter au-dessus de ce taux, si la différence entre le prix de l'argent et le cours des fonds publics donne plus de 5 0/0.

10. Ces sortes d'opérations se font-elles sur une grande échelle? — Oui, sur une très-grande échelle; elles sont de pratique constante et ordinaire.

11. La différence entre le comptant et le fin courant pour les fonds publics est ce qu'on appelle « report, » n'est-ce pas? — Oui.

12. La légalité du report n'a-t-elle pas, il y a quelque temps, donné lieu à un procès? — Oui.

13. Pendant quelque temps, ce procès n'a-t-il pas diminué considérablement les opérations de report, tout au moins celles qui consistaient à acheter et à vendre à la même personne? — Oui.

14. Voulez-vous être assez bon pour faire connaître au Comité votre opinion sur ces lois? — Autant que mon expérience personnelle me permet d'apprécier ces lois, il n'est rien de plus facile que de les éluder. Après le procès auquel on vient de faire allusion, les reports se continuèrent au moyen d'un changement dans les quantités de titres qu'on avait à livrer, soit au comptant, soit à terme. Auparavant, lors de chacune des deux périodes de l'opération, on achetait et on vendait une même quantité de titres. Mais après ce procès, quelques personnes timides se crurent parfaitement en sûreté au moyen d'une différence insignifiante entre la quantité de titres achetés et la quantité de titres vendus; on se crut alors aussi parfaitement en sûreté que si on avait acheté au comptant des titres à une personne et qu'on les eût revendus à terme à une autre.

15. L'illégalité réelle ou supposée du report a-t-elle pour effet

d'en élever le prix? — Les opérations à terme sur fonds publics sont, en bien des cas, des opérations illégales; par conséquent, elles ont des effets dont le report doit se ressentir. Un capitaliste, qui achète des titres au comptant à un prix et qui les vend à terme à un prix plus élevé, peut, par une telle opération, réaliser des bénéfices supérieurs à ceux de l'intérêt légal; comme il est possible qu'au moment où il vend ces titres, le capitaliste ne les eût pas en sa possession, cette opération ne peut, en aucune façon, être considérée comme une opération légale, et, en cas de non levée des titres par l'acheteur, le vendeur ne doit avoir aucun recours légal.

16. Entendez-vous dire qu'en général les opérations de report ne sont pas strictement légales? — Selon moi, la plus grande partie de ces opérations ne sont pas légales.

17. Vous croyez que cette illégalité élève le taux de l'intérêt par l'emprunteur? — Précisément; sans cette illégalité, le nombre des prêteurs sur reports serait plus considérable.

18. Ainsi, vous croyez que les lois sur l'usure contribuent indirectement à élever le taux de l'intérêt dans ces opérations en forçant les gens à recourir à des pratiques qui ne sont pas strictement légales? — Oui.

19. En fait, les opérations de report n'ont d'autre résultat que d'élever le loyer de l'argent au-dessus de l'intérêt légal? — Ces opérations n'ont jamais cette apparence. On s'engage à acheter ou à vendre des titres, soit au comptant, soit à terme, mais sans jamais parler du taux de l'intérêt. Le taux de l'intérêt est bien la cause déterminante de l'opération; mais on ne l'avoue jamais.

20. Le report n'est-il pas simplement un moyen de se procurer de l'argent à un taux plus élevé que le taux légal, bien que la forme sous laquelle s'accomplit cette opération n'en dise rien? — C'est là généralement le but du report; mais il arrive souvent que la différence entre le prix de l'argent et le cours des fonds publics peut être au-dessous du taux de l'intérêt de l'argent sur le marché et même au-dessous de l'intérêt légal.

21. Cette différence serait donc un risque qu'encourrait le prêteur? — En tant qu'il s'agit du taux auquel l'argent est prêté ou emprunté, il n'y a aucune espèce de risque, parce qu'au moment où se fait la transaction, la différence d'intérêt qui existe entre l'argent et le cours des fonds publics est connue, et c'est cette différence qui sert à déterminer et fixer la somme que devra recevoir le prêteur.

22. Cette somme ou plutôt cette prime que se réserve le prêteur n'est-elle pas déterminée par le taux de l'intérêt sur le marché? — Je ne le pense pas.

23. Comment se fait-il qu'il n'en soit pas ainsi? — Lorsqu'on se prépare à faire un emprunt, il se fait de grandes ventes de titres. Le vendeur peut ne pas avoir ces titres en sa possession, mais il peut espérer les trouver dans la part que lui fera la répartition du nouvel emprunt; en pareille circonstance, les ventes des titres au comptant sont le plus ordinairement très-rares; le vendeur qui n'a pas de titres les vend à terme moyennant une très-légère prime et quelquefois même au-dessous du cours.

24. Pensez-vous que les emprunts du Gouvernement et les autres opérations du public sur les fonds puissent se faire sans achat et vente de titres à terme? La différence entre les deux cours ne dépendra-t-elle pas, en ce cas, de la valeur de l'argent sur le marché et non pas de l'intérêt légal? — Sans marchés à terme, il n'y aurait pas, à mon avis du moins, d'emprunts d'Etat possibles. Ainsi que je l'ai déjà établi, la différence entre le prix de l'argent et le cours des fonds publics ne dépend pas toujours du taux de l'intérêt sur le marché. En général, il y a abondance de titres; en pareil cas, les dépôts de titres en garantie de l'argent emprunté ne présentent aucun inconvénient. Mais il est des occasions où les titres sont rares. Alors, bien que le taux de l'intérêt sur le marché puisse être élevé, un dépôt de titres peut avoir des inconvénients pour l'emprunteur; il s'ensuit que le cours des fonds publics peut être ou très-peu au-dessus ou même au-dessous du prix de l'argent.

25. Est-il à votre connaissance et pensez-vous que les opérations que vous venez de décrire comme étant des reports ou des marchés à terme ne soient, en somme, que des opérations d'argent; ne sont-elles pas plutôt des spéculations entre les personnes qui les font? — Dans bien des cas et même, à dire vrai, dans la plupart des cas, le report est une spéculation, mais on y a constamment recours comme moyen d'emprunter et de prêter de l'argent.

26. Dans les temps difficiles, les lois sur l'usure ne sont-elles pas préjudiciables au commerce par les restrictions qu'elles mettent aux escomptes et les entraves dont elles compliquent les opérations de prêts et d'avances dans toutes les branches du commerce? — Oui, je le crois.

27. Ces lois sur l'usure ne procurent-elles pas quelque avantage au public? — Je ne le pense pas.

28. Leur rappel entraînerait-il quelques **inconvénients?** — Aucun.

29. Après le procès dont il vient d'être question, dans lequel les opérations sur report furent considérées comme usuraires, n'arriva-t-il pas que nombre de personnes qui auparavant prêtaient leur argent sur report s'en abstinrent? — Ce procès eut lieu à propos d'une opération de report sur promesses de titres et non sur titres. Dans l'un et l'autre cas, il y a similitude d'opération, mais la facilité de prouver l'opération peut être différente.

30-31. Le procès se fit en vertu des lois sur l'usure? — Oui.

32. L'effet de ce procès, avez-vous dit, fut d'empêcher bien des gens de continuer à prêter sur report? — Oui.

33. La conséquence de cet empêchement ne fut-elle pas d'élever le taux du report? — C'est là une question scientifique qui mérite d'être plus amplement approfondie. L'argent employé jusqu'alors en reports a pu être prêté au taux légal, et venir ainsi aux mêmes emprunteurs par des voies détournées.

34. Si vous désiriez emprunter de l'argent sur report, ne seriez-vous pas satisfait de rencontrer sur le marché un grand nombre de personnes disposées à prêter ainsi leur argent? — Très-certainement.

35. Pourquoi? — Parce qu'il est probable qu'alors le taux de l'intérêt serait moins élevé.

36. La faculté de vendre des titres au comptant et de les racheter à terme ne donne-t-elle pas une très-grande facilité aux détenteurs de titres en les mettant en état de se procurer de l'argent pour leurs besoins temporaires, sans perdre l'avantage de rentrer plus tard en possession de leurs titres? — Incontestablement.

37. Cet avantage ne dépasse-t-il pas de beaucoup l'intérêt excessif que l'opération du report peut les obliger de payer? — Sans doute.

38. Quel effet produirait l'abrogation des lois sur l'usure, sur les opérations financières du Gouvernement en temps de guerre, c'est-à-dire sur la négociation des emprunts? — Cette abrogation les faciliterait. Les lois sur l'usure n'obligent pas le Gouvernement, car

l'escompte qu'il accorde pour les versements anticipés est souvent fort au-dessus de 5 0/0.

39. Lorsque le taux légal est à 5 0/0. et que le Gouvernement est forcé d'emprunter à un taux plus élevé, ne s'ensuit-il pas forcément que le Gouvernement est capable d'emprunter lorsque les particuliers ne le peuvent pas? — Certainement.

40. Par conséquent, le Gouvernement obtient, de cette façon, sur le marché, une préférence qui lui permet de négocier facilement ses emprunts? — Si la loi n'était pas éludée, c'est là ce qui arriverait; mais, ainsi que je l'ai déjà fait observer, la loi est complétement éludée.

41. Dans la négociation des emprunts, est-il à votre connaissance qu'en en fixant les conditions, on ait tenu compte des lois qui restreignent le taux de l'intérêt? — Jamais; très-souvent, lorsque les emprunts se font à un taux d'intérêt inférieur à l'intérêt légal, le mode d'escompte accordé pour les paiements anticipés est calculé de manière à procurer un intérêt de 7, 8 et même 9 0/0.

42. Les personnes qui souscrivent les emprunts ne tiennent-elles pas compte des avantages que l'habitude d'éluder les lois sur l'usure permet de réaliser dans les opérations sur fonds publics? — Certainement, si ces lois n'étaient pas éludées, le soumissionnaire de ces emprunts ne pourrait pas faire d'aussi bonnes conditions au Gouvernement. Ses transactions avorteraient si on l'empêchait d'emprunter d'après le taux d'intérêt du marché.

43. D'après quel criterium jugez-vous le taux d'intérêt du marché, ou bien existe-il pour cela un criterium quelconque? — Je ne connais pas d'autre criterium que les prix des fonds publics et la facilité d'avoir de l'argent à courte échéance.

44. Le prix des fonds du Gouvernement n'est-il pas un très-bon criterium de ce taux d'intérêt? — Non, ce n'est pas là un très-bon criterium; le prix des fonds publics est beaucoup influencé par la spéculation et par la prévision des événements politiques ou financiers.

45. Je voulais seulement parler du prix moyen de ces fonds et non pas de leurs fluctuations extraordinaires? — Il m'est difficile d'imaginer des époques où les fonds publics ne sont pas influencés par ces sortes de considérations.

46. Considéreriez-vous le prix des bons de l'Echiquier comme un

criterium? — Oui; comme un meilleur criterium que le prix des fonds.

47. Ne considéreriez-vous pas leur escompte sur le marché comme un criterium plus juste que la valeur des fonds publics? — Non, parce que ces escomptes sont strictement réglés par les lois sur l'usure.

48. J'entends borner ce criterium aux escomptes où l'intérêt n'est pas au-dessus de l'intérêt légal, et il y a des cas où les escomptes sont au-dessous du taux légal? — Lorsque le taux du marché est au-dessous de 5 0/0, l'escompte subi par les billets de l'Echiquier est alors un très bon criterium du taux de l'intérêt sur le marché.

49. Vous avez déjà dit qu'on peut avoir de l'argent en empruntant sur report; ce mode d'opération ne donne-t-il pas aux détenteurs de titres plus de facilité pour avoir de l'argent que n'en ont les détenteurs de valeurs différentes? — Sans doute.

50. Connaissez-vous la nature des emprunts étrangers? — Je n'ai jamais pris part à aucun de ces emprunts.

51. Vous ne savez rien de l'escompte des bons du trésor ou du mode de faire des emprunts en France, en Hollande et en Allemagne? — Non, je n'en sais rien.

52. Selon votre jugement, par quel principe le taux de l'intérêt est-il réglé? — Le taux de l'intérêt est réglé par l'offre et la demande, de la même manière que toute autre marchandise. L'offre et la demande sont elles-mêmes réglées par le taux des profits que réalise le capital.

53. Pensez-vous qu'il y ait dans la nature de l'argent ou des opérations de prêt d'emprunt quelque chose qui distingue l'argent des autres marchandises dont la valeur sur le marché est déterminée par la proportion qui existe entre l'offre et la demande? — Non, il n'y en a aucune. Le taux du loyer de l'argent sur le marché dépend de la proportion qui existe entre les emprunteurs et les prêteurs de capitaux, et n'est nullement réglé par la quantité ou la valeur de la circulation à l'aide de laquelle se font les transactions monétaires du pays.

54. Dans le cours de votre vie de banquier, avez-vous jamais eu connaissance d'un fait de nature à vous faire supposer que l'abolition des lois sur l'usure pourrait être désavantageuse aux emprunteurs? — Je n'ai jamais eu connaissance d'aucun fait de ce genre.

Bien au contraire, je crois que l'abolition de ces lois serait en toutes circonstances avantageuse à l'emprunteur.

55. Pensez-vous que leur abrogation serait également avantageuse au prêteur? — Il est des cas où cette abrogation ne serait pas aussi avantageuse au prêteur, parce qu'il peut exiger une prime pour les risques que la loi lui fait courir.

56. Mais, sauf cette exception, le prêteur selon vous ne retire aucun autre avantage de ces lois? — Tous les avantages qu'en retire le prêteur ont pour base le risque qu'il court.

57. Ces lois sur l'usure sont-elles avantageuses ou préjudiciables aux intérêts commerciaux? — J'ai déjà fait observer que ces intérêts ont tout à gagner à l'abrogation de ces lois.

58. Si les capitalistes qui se trouvent dans ce royaume sont gênés par ces lois pour faire valoir leur argent, ces lois doivent avoir pour effet d'exciter ces personnes à transporter leurs capitaux dans des pays où les opérations d'avances et escomptes leur permettront de réaliser de plus gros intérêts? — C'est là indubitablement ce qui arriverait si la loi n'était pas facile à éluder.

59. Les emprunts sur annuités à des intérêts très-élevés n'ont-ils pas été préjudiciables à bien des gens ; ces sortes d'emprunts n'ont-ils pas été plus onéreux pour les personnes qui ont été obligées de les faire que ne l'auraient été des emprunts faits au taux du marché? — Je n'ai connaissance d'aucune transaction de ce genre, mais je suis pleinement convaincu qu'en empêchant d'emprunter au taux de l'intérêt du marché, on a donné naissance à des opérations beaucoup plus préjudiciables.

DÉPOSITION

DE

M. EDWARD SUGDEN (DEPUIS LORD ST LÉONARD).

SÉANCE DU 5 MAI 1818.

Présidence de M. Serjeant ONSLOW.

87. Vous avez été, pendant plusieurs années, mêlé aux affaires d'intérêt de la propriété immobilière? — Oui, pendant plus de quinze ans.

88. Ces rapports avec la propriété immobilière étaient-ils considérables? — Oui, très-considérables.

89. Vous avez ainsi eu occasion d'observer les effets que produisent sur la propriété immobilière les lois sur l'usure? — Oui.

90. Ces lois sont-elles avantageuses ou préjudiciables? — J'ai, au contraire, constaté que leur opération était très-préjudiciable aux intérêts de la propriété foncière.

91. Voulez-vous être assez bon pour faire connaître au Comité vos sentiments à cet égard? — Tout propriétaire foncier veut avoir l'argent dont il a besoin, et il y a toujours deux taux d'intérêt : l'un, celui du marché; l'autre, l'intérêt légal. Si le taux du marché dépasse le taux de l'intérêt légal, le propriétaire foncier devra forcément recourir à quelque expédient afin d'éluder la loi sur l'usure. On y parvient en recourant à la constitution d'annuités viagères. Dans toutes ces sortes d'affaires, c'est en réalité un prêt qu'on fait; la personne qui avance l'argent fixe toujours le taux de l'intérêt auquel elle entend le prêter; elle y ajoute les frais d'assurance. Plus les conditions sont rigoureuses, plus la transaction affecte la somme d'un emprunt, parce que le caractère exorbitant de la transaction fait à lui seul un devoir à l'emprunteur de racheter son annuité aussitôt que possible. Dans tous les contrats sans exception, la condition du rachat de l'annuité est stipulée. J'ai invariablement remarqué qu'en parlant de ces sortes de transactions, les personnes qui les font les considèrent comme des emprunts et non pas comme des ventes à réméré.

92. Ces annuités sont-elles en général concédées pendant toute la vie de la personne qui en fait la concession ; dans le cas contraire, sont-elles concédées pour une, deux ou plusieurs vies ? — Lorsqu'un emprunteur n'a qu'une rente viagère, l'annuité est naturellement concédée seulement pour la vie ; mais lorsque celui qui fait la concession a un droit de jouissance plus considérable, s'étendant, par exemple, sur un certain nombre d'années, ou bien si son droit de possession n'est grevé que d'une simple redevance, l'annuité est accordée pour trois vies au moins, non compris celle du premier bénéficiaire du contrat. Le risque de sécurité se trouvant diminué par cette opération, on le couvre en ajoutant ordinairement une petite somme pour frais d'assurances. Il est à ma connaissance qu'on a accordé des annuités pour trois vies à 10 0/0 sur des propriétés assujetties à une simple redevance, libres de toute espèce de charges hypothécaires et inscrites pour un grand revenu annuel sur le registre du Comité. Il est aussi à ma connaissance que certaines annuités accordées pour quatre vies l'auraient encore été pour un terme plus long sans le danger auquel on se serait ainsi exposé d'une action devant les Cours d'équité qui auraient annulé la transaction à raison du défaut de proportion entre la somme prêtée et sa rémunération. Enfin, nombre d'annuités ont été constituées pour un terme d'années déterminées indépendant des vies du débiteur et de ses héritiers.

93. Si le taux de l'intérêt n'était pas restreint par la loi, n'aurait-on pas pu obtenir de meilleures conditions ? — J'en suis convaincu ; car le stigmate qui s'attache aux prêteurs sur annuités écarte de ces opérations toutes les personnes respectables. Quelques hommes importants se sont dernièrement embarqués dans ces sortes d'affaires ; cependant, je n'ai jamais connu, dans ma profession, un seul homme en possession d'une bonne réputation qui prêtât son argent de cette façon, bien que nous soyons mieux que personne en situation de vérifier la sûreté des garanties et d'obtenir de très-bonnes conditions. Dans tous les emprunts, on rencontre invariablement deux *sollicitors* (avoués), l'un pour l'emprunteur, l'autre pour le prêteur. Bien que les frais des actes destinés à garantir la somme prêtée soient mis à la charge de l'emprunteur, les sollicitors produisent invariablement un état de frais et honoraires ; tandis qu'en matière d'annuité, bien que ce soit là strictement un emprunt, on n'emploie qu'un seul avoué. Cet avoué ne produit jamais d'état de frais régulier ; il demande une somme ronde pour ses peines et

dépenses. En outre, dans presque toutes les affaires de ce genre, on prend jugement contre l'emprunteur, avec facilité de le faire mettre à exécution en cas de retard de quelques jours dans le paiement de l'annuité.

94. Pensez-vous que le rappel de ces lois aurait des inconvénients ? — Dans ces derniers temps, j'ai beaucoup réfléchi à ce sujet, et je suis convaincu que le rappel de ces lois ne nuirait en rien à la propriété foncière. Aujourd'hui on peut, avec la garantie d'une propriété foncière, emprunter à 4 1/2 0/0, bien que la loi permette de prendre 5 0/0. Il s'ensuit qu'on trouverait encore de l'argent à 4 1/2 0/0, même avec une loi qui permettrait de prendre plus de 5 0/0. Dans les circonstances où le remboursement des sommes prêtées ne repose que sur des garanties toutes personnelles ou légères, je ne serais pas surpris si les prêteurs profitaient du rappel de ces lois pour exiger immédiatement un intérêt plus considérable comme compensation des inquiétudes que de telles garanties leur causent. Je n'aurais pas cru sage de rappeler ces lois pendant une période d'agitation ; aujourd'hui, on s'apercevrait à peine de leur rappel.

95. Si ces lois étaient rappelées, vous croyez que le taux de l'intérêt serait en rapport avec la valeur des garanties ? — Précisément ; l'argent, comme toute autre marchandise, trouverait son niveau sur le marché. En ce moment, je suis convaincu que le rappel de ces lois n'élèverait pas le taux de l'intérêt sur les emprunts faits par la propriété foncière.

96. Avez-vous quelque autre chose à dire sur ce sujet ? — Voici un relevé, dont je ne peux personnellement affirmer l'exactitude, que j'ai fait faire ce matin dans le bureau où sont enregistrées les concessions d'annuités viagères. Ce relevé comprend les annuités enregistrées pendant les quatre derniers mois et les annuités enregistrées pendant les quatre mois correspondants de l'année dernière. J'ai été frappé de voir qu'en ce moment où l'argent est abondant et où, par conséquent, le taux de l'intérêt est moins élevé qu'il ne l'était l'année dernière, le nombre des annuités a été moins considérable. Pendant les quatre premiers mois de 1817, le chiffre de ces annuités s'était élevé à 457 ; il n'a été que de 340 pendant les quatre premiers mois de 1818, soit 117 de moins. Je ne suis pas cependant personnellement autorisé à affirmer l'exactitude de ces chiffres. J'ai encore à appeler l'attention du Comité sur d'autres points.

D'abord, je lui signalerai l'acte de la cinquante-troisième année du règne de George III. Cet acte, dont la rédaction m'appartient, a considérablement diminué la rigueur des lois sur l'usure. En facilitant et en rendant plus sûres les concessions d'annuités viagères, opérations qui consistent simplement à éluder les lois sur l'usure, cet acte a aussi, dans une certaine mesure, annulé l'effet de ces lois. Si on rappelait les lois sur l'usure, il faudrait en même temps rappeler cet acte, ainsi que l'acte de la dix-septième année de George III. Il serait absurde de laisser subsister cette législation du moment qu'il serait permis à chacun de prêter son argent au mieux de ses intérêts. Si on rappelle les lois sur l'usure, il y aurait deux mesures à prendre. La première serait d'obliger toute personne prêtant de l'argent à intérêt à faire connaître son nom et sa qualité de prêteur dans l'acte de prêt. Cela empêcherait toutes les transactions équivoques. Il peut se présenter sans doute de temps à autre de fort bonnes raisons pour garder l'incognito; cependant, il n'est pas à ma connaissance que, dans les opérations de prêt sérieuses et sincères, le prêteur ait jamais désiré cacher son nom. La seconde mesure consisterait à interdire, moyennant une sanction pénale qui, bien entendu, se bornerait à une amende, les prêts d'argent à intérêt ou par voie d'annuité aux mineurs. Il devrait également être interdit aux mineurs devenus majeurs de ratifier ces prêts. Au cas où ces prêts auraient été remboursés, les mineurs devraient avoir le droit d'en demander la restitution et avoir, en tout cas, une action en équité contre le prêteur. L'acte sur les annuités contient une clause qui remplit ce but en partie; moyennant les changements nécessaires, on pourrait l'adapter au but que je propose. Pendant ces dernières années, on a pris l'habitude d'inscrire, dans les contrats d'hypothèque sur biens fonciers, une disposition qui, en tout état de cause, permet au créancier hypothécaire de vendre la propriété. Grâce à cette disposition, le créancier est ainsi assuré du remboursement immédiat de sa créance. Cette opération, une fois qu'elle sera bien comprise, aura pour effet d'abaisser le taux de l'intérêt sur les créances hypothécaires. J'ai à faire observer que, pendant ces dernières années, on a vu des emprunts sur annuités se faire par bon nombre de gens qui auparavant ne s'engageaient pas dans ces sortes d'opérations. Parmi les petits capitalistes engagés dans les entreprises de bâtiments, on en trouverait très-peu qui n'aient pas emprunté sur annuités en donnant pour garantie leurs bâtiments; très-souvent, ces constructions n'étaient pas encore couvertes. Il est à ma connaissance que ces opérations ont donné lieu à d'énormes fraudes. Ainsi, par exemple, telle personne à qui on avait montré une maison finie s'est, une fois le contrat fait, trouvée n'avoir pour gage qu'une maison inachevée. Parfois, les maisons données en gage étaient pleines d'ouvriers occupés à en achever la construction; dès que le contrat était fait et l'argent versé, les ouvriers disparaissaient, et les créanciers étaient laissés sans aucune espèce de garantie pour le versement de leurs annuités. Ces fraudes et d'autres du même genre ont, je le crains, été cause que le système des petites annuités a fait perdre beaucoup plus d'argent qu'il n'en a fait gagner. Des femmes sans famille ont aussi perdu tous leurs moyens d'existence. Sans les lois sur l'usure, je ne crois pas qu'on aurait eu à regretter de pareils malheurs, parce que les opérations de prêt se font avec une grande prudence et beaucoup de régularité. Très-souvent, les personnes qui font trafic d'annuités recueillent, parmi leur nombreuse clientèle, de petites sommes, et, dès que ce chiffre produit une grosse somme, achètent en leur nom personnel une seule annuité. Un acte est ensuite dressé dans lequel l'acheteur se déclare simple fidéicommissaire de l'annuité au profit des personnes qui en ont fourni les fonds, et chaque personne figure dans le partage de l'annuité pour une part proportionnée à la somme qu'elle a versée. A l'aide de ce système, les individus au nom desquels est inscrite l'annuité se font constituer receveurs des revenus destinés à payer l'annuité, ce qui leur vaut une commission; de leur côté, les personnes qui ont droit au partage de l'annuité sont également forcées de les constituer leurs receveurs, ce qui vaut une autre commission. La tentation qu'éprouve un avoué à prêter sur annuité est très-forte, parce que, n'ayant pas à craindre que l'emprunteur conteste le chiffre de ses frais et honoraires, il demande ce qu'il veut et prend soin de se faire immédiatement payer. Il n'est pas d'exemple qu'un emprunter ait quitté le cabinet de l'avoué sans avoir payé. Il arrive souvent que l'avoué était, à l'origine, chargé des intérêts de l'emprunteur, et, bien qu'il ait pris la peine de chercher un prêteur, il ne se sent pas aussi intéressé à prendre, pour assurer le service de l'annuité, ces précautions et ces garanties qu'il est toujours du devoir d'un avoué de prendre dans une transaction régulière. En somme, les annuités, à l'origine, étaient tout simplement un moyen d'éluder la loi; plus tard, elles l'ont bouleversée, et enfin elles ont ruiné la plupart des personnes qui s'y sont engagées.

L'acte de la dix-septième année du roi George III, qui était destiné à restreindre ces sortes d'opérations, engendra plus de procès pendant tout le temps qu'il dura que n'importe quel autre acte des statuts. Lorsque l'emprunteur se sentait écrasé par le poids de l'annuité, il essayait, et souvent avec succès, de faire annuler l'acte de concession. Emprunteur et prêteur eurent fort à souffrir de cet état de choses. Le prêteur, se considérant comme privé de la protection des lois, exigeait un taux d'intérêt de nature à compenser les risques et la honte auxquels il était exposé. L'emprunteur se considérait comme opprimé et employait une partie de l'argent qu'il recevait à détruire la garantie qu'il avait donnée en échange. De là l'origine des procédés oppressifs et irréguliers qui accompagnent ces sortes de transactions. L'acte de la cinquante-troisième année du roi George III a mis un terme à toutes les contestations relatives aux concessions d'annuité ; depuis cinq ans que cet acte existe, pas une seule annuité créée pendant cette période n'a été l'objet d'une action en justice ; mais il n'y a que le rappel des lois sur l'usure qui puisse mettre un terme aux abus qui accompagnent les concessions d'annuités. Ces annuités encouragent trop fortement l'esprit de jeu. Le remboursement de l'argent prêté ne pouvant pas être exigé et l'annuité étant accordée sur une éventualité, l'emprunteur néglige trop souvent de se préoccuper du remboursement de l'emprunt et abandonne au hasard le soin de fixer le terme de l'annuité.

97. Ne serait-il pas meilleur pour tout le monde et pour l'Etat que le taux de l'intérêt ne fût l'objet d'aucune limite et d'aucune entrave, et que le soin de le déterminer fût laissé à la convenance, aux besoins et aux arrangements mutuels des prêteurs et emprunteurs? — Dans la situation où se trouve aujourd'hui le pays, je suis nettement d'avis que tout le monde aurait à gagner à ce qu'il n'y eût pas d'entrave au taux de l'intérêt. Par cette expression « la situation actuelle du pays, » j'entends parler de l'esprit d'entreprise commerciale qui l'anime et de l'immense capital qu'il a à sa disposition. Lorsque le loyer de l'argent sur le marché tend à s'élever au-dessus de l'intérêt légal, les moyens d'éluder les lois sur l'usure se présentent en grand nombre. L'emprunteur est alors obligé de payer en sus du taux du marché une compensation pour le risque et la honte qu'il encourt en violant les lois. L'intérêt élevé que l'on peut en ce moment se procurer en France et toucher en Angleterre aussi régulièrement que nos propres fonds est un fort argument en faveur du rappel des lois, si le taux de l'intérêt sur le marché

était en ce moment au-dessus du niveau légal comme il est, en réalité, au-dessous. Dans un pays commercial comme le nôtre, possédant de grands capitaux, les lois sur l'usure doivent être préjudiciables aux vrais intérêts de la communauté. Si de telles lois ne font que suivre l'état du marché, elles ne sont pas du tout nécessaires; si elles ne tiennent pas compte de cet état du marché, il est inévitable qu'on arrivera à ne tenir également aucun compte d'elles. Les incessantes oscillations de la valeur de l'argent rendent impossible de passer une loi qui puisse en tout temps se trouver d'accord avec l'état du marché. Plus les pénalités qui frapperont les violations de la loi seront grandes, moins la loi aura chance d'être exécutée. Nos lois sur l'usure ont été violées à toutes les heures du jour, et les exemples de condamnations judiciaires à raison de ces infractions sont très-rares. Je ne sais pas sur quelles raisons on se fonde pour déclarer que l'abaissement du taux de l'intérêt profite au Gouvernement. A mon avis, un gouvernement sage devrait encourager tout ce qui serait de nature à faire promptement circuler l'argent parmi les propriétaires fonciers et ne pas les obliger à recourir à des expédients, afin d'éluder les loi sur l'usure. Que ces lois soient ou ne soient pas rappelées, la propriété foncière trouvera toujours l'argent dont elle aura besoin. Quant aux emprunts du Gouvernement, l'intérêt légal n'a, je crois, sur eux aucune influence; c'est le taux de l'intérêt au Stock Exchange qui les règle, et cet intérêt n'est pas influencé par l'intérêt légal.

DÉPOSITION

DE

M. NÉHÉMIAH ROTHSCHILD.

SÉANCE DU 7 MAI 1818.

Présidence de M. Serjeant ONSLOW.

137. Avez-vous eu occasion d'observer les effets que produisent sur le marché financier les lois sur l'usure? — Oui.

138. Connaissez-vous les lois de Hollande sur la matière? — Oui.

139. Y a-t-il des lois sur l'usure en Hollande? — Non.

140. Connaissez-vous également les lois de Hambourg? — Oui.

141. Y a-t-il là des lois contre l'usure? — Non.

142. Et dans les villes anséatiques? — A Brême, il n'y a pas de loi; à Francfort, la loi limite, je crois, à 5 0/0 le taux de l'intérêt sur la propriété immobilière. Quant aux escomptes il n'y a pas de limite.

143. Quel est en moyenne le taux ordinaire de l'escompte en Hollande pour les billets de premier ordre? — 3 à 4 0/0.

143*. Le taux de l'intérêt sur cette sorte de billets varie-t-il considérablement? — Non, pas beaucoup.

144. A quel taux le plus haut l'avez-vous vu? — Avant l'établissement de la Banque, les escomptes se faisaient à 6 0/0, mais depuis l'établissement de la Banque des Pays-Bas l'escompte a toujours été maintenu à 5 0/0.

145. En Hollande l'escompte sur les lettres de change de premier ordre ne dépasse-t-il jamais 5 0/0? — Jamais; à ce prix la Banque les prend.

146. Il s'en suit qu'en Hollande la Banque sert à tout le pays de régulateur du taux de l'intérêt? — A présent oui.

147. Quel est le taux actuel de l'intérêt en Hollande? — 4 0/0.

149. A quel taux le plus bas cet intérêt est-il descendu dans le cours des deux dernières années? — A 2 1/2 0/0.

150. A quelles causes attribuez-vous l'élévation ou l'abaissement du taux de l'intérêt en Hollande? — Cela dépend entièrement de l'importance des affaires commerciales ; s'il y a de grandes importations de grains de la Baltique ou de l'Amérique, ou bien de toute autre marchandise, les lettres de change arrivent en grand nombre ; alors l'escompte hausse.

151. Quel intérêt prend-on pour les valeurs commerciales de second et de troisième ordre? — On ne les escompte pas du tout, si ce n'est entre parents et amis.

152. A quoi imputez-vous ce refus d'escompter les valeurs de second ordre? — Parce que l'argent est en très-peu de mains.

153. La difficulté des escomptes est donc beaucoup augmentée par le manque de concurrence entre les escompteurs? — Oui.

154. Les grandes maisons de Hollande mettent leur orgueil à limiter leur papier et à borner leurs escomptes aux valeurs commerciales de premier ordre? — Oui.

155. Entendez-vous dire que les valeurs de second ordre sont en toute circonstance à peine escomptées en Hollande? — Oui.

156. Cette réponse se borne-t-elle à Amsterdam ou bien parlez-vous de la Hollande en général? — De la Hollande en général.

157. Quel est le taux général de l'intérêt en Hollande sur la propriété foncière et les autres valeurs? — Je ne sais rien du taux d'intérêt que paie la propriété foncière ; quant aux fonds d'Etat hollandais ou autres, il n'y a pas de limites.

158. Entendez-vous dire que, moyennant un dépôt de titres étrangers, l'intérêt de l'argent avancé sera fixé par le commun accord des parties, sans que la loi leur impose aucune restriction? — Oui.

159. Quel est le taux moyen de l'intérêt sur les bonnes valeurs étrangères, en tenant compte, bien entendu, de la solidité de l'emprunteur? — 3 ou 4 0/0.

160. Le taux de l'intérêt est en proportion du risque que court le prêteur. — L'intérêt se paie suivant le risque.

161. En Hollande, les personnes qui ne sont pas dans le com-

merce n'empruntent-elles pas le plus ordinairement sur consignation ou dépôts de titres ? — Non.

162. Connaissez-vous les lois qui régissent le taux de l'intérêt en France ? — Un peu.

163. Quelles sont-elles ? — La loi ne permet pas de prendre plus de 6 0/0, mais, en pratique, on paie d'abord une commission, et il n'y a aucune loi qui oblige un homme à affirmer ou à nier par serment le fait d'une pareille transaction.

164. Parlez-vous de la loi telle qu'elle existe actuellement ? — Je parle du Code Napoléon.

165. Ce dont vous parlez s'appelle la loi des conventions ? — Oui, aucune limite d'intérêt n'existe pour les opérations sur fonds publics; c'est comme pour les reports en Angleterre, sauf qu'en France ces opérations sont légales, tandis qu'en Angleterre elles ne le sont pas.

166. Est-il à votre connaissance que des individus aient été traduits en France devant les tribunaux pour violation des lois sur l'usure ? — Un cas de ce genre s'est présenté dernièrement à Paris : une personne avait emprunté de l'argent sur une propriété foncière ; l'acte notarié mentionnait un intérêt de 6 0/0, et l'emprunteur avait en secret donné une commission au prêteur. Mais si l'emprunteur affirme sous serment qu'il a donné une commission, on ne le croit pas, il faut qu'il produise un témoin qui ait vu le fait.

167. Quel est le taux général de l'intérêt en France ? — 5 0/0, parce que la Banque tient tout en échec. La Banque de France prête de l'argent sur lingots et sur valeurs commerciales à un taux qui n'excède jamais 5 0/0.

168. Est-ce là la moyenne du taux de l'intérêt ? — L'intérêt est maintenant de 5 0/0 ; il y a trois ans, à raison de l'énorme augmentation des affaires, la Banque abaissa son escompte à 4 0/0.

169. Vous pensez donc que l'intérêt dépend beaucoup des profits ? — Certainement.

170. Comment la Banque de France règle-t-elle le taux de l'intérêt ? — En escomptant à 5 0/0 et en prêtant sur lingots pour au moins quatorze jours. Les échéances des escomptes ne sont pas de plus de trois mois.

171. Savez-vous quel est le taux ordinaire de l'intérêt sur les diverses places commerciales de France ? — Je n'en sais rien, mais

je présume que le taux de l'escompte à Paris sert partout de régulateur.

172. Savez-vous à quel taux d'intérêt la propriété immobilière, terres et maisons, fait ses emprunts?—L'intérêt est de 5 0/0, mais l'emprunteur donne en outre en secret une prime.

173. Vous connaissez particulièrement quel est le taux ordinaire de l'intérêt à Francfort et dans les autres places de commerce du Rhin, par suite du long séjour que vous y avez fait; voulez-vous avoir la bonté de faire connaître au Comité ce que vous savez à ce sujet? — L'intérêt dans les villes commerciales du Rhin jusqu'à Cologne se règle tout seul; il en est de même à Amsterdam et à Francfort. Le taux de l'intérêt sur la propriété immobilière, terres et maisons, à Francfort, varie de 4 à 5 0/0, mais on ne paie pas de prime en sus. Quant aux billets commerciaux, on les escompte à Francfort à 4, 5, 6 et 7 0/0, suivant le risque.

174. Il n'y a pas de lois restrictives? — Il n'en existe pas pour les billets de commerce. Sur les changes l'intérêt courant se règle d'après leur prix courant. Aussi, le voit-on varier de 3 à 8 0/0; il s'est élevé jusqu'à 12 0/0. Je parle de ce qui s'est passé en général pendant les vingt dernières années.

175. Savez-vous s'il y a des lois sur l'usure à Hambourg? — Il y en a, mais on ne les met pas en pratique; la règle est de ne pas prendre plus de 5 0/0 sur la propriété foncière, mais on élude la loi en donnant une prime. Quant aux lettres de change, on peut prendre n'importe quel escompte.

176. Ainsi vous pensez que l'élévation du taux de l'intérêt est plutôt une preuve de la prospérité d'un Etat que de son adversité? — Ce principe peut quelquefois être vrai. Ainsi, par exemple, dans les transactions qui maintenant ont lieu entre Hambourg et Saint-Pétersbourg, le retrait de l'argent de la Banque, que l'on expédie en Russie, la raréfaction de la monnaie de Banque et la hausse de l'escompte qui en est la conséquence, sont, dans une certaine mesure, compensés par le profit qu'on retirerait des importations dont cette expédition d'argent est le solde. Néanmoins, si l'on doit appliquer ce principe au commerce en général, je dirai qu'à Hambourg les périodes de grande élévation du taux de l'escompte ont été des périodes de crises, de difficultés commerciales et de faillites.

177. Connaissez-vous les lois qui règlent la valeur de l'argent en Prusse? — Oui, l'intérêt est de 5 0/0 sur la propriété foncière;

quant aux valeurs commerciales et aux autres obligations, on prend autant d'intérêt qu'on peut.

178. En Autriche? — La Banque prête à 6 0/0. L'escompte des valeurs commerciales se fait comme en Prusse.

179. A Augsbourg? — Il y a ce qu'on appelle un arrangement de place; tout le monde peut tirer sur Augsbourg, mais Augsbourg n'a pas pour habitude d'accepter des traites; il en est de même pour Leipsic. Quatorze jours avant l'échéance, le tiré est obligé de faire savoir s'il accepte; en cas de non acceptation, aucun protêt ne peut être fait avant l'échéance. L'argent est souvent rare, parce que beaucoup de billets arrivent à échéance en même temps, et le peu de délai laissé pour pourvoir au paiement fait que l'escompte s'élève quelquefois de 3 à 6, 7 et 8 0/0.

180. Sur les places dont vous venez de parler, connaît-on les emprunts par annuités? — On ne les connaît pas du tout.

181. Connaissez-vous un pays où les lois sur l'usure ne sont pas éludées? — J'ai déjà dit que je n'en connaissais pas.

182. Les lois sur l'usure ne vous paraissent-elles pas impuissantes à empêcher le taux de l'intérêt de s'élever? — Certainement.

183. Dans les villes du continent, dont vous venez de parler, est-il à votre connaissance que l'absence ou la non exécution des lois sur l'usure aient des inconvénients et notamment pour les escomptes? — Il n'en résulte, autant que je sache, aucun inconvénient.

184. Ces restrictions ont-elles jamais entravé vos escomptes? — Non, pas au point de vue commercial.

185. Vous pourriez toujours escompter de bons billets à 5 0/0, c'est-à-dire sans exiger aucun dépôt? — Certainement.

186. Comment expliquez-vous que des billets puissent s'escompter à 5 0/0, tandis que les meilleures propriétés foncières ne peuvent emprunter à ce taux? — Parce que ces billets peuvent toujours être envoyés à la Banque. Le capitaliste qui les escompte peut, en cas de besoin d'argent, les faire réescompter à la Banque.

187. Votre attention s'est-elle jamais portée sur l'opération générale des lois sur l'usure et leur influence sur la valeur de l'argent en Angleterre? — Oui, et je vous demanderai la permission de vous communiquer à ce sujet mon opinion.

M. Rothschild remet le document suivant dont il est donné lecture :

« L'opération des lois sur l'usure, à raison de leur influence sur la valeur de l'argent en Angleterre, est d'une très-grande importance pour les marchands. Dans ce pays, les choses se passent d'une autre manière que sur le continent. Là, il est très-rare, si toutefois cela se voit, que des traites soient tirées sur des marchands, tandis que dans ce pays ces traites abondent et y forment sans doute sur une grande échelle un des moyens de faciliter les opérations commerciales dont on a le plus besoin. Les petits manufacturiers trouvent également de grands avantages dans ce mode d'assistance ; nombre d'entre eux ont à Londres des amis ou des personnes de confiance, sur lesquels ils tirent à courte échéance des billets payables au moyen de marchandises qui sont en même temps expédiées à Londres. Ces billets, étant négociables à 5 0/0, permettent à ces manufacturiers de continuer leurs opérations non-seulement avec plus de facilité et d'avantage, mais encore sur une plus grande échelle. Il est impossible de dire d'une manière positive quelles seraient, pour ces personnes ou pour d'autres placées dans une situation semblable, les conséquences du rappel des lois sur l'usure. Je crois que dans bien des circonstances le prêteur ferait son profit des besoins de ces commerçants et petits manufacturiers, en leur demandant un escompte deux ou trois fois plus élevé qu'aux maisons de premier ou de second ordre. Par conséquent, je crois que la partie la moins riche du monde commercial doit être protégée d'une manière quelconque contre la tendance qu'elle aurait à s'exposer à une aussi grande réduction de ses profits, toutes les fois qu'elle se trouverait dans la nécessité de réaliser ses marchandises. On verrait escompter leurs traites à des taux extravagants, tandis que jusqu'à présent on n'a pas eu de grandes difficultés à escompter le papier au taux légal de 5 0/0. »

DÉPOSITION

DE M. SAMUEL GURNEY.

SÉANCE DU 8 MAI 1818.

Présidence de M. Serjeant ONSLOW.

213. Quelle est votre professsion ? — Escompteur.

214. Quelles sont les opérations d'un escompteur ? — Elles consistent à escompter les billets des gens qui ont besoin d'argent avec les ressources des gens qui ont de l'argent disponible.

215. Depuis combien de temps faites-vous ces opérations ? — Depuis onze ou douze ans.

216. Vous souvenez-vous de la période pendant laquelle la Banque a réduit ses escomptes ? — Non.

217. Avez-vous reconnu qu'il était toujours facile d'escompter des billets à 5 0/0 ? — Non, cela n'est pas toujours facile.

218. A quel moment ces escomptes n'ont-ils pas été faciles ? — En 1815 notamment. Le Gouvernement demandait alors au marché financier des ressources beaucoup plus considérables qu'il ne l'avait encore fait. Pendant cette année, les escomptes de billets à 5 0/0 furent très-difficiles ; mais, sauf cette exception, il n'y a eu que peu de difficultés.

219. Vous n'étiez pas dans les affaires avant l'acte qui permit à la Banque de ne pas payer en espèces ? — Non.

220. En 1815, la difficulté de trouver de l'argent à 5 0/0 ne causa-t-elle pas de très-grands embarras au commerce ? — Sans doute.

221. Croyez-vous que les banquiers et les autres capitalistes auraient été disposés à escompter si la loi avait permis de prendre un intérêt plus élevé ? — Certainement.

222. Les lois sur l'usure n'ont-elles pas alors été très-préjudiciables à l'intérêt public ? — En 1815, oui.

223. Toutes les fois que l'argent redeviendra aussi rare, n'en sera-t-il pas de même? — La même cause devra, je le présume, produire les mêmes effets.

224. — Ne croyez-vous pas que les négociants et les autres commerçants ne soient souvent forcés de se défaire de leurs marchandises à des prix très-désavantageux, par suite de l'impossibilité où les lois sur l'usure les met de trouver de l'argent au-dessus de 5 0/0 ? — Je ne crois pas que ces besoins d'argent aient jamais poussé à d'importantes ventes forcées, si ce n'est en 1815. Pendant cette année, les gros intérêts qu'on pouvait légalement réaliser au Stock Exchange augmentèrent encore considérablement les difficultés du monde commercial.

225. Toutes les fois que, par suite de circonstances particulières, il arrive qu'on peut réaliser au Stock Exchange un intérêt plus élevé que l'intérêt légal, cela ne réduit-il pas dans une très-grande proportion les ressources des escomptes ? — Cela dépend du temps que l'argent continue à trouver un intérêt supérieur au Stock Exchange. Ce temps peut se prolonger considérablement, comme l'année dernière, ou bien n'avoir que très-peu de durée.

226. Ce resserrement des ressources de l'escompte n'a-t-il point parfois pour effet d'occasionner au monde commercial de très-grandes souffrances? — Sauf 1816, rien de pareil ne s'est produit, autant que je sache.

227. Les lois sur l'usure ne sont-elles pas continuellement éludées par les différences que les vendeurs et les acheteurs établissent entre le prix des marchandises vendues au comptant et celui des marchandises vendues à crédit; ces différences n'excèdent-elles pas l'intérêt de 5 0/0 ? — Il y a sans doute une différence très-considérable entre les prix des marchandises au comptant et le prix des marchandises à crédit, et encore bien que cette différence dépasse 5 0/0, je ne pense pas que ce soit là un fait qu'on puisse considérer comme un moyen d'éluder les lois sur l'usure.

228. Des pratiques de cette nature ne pourraient-elles pas, en se généralisant, remplacer les avantages que procurent les escomptes? — Je ne le pense pas. Une lettre de change diffère tant des autres valeurs, surtout des billets de commerce.

229. La plus grande partie des opérations commerciales ne se fait-elle pas à l'aide d'un continuel système d'escompte, notamment parmi les manufacturiers ? — Sans doute le commerce trouve

de très-grandes facilités dans l'escompte, mais il y a un grand nombre de manufacturiers qui sont assez riches pour n'en avoir pas besoin.

230. Dans cette année 1815, que vous considérez comme ayant été particulièrement difficile, s'il n'y avait pas eu de lois sur l'usure, aurait-on eu à un taux plus élevé de l'argent en quantité suffisante pour sortir le commerce d'embarras? Et à quel taux se serait alors élevé l'intérêt? — Je ne pense pas qu'en 1815 on eût pu trouver assez d'argent pour conjurer la crise commerciale.

231. Les nombreuses faillites qui eurent lieu à cette époque ne furent-elles pas, en bien des cas, la conséquence des difficultés qu'on éprouvait à faire escompter de bons billets? — C'est là une question à laquelle il est très-difficile de répondre d'une manière complète; mais je ne pense pas que lorsque l'existence commerciale d'un individu est en jeu, on voulut réunir ses amis et connaissances tout simplement pour leur épargner une élévation du taux de l'intérêt.

232. A quelle année faisiez-vous allusion tout à l'heure? — A l'année 1815.

233. Vous dites qu'avec la liberté du taux de l'escompte, on n'aurait pas eu assez d'argent. Mais cela aurait beaucoup allégé les difficultés de la situation? — Je le crois.

234. En dehors des demandes du Gouvernement, d'autres causes ont-elles, pendant cette année, concouru à élever le prix de l'argent? — Je ne pense pas qu'il y en ait eu d'autres.

235. Les commerçants avec lesquels vous êtes en rapport se plaignent-ils des lois sur l'usure? — Je ne les entends jamais s'en plaindre.

236. Quel effet supposez-vous qu'aurait sur les sentiments et sur la conduite des commerçants le rappel de ces lois? — Cela ne produirait que très-peu d'effet, l'argent valant actuellement moins de 5 0/0.

237. Mais comme système applicable en tout temps, quels seraient, selon vous, les effets de cette abrogation? — Les riches et grands négociants, les banquiers de Londres, n'en éprouveraient que très-peu d'inconvénients. Mais il n'en serait pas de même pour les autres commerçants, et surtout pour les petites villes manufacturières, où la circulation monétaire est entre les mains d'un petit nombre d'individus; cela donnerait à ces individus une très-grande puissance qui pourrait être nuisible pour le public.

238. Dans les localités dont vous parlez, les affaires d'argent ne sont-elles pas gouvernées par les mêmes principes de concurrence qui gouvernent toutes les autres transactions? — Dans ces localités, la circulation monétaire est entre les mains d'un petit nombre d'individus, et la concurrence n'y procurerait pas autant d'avantages que dans la métropole.

239. Les petits manufacturiers n'éprouvent-ils pas de très-grands embarras, par suite de l'impuissance de trouver de l'argent où les mettent les lois sur l'usure? — Je ne connais pas bien la situation des petits manufacturiers; mais d'après ce que je sais sur les moyens à l'aide desquels la circulation monétaire de ce pays marche, je ne crois pas que les lois sur l'usure aient pour ces manufacturiers beaucoup d'inconvénients.

240. Vous ne pensez pas que la libre concurrence aurait pour effet de produire l'abondance? — Généralement parlant, j'en doute.

241. De quelle façon les banquiers de province emploient-ils le plus ordinairement leurs fonds? — Ils les placent en grande partie sur la dette publique. Une assez grande quantité de ces ressources s'emploie en acquisitions de lettres de change; les prêts hypothécaires et les avances à l'agriculture en absorbent aussi une partie; l'expérience a montré que les fonds publics, en raison de leurs grandes oscillations, ne constituaient pas un mode de placement très-désirable. Les prêts sur hypothèques et les prêts sur l'agriculture ont ruiné un grand nombre de banquiers par suite de l'impossibilité où l'on est de rentrer dans ses avances en cas de pressante nécessité.

242. Le surplus est en général remis à leurs correspondants de Londres, qui en trouvent l'emploi? — Oui.

243. L'abrogation des lois sur l'usure produirait-elle quelque effet sur les opérations du Gouvernement sur le marché financier, et quel serait cet effet? — Elle ne pourrait produire que peu d'effet, le Gouvernement n'étant pas lié par les lois sur l'usure dans ses marchés avec le public.

244. Dans un temps où l'argent serait rare, ne pourrait-il pas se faire qu'avec une liberté d'intérêt sans limites, la concurrence individuelle absorbât assez de capitaux pour rendre les négociations du Gouvernement plus difficiles, et de plus, pour lui faire payer plus cher l'argent dont il aurait besoin? — Les opérations du Gou-

vernement ne seraient pas, je crois, plus difficiles, mais l'intérêt qu'il aurait à payer serait certainement beaucoup plus cher.

245. Si l'intérêt n'était pas limité, cela n'amènerait-il pas, dans la propriété territoriale, des changements de mains plus fréquents. — Je le crois.

246. Est-ce que, dans bien des circonstances, la liberté de l'intérêt ne rendrait pas inutile les ventes de terres? — Sans doute, cet effet se produirait souvent, du moment que le propriétaire pourrait emprunter sur sa terre, au lieu de la vendre ; avec une telle faculté d'emprunter, le propriétaire foncier s'embarquerait souvent dans d'autres entreprises, qui, à la longue, pourraient le forcer à vendre sa terre.

247. Vous êtes d'avis que des moyens plus faciles d'avoir de l'argent ne feraient qu'exciter les personnes extravagantes et imprudentes à s'endetter plus qu'il ne leur est permis de le faire avec les lois actuelles? — Mon expérience sur les prêts d'argent faits à la propriété foncière n'est pas très-grande. Cependant je suis disposé à croire que l'abrogation de la limite d'intérêt aurait cet effet.

248. Les personnes extravagantes ne trouvent-elles pas continuellement des moyens d'éluder la loi sur l'usure, soit en empruntant sur annuités, soit en vendant leurs propriétés ? — On a souvent éludé les lois sur l'usure en empruntant sur annuités; mais le public est si profondément antipathique à ces sortes d'opérations, qu'il est permis de douter que l'abolition de la limite d'intérêt leur donnât plus d'extension. Les lois sur l'usure ne sont en somme éludées qu'en partie.

249. Ces lois n'ont-elles pas pour effet de pousser les personnes extravagantes à s'adresser à des usuriers d'un caractère équivoque à défaut de prêteurs d'argent respectables? — Sans doute, elles ont ce résultat ; mais encore il n'y a que les personnes très-imprudentes qui recourent à de pareils moyens pour avoir de l'argent, et les emprunts sur annuités ne sont pas d'un usage aussi général que le seraient les emprunts sur simple hypothèque, si on facilitait les moyens de les faire.

250. Vous pensez qu'il devrait toujours y avoir autant de difficultés à emprunter sur hypothèque qu'il y en a à emprunter sur annuité ? — Non, je ne le pense pas : l'abolition des lois sur l'usure rendra ces emprunts très-faciles ; le monde financier ne verra rien

de fâcheux à emprunter sur hypothèque ou sur toute autre garantie aux meilleures conditions possibles.

251. D'après tout ce que vous venez de dire, vous pensez qu'il serait à propos que la législature soumît à ce sujet le commerce et la propriété foncière à des régimes différents ? — Je ne me sens pas tout à fait compétent pour répondre à cette question sans l'avoir approfondie ; mais il est bien possible que le régime qui serait salutaire pour la propriété foncière fût préjudiciable au commerce.

252. N'arrive-t-il pas souvent que des commerçants ont l'occasion de gagner plus de 5 0/0, et qu'ils en sont empêchés faute de pouvoir emprunter au-dessus de ce taux? — Sans doute, de pareilles occasions se présentent ; mais doit-on encourager ces sortes d'opérations ; j'en doute fort.

253. Ne peut-il pas arriver qu'un commerçant prudent soit empêché par les lois sur l'usure d'emprunter, dans une proportion en rapport avec ses ressourcs naturelles, l'argent qui lui serait nécessaire pour mener à fin une opération commerciale ? — Je ne le pense pas ; je ne crois pas qu'aucun homme prudent veuille emprunter de l'argent à un taux élevé, afin de mener à fin des spéculations commerciales qui dépassent ses ressources et dont il a la direction personnelle.

254. Un négociant ou un manufacturier pourraient-ils prudemment faire des affaires d'une manière continue avec des emprunts ou des escomptes à 6 0/0 ? — Oui ; si le prix de l'argent à ce taux devait être fixe et permanent, les hommes prudents pourraient, je crois, s'engager dans les affaires et y réaliser du profit.

255. Les profits du commerce permettent-ils de payer un intérêt permanent de 6 0/0 ? — Oui, les profits généraux du commerce permettent de payer 6 0/0.

256. Votre expérience, vos réflexions sur la question vous autorisent-elles à dire si le rappel des lois sur l'usure tendrait à élever le taux de l'intérêt au-dessus de 5 0/0 ou à l'abaisser ? — Mon expérience se rapporte à des faits accomplis pendant une période de guerre ; l'abolition des lois sur l'usure aurait eu alors, je crois, pour effet de faire hausser le taux de l'intérêt.

257. L'opinion que vous nous exprimez prend-elle en considération les sommes qu'on s'est procurées en éludant les lois, tant sous forme de prime payée aux sollicitors et autres que sous forme de gros intérêts payés pour annuités ? — Ma réponse s'applique prin-

cipalement au monde commercial, où je ne pense pas qu'il soit d'usage de donner de telles primes. Mon opinion repose sur ce fait que l'argent a effectivement valu plus de 5 0/0 ; mais le prêteur a été forcé de se contenter de cet interêt, et l'emprunteur l'a eu en conséquence à un taux plus raisonnable.

258. Si le taux de l'intérêt avait été illimité, croyez-vous que les banquiers auraient aussi généralement demandé 5 0/0, ainsi qu'ils le font à présent ? — Je crois que si la valeur légale de l'argent avait pu suivre les oscillations de la valeur réelle, les banquiers auraient été forcés, de temps à autre, d'escompter à 4 0/0, c'est-à-dire de suivre le cours du marché, et que la Banque en aurait fait autant.

DÉPOSITION

DE

M. SWINTON HOLLAND.

SÉANCE DU 20 MAI 1818.

Présidence de M. Serjeant ONSLOW.

445. Vous êtes l'un des associés de MM. Baring frères? — Oui.

446. Connaissez-vous les lois qui règlent ou restreignent le taux de l'intérêt dans les divers états du continent? — J'en ai une idée générale sans cependant être en état de définir avec précision la législation particulière de chaque pays.

447. En Hollande, y a-t-il des lois sur l'usure qui limitent le taux de l'intérêt? — Je pense que oui.

448. Sont-ce des lois écrites, ou bien des coutumes traditionnelles? — Le taux de l'intérêt y est réglé par une loi écrite, le Code Napoléon, je crois. En vertu des dispositions de ce Code, l'intérêt est de 5 0/0 en matière civile; sous ce terme, on comprend toutes les transactions civiles et les prêts sur hypothèque. En matière commerciale, l'intérêt est de 6 0/0. Mais le commerce a laissé la loi tomber en désuétude, et le taux de l'intérêt varie selon l'abondance ou la rareté de l'argent.

449. Avant le Code Napoléon, le taux de l'intérêt était-il réglé par une loi écrite? — Je crois que oui. L'intérêt était alors limité à 6 1/4 0/0; je crois cependant que ce taux d'intérêt s'applique seulement aux opérations sur immeubles.

450. Dans les villes anséatiques, le taux de l'intérêt est-il réglé par la loi? — A Hambourg, il n'y a pas de loi semblable; dans les autres villes, ces sortes de lois ne sont pas mises à exécution.

451. Vous avez déclaré qu'en Hollande le taux de l'escompte varie selon que l'argent est abondant ou rare; n'y escompte-t-on pas le papier de commerce de premier ordre à un taux d'intérêt moins élevé que le papier d'une qualité inférieure? — Cela est as-

sez probable; je n'affirme cependant pas que ce soit là le fait, n'ayant pas été en Hollande.

452. N'est-il pas arrivé qu'en tirant des traites sur les pays étrangers, les commerçants de second ordre négocient leur papier à des conditions plus défavorables que ne le font les commerçants dont le crédit ne donne prise à aucun doute? — Je suis disposé à croire qu'il en est partout de même.

453. Si, en Angleterre, l'escompte subissait des oscillations, est-ce que le papier commercial d'un ordre inférieur ne s'escompterait pas à un taux d'intérêt plus élevé que les billets de premier ordre? — L'escompte serait certainement en rapport avec le crédit des maisons, sans cependant qu'entre les divers escomptes il y eût un écart de plus de 1/8 à 1 0/0. En Hollande, le taux général de l'escompte varie de 4 à 5 0/0; il descend quelquefois à 3 1/2 et 3 0/0, mais il est très-rare qu'il tombe plus bas. Pendant la Révolution, les mesures financières extraordinaires auxquelles le Gouvernement fut obligé de recourir le firent monter à 6 et 7 0/0 et même à 8 0/0. De pareilles situations n'ont jamais été de longue durée. A Amsterdam et à Postdam, la moyenne du taux de l'intérêt, depuis 1794, a été en général d'environ 4 0/0. En voici le relevé de 1795 à 1817.

1795..	4, 4 1/2, 5, 6.
1796..	4, 4 1/2, 5, 6.
1797..	4, 4 1/2, 5, 5 1/2, 6, 9, 12.
1798..	4, 4 1/2, 5, 6.
1799..	3, 4, 4 1/2, 5, 6.
1800..	4, 4 1/2, 5, 6.
1801..	4, 4 1/2, 5, 6.
1802..	4 1/2, 5, 5 1/2, 6.
1803..	4, 5, 5 1/2, 6.
1804..	4, 4 1/2, 5, 5 1/2, 6.
1805..	4, 5, 5 1/2, 6, 9.
1806..	4, 4/2, 5, 5 1/2, 6, 9.
1807..	4, 4 1/2, 5, 6.
1808..	4, 3 1/2, 4 1/2, 5, 6.
1809..	4, 4 1/2, 5, 6.
1810..	4, 4 1/2, 5, 6.
1811..	3, 3 1/2, 4, 5.
1812..	3, 3 1/2, 4, 5.

1813.. . . . . . . 3, 3 1/2, 4, 5, 6.
1814.. . . . . . . 4, 5, 5 1/2, 6, 6 1/2, 7.
1815.. . . . . . . 5 1/2, 6, 6 1/2, 7.
1816.. . . . . . . 5, 5 1/2, 6, 6 1/2, 7.
1817.. . . . . . . 5, 5 1/2, 6.

La Banque d'Amsterdam n'escompte jamais au-dessus de 5 0/0 ; ses statuts le lui défendent ; mais elle escompte au-dessous et varie ses escomptes suivant que l'argent est plus ou moins abondant. Elle escompte rarement au-dessous de 3 0/0. Il lui est cependant arrivé de prendre ses propres acceptations à 2 1/2.

454. Avez-vous quelque renseignement à donner à cet égard sur Hambourg? — A Hambourg, il n'y a pas je crois de loi sur l'usure. S'il en existe, elle est tombée en désuétude, on ne l'observe ni ne la fait observer. Le taux de l'intérêt varie selon la rareté ou l'abondance de l'argent. Il s'est élevé à 7, 8, et même à 10 0/0. En 1799, époque où il y eut tant de faillites, il s'éleva à 14 0/0. Ce fut là le résultat de circonstances accidentelles qui ne durèrent que très-peu de temps. Le plus ordinairement, l'argent est très-abondant à 4 0/0. A présent, l'intérêt est environ de 5 0/0. La Banque d'Hambourg est une banque de dépôt, elle ne fait pas d'escomptes. Ce sont les négociants et les banquiers qui dans leurs comptes courants exigent 5 0/0.

455. Pourriez-vous nous dire pourquoi les oscillations de l'escompte sont beaucoup plus grandes à Hambourg qu'à Amsterdam? — C'est je crois parce qu'Hambourg est un plus grand marché monétaire qu'Amsterdam, et qu'Hambourg est plus le pivot de ces sortes d'affaires que ne l'est Amsterdam.

456. La Banque d'Amsterdam n'escompte-t-elle pas constamment le bon papier à 5 0/0 ; n'est-ce pas là une des grandes raisons pour lesquelles l'escompte éprouve à Amsterdam de moins grandes fluctuations qu'à Hambourg ? — Je crois, en effet, qu'en n'escomptant pas au-dessus de 5 0/0, la Banque d'Amsterdam contribue considérablement à maintenir sur cette place l'intérêt de l'argent à un taux assez bas.

457. A Hambourg, dans les temps de grand besoin d'argent, l'élévation à 14 0/0 du taux de l'escompte ne cause-t-elle pas de grands inconvénients aux personnes qui sont obligées de payer si cher l'argent dont elles ont besoin? — Cette élévation de l'escompte

a ses avantages et ses inconvénients. Si l'on ne trouvait pas à escompter, il faudrait trouver de l'argent autrement, et recourir à des moyens peut-être beaucoup plus préjudiciables qu'un escompte à 14 0/0.

458. En Hollande, où la loi ne limite pas le taux de l'intérêt, la moyenne du loyer de l'argent n'est-elle pas plus élevée que dans s autres pays ? — Non, certes.

459. Croyez-vous qu'il y ait plus de transactions usuraires, c'est-à-dire d'un caractère oppressif, dans les pays où l'on demande un taux d'intérêt supérieur au vrai taux de marché que dans les autres pays ? — Je ne le crois certainement pas.

460. Savez-vous à quel taux s'élève l'intérêt dans les pays autres que ceux dont vous venez de parler ? — Je connais le taux d'intérêt des principales places de commerce. A Livourne, le taux ordinaire est de 1/2 0/0 par mois, soit 6 0/0 par an. Aucune loi n'empêche de prendre un intérêt plus élevé en matière commerciale ; l'escompte varie de 5/8 à 3/4 0/0 par mois, suivant l'abondance ou la rareté de l'argent et l'emploi que cet argent trouve. Il n'y a pas de Banque à Livourne, mais les négociants demandent ordinairement 6 0/0 pour leurs comptes courants.

A Gênes, le taux légal est de 4 0/0 ; on en prend ordinairement 5, et aucune loi n'empêche de prendre davantage. J'entends par taux légal le taux qu'il est dans l'usage de prendre à défaut de conventions spéciales. A Gênes, il n'y a pas de banques, les anciennes banques ayant cessé leurs opérations. A Cadix et en Espagne, en général, le taux ordinaire est de 6 0/0 ; la loi n'empêche pas d'exiger un intérêt plus élevé. Il est rare cependant que cet intérêt s'élève à 7 0/0. Les comptes courants de banque se règlent sur le pied de 6 0/0. A Lisbonne, et dans les autres places du Portugal, le taux légal est de 6 0/0, mais on prend très-souvent un intérêt plus élevé, bien que cela soit contraire à la loi. Les comptes courants se règlent sur le pied de 6 0/0. En France, à Paris, l'intérêt légal est fixé à 5 0/0 en matière civile et à 6 0/0 en matière commerciale. Les personnes qui exigent un intérêt supérieur sont passibles d'amende et d'emprisonnement.

461. La loi détermine-t-elle le chiffre de l'amende, ou le laisse-t-elle à la discrétion des juges ? — La loi le détermine. Il y a à Paris une banque appelée Banque de France. En 1815, cet établissement

escomptait à 4 0/0 les billets revêtus de trois signatures; à présent, le taux de l'escompte est à 5 0/0.

462. Est-ce une règle établie de la part de la Banque de France de ne jamais escompter au-dessus de 5 0/0? — Oui. En Russie, le taux légal est de 6 0/0, mais on élude constamment la loi, et l'escompte varie suivant l'abondance ou la rareté de l'argent. La Russie étant un pays capable de grande amélioration, les besoins d'argent y sont considérables. Aussi le taux de l'intérêt est-il en général beaucoup plus élevé que l'intérêt légal. La Banque impériale de Saint-Pétersbourg a été établie par ukase du 7 mai 1817, au capital de 30 millions de roubles. En principe, c'est une banque de dépôts aussi bien qu'une banque d'escompte; le taux de l'escompte n'est ni permanent ni limité; il est l'objet d'une révision tous les quinze jours. Deux fois par mois il y a réunion complète du conseil d'administration pour fixer le taux de l'escompte des lettres de change et obligations; la décision du conseil doit être approuvée par le ministre des finances. Les comptes courants se règlent ordinairement à raison de 6 0/0.

A Trieste et en Autriche, le taux légal de l'intérêt est de 6 0/0. Mais à Trieste l'intérêt varie de 6 à 12 0/0, suivant l'abondance ou la rareté de l'argent. A Malte, le taux de l'intérêt est ordinairement de 6 0/0; pendant la dernière guerre, par suite des grands besoins d'argent, cet intérêt s'éleva de 3/4 à 2 1/2 0/0 par mois, sans qu'il en soit résulté d'inconvénient; l'emprunteur n'aurait assurément pas emprunté, s'il n'avait pas pu retirer de son argent des profits supérieurs à l'intérêt que cet argent lui coûtait. Aux Etats-Unis, le taux de l'intérêt légal varie d'Etat à Etat, le taux ordinaire est d'environ 6 0/0; mais il y a constamment des billets sur le marché où ils s'escomptent à raison de 3/4 à 1 0/0 par mois.

463. Pouvez-vous nous dire comment on s'y prend aux Etats-Unis pour éluder les lois sur l'usure? — La loi est éludée si souvent que, bien qu'elle existe et qu'il soit possible de la mettre à exécution, c'est à peu près comme si elle n'existait pas du tout, du moins au point de vue commercial. L'Amérique est un pays neuf, où le capital trouve abondance d'emploi; l'argent y est toujours très-demandé, aussi peut-il payer un intérêt plus élevé que l'intérêt légal. La Banque des Etats-Unis a un capital de 35 millions de dollars, elle ne peut pas escompter au-dessus de 6 0/0. Cette banque a dans chaque ville importante des succursales qui y font des escomptes

aux mêmes conditions. En dehors de la Banque nationale et de ses succursales, il existe dans toutes les villes d'une certaine importance un grand nombre de banques qui ont été constituées sous l'autorité de l'Etat dans lequel elle se trouve. Toutes ces banques escomptent au même taux, c'est-à-dire à 6 0/0.

464. Comment se fait-il qu'aux Etats-Unis les escomptes varient de 1/2 à 3/4 et même à un chiffre plus élevé, tandis que les banques dont vous venez de parler escomptent à 6 0/0 ? — C'est parce que les banques ne veulent pas escompter plus d'une certaine quantité de papier pour une seule maison. Les besoins d'argent sont si grands, que les commerçants sont disposés à payer un intérêt plus élevé pour l'argent qu'ils se procurent à d'autres sources.

465. Savez-vous dans quelle situation l'Irlande se trouve à cet égard ? — Je ne sais rien de particulier sur l'Irlande.

466. Votre attention s'est-elle portée sur les effets que les lois sur l'usure produisent sur le monde commercial aux époques de crise monétaire ? — Je ne sais pas ce qu'on entend précisément par les mots : « temps de grande détresse, » mais j'ai eu occasion de porter mon attention sur ce sujet.

467. Voulez-vous nous faire connaître quel en a été le résultat ? — Dans tous les pays, la coutume a établi un certain taux d'intérêt qui varie selon le temps où ont été faites les lois qui sont venues corroborer cette coutume.

L'argent est comme toutes les autres marchandises ; s'il y en a en abondance, et si les moyens de l'employer sont difficiles, le taux de l'intérêt baissera au-dessous du taux ordinaire. Si, au contraire, l'argent trouve abondance d'emploi, il devient rare. Les individus qui en sont détenteurs en retirent un intérêt supérieur à l'intérêt ordinaire. Dans les pays où en temps ordinaire le capital est abondant, le taux de l'intérêt tombe en général au-dessous du taux ordinaire, et ce n'est qu'en temps de guerre ou pendant la négociation d'opérations de finance extraordinaires que le taux de l'intérêt s'élève au-dessus du niveau ordinaire. Un emprunteur d'argent a souvent des occasions de gagner 10 ou 12 0/0 qui ne sont pas connus de son prêteur, de sorte qu'il peut payer 6 0/0, même plus, et retirer un profit de l'argent qu'il a emprunté. De pareilles opérations sont avantageuses pour tout le monde dans un pays commercial comme l'Angleterre. Ainsi, par exemple, le banquier anglais prête au négociant anglais à 5 0/0 ; le négociant anglais prête au négociant étranger à 8 0/0, lequel dans son pays, où le capital est très-demandé, fait produire à son argent 10 à 12 0/0. Chacun a réalisé un profit sur le capital en circulation ; le pays a profité de la circulation et gagné, au point de vue politique, tout ce que ses nationaux ont reçu. L'étranger a trouvé son profit à emprunter à 8 0/0 un capital qui, dans son pays, vaut 12 0/0. Le capital n'est pas du tout perdu pour l'Angleterre, parce qu'un négociant anglais ne prête pas son argent plus longtemps que ne l'exige le soin bien entendu de ses intérêts, et cet argent lui revient dès qu'il en a besoin.

Aujourd'hui, d'après la loi anglaise telle qu'elle existe, on ne peut, en Angleterre, faire soit à un Anglais, soit à un étranger, aucun contrat de prêt d'argent au-dessus de 5 0/0 ; la loi entrave ainsi la circulation générale et la distribution du capital; elle empêche les sujets anglais d'augmenter le capital national à l'aide des gains très-légitimes et très-avouables que pourrait leur procurer l'emploi de leur argent.

Dans les temps extraordinaires, lorsque le capital vaut plus de 5 0/0, le même phénomène se produit par rapport à la distribution du capital à l'intérieur. Dans la métropole, l'argent est toujours plus abondant qu'en province. Le nombre des personnes dont l'argent est le seul commerce y est plus grand. Ces capitalistes, qui trouvent un bénéfice de 5 0/0 à leur porte, n'iront pas plus loin. En même temps, à Manchester, et dans les autres centres commerciaux et industriels, l'argent vaut 7 0/0 pour le manufacturier, parce qu'avec l'argent emprunté à ce taux, ce manufacturier peut fabriquer des marchandises qu'il vendra immédiatement à un négociant étranger avec un bénéfice de 14 0/0.

Le prêteur d'argent de Londres réaliserait ainsi un profit de 2 0/0 de plus en laissant son argent aller à Manchester; le manufacturier gagnerait 7 0/0 en employant le travail et l'industrie du pays. Le négociant étranger, en portant ses marchandises sur un marché que lui seul connaît, gagnerait 20 0/0. L'opération tournerait donc au profit de tout le monde. En s'y opposant, la loi anglaise fait également obstacle à l'augmentation du capital individuel. Je demande la permission de faire remarquer que les indications de mode d'opération, de ville et de taux d'intérêt que je donne, ne sont là que pour mettre en lumière la question et la faire bien comprendre par la commission. En principe, l'opération est d'une application générale et universelle. Au moment actuel, la série d'opérations que je viens d'indiquer ne serait pas praticable. Le capital est abondant, la demande n'a rien d'extraordinaire; aussi l'emprunteur n'éprouve-t-il aucune difficulté à en trouver à 5 0/0 et au-dessous.

Dans ce pays, les lois sur l'usure poussent les personnes qui sont dans une situation gênée, ou même qui ont seulement besoin d'argent, à des moyens d'en emprunter plus désastreux que ceux qu'ils emploieraient si ces lois n'existaient pas. Un propriétaire foncier a besoin de capital pour augmenter son bétail ou améliorer sa terre, ou pour tout autre motif; or, à une époque où le Gouvernement emprunte au-dessus de 5 0/0, ou lorsque les placements en fonds publics donnent plus de 5 0/0, personne ne voudra prêter au propriétaire foncier, parce que l'argent vaut plus que l'intérêt que la loi permet de prélever. Le propriétaire foncier devra donc ou renoncer à ses améliorations ou emprunter sur annuités à des conditions beaucoup plus désavantageuses qu'il ne l'aurait fait sans les lois sur l'usure. Le commerçant, surpris par une demande inattendue, ou par un retard dans ses rentrées, devra néanmoins remplir ses engagements ou perdre son crédit. Il aurait pu emprunter à 6 0/0 l'argent dont il a besoin. Mais la loi ne permet à personne de lui prêter à ce taux; aussi, pour remplir ses engagements, est-il obligé de vendre à prix réduit une partie de ses marchandises. Ainsi, par exemple, un commerçant a du sucre valant £80. La même qualité est vendue à ce prix par ses voisins, il pourrait réaliser les mêmes bénéfices si on lui donnait du temps. Mais il est forcé de vendre immédiatement à £70 à un acheteur au comptant, il emprunte donc ainsi à 12 1/2 0/0 l'argent que la loi aurait pu lui permettre de trouver à 6 0/0. Il n'est pas de négociant qui ne sache que des faits de ce genre arrivent souvent dans les villes de commerce et surtout dans la métropole. Un homme qui a besoin d'argent paie plus d'intérêts, à cause des lois sur l'usure, qu'il n'en paierait si ces lois n'existaient pas, parce que les prêteurs d'argent honorables ne voulant pas violer les lois, il est obligé de s'adresser à des prêteurs mal famés. Les prêteurs de cette sorte savent qu'en prêtant leur argent ils sont exposés en dehors de leurs risques ordinaires aux pénalités de la loi. Ces deux risques retombent sur l'emprunteur. S'il n'y avait pas de loi sur l'usure, une personne respectable pourrait, dans les circonstances ordinaires, toujours s'adresser à un prêteur d'argent honorable, lequel n'aurait à calculer que son risque ordinaire et la compensation que vaut le service de son argent.

468. Ce défaut de facilité pour emprunter de l'argent arrêterait-il donc, dans ce pays, le développement de l'esprit d'entreprise? — Avec des moyens de crédit plus faciles et plus nombreux, le nombre et l'importance des entreprises individuelles s'accroîtraient.

469. Vos observations sur les inconvénients des lois sur l'usure se rapportent-elles particulièrement aux entraves que ces lois mettent aux emprunts d'argent en temps de crise, ou bien entendez-vous parler également des difficultés de même genre que ces lois occasionnent en temps ordinaire? — Les lois sur l'usure ont, à mes yeux, des inconvénients en tout temps. Je ne fais pas de distinction entre les moments de crise et les temps ordinaires.

470. Qu'y a-t-il de vrai dans la remarque générale que ces lois, en limitant le taux de l'intérêt, empêchent les gens prudents de faire leur chemin? — Je n'ai pas entendu faire cette remarque.

471. La moyenne des profits du commerce ne permet-elle pas de payer 6 0/0 d'intérêt? — Aucun négociant prudent n'empruntera de l'argent, à n'importe quel taux d'intérêt, soit à 3 ou à 6, à moins d'avoir la perspective de pouvoir l'employer en en tirant un profit plus considérable. Dans un pays comme celui-ci, où le commerce est divisé en tant de branches, il est difficile de préciser la moyenne des profits commerciaux. Je ne pense pas qu'en temps de paix un commerçant prudent puisse toujours faire des profits suffisants pour payer 6 0/0 d'intérêt. Pendant les vingt dernières années, on pouvait avec avantage emprunter à ce taux; depuis trois ans, cela n'est plus possible.

472. Pensez-vous que les lois sur l'usure soient aussi désavantageuses à l'Irlande qu'à la Grande-Bretagne, depuis l'union des deux pays? — Sans ces lois, il y aurait beaucoup plus d'égalité dans la distribution du capital en Irlande. Ce pays n'étant pas encore arrivé au même état de culture et d'amélioration générale que l'Angleterre, il y aurait tout à gagner à l'augmentation du capital qu'il emploie.

473. L'abolition des lois sur l'usure aurait-elle pour effet de pousser le capital vers l'Irlande? — Je le crois.

474. Aux époques où le Gouvernement est obligé de faire des emprunts, cette abrogation ne pourrait-elle pas amener de très-grands inconvénients? — Je ne le crois pas. En temps de guerre, le Gouvernement enfreint constamment ces lois.

475. Ces violations des lois, en permettant au Gouvernement d'emprunter à un taux plus élevé que l'intérêt légal, ne lui donnent-elles pas le monopole du marché, ne lui permettent-elles pas en outre de se procurer de l'argent lorsque les simples particuliers ne le peuvent pas? — Dans ce pays, où il y a une si grande abondance de capital, et où le désir de prêter au Gouvernement est si général et si manifeste, on donnera toujours la préférence au Gouvernement quand il sera emprunteur.

476. Cette absence de concurrent, offrant au marché un intérêt aussi élevé, ne constitue-t-elle pas au profit du Gouvernement une préférence qui, sans la restriction mise au taux de l'intérêt, n'existerait pas? — Certainement cette préférence existe; mais le Gouvernement, présentant toujours une garantie meilleure que celle des simples particuliers, trouvera toujours de l'argent à des conditions plus avantageuses.

477. Considérez-vous le Gouvernement comme ayant le monopole du marché financier, lorsqu'il y a tant de moyens de se procurer de l'argent au-dessus de 5 0/0 auxquels on a constamment recouru, tels qu'emprunts par annuités, reports et commissions?— Non, le Gouvernement n'a pas le monopole du marché. Dans un pays ancien et riche comme celui-ci, il existe une division du capital, aussi bien qu'une division du travail, dans les différentes branches de commerce. Il y a une catégorie de capitalistes qui emploient leurs capitaux en fonds du Gouvernement ou en opérations avec le Gouvernement, et ces capitaux ne se détournent pas beaucoup de cet emploi pour aller alimenter les autres canaux de la circulation.

478. D'après l'examen que vous avez fait du sujet, faut-il seulement améliorer les lois sur l'usure en les modifiant ou bien vaut-il mieux les abroger entièrement? — Je crois qu'il vaut mieux les améliorer en les modifiant; lorsqu'un mal existe depuis longtemps dans un pays, on ne peut pas se débarrasser de ce mal tout d'un coup; il est plus avantageux de le faire disparaître peu à peu. Si le pays avait une organisation économique moins avancée, je considérerais les lois sur l'usure comme devant avoir des effets très-préjudiciables.

479. La propriété foncière n'aurait-elle pas tout autant à gagner que les transactions commerciales à une modification avantageuse des lois? — Sans aucun doute.

480. Vous avez dit que vous considériez l'existence des lois sur l'usure comme fâcheuse en tout temps; ne pensez-vous pas que leurs inconvénients sont encore plus grands en temps de crise? — Certainement.

482. Pensez-vous que certaines personnes consacreraient à de nouvelles affaires l'argent qu'elles pourraient alors emprunter, ou bien réserveraient-elles cet argent au maintien de leur crédit? — Elles le réserveraient au maintien de leur crédit.

483. Ainsi donc, vous ne croyez pas qu'à pareille époque l'abolition des lois sur l'usure aurait pour effet de favoriser l'esprit d'entreprise? — En pareilles circonstances, il pourrait y avoir des personnes qui emprunteraient de l'argent dans le but de faire des spéculations ou d'entreprendre des opérations, dont l'idée pourrait leur être suggérée par la crise elle-même.

484. Est-il à votre connaissance que dans des temps de grande crise il ait été impossible d'escompter de bonnes et sûres valeurs à 5 0/0? — Non, mais je ne crois pas m'être trouvé en Angleterre dans des temps qu'on puisse considérer comme des temps de grande crise.

485. En pays étranger, dans les temps de crise, à Hambourg, par exemple, où le taux de l'intérêt s'élève alors jusqu'à 14 0/0, ces crises ont-elles moins d'intensité et de durée qu'elles n'en ont dans ce pays où les emprunts à un tel taux ne sont pas autorisés? — A Hambourg, les crises ont moins d'intensité et de durée.

486. Cela provient-il de ce qu'il n'existe pas de loi sur l'usure ou de la différence de situation et de circonstances des deux pays? — Il est permis de supposer que c'est là l'effet des deux causes réunies.

487. Avez-vous entendu dire que ce pays, considéré au point de vue de son grand commerce, éprouve, par suite des lois sur l'usure, des entraves qui le placent en état d'infériorité vis-à-vis des autres pays auxquels il fait concurrence? — Je ne me souviens pas d'avoir jamais entendu faire pareille remarque.

488. L'abolition des lois sur l'usure ne profiterait-elle pas plus aux négociants, manufacturiers et commerçants qui n'ont qu'un petit capital, qu'aux grands capitalistes? — Oui, je le crois. Les petits capitalistes et les personnes dont vous venez de parler font de plus grands profits que les grands capitalistes. Ces profits leur **permettent d'emprunter à des intérêts plus élevés que ne le peuvent**

faire les grands capitalistes, parce que l'emploi de leur argent est plus productif. J'ai déjà dit qu'aucune personne ayant du sens commun n'empruntera de l'argent à n'importe quel taux, à moins d'être à peu près sûre d'en retirer un profit supérieur au loyer de cet argent.

489. Dans les temps de crise, les petits capitalistes ne sont-ils pas plus affectés dans leur crédit par l'opération des lois sur l'usure que ne le sont les grands capitalistes? — Certainement.

490. Cette remarque doit-elle s'appliquer à tous les petits commerçants et manufacturiers de province? — Oui.

491. Les banquiers établis sur tous les points de l'Angleterre n'ont-ils pas actuellement pour principe d'escompter les billets de ces individus aux meilleures conditions possibles? — Oui, c'est je crois ce qui a lieu.

492. Comment, alors, cette classe de personnes trouverait-elle dans l'abolition des lois sur l'usure des avantages qu'elle n'ait pas dès à présent? — Elle les trouverait dans la concurrence des banquiers et des prêteurs d'argent. L'élévation du taux de l'intérêt amènerait une quantité plus considérable de capitaux.

493. Les lois sur l'usure auraient-elles donc, dans ces derniers temps, resserré les limites naturelles de la circulation en province? — Mon attention ne s'est pas portée sur ce point.

494. Savez-vous si les avances sur marchandises, que certaines maisons faisaient à d'autres maisons de la même place, n'ont pas été entravées par suite des doutes qu'a soulevés la légalité de la Commission demandée pour ces avances? — En temps de crise, ces avances sont assez fréquentes; les avances faites aux étrangers sur bonne garantie seraient fort avantageuses tant aux maisons anglaises qui les feraient qu'aux négociants étrangers eux-mêmes; mais les entraves que créent les lois sur l'usure empêchent ces sortes de transactions.

495. Les commerçants ne sont-ils pas souvent très-embarrassés par la question de savoir ce qui est usure et ce qui ne l'est pas? — Oui, c'est là pour les commerçants un grand sujet de perplexité; je crois que les légistes éprouvent à ce sujet tout autant d'embarras; je n'ai pas encore rencontré d'opinion sur laquelle on puisse s'appuyer d'une manière certaine.

(*Traduit par* M. Louis Gottard.)

ENQUÊTE DE 1819

SUR

L'OPPORTUNITÉ DE LA REPRISE DES PAIEMENTS EN ESPÈCES.

RAPPORT DU COMITÉ

Nommé en 1819 par la Chambre des Communes pour étudier l'Opportunité de la Reprise des Paiements en Espèces.

SOMMAIRE DES QUESTIONS TRAITÉES DANS LE RAPPORT.

PREMIÈRE PARTIE.

1. Récapitulation des lois qui ont ordonné la suspension des paiements en espèces de la Banque d'Angleterre. — Année 1797.
2. Passif de la Banque d'Angleterre. — Total des fonds à sa disposition.
3. Etat florissant de la Banque d'Angleterre.
4. Monnaies et lingots en caisse depuis 1797.
5. Déclaration de M. Goldschmidt au sujet du prix de l'or.
6. Diminution de la réserve métallique de la Banque depuis 1818.
7. Somme totale payée en or depuis 1817.
8. Changes contraires en 1817.
9. Rapport de M. Baring sur l'emploi des sommes d'or sorties des coffres de la Banque.
10. Augmentation dans le nombre des billets mis en circulation entre janvier et juillet 1817.
11. Mise en circulation des souverains entre juillet et décembre 1817.

12. Baisse des Changes. — Réduction dans l'émission de l'or.
13. Diminution de la réserve métallique de la Banque.
14. Montant des billets en circulation sur garantie du Gouvernement. — Origine et augmentation graduelle des avances faites au Trésor par la Banque d'Angleterre.
15. Sommes émises pour le paiement des dividendes.
16. Lois qui règlent les avances faites au Gouvernement.
17. Constitution de la Banque par William V et VI.
18. Acte passé en 1793 exemptant de toute pénalité le Gouverneur et l'Administration de la Banque d'Angleterre.
19. Rapport adressé en 1797 par M. Bosanquet.
20. Acte défendant à la Banque d'accorder des prêts et des avances pendant la suspension. — Modification de cet acte à la session suivante.
21. Billets en circulation contre dépôt ou achat de billets de l'Echiquier.
22. Montant des avances faites par la Banque au Gouvernement.
23. Avances au Gouvernement et billets de banque en caisse le 25 février de chaque année de 1790 à 1797.
24. Réduction des sommes dues à la Banque entre août 1815 et février 1816.
25. Nouvelle augmentation de la dette entre février et août 1816. — Paiement des frais de guerre.
26. Déposition de M. Dorrien.
27. Emprunt de trois millions tendant à réduire la dette flottante. — Amortissement des billets de l'Echiquier.
28. Total des avances au Gouvernement au 29 avril 1818.
29. Nécessité de rembourser les avances faites par la Banque d'Angleterre.
30. Nécessité de limiter l'escompte des billets de commerce pour pouvoir réduire la circulation.
31. Etendue et opérations des balances du compte courant du Trésor à la Banque.
32. Diminution du compte courant du Trésor depuis 1816.
33. Déposition de M. Haldimand.

DEUXIÈME PARTIE.

34. Moyens de revenir aux paiements en argent. — Epoque fixée par la loi pour la reprise de ces paiements.
35. Réduction du montant des billets de banque en circulation.
36. Opinion de M. Alex. Baring sur les moyens à essayer pour reprendre les paiements en argent. — Approvisionnement de lingots par la diminution de la circulation.
37. Déposition de M. Haldimand.
38. Opinion de M. Gladstone.
39. Nécessité de prolonger la suspension.

TROISIÈME PARTIE.

40. Somme nécessaire pour faire face aux demandes probables lors de la reprise des paiements en espèces.
41. Somme en circulation avant la guerre.
42. Déposition de M. Harman. — Evaluation de la quantité d'or avant la suspension.
43. Déposition de M. Alex. Baring.
44. Déposition de M. Harman.
45. Déposition de M. Stuckey.
46. Grande incertitude au sujet de la somme d'or nécessaire à la circulation.
47. Exportation de l'or causée par une trop longue restriction.
48. Transformation de la circulation du papier en circulation métallique par divers Etats de l'Europe.
49. Changes défavorables étrangers. — Emprunts contractés par les pays étrangers.
50. Total des capitaux anglais engagés dans les pays étrangers.
51. Opinion de M. Holland touchant le total des capitaux anglais engagés à l'étranger.
52. Influence des emprunts étrangers sur les changes.
53. Rapports de MM. Holland et Irving sur la prise de l'or.

54. Effets produits sur le change avec la France par ses paiements aux puissances étrangères.— Opinion de M. de Rothschild.
55. Etendue et valeur des productions de l'Angleterre. — Possibilité où elle se trouve d'acheter l'or nécessaire à la circulation intérieure.
56. Inutilité d'un retard dans la reprise des paiements.
57. Proposition du Comité. — Obligation pour la Banque de livrer une quantité d'or déterminée et à une époque fixe.
58. Recours à la restriction pour limiter les émissions du papier.
59. Limites des demandes d'or pendant la période préparatoire à la reprise des paiements.
60. Opinion de M. Baring.
61. Conservation de l'étalon monétaire.
62. Rapport de M. Holland sur le projet de reprise des paiements en espèces.
63. Nécessité de déterminer l'époque à laquelle la Banque donnera l'or au prix de la Monnaie.
64. Déviation passagère de l'ancienne base des valeurs.
65. Opposition que l'on peut faire au projet de reprise des paiements en argent : 1° facilité de faire des faux ; 2° avantage accordé au possesseur des billets sur celui qui en serait privé.
66. Réfutation de la première objection.
67. Réfutation de la deuxième objection.
68. Lois qui régissent la Monnaie.
69. Abolition des lois défendant d'exporter ou de fondre la monnaie du royaume.
70. Reprise des paiements à la Banque d'Irlande.
71. Circulation des banques de province.
72. Somme totale des lettres de change timbrées chaque année de 1814 à 1818.
73. Déclaration de M. Loyd.
74. Grande variation dans les billets de banque de province en circulation. — Banques d'Ecosse. — Proportion des trimestres entre eux.
75. Variation de la circulation des Banques de province et de la Banque d'Angleterre.

76. Nombre des banques de province autorisées.
77. Montant de la circulation d'une banque de province donnée par M. Stuckey.
78. Rapports de MM. Smith, Samuel Gurney et Gilchrist.
79. Diminution de la circulation des banques de province en 1816 et 1817.
80. Réduction des billets de la Banque d'Angleterre nécessairement suivie d'une réduction des billets des banques de province.
81. Restriction subie par les banques de province qui reposent sur le crédit privé.
82. Moyens de se prémunir contre les inconvénients résultant d'une insolvabilité accidentelle des banques de province.
83. Circonstances qui contribuent à changer la valeur de la circulation.

RAPPORT DU COMITÉ.

Le Comité secret chargé d'examiner la situation de la Banque d'Angleterre et d'étudier les moyens adoptés pour la reprise des paiements en espèces aux époques fixées par la loi, ainsi que les autres affaires qui s'y rapportent ; ce Comité, également chargé de fournir à la Chambre toutes les informations qui peuvent être rendues publiques, sans nuire aux intérêts du pays par les observations qu'il est appelé à soumettre, après avoir réfléchi sur les dépositions qui ont été entendues, a, d'un commun accord, rédigé le rapport suivant :

1 Votre Comité fera d'abord, dans une courte récapitulation des lois qui ont imposé et maintenu la suspension des paiements en espèces à la Banque d'Angleterre, ses observations sur les matières que la Chambre lui a soumises.

Il est inutile d'expliquer les circonstances qui ont imposé cette restriction faite par ordre du Conseil dans l'année 1797, ces questions étant devenues le sujet d'une enquête du Parlement avant qu'on ait passé l'acte qui confirma la suspension et la maintient encore aujourd'hui.

La durée fut limitée du 3 mai 1797 au 24 juin suivant, par le premier acte qui avait reçu l'assentiment royal.

A dater de ce moment, l'acte de restriction fut maintenu jusqu'à un mois après le commencement de la session suivante, et la première décision de cette session le prolongea jusqu'à un mois après la fin de la guerre, par un traité de paix définitif.

En 1802, tout ce qui concernait l'acte déjà mentionné fut mis à exécution jusqu'au 1er mars de l'année suivante; puis cette exécution fut continuée jusqu'à six semaines après le commencement de la session actuelle; mais pendant cette époque, la guerre ayant éclaté de nouveau, on la prolongea encore pendant six mois après la ratification d'un traité de paix définitif.

Par un acte passé en 1814, la restriction était maintenue jusqu'au 25 mars 1815, lorsque la suspension des paiements en espèces fut fixée au 15 juillet 1816, par un autre acte qui indiquait dans le préambule : « qu'il était très-désirable que la Banque reprît le plus
» tôt possible le paiement de ses billets contre espèces. »

En 1816, cette suspension fut remise au 5 juillet 1818, le préambule de l'acte constatant : « qu'il était très-désirable que la Banque
» d'Angleterre reprît le plus tôt possible le paiement de ses billets
» contre argent comptant, mais qu'il était nécessaire que les clauses
» de l'acte imposant la suspension fussent encore continuées afin
» de donner aux directeurs de la Banque le temps de faire les
» préparatifs qu'ils jugeraient convenables pour se mettre en mesure
» de reprendre les paiements en argent, sans inconvénient pour le
» public; que tout cela devait néanmoins se faire le plus tôt pos-
» sible, et qu'il était indispensable de fixer un terme à ladite
» suspension. »

Après avoir indiqué : « qu'il était très-désirable que la Banque
» d'Angleterre reprît le plus tôt possible le paiement de ses billets
» contre argent, que des circonstances imprévues, arrivées depuis
» la signature du dernier acte, maintenant la suspension, avaient
» nécessité sa prolongation, et qu'il fallait lui fixer un autre terme, »
l'acte passé dans la dernière session constate que la suspension resterait encore en vigueur pendant une année.

C'est pourquoi la suspension demeure actuellement limitée jusqu'au 5 juillet prochain.

Votre Comité fera d'abord son rapport sur le résultat de ses recherches à l'égard de la Banque d'Angleterre, et il expliquera son opinion sur les moyens de reprendre les paiements en argent à l'époque déterminée pour leur reprise.

I.

2   Votre Comité avait demandé un état du total des engagements de la Banque d'Angleterre, ainsi que des fonds dont elle disposait pour se libérer. Il s'est assuré que la somme pour laquelle on peut faire appel à la Banque, afin qu'elle remplisse ses engagements, se montait, le 30 janvier dernier, à £33,894,580, et que la Banque était alors en possession des valeurs du Gouvernement, ainsi que d'autres crédits qui se montaient à £39,096,900, laissant un excédant de £5,202,320 en faveur de la Banque. Cette somme est en dehors de la dette permanente des £14,686,800 que le Gouvernement remboursera à la Banque à l'expiration de la charte.

3   Ce document fournit une preuve claire et décisive de l'état florissant des affaires de la Banque d'Angleterre, et justifie la grande confiance que le public a mise dans la solidité de ses ressources.

4   Le fait suivant, sur lequel le Comité voulait avoir des renseignements, se rapporte à la quantité des monnaies et des lingots actuellement dans les coffres de la Banque, et qui s'y sont trouvés à différentes époques depuis l'année 1797.

Il paraît qu'après différentes fluctuations dans le montant de notre Trésor, très-réduit à la fin de la guerre, il y avait eu une augmentation graduelle depuis le mois de juillet 1815 jusqu'au mois d'octobre 1817.

Du mois de juillet 1816 au mois de juillet 1817, le prix du cours de l'or ne dépassait pas 3 liv. 19 sh. par once. Le change avec le continent, pendant une grande partie de ce temps-là, était en faveur de notre pays. La Banque profita de ces circonstances, ce qui augmenta le montant des sommes des métaux précieux que nous possédions. Les acquisitions faites par la Banque paraissent n'avoir pas eu d'effet défavorable sur le prix de l'or, et il y a tout lieu de croire que l'on serait tombé au prix de la Monnaie, si la Banque n'avait pas fixé le taux auquel elle voulait acheter, savoir : 3 liv. 18 sh. et 6 den. l'once.

5   M. Golschmidt (page 207) informa le Comité que : « à cette
» époque, il n'y avait pas d'autres acheteurs dans le marché au
» prix donné par la Banque ; s'il y en avait eu, on leur aurait
» vendu au même prix, dans le cas toutefois où ils auraient eu
» besoin d'or. » Interrogé pour dire si, alors que la Banque n'aurait pas acheté à 3 liv. 18 sh. et 6 den., le prix de l'or serait tombé, selon lui, au niveau de la Monnaie, il répondit : « Je pense qu'on
» aurait pu en arriver là au bout de quelque temps, mais je ne fais
» qu'énoncer une opinion personnelle. »

En 1817, la Banque avait dans ses coffres, en fait d'argent et de lingots, une somme bien plus forte que toutes celles qu'elle a possédées depuis son établissement.

6   Depuis 1818, la réserve métallique a toujours été en diminuant. Cette diminution est la conséquence des engagements que la Banque a pris (ainsi que l'indique l'acte original de suspension) pendant les mois de novembre 1816 et septembre 1817. Ces engagements, dans les deux premiers cas, la mettent en devoir de payer en espèces tous les billets mis en circulation avant le 1er janvier 1812 et le 1er juillet 1816, et, dans le dernier cas, la forcent de payer en argent comptant les billets de toute espèce datés avant le 1er janvier 1817.

La somme totale des monnaies d'or mises en circulation par la Banque à la suite de ces engagements, et la continuation des paiements par fractions au-dessous de £5 semblent, d'après les rapports faits à la Chambre, avoir atteint, entre le 1er janvier 1817 et le 1er juillet 1819, la valeur de £1,596,256 en guinées et demi-guinées, et de £4,459,725 en souverains et demi-souverains.

7   Votre Comité s'est assuré qu'avant le mois de janvier une demande de £700,000 en or a été adressée à la Banque. C'est pourquoi la somme totale mise en circulation par la Banque depuis le courant de l'année 1817 a été d'envion £6,756,000. Sans aucun doute, l'argent ainsi retiré de la Banque a été demandé, non dans le but d'une circulation étrangère, mais pour la réalisation d'un profit, soit sur sa vente en lingots dans le pays, soit sur son exportation.

Votre Comité a pour garantie de ce qu'il avance les documents présentés à la Chambre ; d'après ces pièces, il paraît que les sommes mises en circulation depuis le 9 décembre 1816 (époque à laquelle les billets de la Banque devinrent payables d'après la loi promulguée le mois précédent) jusqu'au mois de juillet 1817 montaient seulement à 38,020 liv. 10 sh. Cependant, depuis le 2 mai de l'année précédente, la Banque avait à opérer sous sa responsabilité le paiement en espèces de tous les billets d'une livre et de deux livres datés avant le 1er juillet 1816.

8   En juillet 1817, les changes étrangers nous sont devenus défavorables; ils n'ont pas cessé de l'être depuis. On a réalisé un bénéfice sur l'exportation de la monnaie d'or, et la Banque a été soumise à des demandes continuelles tendant toutes à obtenir des espèces en paiement des billets émis.

9   L'extrait suivant, tiré des rapports que M. Alexandre Baring a rédigés, montre l'emploi que l'on a fait d'une partie considérable de l'or qui est sorti des coffres de la Banque : « D'après le rapport
» du ministre des finances de la France, il paraîtrait que la monnaie
» de ce pays a reçu, dans les seize mois qui précèdent le
» 31 décembre dernier, une somme d'or qui se monte à environ
» 125,000,000 de francs, ce qui vaut à peu près 5 millions de
» livres sterling. En outre, on aurait reçu des lingots pour plus
» de 3 millions. L'Angleterre en avait fourni plus des trois quarts
» en espèces; cette opération a continué durant le cours de cette
» année, bien que l'on n'ait pas encore donné le chiffre total des
» affaires. »

Votre Comité est heureux que la Banque, en entreprenant le paiement de ses billets contre argent dans les circonstances ci-dessus mentionnées, ait agi dans les meilleures intentions. Elle croyait que ces mesures aideraient à compléter la reprise des paiements en espèces. Malheureusement, elles produisirent un effet contraire à celui que l'on attendait.

Le dernier des trois rapports avait été fait à une époque où les changes étaient contraires et où le prix de l'or s'était élevé de 3 liv. 18 sh. et 6 den. à 4 liv. par once. A cette époque, la Banque (selon les dépositions de M. Harman) n'avait pas de contrôle sur ce qu'elle mettait en circulation. Ce contrôle aurait pu la mettre en état de prévenir les effets des changes défavorables en réduisant le nombre de ses billets.

10   Il y eut entre le mois de janvier et le mois de juillet 1817 une

augmentation considérable dans le nombre des billets que la Banque mit en circulation. Leur montant dans les quatre semestres précédents n'avait pas dépassé £26,771,914. Dans ces six mois, il fut de £29,210,035. Pendant les six mois précédents, il était monté à £27,339,768.

Il paraît, selon les dépositions, que le 5 juillet 1817, immédiatement avant le paiement des dividendes, la somme en caisse était de £25,800,000. Le 4 octobre, quelques jours avant le paiement des dividendes de ce trimestre, le montant était de £28,900,000.

11   La mise en circulation des souverains, entre le mois de juillet et celui de décembre 1817, montait à £1,240,422, de sorte que, si les souverains étaient restés en circulation, l'argent sorti des caisses de la Banque aurait donné dans le commencement de ces six mois une augmentation moyenne de £3,678,543, comparativement avec la moyenne établie pour les quatre semestres précédents.

12   Votre Comité croit devoir dire que, quel que soit l'état des affaires publiques et quelque louables que soient les intentions de la Banque en s'engageant à ne mettre en circulation qu'une certaine somme monnayée en paiement de ses billets, lorsque cependant les changes étaient en baisse et que le cours de l'or s'élevait au-dessus de son prix à la Monnaie, la seule manière possible de continuer la circulation de l'argent monnayé aurait été une réduction dans son émission. Mais à moins que la Banque n'eût possédé à cette époque des moyens de contrôle assez efficaces sur ces émissions, pour s'en rendre un compte exact, votre Comité pense qu'il n'était pas à propos, dans l'état actuel des changes, de faire de ces monnaies une émission considérable, bien que partielle, et qui, du reste, a fait subir à la Banque de grandes pertes et une grande diminution de son encaisse.

13   Votre Comité, convaincu que ce drainage continuel de la réserve métallique de la Banque non-seulement devait diminuer son encaisse, mais encore reculer l'époque à laquelle la suspension pouvait avoir un terme, sans produire, d'autre part, aucun avantage pour le pays dans l'état actuel des changes et du prix de l'or, était également disposé à demander à la Chambre, dans son premier rapport, la mise en vigueur d'une loi en vertu de laquelle

la Banque devait suspendre tous ses paiements en or, jusqu'à ce qu'il fût en état de présenter à la Chambre ses opinions sur toutes les questions qui lui avaient été soumises.

14 Le premier point sur lequel le Comité appellera ensuite l'attention de la Chambre, c'est le montant des billets en circulation garantis par le Gouvernement, ou, en d'autres termes, le chiffre total de ce que le public doit à la Banque d'Angleterre.

Elle a tellement insisté sur le paiement d'une grande partie de cette dette, et la nature ainsi que l'étendue de ses relations avec le Gouvernement renferment tant de considérations importantes, que votre Comité trouve nécessaire d'entrer dans quelques détails sur l'origine et sur l'augmentation graduelle des avances faites au Trésor par la Banque, et de signaler les obstacles au contrôle de l'émission quand elle est portée à ce point. Il regarde aussi comme utile de considérer l'effet produit par l'obstacle qu'elle rencontre pour contrôler la mise en circulation de ses billets. Ce contrôle est pourtant un préliminaire essentiel de la reprise des paiements en argent.

Dans l'appendice du rapport, on trouvera le compte rendu du montant des avances faites au Gouvernement par la Banque d'Angleterre sur des billets de l'Echiquier, ainsi que sur d'autres garanties, depuis 1792 jusqu'à l'époque la plus récente que l'on puisse calculer.

15 Le premier article contient l'avance des sommes émises pour le paiement des dividendes, soit £1,098,820. Mais votre Comité ne doit pas regarder ces avances comme faisant partie de la dette du Gouvernement vis-à-vis de la Banque d'Angleterre. Cette somme provient de l'argent déposé autrefois à la Banque par le Gouvernement pour le paiement des dividendes à des créanciers publics. Ces dividendes n'ayant pas été réclamés, on les a retirés et destinés à des services publics, selon les actes passés dans les années 1791, 1808 et 1816.

Ainsi, ce n'est pas une avance des fonds de la Banque, mais bien a propriété des créanciers publics que l'on a destinée à des emplois publics jusqu'à ce qu'ils viennent la réclamer.

16 On verra, par les dépositions, qu'une grande partie des avances de la Banque sont faites sous les deux dénominations de « billets de

l'Echiquier mis en circulation » et de « billets de l'Echiquier achetés. » Mais avant d'indiquer la distinction entre ces deux clauses du compte rendu, le Comité délibérera quelques instants sur les lois passées depuis l'institution de la Banque et qui règlent les avances qu'elle fera au Gouvernement.

17 Aux termes de l'acte qui fonde la Banque d'Angleterre sous William V et VI et la reine Marie, les directeurs sont soumis à une amende s'ils achètent pour leur compagnie des terres appartenant à la Couronne, ou bien s'ils avancent à Sa Majesté une somme quelconque sous forme d'emprunt ou d'anticipation sur une branche du revenu public. Seront exceptés les fonds sur lesquels un crédit est ou sera accordé par le Parlement. Depuis, de semblables crédits ont toujours été autorisés de temps à autre, et sur ces crédits l'on fait d'assez fréquentes avances.

On trouvera dans l'appendice le montant de chaque année, de 1777 à 1792, extrait des documents publiés dans le rapport du Comité secret de 1797.

18 Un acte passé en 1793 exemptait de toute amende le gouverneur et la compagnie de la Banque d'Angleterre, dans le cas où ils auraient avancé ou avanceraient dans l'avenir toute somme de monnaie en paiement des lettres de change acceptées par les Lords de la Trésorerie, mais non garanties par aucune branche des revenus de l'Etat. On trouve le motif détaillé de cet acte dans le rapport adressé en 1797 au Comité secret par M. Bosanquet, alors directeur de la Banque.

19 Il constate que « depuis un temps immémorial la Banque a pour
» usage d'avancer jusqu'à 20 et 30,000 livres pour le paiement
» des lettres de change du Trésor. Alors le Trésor envoyait des
» ordres pour que le montant de ces avances fût distrait des
» comptes respectifs auxquels les billets appartenaient. Pendant
» la guerre d'Amérique, on permit la circulation de ces lettres
» de change jusqu'à concurrence d'une somme plus importante. »
» Mais M. Bosanquet croyait que le montant ne dépassa pas £150,000. Lorsqu'il était gouverneur, il avait des doutes au sujet des amendes imposées par l'acte de William V et de Marie ; il ne savait guère si elles s'étendaient à ces transactions et, dans le but de les écarter, il rédigea et fit passer l'acte de 1793

(art. 33, Geor. 3, ch. 32). Il paraît qu'on a d'abord proposé d'accorder à la Banque le pouvoir d'avancer jusqu'à 50 ou 100,000 liv. Mais l'acte passa sans fixer aucune limite. Ces opérations étaient naturellement bornées aux avances faites sur les lettres de change du Trésor; et cependant, depuis la suspension, aucune avance ne semble avoir été faite sur de telles garanties.

20   Par un acte passé bientôt après le premier acte de suspension (37, Georg. 3, ch. 91), il fut défendu à la Banque de faire des emprunts ou des avances sous prétexte de services publics pendant la durée de la restriction. Mais, au commencement de la session suivante, on décida que « la Banque pouvait faire des avances sur
» le crédit des impôts, sur la drèche (38, Geor. 3, ch. 1), et sur les
» taxes foncières imposées dans cette session. On permit aussi les
» avances qui pourraient être autorisées par un autre acte pendant
» toute la suspension. »

Dans presque tous les actes précédents, autorisant la circulation des billets de l'Echiquier, on introduisit une clause spéciale qui donnait à la Banque le pouvoir d'avancer le tout ou une partie de la somme indiquée dans l'acte.

Jamais elle n'avance une somme plus forte que celle indiquée par les différents actes. Elle fait de même, soit pour les billets mis en circulation, soit pour ceux qu'elle achète.

21   Les billets mentionnés comme mis en circulation sont ceux qui, provenant de l'Echiquier, arrivent directement à la Banque d'après des contrats spéciaux ou des arrangements pris à l'avance, par exemple :

Les billets en circulation sur le crédit des impôts annuels et sur l'avance de £3,000,000 comme prêt au public à l'occasion du renouvellement de la Charte.

Les billets achetés sont ceux que prend la Banque (ordinairement sur la demande du Trésor) lorsque a lieu une émission des billets de l'Echiquier et qu'on ne peut pas les vendre au public avec prime.

Si la Banque ne prend jamais les bons de l'Echiquier à prime, elle ne leur fait subir aucun escompte, et elle ne les revend pas au public.

22 Un compte rendu, qui se trouve dans l'appendice, renferme le total des billets de l'Echiquier dont le Parlement a autorisé la mise en circulation chaque année à partir de 1792. On y indique aussi la quantité de chacune des espèces de billets que la Banque était autorisée à prendre.

Voici, d'après les comptes rendus présentés à votre Comité, le montant des avances faites au Gouvernement par la Banque d'Angleterre (déduction faite de la somme des dividendes non réclamés) le 26 février et le 2 août de chaque année depuis 1814, ainsi que des billets de banque mis en circulation pendant les six mois correspondants :

BILLETS DE BANQUE.

1814	de janvier à juin	25,511,012
—	de juillet à décembre.	28,291,832
1815	de janvier à juin.	27,155,824
—	de juillet à décembre.	26,618,210
1816	de janvier à juin.	26,468,283
—	de juillet à décembre.	26,681,398
1817	de janvier à juin.	27,339,768
—	de juillet à décembre.	29,210,035
1818	de janvier à juin.	27,954,558
—	de juillet à décembre.	26,487,859

AVANCES.

1814	26 février	23,607,300
—	2 août.	34,937,800
1815	26 février	27,156,000
—	2 août.	24,079,000
1816	26 février	18,988,300
—	2 août.	26,042,600
1817	26 février	25,399,500
—	2 août.	27,330,718
1818	26 février	27,002,000
—	2 août.	27,060,900
1819	11 février	21,930,000

23 Voici maintenant le montant des avances faites par la Banque au Gouvernement et celui des billets de banque en circulation, le

25 février de chaque année, de 1790 à 1797, époque à laquelle fut passé l'acte de restriction.

ANNÉES.	BILLETS DE BANQUE.	AVANCES.
1790.	10,217,360	7,908,968
1791.	11,699,140	9,603,978
1792.	11,349,810	9,839,338
1793.	11,451,180	9,066,698
1794.	10,963,380	8,786,514
1795.	13,539,160	11,114,230
1796.	11,030,110	11,718,730

Ainsi le montant des avances faites au Gouvernement ne paraît pas avoir présenté, avant l'acte de suspension, une proportion bien inférieure à la somme totale des billets de banque. Il en est de même des avances faites depuis 1814 relativement aux billets de banque émis aux époques correspondantes.

24 On verra qu'entre le mois d'août 1815 et le mois de février 1816, une importante réduction a eu lieu sur les sommes dues à la Banque. Ces sommes ont été en effet réduites à cette dernière époque à £18,988,300, déduction faite des avances des dividendes non réclamés.

25 Entre le mois de février 1816 et le mois d'août suivant, la dette en question fut augmentée de nouveau. Dans cet intervalle, on eut à payer des frais de guerre pour une somme considérable : aussi le Gouvernement autorisa-t-il une grande augmentation de la dette flottante et des avances dont il était débiteur vis-à-vis de la Banque. Le montant de ces avances fut de nouveau réduit, entre le 2 août 1818 et le 21 février 1819, de £27,060,900 à £21,930,000.

26 On proposa au mois de mai 1818 (déposition de M. Dorrien) de rendre à la Banque 8 à 9 millions au moyen de paiements successifs d'un million par mois à partir du mois de mai. La Banque (selon la déposition du gouverneur) jugea ce paiement insuffisant « pour la remettre en état de reprendre les paiements en argent. »

27   Pour faire face à ces dépenses ainsi qu'aux services de l'année, et pour effectuer une plus grande réduction sur la dette flottante on décida un emprunt de 3 millions en espèces, et un amortissement gradué des billets de l'Echiquier jusqu'à concurrence de près de £27,000,000

On accorda aux souscripteurs la facilité de faire les paiements en argent au lieu d'y faire entrer les billets de l'Echiquier. Il était entendu que la Banque retiendrait la moitié des sommes versées en espèces jusqu'à l'exécution du paiement mensuel ci-dessus mentionné.

Il paraît cependant que la somme payée en espèces pour cet emprunt n'a pas atteint le chiffre que l'on espérait. Le remboursement fait à la Banque à la fin du mois de janvier 1819 ne fut guère de plus de cinq millions, dont 1 million ne pouvait être considéré comme un remboursement effectif, mais bien comme l'intérêt dû à la Banque pour toutes les avances qu'elle avait faites. Cet intérêt montait juste à 1 million.

28   Le 29 avril dernier, le total des avances faites par la Banque au Gouvernement était de £19,438,900, déduction faite de £1,098,820 pour le compte fourni par la Banque comme total de ses avances sur des sommes données pour le paiement des dividendes.

29   On verra, d'après une communication faite au Comité par la Cour des directeurs de la Banque, et d'après leur manière d'agir, qu'ils considèrent le remboursement d'une grande partie de ces avances comme essentiellement nécessaire pour faciliter la reprise des paiements en espèces. Comme les billets qui sont mis en circulation par la Banque, pour l'escompte des billets de commerce, lui reviennent à l'échéance, qui ne dépasse jamais soixante-cinq jours, il est évident que l'émission de ces billets peut être étendue ou limitée à discrétion, tandis que les directeurs n'ont pas en pratique le même pouvoir sur les billets mis en circulation pour des avances faites au Gouvernement.

Quelle que soit la réduction qu'on puisse faire sur ces avances, la Banque obtiendra un pouvoir analogue sur le montant du papier mis en circulation. Elle sera en état de suppléer à cette diminution, soit par l'augmentation de la circulation, en escomptant les billets du commerce, soit par l'acquisition de lingots, soit enfin, s'il le faut, par une réduction des billets en circulation, qui égalerait le tout ou une partie du remboursement.

30 Le seul moyen par lequel la Banque peut, pendant une suspension de paiement en argent, effectuer une réduction dans la circulation des billets (à supposer qu'elle n'ait recouvré aucune partie des avances faites au Gouvernement), c'est de limiter la facilité que depuis longtemps elle a coutume d'accorder au commerce, pour l'escompte des billets de commerce d'une garantie à toute épreuve. Ces billets doivent résulter de transactions de commerce réelles et être payables à des époques courtes et fixes.

Bien que le montant des avances faites par la Banque sur des garanties publiques soit minutieusement indiqué dans le compte rendu de l'appendice, et que le Comité conseille fortement le remboursement d'une partie de ces avances demandées par la Banque, il croit néanmoins nécessaire d'observer qu'en fixant la somme qui lui est due, et qui est formée des avances qu'elle a faites, il faudrait établir en faveur du public une compensation aussi étendue que le permet la balance du compte courant du Trésor déposé à la Banque.

31 L'attention du Parlement semble avoir été appelée de prime abord sur l'étendue et les opérations de ces balances, selon le rapport du Comité, qui traite des dépenses publiques et qui a été présenté en 1807.

D'après ce rapport, il paraît que le compte courant du Trésor déposé alors à la Banque était évalué à £11,104,919. Une somme qui représentait 5 0/0 d'intérêt sur la moyenne des dépôts fut considérée par ce Comité comme approchant du montant des profits tirés de cette source par la Banque.

De 1807 à 1816, le montant des dépôts publics compensés avec les avances de la Banque peut être évalué à 11 millions environ. En considération de ces avantages, la Banque avança en 1808 au Oouvernement une somme de 3 millions à recevoir sans intérêts. Cette avance fut continuée avec la sanction du Parlement jusqu'au mois d'avril 1818.

32 Depuis 1816, la balance du compte courant du Trésor à la Banque a subi une diminution, et la moyenne n'excédait pas 7 millions en

1818. Cette somme a encore été réduite par un acte passé dans la session actuelle. Cet acte utilise pour les services publics l'amortissement du fonds consolidé, dans une certaine mesure qui diminue les bénéfices obtenus précédemment par la Banque sur la capitalisation qu'elle faisait du premier au dernier jour de chaque trimestre.

Le Comité croit pourtant que, quel que puisse être maintenant ou plus tard le montant des comptes courants du Trésor à la Banque, ce montant doit toujours être observé, et l'on doit en tenir compte lorsque l'on s'occupe des avances de la Banque au Gouvernement; car il est évident que si on voulait liquider le compte courant du Trésor, la Banque devrait être mise à contribution pour rembourser les avances faites au Gouvernement sur les billets de l'Échiquier ou sur tout autre titre garanti portant intérêt.

33   En confirmation de sa pensée à cet égard, le Comité demande qu'on lui permette de renvoyer à la déposition de M. Haldimand, qui est maintenant un des directeurs de la Banque. Il dit « que, selon lui, une somme de 8 à 10 millions devrait être rendue » à la Banque par le Gouvernement, en supposant que le montant » des balances publiques ne subissent aucune diminution considé- » rable. » Interrogé pour dire si « le montant déterminé de ces » balances diminue celui des avances faites par la Banque au public », il répond : « Oui, certainement. »

D'après ces raisons, votre Comité pense que le montant des avances de la Banque sur des garanties du Gouvernement doit être minutieusement détaillé dans l'appendice, attendu qu'elles ont pour effet de diminuer le contrôle de la Banque sur sa circulation; votre Comité est d'avis que l'on doit faire une déduction qui corresponde au montant de la moyenne de la somme gardée en compte courant par la Banque. En effet, ce dépôt, en diminuant le montant des billets en circulation, rend à la Banque, en proportion de son étendue, le pouvoir de répondre aux demandes qui lui sont faites pour l'escompte des billets de commerce.

Votre Comité espère que l'on ne trouvera pas qu'il est entré dans des détails inutiles en donnant une longue explication des rapports entre le Gouvernement et la Banque.

En se reportant aux dépositions, on verra que le montant des avances faites au public est signalé par la Banque comme un des principaux obstacles à la prompte reprise des paiements en argent. Pour préparer la reprise de ces paiements, la Banque demande le remboursement d'une somme de 10 millions. C'est pourquoi le Comité désire que l'on connaisse clairement le montant de ces avances, les opérations auxquelles elles donnent lieu, et le point où leur effet est contrebalancé par le compte courant du Trésor à la Banque. Cela lui paraît d'autant plus nécessaire qu'il croit de son devoir de terminer cette partie de ses enquêtes par une recommandation sérieuse à la Chambre, savoir : 1° De prendre immédiatement des mesures pour rembourser graduellement à la Banque cette partie de la dette dont elle exige la rentrée ; 2° de créer des ressources permanentes en limitant et définissant le pouvoir accordé à la Banque de faire des avances au Gouvernement et d'acheter des titres garantis par lui, en déférant à l'appréciation du Parlement l'étendue dans laquelle ce pouvoir pourrait être exercé à l'avenir.

II.

34   Votre Comité procédera encore à d'autres recherches ; il cherchera les moyens de revenir à des paiements en argent à l'époque fixée par la loi pour la reprise de ces paiements.

35   On verra, en ayant recours aux dépositions qui se trouvent dans l'appendice, que, sans s'écarter des principes qui depuis longtemps ont réglé la circulation par l'escompte des billets de commerce, la Banque a considérablement réduit le montant des billets de banque en circulation, lorsqu'on le compare à celui du commencement de l'année 1818.

De juillet à décembre 1817, la moyenne des billets en circulation était de £29,210,035 ; de janvier à juin 1818, £27,954,518 ; de juillet à décembre 1818, £26,487,859.

La moyenne des trois mois, à la fin de mars 1819, était de £25,794,460.

Si la législature déterminait que les paiements en argent seront repris le 5 juillet prochain, les directeurs de la Banque se trouveraient naturellement forcés, mettant de côté toute autre considération, de songer d'abord à la sécurité de leur établissement, et auraient recours à une plus prompte réduction de la partie de la circulation qui se trouve immédiatement sous leur contrôle. On trouvera dans les dépositions détaillées beaucoup de témoignages importants à l'égard de l'effet que doit produire une diminution subite du montant de la circulation sur les intérêts du commerce et de l'agriculture de notre pays. Votre Comité regarde comme obligatoire d'en extraire quelques aperçus suffisants pour donner à la Chambre une juste idée de l'opinion des membres chargés d'examiner ce sujet.

36 Prié de dire de quelle manière on pourrait essayer la reprise des paiements en argent dans la limite d'une année, et quel effet cette reprise produirait sur le commerce et sur les affaires intérieures du royaume, M. Alexandre Baring répondit ainsi : « On ne peut
» effectuer la reprise des paiements en argent qu'en attirant dans
» le pays une assez forte quantité de lingots, et cela par la dimi-
» nution de la circulation. Je ne pense pas que la Banque puisse
» payer en espèces, avec l'espoir de continuer, avant qu'il y ait
» une portion considérable d'argent monnayé en circulation dans
» le royaume. Quand même on négligerait les funestes effets de
» la réduction subite de la circulation, dans aucun cas on ne pour-
» rait obtenir la somme nécessaire à l'exécution de ce projet à
» l'époque désignée. Mon avis est que la restriction de la circula-
» tion nécessaire à cette entreprise doit toujours être accompagnée
» de quelque embarras dans toutes les branches d'industrie de la
» nation, et que si l'on était forcé de prendre de telles mesures
» avec la rapidité nécessaire pour arriver à la reprise des paie-
» ments dans l'espace d'une année, on provoquerait une crise que
» personne ne voudrait endurer, parce qu'on ne pourrait y résister.
» La réduction de la circulation des billets produirait les mêmes
» effets que celle du montant du numéraire dans tous les pays.
» Je crois ces effets bien décrits dans l'ouvrage de M. Hume,
» ayant pour titre *Traité sur l'Argent*. Les conséquences d'une
» réduction ou d'une augmentation des espèces métalliques dans
» un pays se font surtout sentir pendant les périodes de diminu-
» tion ou d'augmentation. Selon moi, la somme du numéraire
» d'un pays n'a pas une grande importance. Ce qui est capital
» pour toutes les branches de son industrie, c'est de savoir si cette
» somme augmente ou diminue. »

37 M. Haldimand dit à son tour « qu'il a compris pour la Banque d'Angleterre la nécessité de réduire par force de 3 ou 4 millions le montant actuel de ses billets, si elle voulait être en état de reprendre les paiements. » Il dit que « par ce terme *par force* il voulait dire une réduction qui s'élèverait, non pas de 3 à 4 millions que l'on demanderait en moins, mais bien de 3 à 4 millions demandés par le public et le Gouvernement à la Banque et refusés par elle. » Il ajoutait « qu'il considérait cette réduction forcée des émissions de la Banque d'Angleterre comme nécessaire afin de rétablir le reste du papier en circulation à son ancienne valeur en or et les changes au pair. »

Interrogé pour dire si « pour produire l'effet qu'il prévoyait d'une réduction forcée des émissions de la Banque, il serait nécessaire que cette réduction se fît de suite, » il répondit : « Dans mon opinion, le public ne retirera que des désagréments et des désavantages d'une réduction subite, et je conseillerai certainement une réduction graduelle. »

38 M. Gladstone, membre de la Chambre et négociant, engagé spécialement dans les affaire de commerce avec les Indes orientales et occidentales, et quelquefois dans le commerce en général, a dit : « L'influence que produit la réduction des émissions par la Banque est d'une nature secondaire ; à d'autres époques, la diminution de 2 ou 3 millions dans la circulation serait passée inaperçue ; mais dans l'état actuel des affaires du pays, après une année qui a de beaucoup surpassé les ressources du commerce, après une grande accumulation de marchandises étrangères et anglaises, dans ce pays ou pour le compte de l'Angleterre, sur les marchés étrangers, tout ce qui aurait une tendance à diminuer les moyens de circulation agirait beaucoup plus sur les esprits que dans un autre moment. »

39 Après avoir mûrement réfléchi sur ces dépositions, ainsi que sur les accidents qu'il est important de prévenir, considérant l'opportunité de reprendre, le 5 juillet prochain, les paiements en espèces ; le montant des avances faites au Gouvernement par la Banque ; la quantité des lingots qui se trouvent dans ses coffres ; enfin, l'effet probable d'une rapide et considérable réduction dans sa circulation ; quels que soient les moyens par lesquels une telle réduction pour-

rait avoir lieu, votre Comité se trouve convaincu que la restriction doit être prolongée au delà du 5 juillet prochain.

III.

Votre Comité vient de présenter à la Chambre sa manière de voir sur les deux points importants dont il s'est proposé de faire le premier sujet de ses investigations (d'après l'ordre qu'il a reçu) : la situation de la Banque d'Angleterre et l'opportunité de la reprise des paiements en argent au 5 juillet prochain. Maintenant, il va chercher quelle serait l'époque la plus favorable comme terme de la restriction.

40 D'abord, il indiquera quelle devrait être la quantité de monnaie d'or nécessaire pour faire face aux demandes probables à l'époque de la reprise des paiements en espèces. Il est difficile de se former une idée bien exacte du chiffre de mise en circulation avant 1797. Toutes les conjectures qu'on pourrait former aujourd'hui à cet égard devront nécessairement être très-vagues et peu satisfaisantes.

41 Dans la communication faite au Comité le 25 mars, par la Cour des directeurs de la Banque, il est indiqué : « Que le montant des » espèces en circulation avant la guerre était estimé de différentes » façons, même par des personnes très-compétentes et posées de » manière à être parfaitement informées. Il paraît cependant qu'on » s'accordait à dire que cette somme était d'environ 30 millions ; » quelle qu'elle fût, tout a été emporté. »

42 M. Harman dit dans sa déposition « que le montant de l'or dans » le royaume avant la restriction avait été estimé à 30 millions » par le feu lord Liverpool ; M. Rose allait même plus loin. En » supposant seulement 20 millions, nous approcherions peut-être » de la vérité. »

Il ajoute « qu'il croit pouvoir avancer en toute sécurité que si » 20 millions, outre ce qui restait dans les coffres de la Banque, » étaient nécessaires pour pourvoir aux dépenses avant l'acte de » suspension, dire qu'il en faudrait autant maintenant, serait tenir » un langage bien modéré. »

43 M. Alexandre Baring constate « qu'il est difficile et même impos-
» sible de faire une estimation exacte ; mais il pense qu'avec une
» monnaie neuve et bien frappée, telle que le souverain qui, selon
» lui, remplacerait les billets de banque d'une et de deux livres,
» qu'ils soient détruits ou non par la loi, le montant d'une pareille
» monnaie en or n'irait pas loin de 40 à 45 millions. Il ne veut pas
» dire que toute cette somme serait nécessaire avant de reprendre
» les paiements en argent, mais il pense que ces paiements ne
» pourraient être repris avec sûreté si la moitié de cette somme,
» dont la circulation serait absorbée par le pays, ne s'y trouvait
» déjà, et il croit que la moitié de ladite somme ne pourrait être
» accumulée sans faire éprouver une grande gêne au royaume, à
» moins d'un espace de quatre à cinq ans, à partir du moment
» présent. »

La date à laquelle il faudra fixer la reprise des paiements, tout en ayant égard à la somme en numéraire alors indispensable, est si peu déterminée, que votre Comité s'abstient de donner aucune opinion à cet égard ; mais il croit que M. Baring a exagéré la somme, et qu'il s'est trompé en prétendant que le public était disposé à exiger que la monnaie d'or fût mise en circulation de préférence aux billets de banque de moins de 5 livres. On pourrait tirer une conclusion des observations d'autres témoins, qui diffèrent d'opinion avec M. Baring. On a remarqué, dans une partie précédente du rapport, qu'en 1817, lorsque la Banque entreprit de payer ses billets en espèces métalliques, aucune préférence n'a été témoignée pour le numéraire jusqu'au moment où les changes étrangers ont été la cause des demandes pour l'exportation.

44 M. Harman constate dans sa déposition « qu'à cette époque, il
» fut porté à croire que si les portes de la Banque étaient ouvertes
» (si toutefois on peut se servir de cette expression), à peine le
» public saurait-il si la Banque était ouverte ou fermée ; que l'on
» était dans un moment de tranquillité où le peuple voyait l'or avec
» indifférence, et qu'au lieu de venir le chercher à la Banque, il
» venait l'y apporter. Cet état de choses dura jusqu'au début des
» opérations financières en France. »

45 M. Stuckey, gentilhomme, en relation avec les banques du
comté de Sommerset, s'exprimait ainsi : « A la fin de 1816 et au
» commencement de 1817, nous avons eu pendant quelques mois

» une circulation en espèces. Nous avons dépensé à cette époque
» près de £100 pour transmettre à Londres le surplus de notre
» argent en espèces, dont les 4/5 au moins étaient en or. Nous
» ne pouvions pas nous en défaire dans le pays, car nos clients
» préféraient nos billets. Au printemps de 1817, j'apportai avec
» moi à Londres près de 1,000 guinées appartenant à une de
» nos banques. Notre banquier de Londres, chez lequel j'allai
» les porter, me demanda comme une faveur de ne pas les laisser
» chez lui, vu qu'il en avait récemment envoyé un grand nombre
» à la Banque d'Angleterre, et qu'il désirait ne pas l'importuner
» de nouveau. De plus, il n'acceptait que celles qui avaient le
» poids exigé. »

46 Malgré cette déclaration, on ne peut tirer aucune conclusion satisfaisante de l'expérience faite pendant un intervalle aussi court que celui dont parlent MM. Harman et Stuckey. Une grande incertitude doit régner au sujet de la somme d'or nécessaire à la circulation intérieure. La Banque doit donc se tenir prête, non-seulement pour répondre à une demande bien plus grande que celle qui sera faite, mais encore pour faire face aux conséquences de l'épuisement de son encaisse, causé soit par une baisse momentanée des changes, ce qui donnerait un profit sur l'exportation des lingots, soit par une tendance à thésauriser, provenant d'une panique soudaine ou d'un manque de confiance passager dans la circulation des billets.

47 Il faut aussi considérer que la quantité d'or actuellement dans le pays est très-limitée. La durée de la restriction a été la cause de l'exportation de tout ce qui circulait précédemment. Le désir naturel d'exporter l'argent hors du pays où il n'était pas nécessaire, pour l'importer dans des contrées où l'on pouvait l'employer avec plus de profit, fut très-peu contrebalancé par la législation qui défend une pareille application.

Il est possible, ainsi que le dit votre Comité, de se procurer tout l'or nécessaire à la circulation pour les besoins du pays ; mais pour cela et pour la maintenir, il faut retirer des emplois productifs une somme qui corresponde au capital du pays, et il y a aujourd'hui des causes qui, en augmentant la valeur des lingots, augmenteraient en proportion égale la difficulté d'obtenir dans un temps limité une somme à peu près suffisante pour les besoins de la nation.

48   Il paraît que les gouvernements des autres États de l'Europe sont maintenant occupés à changer en circulation métallique une grande quantité du papier que les nécessités de la guerre les ont forcés de mettre en circulation. Les importations d'or et d'argent en Europe ont subi une diminution qui avait sa source dans les troubles dont les colonies espagnoles ont à souffrir. Ces efforts des autres pays pour rendre aux métaux précieux leur valeur respective peuvent aggraver la situation en rendant les changes moins favorables à l'Angleterre. Il est certain qu'en augmentant la valeur des métaux précieux, on nous forcerait à faire de plus grands efforts pour obtenir la quantité suffisante.

Le pouvoir donné à la Banque de reprendre et de continuer ses paiements en espèces dépend moins du montant actuel de la réserve métallique qu'elle peut accumuler que de la situation des changes étrangers avant et après la reprise des paiements, et du degré de certitude que l'on a que le prix de l'or sur le marché peut être réduit et maintenu au prix de la Monnaie.

A moins qu'une telle réduction puisse être effectuée, ce sera en vain que la Banque dépensera son capital dans l'acquisition des lingots.

La Banque pourrait dépenser tout son capital en achat de lingots sans pouvoir satisfaire aux demandes d'or inévitables, si elle est forcée de le remettre en circulation au taux de 3 liv. 17 sh. et 10 1/2 den. par once, et si les personnes qui ont le droit de faire des demandes peuvent continuer à réaliser un profit de 5 à 6 0/0 sur l'exportation de cet or.

Les documents contenus dans l'appendice expliquent suffisamment la situation des changes étrangers et le prix de l'or calculé en billets de banque depuis plusieurs années. Nous renverrons aux dépositions pour étudier les diverses opinions des hommes jugés par tous comme étant les plus capables d'exprimer une idée juste sur les causes qui ont évidemment influencé les changes et le prix de l'or.

49   Votre Comité a déjà fait observer que, pendant la plus grande partie des années 1816 et 1817, les changes étrangers nous étaient favorables, et que depuis le mois de juillet de l'année dernière ils sont tombés au-dessous du pair. Quelques témoins ont attribué ce changement défavorable d'abord à l'effet produit par les emprunts

contractés à cette époque par les puissances étrangères, ensuite à la sortie des capitaux anglais engagés dans des valeurs et dans des entreprises au dehors; enfin, à une très-grande importation de blé qui a eu lieu dans le cours de l'année dernière. Plusieurs de ces témoins sont d'avis que la Banque ne pouvait prendre aucune mesure capable d'empêcher l'effet produit par d'aussi forts paiements. D'autres témoins, admettant que les causes dont on a parlé tendaient à faire baisser les changes, pensent qu'une diminution de la circulation de la Banque suffirait pour contrebalancer les effets de ces mêmes causes. C'est ce qui serait arrivé infailliblement si la Banque s'était vue forcée de payer ses billets en espèces à mesure qu'on l'aurait demandé.

Quelles que soient les causes qui ont affecté les changes dans le courant des deux dernières années, votre Comité ne voit pas de motifs de craindre que ces causes ou d'autres analogues puissent continuer à les affecter de manière à empêcher la Banque d'Angleterre, par une constante comparaison des changes et du prix de l'or, et si la nécessité s'en fait sentir, par une prudente réduction du papier-monnaie, de rapprocher graduellement leur valeur de celle de l'or, et finalement de le rétablir et de le maintenir au pair.

Votre Comité a voulu se rendre compte du chiffre des capitaux anglais engagés dans des opérations garanties par des gouvernements étrangers, ainsi que des remboursements qui pourraient être exigés pour d'autres paiements nécessités par des emprunts étrangers. Ces calculs sont fondés sur les estimations de trois maisons de commerce sérieusement engagées dans des emprunts étrangers. Ces estimations diffèrent certainement fort peu entre elles.

50   Il est prouvé que le total des capitaux anglais engagé dans les pays étrangers est d'environ £10,500,000, dont on suppose 7 millions engagés dans les fonds français.

Ce calcul a été fourni au Comité par M. Haldimand, qui pense qu'il peut y avoir une erreur de 1 ou 2 millions; il croit qu'il ne sortira plus rien ou presque rien du pays pour être employé dans les emprunts étrangers maintenant en cours de paiement.

51   M. Holland, associé de la maison de MM. Baring, ne pense pas

que le total des capitaux anglais engagés à l'étranger, y compris l'Amérique, s'élève à 10 millions; il entend parler des capitaux engagés d'une manière permanente en dehors de ceux qui peuvent avoir été employés en spéculation dans les fonds étrangers, et dont une grande partie, observe-t-il, a rapporté des bénéfices pour notre pays; il ne croit pas qu'il y ait plus de 3 millions de fonds anglais engagés dans les fonds français, et il est d'avis que si ces derniers fonds viennent à hausser, on retirera une partie considérable de cette somme. Enfin, il prétend qu'il n'est guère probable que des sommes importantes sortent du pays pour être engagées dans des emprunts actuellement ouverts à l'étranger.

52 Votre Comité croit que les derniers versements à opérer sur les emprunts étrangers auront une influence très-limitée sur les changes; que les mesures nécessaires à la reprise des paiements en espèces contribueront à cette limitation, et qu'après cette reprise, cette influence sera soumise à un contrôle constant.

En corroboration de cette opinion, le Comité rappelle comment les changes de France et de Hollande (pays où l'argent métallique est en circulation) ont été affectés par de semblables remises.

Les capitalistes hollandais se sont engagés pour des sommes très-considérables dans les emprunts qui ont été dernièrement contractés à l'étranger. On suppose qu'ils ont pris près des 3/4 de ceux contractés par la Russie; mais aucun effet sensible n'a été produit sur les changes ou sur la circulation en Hollande.

Malgré ses fortes remises aux puissances étrangères, la France a conservé en circulation une grande quantité d'argent monnayé.

53 Il résulte des rapports de MM. Holland et Irving que les prix de l'or sont restés presque stationnaires à Paris pendant les quatre dernières années; qu'en 1807, lorsqu'il y avait dans notre pays jusqu'à 7 0/0 de variation dans son prix, il n'y en avait aucune à Paris, et qu'entre le 5 octobre et le 22 décembre derniers, alors que la différence des changes entre Paris et Londres montait à 4 0/0, la plus grande variation entre Paris et tout autre pays ayant une circulation en espèces métalliques n'excédait pas 1 1/2 0/0.

54 M. de Rothschild, interrogé au sujet de l'effet produit sur les

changes en France par les contributions de guerre qu'elle avait dû payer aux puissances étrangères, répondit : « Peut-être de 1 à 1 1/2 0/0. »

55 Quand votre Comité aura étudié l'étendue et la valeur des productions de l'Angleterre, il ne pourra plus émettre de doute sur la possibilité où elle est d'acheter les métaux précieux qui pourraient être nécessaires à la circulation intérieure du pays, et de les maintenir en circulation par les mêmes moyens qui sont employés dans les pays étrangers. Là, à cause de l'état peu rassurant du crédit et de la confiance publique, et de l'absence totale de banques, il faut nécessairement une plus grande quantité de numéraire qu'en Angleterre, relativement au commerce étranger et à celui de l'intérieur.

On doit évidemment rencontrer des difficultés pendant les préparatifs de la reprise des paiements en espèces; mais dans l'opinion de votre Comité, ces difficultés sont largement compensées par les bénéfices importants et permanents qui doivent résulter du rétablissement de l'étalon qui formait, avant 1797, la base du calcul de la valeur des marchandises, et qui aujourd'hui encore, bien qu'il soit variable à un certain degré, est moins exposé que toute autre mesure à des fluctuations.

56 Votre Comité ne s'arrêtera pas plus longtemps sur ce sujet important, par la raison que dans plusieurs occasions le Parlement a fait expressément connaître son opinion sur la convenance de rétablir la circulation de la monnaie en espèces, et parce que la mission dévolue à votre Comité consiste simplement à rechercher à quelle époque et par quels moyens l'on peut effectuer cette grande mesure de la manière la plus efficace. Il ne voit rien dans l'état actuel de l'Europe qui puisse rendre utile un retard quelconque dans la reprise des paiements en espèces. Ce retard ne ferait sans doute qu'aggraver les difficultés inséparables de cette mesure. Cependant, si le Comité peut indiquer à la Chambre quelque moyen capable d'alléger ces difficultés; si, en second lieu, il peut faire ressortir tous les avantages qui accompagneraient le retour des paiements en argent, il peut être certain qu'on ne l'accusera pas de dépasser ses pouvoirs, bien que ses indications s'écartent momentanément des lois qui régissaient la circulation métallique avant la suspension des paiements.

Votre Comité a déjà examiné un projet de cette nature ; mais avant d'en expliquer les détails ou de donner les raisons pour lesquelles il est disposé à recommander les différentes mesures qui en font partie, il en présentera un résumé à la Chambre.

57 Votre Comité propose qu'à partir du 1er mai 1821, la Banque soit forcée de livrer une quantité d'or qui ne pourra être inférieure à 60 onces ; il devra être marqué à son titre, éprouvé et frappé à la monnaie de Sa Majesté au prix du cours établi de 3 liv. 17 sh. 10 1/2 den. par once, en échange d'une quantité de billets suffisante pour représenter la valeur de l'or demandé.

Il propose encore que cette obligation où se trouvera la Banque, de délivrer une quantité d'or déterminée, ne l'astreigne pas moins de deux ans, ni plus de trois, à partir du 1er mai 1821; à la fin de cette époque, on pourra reprendre les paiements en espèces.

Au jour fixé par le Parlement, à partir du 1er février 1820, la Banque devra payer l'or essayé, épuré et frappé, comme on l'a dit plus haut, en échange de ses billets (la somme demandée n'étant pas inférieure à 60 onces d'or), à raison de 4 liv. 1 sh. par once : c'est le prix courant du lingot d'or pur, d'après la moyenne du dernier trimestre.

Enfin, qu'à dater du 1er octobre 1820, la Banque échangera ses billets contre de l'or pur à raison de 3 liv. 19 sh. et 6 den., et au 1er mai 1821, comme nous l'avons déjà dit, à l'ancien prix courant de 3 liv. 17 sh. 10 1/2 den.

58 Votre Comité donne ensuite les raisons qui le décident à recommander l'adoption de ces propositions.

En exigeant que la Banque paie en or pur, après le 1er mai 1821, une quantité donnée de billets au prix courant de la Monnaie, on donnera une garantie contre tout changement de valeur du papier qui a cours, comme celle qui était fournie par les paiements en espèces avant l'acte de suspension. Si les émissions de la Banque viennent à excéder la somme à laquelle elles doivent être limitées pour conserver leur valeur égale à l'or, la Banque sera sujette à une demande immédiate d'or, et elle aura naturellement recours, comme par le passé, à la restriction pour limiter les émissions du papier.

Selon l'opinion de votre Comité, le point principal qui doit faire valoir ce projet, c'est qu'il mettra la Banque en état de payer ses billets en or beaucoup plus tôt qu'elle ne le pourrait au cours actuel de la Monnaie.

59 Quand ce projet sera en activité, on ne pourra faire aucune demande d'or pour la circulation intérieure. Quelle que soit la quantité qu'on doit fournir, dans le but de remplacer les petites coupures de billets, on pourra satisfaire à ces demandes. Cette portion du capital, qui autrement doit être destinée à acheter un instrument de commerce coûteux et inutile, sera laissée disponible pour des travaux utiles; on aura au moins, pendant le développement de ce projet, le temps de retirer peu à peu ce capital et d'accumuler une telle provision de métaux précieux, que la Banque pourra en toute sûreté suffire aux besoins de la circulation métallique. Bien que, dans une panique générale ou dans un manque de confiance dans le crédit du papier, la Banque soit exposée aux mêmes demandes que si l'on reprenait les paiements en espèces, il est probable que l'épuisement de la réserve causé par ces craintes subites et locales serait beaucoup diminué, sinon empêché.

60 En parlant de ce projet, M. Baring remarque « qu'avec un tel
» système, la somme des lingots dont on aurait besoin serait égale
» à la somme que la Banque gardera pour contrebalancer les varia-
» tions qui pourraient de temps à autre survenir dans la circu-
» lation, et que l'état du pays peut exiger. Je ne pense pas que la
» somme dont la Banque pourrait avoir besoin s'élevât à plus de
» £5 ou 6,000,000, car la hausse ou la baisse de la circulation, à
» différentes époques, ne peut, il me semble, excéder ce chiffre. La
» thésaurisation serait certainement moins grande avec ce système
» de monnaie, car il n'y aurait pas de petits trésors, et l'on serait
» moins disposé à amasser de plus fortes sommes, quand on n'au-
» rait pas d'autre moyen de les faire circuler en monnaie (si l'on
» était disposé à le faire), que de les vendre et de les porter à la
» Banque. Ainsi, je serais d'avis qu'un chiffre de 10 millions serait
» bien suffisant; mais il est difficile de parler en toute assurance
» de ce que l'on n'a pas encore expérimenté. »

61 Quant à la conservation de l'étalon de la valeur, M. Baring soutient « que l'étalon du pays, et par conséquent la valeur au pair du
» papier, seraient conservés d'une manière plus intacte que sous
» tout autre système de monnaie. »

62   M. Holland a communiqué au Comité, sur le projet de paiements en espèces, un rapport écrit dont voici le contenu : « Je puis assurer,
» en homme versé dans les affaires, que l'exécution de ce projet
» rencontrera peu de difficultés, pour ne pas dire aucune ; qu'il ne
» bornera guère la circulation ; qu'il n'empêchera ni les mesures
» ordinaires du commerce, ni celles du Gouvernement, mais qu'au
» contraire, il rétablira l'ordre et l'harmonie et donnera au pays
» ce que souhaitent ceux qui veulent son bien, c'est-à-dire une
» valeur courante sûre et avantageuse, variable, il est vrai, mais
» infiniment moins que les autres systèmes établis dans les pays
» étrangers. »

Votre Comité donnera maintenant les raisons sur lesquelles il appuie le projet qu'il vous a soumis pour régler la manière d'offrir l'or en échange des billets de banque entre le 1er juillet 1820 et le 1er mai 1821.

63   Le Comité trouve nécessaire de déterminer l'époque à laquelle la Banque se verra forcée de donner l'or au prix courant de la Monnaie. On établira ainsi un étalon qui fixera la valeur du papier et réglera ses émissions.

Plus d'une fois depuis la signature de la paix, le Parlement a fixé une époque pour la reprise des paiements en espèces. Lorsqu'il a consenti à les supprimer, il a manifesté le désir de les voir reprendre, et il a donné comme raison, en continuant la suspension, l'utilité de mettre la Banque en état de faire les préparatifs convenables pour trouver le moyen de payer en espèces sans qu'il en résulte une gêne publique.

En apportant un nouveau retard à la reprise des paiements en espèces, votre Comité désire donc trouver quelque autre garantie, il veut que les préparatifs commencent à se faire, afin de chasser l'idée d'autres retards possibles, et préparer graduellement les affaires commerciales à un nouveau système de circulation qui, ayant été abandonné longtemps, ne pourrait être repris tout d'un coup sans gêne et sans embarras.

Le Comité conçoit qu'on obtiendra une bonne garantie en demandant à la Banque de revenir à ce principe qui dans un temps déjà éloigné réglait les émissions, le prix de l'or.

Il propose également que la Banque, une fois que l'on aura accordé au Gouvernement le temps nécessaire pour payer une partie des avances qu'il a reçues, se charge à un moment donné d'échanger de l'or contre ses billets, comme on l'a déjà expliqué.

D'ici à l'année 1820, votre Comité ne peut prévoir aucune cause capable de modifier la valeur des métaux précieux, à ce point que la Banque ne puisse en éviter les suites par une réduction de sa circulation sans gêner le public.

Si le prix de l'or reste le même qu'à présent, la Banque sera forcée de le céder à ce taux, et la demande sera nécessairement très-limitée. Si dans l'intervalle des circonstances quelconques viennent à produire une hausse, la Banque doit, en ce cas, diminuer son papier, ou positivement en le comparant à la somme actuelle, ou relativement pour les quelques augmentations de demandes qui pourront avoir lieu ; par là même en augmentant sa valeur courante diminuer proportionnellement les demandes d'or.

64 On pourrait dire que l'adoption de cette idée semble reconnaître une déviation de l'ancienne base des valeurs ; elle ne la reconnaît que pour peu de temps, pour préparer à un retour gradué vers ce principe dont on s'est écarté.

Le Comité croit avoir suffisamment expliqué les motifs pour lesquels il conseille qu'ayant en vue l'établissement d'un étalon métallique, la Banque soit forcée, dès le principe, de donner de l'or en échange de ses billets.

Il n'exprime pas une préférence unique pour ce système de paiements en espèces ; il ne le recommande pas comme devant être permanent, mais il trouve que c'est la meilleure manière de faciliter la reprise des paiements en argent avec le moins de gêne possible pour le public. Il est d'avis qu'une fois que l'ancien étalon sera rétabli dans le pays, les grands obstacles au retour de l'ancien système seront entièrement vaincus, et la Banque, ainsi que les individus, pourront profiter du changement favorable pour augmenter dans le pays, autant que le besoin s'en fera sentir, la provision des métaux précieux.

65 Votre Comité sait que l'on pourrait s'opposer au projet des paiements en argent qu'il a recommandés d'abord, parce que nécessairement, en continuant la circulation des billets au-dessous de 5 livres, il présente les mêmes occasions de *faire des faux;* ensuite, en

demandant la présentation d'une somme considérable de billets pour obtenir il donne au possesseur de ces billets un avantage que n'a pas celui qui ne peut en présenter autant.

66 A la première objection, votre Comité répond qu'il n'est guère possible de compter sur une reprise de paiements en espèces, si l'on exclut entièrement les petits billets à une époque plus rapprochée que celle à laquelle cette reprise pourrait avoir lieu en suivant les conseils du Comité.

Lorsque autrefois le Parlement a voulu supprimer la suspension, on a reconnu la nécessité de continuer pendant quelque temps la circulation des petits billets, et c'est alors que la loi a pris ces mesures. Il est vrai que quand on aura repris les paiements en espèces, le montant des petits billets de banque en circulation aura diminué ; mais il n'y a pas de motif pour croire que les faussaires, s'en tenant à des considérations de risques et de profits, soient moins tentés, en raison de la diminution de ces billets, pourvu qu'ils ne soient pas tout à fait exclus.

La force de cette objection sera diminuée en proportion du succès que pourront avoir les efforts que l'on fait en ce moment pour rendre la contrefaçon des billets plus difficile. Votre Comité a appris que le projet recommandé par les employés chargés d'empêcher la contrefaçon des faux billets aura son effet dans trois mois. Il a reçu de deux membres de la Commission, sir Joseph Banks et le docteur Wollaston, l'assurance que leur confiance, dans la nouvelle forme du billet, en mettant devant les faussaires des obstacles insurmontables, et en donnant au public plus de facilités pour reconnaître les faux, a été constatée par leurs recherches et par les expériences faites depuis le rapport au Parlement.

67 Quant à la seconde objection sur les paiements en espèces, votre Comité fait observer que le plan qu'il appuie est un simple contrôle de la circulation, et qu'en réglant la valeur du tout, on maintiendra le papier au pair avec l'or.

Dans le cas où la Chambre se déciderait à agir d'après les proportions du Comité, on devrait toujours conserver l'acte passé dans cette session, qui ajourne la reprise des paiements.

68 Le Comité ne s'occupera pas des lois qui régissent la Monnaie ;

comprenant qu'il est désirable de limiter, comme une barrière aux contractions imprudentes des émissions de la Banque, le pouvoir que chacun possède aujourd'hui de recevoir de l'argent monnayé en échange de lingots, sans perte ou rabais, à raison de 3 liv. 17 sh. 10 1/2 den. par once.

69   Le Comité recommande, non comme accessoire du projet qu'il a proposé, mais comme mesure politique sous tout système de circulation, l'abolition entière des lois qui défendent d'exporter ou de fondre la monnaie du royaume. Votre Comité sait qu'une longue expérience a démontré leur inutilité pour le but qu'on s'était proposé; elles excitent au parjure et à la fraude, et donnent à ceux qui violent la loi un avantage injuste sur ceux qui la respectent.

70   Votre Comité a appris des directeurs de la Banque d'Irlande qu'ils seront disposés à reprendre les paiements en espèces six mois après la Banque d'Angleterre.

En vous donnant cette communication, les directeurs entendaient revenir aux paiements en espèces; le Comité est heureux de dire à la Chambre, qu'autorisé par le gouverneur de la Banque d'Irlande, il a eu l'occasion d'en faire un examen approfondi. Il croit que la Banque d'Irlande n'aura aucune difficulté pour observer les mêmes règles que la Banque d'Angleterre.

71   Votre Comité terminerait ici son rapport, s'il trouvait inutile de parler de la circulation des banques de province. Les billets de tous ces établissements peuvent s'échanger contre ceux de la Banque d'Angleterre. Ayant leur part dans la circulation du royaume, ils doivent souffrir de la variation de valeur à laquelle les billets anglais sont sujets. Ils devront conséquemment être assurés contre ces variations par quelques règlements qui placeront et maintiendront leur valeur au pair avec les espèces.

Bien que, d'après ce simple aperçu, votre Comité croie que dans la circulation des banques de province il n'y ait rien qui puisse mettre obstacle à une reprise des paiements en espèces, il a fait de son mieux pour connaître le montant de cette circulation à diverses époques; et il regrette de n'avoir pu obtenir toutes les informations qu'il aurait désirées.

72 On n'a pas recueilli assez de faits pour connaître la somme exacte des billets de banque de province en circulation. Une seule fois votre Comité a demandé l'état des lettres de change timbrées chaque trimestre depuis 1810. Puisque ces comptes indiquent le nombre de billets timbrés de chaque catégorie selon leurs dénominations différentes, si la valeur nominale de chaque catégorie est regardée comme la plus haute que ces billets puissent avoir, selon le timbre, la somme totale des billets timbrés chaque année devrait être comme suit :

1814............	10,255,841
1815............	8,204,968
1816............	7,839,924
1817............	9,075,958
1818............	12,316,988

La plus forte somme à laquelle serait arrivée la circulation de ces billets eût été, les unes dans les autres, pour trois ans, de £29,232,890.

73 Votre Comité doit croire aux informations de M. Loyd, qui dit que les billets timbrés mis en état de circulation n'ont jamais été émis tous à la fois.

Souvent un banquier en réserve une grande partie ; d'autres fois, il les laisse circuler presque tous. Dans les moments d'alarme, il a soin de les garder autant que possible chez lui ; dans les moments de prospérité et de confiance, il n'hésite jamais à les donner sur de bonnes garanties.

M. Loyd disait que la circulation du papier des banques de province pourrait monter à £40 ou 50,000,000 ; mais votre Comité est toujours porté à croire, d'après les renseignements qu'il a pris, que le montant de cette circulation n'a jamais dépassé 20 à 25 millions.

74 Quel que soit le montant de ces billets, il paraît toujours avoir été sujet à de grandes variations, comme on peut le voir d'après les timbres mentionnés ci-dessus, et, plus sûrement encore, d'après les dépositions fournies par les trois premières banques d'Ecosse. On y trouve les proportions des trimestres entre eux, ainsi que les balances qui nous montrent exactement le mouvement de la circu-

lation dans chacune de ces banques. Tout ceci établit les variations proportionnées de chaque maison, mais il est à remarquer que ces balances, ayant été faites à des époques différentes, n'offrent aucun moyen de comparer ensemble les montants actuels de leur circulation.

	1813 dernier trimestre.	1816 dernier trimestre.	1818 dernier trimestre.
Cie britannique du Lin. .	1,400	910	1,265
Banque d'Ecosse.	8,773	6,728	8,179
Banque royale.	732	267	1,113

Comme une grande partie de la circulation courante de l'Ecosse est fournie par ces banques, on peut conclure, par ce qui précède, que, quel qu'en fût le montant en 1813, on n'avait pas retiré moins d'un tiers de la circulation en 1816; depuis cette époque, on est remonté de nouveau au même chiffre.

75 Les Banques de province en Angleterre ont présenté au même moment une variation semblable dans leur circulation.

76 Le nombre de ces établissements autorisés était de 940 en 1814 et de 752 en 1817.

M. Loyd constate que la circulation des banques de province atteignit son apogée en 1814; elle fut considérablement réduite en 1816 et au commencement de 1817. Lorsqu'on lui demanda le chiffre de cette époque relativement à celui de la seconde, il répondit : « Je puis à peine le dire ; je crois qu'il a été réduit de moitié. »

77 Votre Comité a eu de M. Stuckey la balance de circulation d'une banque de province très-importante pendant les quatre dernières années.

    Mars 1816. 10
      — 1817. 12
      — 1818. 16
      — 1819. . . . . 17 1/2

78 On trouvera d'autres renseignements dans les rapports de MM. J. Smith, député ; Samuel Gurney et Gilchrist.

79 Quelle qu'ait été la diminution de la circulation des banques de province en 1816 et 1817, elle ne fut certainement pas causée par une diminution des émissions de la Banque d'Angleterre. La circulation du papier des banques de province est sujette à des variations par suite du manque de confiance qui provient ordinairement des faillites considérables dans quelques-unes de ces maisons. Il en résulte que les autres banques de province, ayant de quoi payer leurs billets, partagent plus ou moins la disgrâce et se voient forcées, pour leur propre sûreté, de limiter leurs émissions. D'après M. Tooke, un effet semblable est quelquefois produit sur une grande échelle, à cause de la méfiance des clients auxquels on a l'habitude de faire des avances, et qui pour la plupart sont détenteurs d'articles capables d'éprouver une baisse considérable.

80 On peut croire à l'opinion de témoins ayant la direction des banques de province et sur l'assurance desquels votre Comité vous rapporte qu'une réduction dans le montant des billets émis par la Banque d'Angleterre serait promptement et nécessairement suivie d'une réduction proportionnelle des billets des banques de province. Cependant, il est certain que la circulation de ces dernières sera sujette à de subites et fâcheuses diminutions dans les mêmes circonstances de méfiance et de difficultés qu'en 1816. Les effets qui en résulteront, s'ils ne sont pas évités par une augmentation dans les émissions de la Banque d'Angleterre, dont le crédit est à l'abri de l'influence produite par des circonstances semblables, contribueront à diminuer la circulation du papier et à en relever la valeur.

D'après l'opinion de votre Comité, ces effets ont été produits par une diminution de notre circulation en 1816 et 1817. On peut en partie attribuer à cela la baisse du prix de l'or et l'état favorable des changes étrangers pendant cet intervalle.

81 Une semblable restriction est un malheur inhérent aux banques de province, qui reposent sur le crédit individuel. Votre Comité ose espérer qu'elle ne durera pas aussi longtemps, et ne sera pas l'occasion de pertes aussi considérables, lorsqu'on aura détruit les variations qui pèsent sur un papier de circulation inconvertible lui-même, au moyen de la mise en pratique du projet qu'il recommande pour la reprise des paiements en espèces.

82 Est-il possible de nous prémunir contre les inconvénients et les pertes qu'entraîne l'insolvabilité accidentelle des banques de province, et de prendre des arrangements à cet égard sans empiéter sur les droits de propriété et les transactions de la communauté fondée sur le crédit commercial : ce sont là des questions d'une solution difficile et sur lesquelles votre Comité ne pourrait soumettre son opinion à la Chambre sans disposer de beaucoup de temps et d'un grand nombre de témoignages.

83   On a évité de parler de l'effet produit sur la valeur de notre circulation par suite des variations de la somme des billets émis par la Banque d'Angleterre. Il y a tant de circonstances qui contribuent à changer leur valeur ; par exemple, l'état variable du crédit commercial et de la confiance publique, les variations du chiffre des billets des banques de province, les différents degrés de rapidité de la circulation de ces billets à diverses époques, etc., que votre Comité est d'avis que l'on ne peut rien conclure d'un simple examen du nombre des banknotes émises par la Banque d'Angleterre aux dates que nous avons données.

6 *mai* 1819.

ENQUÊTE DE 1819

SUR

L'OPPORTUNITÉ DE LA REPRISE DES PAIEMENTS EN ESPÈCES.

SOMMAIRE DES QUESTIONS TRAITÉES DANS LES DÉPOSITIONS.

DÉPOSITION DE M. SAMUEL THORNTON . . . . Page 155

4. Influence de la reprise des paiements en espèces sur l'encaisse.
6. Causes qui pourraient empêcher la Banque de reprendre les paiements à une époque déterminée.
8. Placement du capital anglais en fonds étrangers.
11. Moyens de reprendre les paiements : provision de monnaies d'or ; refus du papier.
13. Diminution des billets de banque favorable pour le change, nuisible à l'industrie et à l'exportation des marchandises.
15. Excès de la circulation du papier.
25. Différentes causes qui doivent régler l'émission des billets de la Banque d'Angleterre.
28. Proportion entre l'argent en circulation et les avances au Gouvernement.
33. Avantage des émissions de la Banque garanties par moitié par des avances au Gouvernement.
37. Supériorité des émissions pour des avances faites au Gouvernement.
39. Difficulté de fixer une somme pour les billets de banque en circulation.
40. Taux de l'intérêt des émissions pour l'escompte.
41. Réduction des émissions au moyen de l'escompte.
42. Reprise des paiements dans douze mois en refusant l'escompte.

43. Réduction de 1 ou 2 millions dans la circulation pour favoriser la reprise des paiements.
47. Situation du commerce.
48. Hausse du prix de l'or sur les marchés.
53. Réduction des émissions ; baisse du prix des marchandises.
57. Augmentation, après 1810, des avances au Gouvernement.
59. Avances de la Banque par l'escompte.
60. Transactions commerciales et billets de banque.
61. Tort fait au commerce par une trop grande réduction des émissions de la Banque.
62. Billets de banque émis pour le commerce et pour le Gouvernement.
64. Variation dans les émissions. — Pression sur les changes étrangers.
65. Réduction de l'encaisse de la Banque en 1783.
67. 1792 et 1793. — Avances au Gouvernement.
68. Prix de la monnaie d'argent et des lingots.
70. Valeur des dollars comparée à celle de l'argent.
71. Argent, *Legal tender.*
74. Lingots d'argent et lingots d'or.
76. Etat du change entre avril 1816 et avril 1817.
81. Or nécessaire à la circulation après la reprise des paiements.
86. Circulation des billets de 1 et de 2 livres nuisible à la circulation de l'or.
88. Préférence accordée aux fonds étrangers en 1816 et en 1817. — Balance des paiements pour le blé.
92. Différence entre l'effet produit par l'escompte sur le total des émissions et celui produit par l'achat des lingots.
99. Réduction des avances faites par la Banque nécessaire à la reprise des paiements en espèces.
102. Epoque à fixer pour la reprise des paiements.
105. Cas où le change continuerait à être défavorable. — Moyen de reprendre les paiements.
106. Baisse de prix par une diminution dans les émissions ; amélioration des changes.
108. Réduction graduelle des émissions.

109. Fluctuation dans le montant des émissions de la Banque.

112. Etat de l'encaisse de la Banque dans les années précédentes comparé aux années actuelles.

115. Réduction des billets de banque au-dessous de 25 millions.

118. Cours du change amélioré, l'or remplace la banknote.

DÉPOSITION DE M. THOMAS TOOKE . . . . Page 175

125. Stagnation des affaires par suite d'une trop grande émission des billets de banque.

131. Or fondu en Russie. — Monnaie d'argent frappée en grande quantité. — Grande circulation du papier. — Emprunts.

135. Réduction sur le prix des denrées par suite de la réduction des monnaies du pays. — Embarras du commerce.

137. Préjudice causé au commerce par la réduction des billets et des escomptes.

139. Change amélioré et réduction du prix de l'or favorisée par une réduction des billets en circulation. — Billets des banques de province.

140. Emissions des banques de province réduites par l'augmentation dans la valeur des monnaies.

144. Excès de la circulation courante du pays.

147. Insuffisance du montant des billets en circulation en 1816. — Effets qu'aurait produits à cette époque la reprise des paiements en espèces.

148. Spéculations et entreprises. — Prix des denrées.

149. Différentes causes opposées à l'accroissement de la circulation.

155. Variation dans la circulation des billets de banque. — Commerce des colonies. — Produits agricoles. — Récoltes.

156. Récolte de 1813. — Progrès et accroissement de la culture. — Récoltes de 1814 et de 1815. — Importation de blé. — Faillites des banques de province ; réduction de leurs billets portée à plus de 2 millions.

157. Fluctuation du change ; ses causes.

159. Emprunt russe de 1818.
163. Encouragement donné aux manufactures de l'Angleterre.
164. Réduction du taux de l'intérêt par l'abondance du papier.
165. Monnaies et papier.
167. Prix de l'or sur le continent et en Angleterre.
168. Mode de réduction du montant des billets de banque.
169. Pression exercée par le prix des grains sur la valeur du papier. — Crédit procuré aux fermiers par la hausse de leurs produits et par les bénéfices qu'ils en retirent.
170. Augmentation du change étranger par l'importation des denrées et la stagnation du commerce.
171. Facilité de la reprise des paiements en espèces en rapport avec les progrès du change.
172. Rareté de la monnaie.

DÉPOSITION DE M. DAVID RICARDO. . . . . Page 188

173. Dépréciation du papier. — Prix des lingots. — Indice de cette dépréciation.
174. Circulation des billets de Banque en 1817 et 1818.
175. Différentes causes qui peuvent agir sur le change; amélioration du change par la réduction de la circulation.
178. Dépréciation des billets de banque indiquée par le prix de l'or.
181. Variation dans le montant de la circulation des banques de province et de la Banque d'Angleterre.
183. Causes qui ont empêché la réduction de l'argent en circulation.
187. Baisse du prix de l'or causée par l'altération de sa valeur.
190. Différentes variations de l'or et de l'argent.
192. Meilleur état des cours.
195. Quantité d'or exigible en échange du papier.
200. Circulation des billets au-dessous de £5.

SOMMAIRE DES DÉPOSITIONS.

202. Faculté laissée aux banquiers de province d'émettre des billets payables en billets de la Banque d'Angleterre.
204. Exportation de la monnaie.
205. Liberté du commerce des lingots et de celui de la monnaie.
206. Règle à adopter pour les monnaies étrangères.
212. Valeur de la circulation changée par la réduction des billets.
214. Reprise des paiements; diminution de l'or nécessitée par la continuation des émissions.
217. Nécessité d'avoir une quantité d'or suffisante pour répondre aux diverses demandes.
218. Réduction des billets des banques de province amenée par la réduction des émissions de la Banque d'Angleterre.
219. Trop grande élévation du prix de l'or dans les provinces.
220. Stagnation commerciale; baisse du prix des denrées.
225. Réduction de 5 0/0.
229. Elévation des taxes nécessaire pour le paiement des dépenses publiques.
231. Valeur relative de l'or et de l'argent.
232. Valeur des lingots.
233. 1815 et 1816; dépréciation des billets de banque.
235. Variations causées par le changement de valeur de l'or.
239. Emission des billets de banque par l'achat des lingots.
240. Base d'estimation; or et argent.
241. Supériorité de l'or sur l'argent.
243. Variations entre l'or et l'argent.
247. Dépréciation du papier.
249. Distinction entre les lingots, la monnaie et les billets de banque.
252. Manière d'opérer les paiements en cas d'une balance défavorable.
255. Balance des paiements entre deux pays étrangers.
258. Diverses méthodes de paiements.
261. Epoque de la reprise des paiements en espèces.
262. Inconvénients de la fluctuation du papier.
264. Etat du commerce avant la suspension des paiements en espèces.

265. Action des banques de province sur le commerce.
268. Faillites considérées comme signe de la trop grande extension du commerce.
270. Entraînement des spéculations; esprit d'aventure.
271. Changes étrangers au pair.
275. Change favorable en 1797.
276. Différentes opinions sur l'époque à laquelle les marchandises ont atteint le minimum de leur valeur.

DEUXIÈME DÉPOSITION DE M. DAVID RICARDO.... Page 205

277. Plan proposé par M. David Ricardo touchant la fabrication de l'or monnayé; exportation; circulation intérieure.
287. Droits convenables à imposer sur la fabrication de l'or monnayé.
295. Besoins de la circulation monétaire toujours satisfaits dans un pays riche.
303. Remboursement des billets en or et en argent.
309. Situation des détenteurs de petites coupures de billets.
318. Paiements métalliques de la Banque effectués en lingots.

DÉPOSITION DE M. NATHANIEL MYERS ROTHSCHILD. . Page 217

321. Résultats à attendre de la reprise des paiements en espèces par la Banque d'Angleterre.
323. Baisse de prix sur toutes les marchandises anglaises causée par la réduction du nombre des billets de banque.
324. Effets produits sur le prix de l'or.
328. Placements étrangers.
332. Part prise par l'Angleterre dans les emprunts contractés par les puissances étrangères.
333. Influence des emprunts sur les changes anglais.
335. Avantages retirés par l'Angleterre de l'emploi du papier-monnaie.

SOMMAIRE DES DÉPOSITIONS.

336. Impossibilité où l'Angleterre se trouve de recourir à un emprunt avant la reprise des paiements en espèces.

339. Avantages des placements sur les fonds étrangers ; leur peu de durée après la signature de la paix.

342. Proportion à établir entre les sommes destinées à des achats permanents et celles employées à la spéculation.

343. Moyens adoptés pour le paiement des dividendes provenant des fonds étrangers.

345. Capitaux hollandais placés en fonds français.

349. Effets des remises forcées de la France aux nations étrangères ; sa richesse en valeurs métalliques.

351. Nécessité où la France s'est vue en 1816 d'importer du grain pour sa propre consommation.

353. Faible variation du change français.

354. 1816 ; variation des changes en Angleterre et en France.

357. Hausse du change de 1816 à 1817.

363. Importance des sommes enlevées à l'Angleterre par les voyages et les résidences à l'étranger.

365. Effets désastreux que produirait sur les affaires commerciales une nouvelle réduction sur le montant des billets de banque.

370. Change entre la France et la Hollande ; forts paiements faits par la France à la Belgique ; faible variation du change.

371. Plan de M. Ricardo pour la régularisation des paiemeuts de la Banque.

372. Difficulté de suivre ce plan.

373. Nécessité pour la Banque d'Angleterre de réduire le nombre de ses billets avant la reprise des paiements en espèces.

375. Epoque à laquelle il faudrait opérer cette réduction.

376. Insuffisance de la monnaie d'or existant dans les coffres de la Banque d'Angleterre.

377. Etat de la circulation.

779. Epoque à laquelle la Banque pourrait reprendre ses paiements en espèces.

380. Influence de la reprise des paiements en espèces sur le prix des marchandises.

381. Moyens à employer pour arriver graduellement à la reprise des paiements.
384. Inutilité d'une augmentation dans le nombre des billets de banque; valeurs du Gouvernement.
387. Réduction du prix des marchandises dans le cas où l'on retirerait 2 ou 3 millions de billets de banque.
389. Emprunt prussien.
392. Grande quantité d'argent enlevée à l'Angleterre par les emprunts étrangers.
394. Or envoyé en Russie pour le paiement de l'emprunt.
396. Effet produit sur le change par les envois d'or de Paris à Saint-Pétersbourg.
398. Effet produit sur le prix des lingots sur le marché anglais.
399. Affluence de l'or à Saint-Pétersbourg causée par l'élévation de son prix.
403. Base du prix de l'or en Russie.
404. Rapport du prix de l'or avec le papier.
405. Prix de l'or comparé à celui de l'argent.
406. Demandes d'or par la Russie dans le cas où la Banque reprendrait ses paiements.
408. Placement des capitaux anglais en fonds étrangers; emprunts français.
410. Tort causé par la reprise des paiements en espèces à toutes les puissances qui ont contracté des emprunts et à toutes les transactions qui y ont rapport.
411. Amélioration du change par le rétablissement de la circulation de l'or.
413. Causes de la baisse du change entre Londres et Paris.
414. Différence entre les frais de transmission de l'argent et le cours actuel du change.
416. Excédant du prix de l'or en lingots sur celui de l'or monnayé.
420. Nécessité d'une grande exportation d'argent pour maintenir le change au pair ou à peu près.

DÉPOSITION
DE
M. SAMUEL THORNTON
GOUVERNEUR DE LA BANQUE.

Séance du 24 février 1819.

Présidence du très-honorable ROBERT PEEL.

1. Vous êtes directeur de la Banque? — Oui, je le suis.

2. Ayez la bonté de nous dire depuis combien de temps vous êtes directeur de la Banque? — Depuis le commencement de 1780.

3. Avez-vous toujours été directeur depuis cette époque? — Non; il est d'habitude, lorsqu'on n'a pas encore été président, de céder sa place tous les trois ans. Mais depuis l'année 1800, j'ai toujours été directeur.

4. Supposez que la loi qui impose à la Banque l'obligation de reprendre les paiements en espèces le 5 juillet prochain ne soit ni abolie, ni modifiée par le Parlement, qu'en résulterait-il? — Le résultat serait, par rapport à l'état des changes sur le continent, que toutes les espèces encaissées à la Banque en seraient retirées et envoyées à l'étranger.

5. Vous semble-t-il possible que le Parlement puisse déterminer en ce moment-ci une époque pour la reprise des paiements en espèces à la Banque? — Je ne le crois pas, car cette reprise dépend d'événements sur lesquels la Banque n'a aucun contrôle.

6. Quels seraient ces événements et qu'est-ce qui pourrait empêcher la Banque de recommencer ses paiements en argent à une époque arrêtée par le Parlement? — Ce serait, par exemple, le placement des capitaux anglais sur les fonds étrangers; la balance des paiements pour l'achat du blé et l'entrée des marchandises étrangères qui pourraient être défavorables au pays, puis encore les dépenses des voyageurs en pays étrangers.

7. Pouvez-vous dire jusqu'à quelle somme les capitaux anglais ont été placés sur les fonds étrangers? — Je ne pourrais vous le dire.

8. Croyez-vous que la tendance à placer de l'argent sur les fonds étrangers continuera autant que les fonds étrangers donneront plus d'intérêt que les fonds anglais? — Oui, si l'intérêt étranger excède de beaucoup l'intérêt anglais.

9. L'intérêt moins élevé que donneraient les fonds anglais, comparé à celui des fonds étrangers, ne serait-il pas une preuve de la sécurité des premiers? — La sécurité préférable à toute autre et la plus grande facilité pour toucher les intérêts est de placer le capital dans son pays, et ce placement aura toujours la préférence. Cependant, je crois que la différence de l'intérêt est la raison pour laquelle plusieurs personnes placent leur argent sur les fonds étrangers.

10. Le cours du change aujourd'hui ne serait-il pas un obstacle au placement des capitaux sur les fonds étrangers? — Pas assez pour l'empêcher, surtout si l'on compte sur les bénéfices de l'entreprise.

11. Si à une époque déterminée, dans un an, par exemple, le Parlement obligeait la Banque à reprendre les paiements en espèces, que devrait-elle faire pour effectuer cette reprise de paiements? — La Banque ferait son possible, bien qu'elle dût y perdre elle-même, pour se fournir d'une assez grande quantité d'or et refuserait le papier, autant qu'elle le pourrait, sans pour cela causer d'embarras au pays.

12. Ne serait-il pas utile de faire graduellement cette diminution du papier? — Sans doute on devrait le faire; mais, selon mon appréciation, le chiffre des billets de banque ne devrait pas descendre au-dessous de son chiffre actuel de 25 millions, lors même qu'à l'époque de la reprise des paiements la Banque désirerait, comme mesure de sécurité, diminuer le montant de ses billets.

13. Quel serait l'effet produit par cette mesure; croyez-vous que les changes en seraient améliorés, et le prix courant de l'or baisserait-il? — Une diminution des billets agirait sur le change probablement en faveur du pays; mais je suis d'avis qu'une telle mesure gênerait l'industrie, l'exportation des marchandises, et, par conséquent, ne produirait pas de bons résultats.

14. Etes-vous d'avis que le montant actuel des billets est au-dessous de ce qu'exige l'intérêt du pays? — Comme la circulation du pays se compose des billets des banques de province et des billets de la banque d'Angleterre et quelquefois d'espèces, je ne pour-

rais vous dire au juste quels sont les besoins du pays sans connaître tous ces détails.

15. Comment pourriez-vous prouver que le montant actuel des billets de banque dépasse les besoins du pays? — Par l'état de la Bourse de Londres, où l'argent est plutôt rare qu'abondant.

16. Ayez la bonté d'expliquer ce que vous voulez dire par ces mots « rareté d'argent? » — Je veux dire qu'il ne reste qu'une somme réduite entre les mains de ceux qui emploient leur argent à escompter des billets et à faire des placements sur les valeurs flottantes. Pendant deux ans, jusqu'à l'année 1810, le montant des billets de banque mis en circulation ne dépassait pas 20 millions; le revenu de la Banque, sans parler des emprunts pendant ce temps, était plus considérable qu'à présent; le commerce en général était florissant. Depuis cette époque, malgré la diminution du revenu, le montant des billets de banque a beaucoup augmenté.

17. Quelles raisons pourriez-vous donner pour prouver que cette augmentation était nécessaire? — Je suppose que dans l'année 1810 il y avait un plus grand nombre de billets des banques de province mis en circulation, et qu'il y avait aussi plus d'or entre les mains des particuliers qu'il n'y en a maintenant.

18. Alors, vous ne pensez pas qu'il soit nécessaire que le montant des billets des banques de province fût égal à celui des billets de la banque d'Angleterre? — Je ne pense pas que cela soit nécessaire; mais dans le cas où les billets de la Banque d'Angleterre seraient considérablement diminués, les billets des banques de province, payables en billets de la banque d'Angleterre, devraient être réduits aussi.

19. Les billets des banques de province ne sont-ils pas tous payables en billets de la banque d'Angleterre? — Oui.

20. La réduction des billets de la Banque d'Angleterre peut diminuer aussi le montant des billets des banques de province; mais il n'en résulte pas qu'une augmentation des billets de la Banque d'Angleterre entraînât l'augmentation des billets des banques de province? — Naturellement.

21. Quelle est la somme exacte des billets de la Banque d'Angleterre qui déterminerait la diminution ou l'augmentation des billets des banques de province? — Je ne puis le déterminer. Quand je parle d'augmentation, je veux dire l'augmentation progressive qu'on a faite pendant ces dernières années; je ne connais pas d'autre moyen, pendant la suspension des paiements métalliques, pour déterminer

les limites de l'émissson des billets, que l'étude du marché de la Bourse et des besoins du public.

22. De juillet à décembre 1817, la moyenne des billets de banque mis en circulation s'élevait à £29,210,000 pour le premier semestre. Depuis juillet jusqu'en décembre 1818, elle était seulement de £26,287,000. Vous semble-t-il que la diminution de près de £3,000,000, sur le montant des billets de la Banque d'Angleterre, ait causé une diminution égale sur les billets de province ? — Je ne doute pas qu'il y ait eu une grande diminution sur le montant des billets des banques de province, mais je ne pourrais vous en dire le chiffre.

23. Sur quoi fondez-vous votre idée, en disant qu'il y a eu une diminution dans le montant des billets de province pendant cette période ? — Sur les renseignements que les banquiers de Londres et ceux de province m'ont donnés.

24. Si les faits ne sont pas tels que vous le dites, et si, au lieu d'une diminution, il y a eu une augmentation de billets de province, quelle conclusion en tirerez-vous ; direz-vous que la somme actuelle des billets de la banque d'Angleterre est insuffisante pour les besoins, ou que le montant des billets mis en circulation pendant les derniers six mois de 1817 était trop élevé ? — Je crois que, pour cette année-ci, il est plus faible qu'il ne devrait être.

25. En réglant l'émission des billets, sur quels principes la Banque d'Angleterre doit-elle s'appuyer ? — Je me suis fait un devoir de m'informer du montant des billets mis en circulation et de chercher pourquoi on en demandait l'augmentation, et j'ai vu que le commerce et l'industrie étaient dans un état satisfaisant ; cela m'a paru une raison suffisante pour approuver l'augmentation ; mais dans le cas où le commerce et l'industrie souffriraient, l'augmentation me paraîtrait mauvaise. J'ai dû aussi m'informer de l'état des changes étrangers et du prix des lingots.

26. Me donnez-vous votre opinion particulière, ou le Comité a-t-il agi d'après ces principes ? — Je ne prétends pas, par cette opinon, influencer les esprits ; mais je sais que ces principes ont été posés dans le Comité, et qu'on discutait souvent la question de diminution et d'augmentation des billets de banque.

27. Ayez la bonté de dire pourquoi vous considérez l'état des changes et le prix des lingots comme les régulateurs du montant des émissions ? — Il est évident que s'il y avait trop de billets, le

prix des lingots augmenterait, et je suis certain qu'il en serait de même pour les changes.

28. Quelle est la proportion des 25 millions de billets actuellement en circulation employés en escomptes et en valeurs du Gouvernement ? — Je suppose que le Comité n'exige pas de moi une réponse bien précise : cette proportion est d'environ un tiers sur les valeurs du Gouvernement ; ces billets ont ainsi servi, je crois, à acheter à la Bourse des billets de l'Echiquier et à fournir des avances immédiates.

29. Ayez la bonté de distinguer, dans les avances au Gouvernement, la somme garantie par les billets de l'Echiquier et par les autres valeurs du Gouvernement ? — La somme qui a été fournie directement par la Banque est de 6 millions, et l'achat des billets de l'Echiquier figure pour 13 millions.

30. En ce qui concerne les intérêts de la Banque et du public, quelle proportion pensez-vous qu'on doive maintenir entre le montant des billets de la Banque d'Angleterre et celui des avances faites au Gouvernement contre garantie ? — Dans les premières années, j'accordais beaucoup d'attention à cette question, et j'aurais été très-satisfait si une moitié des émissions de la Banque avait été avancée au Gouvernement et l'autre moitié affectée à la réduction de la dette. Si l'on peut reprendre les paiements en espèces en réduisant les émissions, il faudrait que la Banque eût à sa disposition plus d'une moitié de ses fonds ; mais j'ai déjà dit que l'on ne pouvais pas avoir recours à cette mesure.

31. L'époque dont vous parlez dans la première partie de votre réponse est-elle antérieure ou postérieure à la suspension ? — Mon attention a d'abord été appelée sur ce point avant la suspension, mais j'ai agi d'après ce principe, que j'étais gouverneur de la Banque avant tout.

32. A supposer que la Banque reprît de nouveau les paiements en espèces, pensez-vous que l'on dût maintenir la même proportion ? — Etant ennemi de toute réduction des émissions de la Banque, ce qui seul peut être la cause de changements, je plaiderais volontiers en faveur de cette proportion.

33. Ayez la bonté d'expliquer les avantages qui, selon vous, résulteraient d'une telle proportion des émissions de la Banque sur garantie du Gouvernement ? — Je pense qu'il y a pour la Banque un avantage à donner à une partie de ses émissions un

placement plus permanent que celui de ses avances sur escomptes, il n'y a pas, du reste, assez de bons billets de commerce pour la totalité des émissions de la Banque, car chaque banquier fait l'escompte à ses clients; et on lui donne la préférence.

34. En supposant que le total de la circulation de la Banque fût consacré à l'escompte, n'aurait-elle pas un meilleur contrôle de ses émissions que si, comme vous le dites, la moitié des fonds était engagée dans les valeurs du Gouvernement? — Le contrôle serait plus sûr; mais, comme je suis ennemi de toute réduction irrégulière des émissions, je n'y vois aucun avantage.

35. Quel est le montant de l'intérêt que la Banque reçoit de cette partie de ses émissions? — Trois pour cent du Gouvernement et cinq pour cent du public.

36. Ne paraîtrait-il pas plus avantageux, d'après vos réponses, que le capital de la Banque fût consacré à l'escompte? — Certainement.

37. Alors, pourquoi est-il désirable, dans l'intérêt de la Banque, de garder une moitié des émissions pour les valeurs du Gouvernement? — Les avances garanties par le Gouvernement sont préférables aux autres garanties, et c'est seulement cette considération qui fait que la Banque ne tient pas compte des intérêts pécuniaires; il vaudrait mieux pour elle avoir une circulation réduite placée à un taux plus élevé.

38. A supposer que la somme des billets en circulation fût destinée à l'escompte, ne serait-elle pas réglée par les demandes naturelles du commerce? — Je ne le pense pas tout à fait, car, par les demandes actuelles pour l'escompte, qui viennent s'ajouter aux émissions garanties par le Gouvernement, le pouls du public, si je puis m'exprimer ainsi, est aussi bien apprécié que si l'on venait à la Banque pour le total des émissions consacrées à l'escompte.

39. Ne comprenez-vous pas que ce serait pour le public un avantage qu'il y eût une somme fixe de billets de banque en circulation? — Je pense qu'il est très-difficile de fixer une limite, car, s'il y a une grande affluence d'or, il faut une émission proportionnée de billets de banque pour le payer. J'ajouterai que, dans le cas où le public est exigeant, la Banque a compris qu'il était de son devoir de sortir de sa règle ordinaire par une émission temporaire, mais libérale, de ses billets. Ce mode d'opération a, du reste, tou-

jours été de courte durée. On pourrait aisément limiter la somme des avances de la Banque sur les valeurs du Gouvernement.

40. Cette portion d'émission de la Banque, consacrée à l'escompte, porte intérêt à 5 0/0. Quelle influence, selon vous, peut avoir sur le taux de l'intérêt cette portion de la circulation garantie par le Gouvernement ? — Le taux général se trouve ainsi abaissé. Nous ne pensons pas que l'on vienne à la Banque demander de l'argent à 5 0/0, lorsqu'on l'emploie à 3 0/0 en valeurs sur l'Etat.

41. Il paraît que lorsque dernièrement la Banque de France a trouvé nécessaire de réduire le montant de ses émissions, elle y est arrivée en n'escomptant que les billets à courte échéance ?—Elle avait pour habitude d'escompter les effets à quatre-vingt-dix jours. Elle a d'abord commencé par refuser ceux qui étaient à plus de soixante, et enfin elle a réduit son maximum d'échéance à quarante-cinq. Ceci eut pour effet de produire une réduction progressive du total des émissions, et, suivant l'avis des administrateurs, les conséquences de ce système firent éprouver au public beaucoup moins d'embarras que si l'on en avait adopté un autre.

42. En admettant que l'on forçât la Banque d'effectuer ses paiements en espèces au bout de douze mois, ce qui amènerait évidemment une réduction considérable, même dans le total actuel de ses émissions, pensez-vous qu'il serait bon d'adopter pour la Banque d'Angleterre le système que les administrateurs de la Banque de France ont trouvé bon ? — Je pense qu'un changement quelconque dans la manière d'escompter affecterait le crédit public, et qu'il vaudrait mieux refuser une partie des billets à escompter que d'introduire des changements dans leur terme.

43. De combien pensez-vous qu'il faille réduire le montant des billets de banque en circulation pour produire sur les changes étrangers et sur le prix de l'or un effet capable de permettre à la Banque d'effectuer ses paiements en espèces au bout de douze mois? — J'ai déjà dit que j'aimerais à voir cet effet produit par d'autres causes; mais je pense que la Banque ne devrait pas réduire de plus d'un ou deux millions son chiffre actuel de 25 millions.

44. Pensez-vous que la réduction dont vous venez de parler produise l'effet nécessaire sur le prix de l'or et sur les changes étrangers? — Je pense que cet effet serait produit si l'on pouvait écarter les causes que j'ai énumérées en réponse à une question précédente

et qui ont occasionné l'état défavorable des changes; ainsi, par exemple, les placements en fonds étrangers et la balance contraire des paiements faits par notre pays pour les paiements des grains et les dépenses des voyageurs.

45. Si cette expérience réussissait au point que la Banque pût, par suite du rétablissement des changes et de la baisse de l'or, commencer ses paiements en espèces, pensez-vous que ces causes puissent agir de manière à les rendre bientôt impraticables? — Je pense qu'il arriverait ce qui a eu lieu à la fin de 1816 et au commencement de 1817 en pareille occasion.

46. Aujourd'hui, la Banque aurait effectué ses paiements en espèces; mais à l'époque dont vous parlez, elle n'y était pas forcée. Ceci n'établit-il pas une différence? — Bien que la Banque ne fût pas forcée à cette époque d'effectuer ses paiements en espèces, elle faisait de fortes émissions en annonçant des billets spéciaux pour ce genre de paiements.

47. En déterminant les effets d'une augmentation ou d'une diminution des billets de banque, ne serait-il pas nécessaire de tenir compte d'autres circonstances que celle de la somme simplement; ne faudrait-il pas avoir égard aux demandes ordinaires du commerce, ou au montant de la circulation des billets des banques de province? — Certainement.

48. Pensez-vous que les causes dont vous avez parlé puissent amener dans le marché une hausse assez forte sur le prix de l'or pour rendre impossible à la Banque la continuation du paiement en espèces de ses billets? — Certainement, je le pense. Entre l'année 1774, époque de la réforme de la monnaie d'or, et l'année 1797, où eut lieu la suspension de la Banque, le prix de l'or ne semble avoir dépassé celui de la Monnaie qu'une seule fois et pendant très-peu de temps.

49. Alors, pourquoi pensez-vous qu'après la reprise des paiements en espèces, le cours du prix de l'or ne conservera pas une proportion fixe avec celui de la Monnaie? — Je crains que le prix de l'or, depuis l'époque indiquée, ne se soit élevé dans diverses parties du continent et que les demandes des autres pays n'aient augmenté son prix chez nous.

50. Par rapport à quel article pensez-vous que le prix de l'or ait haussé? — Le meilleur titre pour estimer l'or c'est l'argent, et le

prix de l'or, proportionné à celui de l'argent dans les autres pays, est plus élevé qu'à l'époque en question.

51. Malgré quelque différence dans la situation du pays aux époques désignées plus haut, les effets d'une grande importation de grains ou des dépenses des voyageurs sur le continent ne seraient-ils pas à peu près les mêmes? — Dans les deux cas, ils doivent porter atteinte au change.

52. Ne porteraient-ils pas autant de préjudice au prix de l'or dans ce pays? — Le prix de l'or suit généralement l'état du change.

53. Une réduction des émissions de la Banque, qui serait assez forte pour permettre à cette administration de reprendre ses paiements, n'aurait-elle pas pour effet la baisse des prix de toutes les marchandises? — Oui, elle amènerait inévitablement une baisse dans les prix.

54. Ayez la bonté de nous décrire la nature et l'étendue des embarras du commerce qui, selon vous, résulteraient d'une réduction dans les émissions de la Banque et seraient inévitables si l'on voulait produire l'effet désiré sur les changes étrangers et sur le prix de l'or? — Je redouterais pour les marchands beaucoup de faillites et pour les manufacturiers une suspension des avances que les premiers ont l'habitude de leur faire, par suite de la stagnation des affaires dans les contrées manufacturières.

55. S'il est probable qu'une réduction de deux millions du total de la circulation produise l'effet nécessaire sur le change et le prix de l'or, ne pourrait-on pas amener graduellement cette réduction et y mettre assez de prudence pour prévenir les embarras que vous redoutez? — Je pense que l'on pourrait arriver progressivement à une réduction de deux millions sans éprouver trop d'embarras matériels; mais lorsque j'ai dit que la reprise des paiements serait facilitée par une mesure de ce genre, je ne supposais pas qu'elle serait contrariée par les causes qui existent aujourd'hui.

56. Si ces causes ne doivent pas agir avec plus d'influence qu'à présent, pensez-vous que la réduction de deux millions produise l'effet nécessaire? — Je crains fort que non. Mais si les changes commençaient à devenir favorables, une telle réduction, pendant peu de temps, pourrait, selon moi, aider matériellement à atteindre ce but.

57. Pendant les sept années qui ont suivi 1810, comparativement aux sept années qui l'ont précédé, le total des avances faites

au Gouvernement par la Banque a augmenté dans la proportion de trois à deux. Comment expliquez-vous cette progression ? — L'année 1810 était, je crois, l'une des plus coûteuses pendant la guerre ; le montant de la dette non consolidée était ainsi considérablement augmenté, et la Banque, pour aider le service public, s'approvisionna davantage de billets de l'Echiquier, réduisant, par conséquent, dans une certaine proportion, la somme de ses avances pour l'escompte.

58. Comment expliquez-vous la continuation de cet accroissement pendant les sept années qui suivirent ? — Il est possible que le montant de la dette non consolidée se soit maintenu en proportion du chiffre indiqué par la Banque.

59. Les avances de la Banque par l'escompte ne sont-elles pas limitées nécessairement à la somme des effets, résultat de transactions commerciales sérieuses ? — La Banque fait tous ses efforts pour qu'il en soit ainsi.

60. Le montant des effets provenant des transactions commerciales n'est-il pas limité par l'étendue du commerce ? — Certainement oui.

61. L'étendue du commerce ne serait-elle pas matériellement diminuée par une grande réduction des émissions de la Banque ? — Je crois que oui, et si la réduction allait trop loin, le commerce du pays serait bientôt dans un état de stagnation.

62. Un fort paiement d'avances au Gouvernement, sans une émission correspondante pour l'escompte, produirait-il ces effets ? — Oui ; mais lorsque j'ai en vue la réduction à la somme dont j'ai parlé, je n'ai aucune crainte qu'on ne puisse trouver de bons billets de commerce jusqu'à concurrence de la somme des billets de banque en circulation.

63. Trouverait-on de semblables effets de commerce à moins que le paiement arrivât graduellement ? — Je crois que ces effets existent, mais qu'ils sont pour la plupart entre les mains des banquiers.

64. Avez-vous observé par vous-même que les changes étrangers aient été matériellement affectés par les variations dans le montant des émissions de la Banque, ou bien est-ce une conséquence de votre raisonnement ? — Je crois que beaucoup de causes peuvent contribuer à amener un changement favorable des changes ; il est certain que, lorsque le montant des billets de banque a été élevé, le change a toujours été en faveur de ce pays.

65. Il paraît, d'après les preuves fournies en 1797 au Comité secret, que le trésor de la Banque fut réduit en 1783 bien plus que lorsque les paiements étaient suspendus ; comment un tel écoulement a-t-il eu lieu si le prix de l'or n'a jamais dépassé le taux de la Monnaie ? — Avant 1783, l'écoulement de l'or n'avait pas seulement lieu pour le commerce ; il fallait envoyer de fortes sommes pour le service public, afin de maintenir les troupes en Amérique.

66. N'aurait-on pas pu promptement remplacer ces sommes si l'or avait toujours été au prix de la Monnaie ? — Je crois que le prix de l'or qui était fixé à cette époque était purement nominal, et que, bien qu'on n'en ait pas offert une somme plus élevée, il y en avait très-peu sur la place. Si l'on en avait eu une certaine quantité, la Banque aurait été le principal acheteur.

67. Il paraît, d'après les rapports, que les avances faites au Gouvernement en 1792, 1793, et ensuite jusqu'avant la restriction, égalaient presque et dépassaient même quelquefois la valeur des billets en circulation ; comment expliquez-vous votre première réponse que, tandis que la Banque payait en espèces, la proportion devait être d'une moitié pour l'escompte et d'une moitié pour les avances au Gouvernement ? — J'ai dit que cette proportion me paraissait la plus convenable ; comment le montant des billets de banque était-il inférieur à celui des avances faites au Gouvernement, c'est ce que je ne saurais préciser ; mais je suppose qu'une portion de ces avances doit avoir été faite en espèces.

68. Si l'argent n'était monnayé que par le Gouvernement, et s'il était limité comme monnaie légale à 40 shillings dans chaque paiement, sa valeur intrinsèque comme monnaie aurait-elle quelque effet sur le prix du lingot d'argent ? — Je le crois. — Soyez assez bon pour en dire le motif ? — Comme on sait qu'avec une livre d'argent on frappe 66 shillings et qu'il y a beaucoup de demandes pour le monnayage, le prix s'en est élevé ; mais la hausse a été plus sensible à la suite des demandes de chargements pour l'Inde.

69. Le prix du lingot d'argent n'a-t-il pas conservé, depuis qu'on a réglé le monnayage de l'argent, la même valeur qu'il avait auparavant relativement à l'or ? — La variation a été plus grande ; en 1818, tandis que le prix de l'or était de 4 liv. 1 sh. 6 den., celui de l'argent était de 5 sh. 6 den.

70. Le prix des dollars n'était-il pas à cette époque beaucoup au-dessus de leur valeur intrinsèque en argent ? — Certainement,

le prix des dollars devrait être inférieur à celui de l'argent en lingots, et il lui est supérieur. — Pensez-vous que le prix des dollars ait un effet quelconque sur celui des lingots d'argent? — Je le crois.

71. Vous avez dit que, selon vous, les derniers règlements de la Monnaie, d'après lesquels on frappait 66 shillings avec une livre d'argent, avaient de l'influence sur le prix des lingots d'argent; pensez-vous que ces règlements aient agi et agissent encore sur le taux des changes étrangers? — Si l'argent n'avait pas été limité comme paiement légal à 40 shillings et s'il avait servi d'étalon des valeurs, ces règlements auraient eu de l'influence dans les circonstances actuelles; cependant je ne pense pas que ce fût à un degré considérable. Avant la dernière fonte de monnaie, le cours des pièces d'argent circulant dans le pays était de 100 à la livre au lieu de 66, et les jetons de Banque circulaient à une valeur courante bien plus forte que leur valeur intrinsèque, et dans la proportion au moins de 66 à 62.

72. Pensez-vous que pendant cette période la circulation de ces shillings et des jetons de Banque aient affecté le prix des lingots d'argent? — Les émissions des jetons de banque, au titre sous lequel ils étaient mis en circulation, étaient basées sur le prix de l'argent, pour empêcher leur imitation ou leur fusion en lingots. Je crois que le prix du lingot d'argent était fixé par d'autres circonstances et en général par les demandes.

73. Par le fait, vous ne pensez pas que les jetons et les shillings mis ainsi en circulation affectaient le prix des lingots d'argent? — Je ne vois pas qu'ils puissent affecter le prix des lingots d'argent autrement que par les achats des banques pour fournir à l'émission des jetons.

74. Pensez-vous qu'ils puissent affecter le prix du lingot d'argent relativement à celui du lingot d'or? — Je pense que lorsque l'argent est à un prix élevé, le taux de l'or hausse dans une même proportion.

75. Sur quoi basez-vous ce prix; sur le papier ou sur le cours du métal? — Sur tout ce qui peut servir de moyen de circulation dans ce pays. — Quelle serait cette mesure; seraient-ce des billets de banque? — Naturellement.

76. En dirigeant votre attention sur l'état du change entre avril 1816 et avril 1817, en supposant qu'un état aussi favorable fût le résultat, soit de causes naturelles, soit d'une réduction ultérieure

des émissions de la Banque d'Angleterre en rapport avec son encaisse, pensez-vous que la Banque puisse sans danger effectuer ses paiements en espèces, ou bien pensez-vous qu'avec un état aussi favorable du change, il serait nécessaire d'avoir un peu plus de temps pour se préparer à cette reprise ? — Je crois qu'il faudrait un peu plus de temps pour se préparer, surtout si l'état du change qui eut lieu à la fin de 1816 avait été produit par des causes naturelles, plutôt que le résultat d'une réduction forcée des billets de banque, et surtout s'il avait duré assez longtemps pour qu'on eût confiance dans sa durée.

77. Etes-vous d'avis qu'un état du change produit par ce que vous appelez des causes naturelles puisse être considéré comme plus stable que s'il était engendré par une réduction des émissions de la Banque ? — Certainement ; car une réduction forcée des émissions de la Banque, pendant qu'elle serait favorable au change, paralyserait, selon moi, les efforts que l'on ferait pour le maintenir dans des conditions normales.

78. Comprenez-vous qu'on puisse espérer un change favorable à la suite de ces causes naturelles, indépendamment de la réduction des billets de banque ? — Oui, certainement.

79. Pouvez-vous formuler une opinion sur l'époque probable où l'on pourrait s'attendre à un état favorable du change ? — Je désirerais voir les emprunts étrangers diminuer, et, à moins d'une mauvaise récolte, je n'aurais plus aucune crainte ; nous pouvons espérer un tel état de choses vers la fin de l'année 1820.

80. Pensez-vous que la prospérité générale du pays serait plus favorisée si les changes se rétablissaient naturellement plutôt qu'à la suite d'une réduction pour ainsi dire forcée des émissions de la Banque d'Angleterre ? — Je suis de cet avis.

81. Pouvez-vous faire une estimation générale de la somme probable d'or monnayé qui sera nécessaire pour la circulation du pays, après que la Banque d'Angleterre aura repris ses paiements en espèces ? — Les divers avis sur l'or en circulation, avant la restriction de la Banque, sont si vagues, que je puis à peine formuler une opinion ; celle qui prévaut en général est qu'il y avait une circulation de 30 millions ; mais ce chiffre a été porté plus haut par certains auteurs.

82. Comprenez-vous dans ce chiffre la circulation de la Grande-

Bretagne et de l'Irlande ? — Oui, je comprends celle de ces deux pays.

83. En supposant qu'en dehors de ce qu'il y a dans les coffres de la Banque il fallût 20 millions pour compléter la circulation du pays, et en admettant que l'état du change fût le même qu'entre avril 1816 et 1817, pensez-vous que pendant cette période de temps la quantité proposée de 20 millions pût être importée pour la circulation du pays sans produire un état défavorable des changes ? — Je crois qu'acquérir les lingots à un prix plus élevé que celui de la monnaie, pour les introduire de force dans le pays, c'est complétement manquer le but ; tandis que s'ils arrivent par le cours naturel du commerce, ils afflueront en quantités considérables, et l'on obtiendra la somme voulue deux ou trois ans après que le change aura définitivement été fixé en faveur de la nation.

84. Vous avez dit que vous pensiez qu'il serait nécessaire de maintenir en circulation une somme de 25 millions ; le Comité demande si vous comprenez dans cette somme les billets d'une et de deux livres ? — Sans doute.

85. En admettant que toutes ces petites coupures fussent conservées, faudrait-il 20 millions d'or pour les besoins de notre circulation ? — Si les billets d'une et de deux livres émis par la Banque d'Angleterre et par les banques de province sont maintenus, il ne faudra pas 20 millions ; mais d'après mon expérience et d'après ce qui s'est passé en Ecosse, où avant la suspension il n'y avait en circulation que des billets de ce genre, je suis amené à croire que les petits billets ne circulent pas en même temps que la monnaie d'or.

86. Prétendez-vous que, comme en Ecosse, on donnerait la préférence aux petits billets sur l'or ? — Ce serait trop m'avancer, dans les circonstances actuelles, que de dire qu'on accorderait la préférence aux petites coupures, après le discrédit qu'on a tâché de jeter sur elles ; mais je persiste dans cette opinion que, si l'on maintient leur circulation, nous verrons très-peu de monnaie d'or en circulation.

87. Le public a-t-il manifesté quelque empressement à se procurer de l'or monnayé à la Banque, lorsqu'il y a eu une reprise partielle des paiements avec un change favorable ? — Une assez grande quantité d'or monnayé a été retirée de la Banque en échange des billets, mais j'ai toujours pensé que ce n'était pas pour l'envoyer à l'étranger, car à cette époque les changes donnaient un bénéfice.

88. Vous avez dit que les causes qui empêchaient la reprise des paiements en espèces étaient le placement des capitaux anglais, les fonds étrangers, la balance des paiements pour le blé et d'autres articles, ainsi que les dépenses des voyageurs sur le continent. Ne plaçait-on pas des capitaux anglais sur les fonds étrangers en 1816-17? — Je crois que ces opérations ont commencé vers la fin de 1816.

89. La balance défavorable des paiements pour notre pays n'était-elle pas aussi considérable alors qu'aujourd'hui? — Je crois que lors du traité de paix de Paris de 1814, il y avait de grands chargements de ce pays payables à la fin de 1816 et au commencement de 1817.

90. Ces chargements étaient-ils plus considérables à cette époque que l'année dernière? — Je ne sais pas ce qu'ils étaient en 1817, mais je pense qu'ils n'étaient pas inférieurs aux précédents.

91. Vous avez dit qu'une augmentation de l'émission des billets de banque, pour l'achat de l'or, diffère sensiblement de l'émission pour l'escompte ou pour des avances au Gouvernement. Quelle est cette différence? — C'est que l'or possédé par la Banque est une propriété réelle acquise en retour d'une somme égale de billets qui a été payée; le surplus des billets est un prêt fait aux marchands par l'escompte.

92. Sur le total des émissions, quelle est la différence entre l'effet produit par l'escompte et l'achat des lingots? — La somme avancée pour l'achat des lingots est donnée en échange d'un article quelconque de vente; et si les billets n'étaient pas en circulation, ce seraient les espèces, ou bien les lingots en question seraient dans les mains des premiers possesseurs.

93. Le Comité doit-il comprendre que vous regardez comme un bon système de régler les émissions de la Banque, de manière à les augmenter dans une proportion donnée, soit 6 millions pour l'achat des lingots, en gardant la même proportion pour l'escompte et pour des avances au Gouvernement? — Non, certainement non; mais si l'on garde une forte somme en lingots, la Banque a une tendance à augmenter la somme de ses billets, ou bien alors les facilités accordées au public seraient de beaucoup diminuées, car les lingots seraient convertis en monnaies et mis en circulation si les billets de banque, qui les représentent, ne circulaient pas.

94. Le Comité doit-il admettre que la Banque ne peut faire ses préparatifs pour la reprise des paiements en espèces sans

augmenter la circulation de ses billets? — Je n'ai certainement pas en vue une augmentation des billets de banque, mais je conçois que le total des billets émis pour l'achat des lingots puisse occasionner une réduction sur la somme émise pour l'escompte ou pour des avances au Gouvernement.

95. Vous avez dit que quand le change commencerait à être en notre faveur, une réduction de £2,000,000 dans le total des émissions de la Banque aiderait matériellement, selon vous, la reprise des paiements en espèces. Outre cette réduction, en admettant qu'il soit nécessaire d'ajouter £6,000,000 à la somme des lingots qui sont dans les coffres de la Banque, comment pourrait-elle réduire à la fois de £2,000,000 l'émission de ses billets et ajouter £6,000,000 à son trésor? — En réduisant ses émissions, soit sur les avances au Gouvernement, soit sur l'escompte, soit sur les deux à la fois.

96. Serait-ce là ce que vous proposez pour en arriver à cette reprise? — C'est ce que j'ai proposé dans mes réponses aux premières questions.

97. Vous avez dit que, parmi les règles d'après lesquelles la Banque fixait ses émissions, elle avait pris en considération l'état du change et le prix des lingots; dans quelles limites de prix, au-dessus de celui de la monnaie et d'un change défavorable, la Banque croit-elle nécessaire d'avoir recours à une diminution de ses émissions? — Je n'ai fait qu'émettre une opinion personnelle, mais je ne puis pas préciser l'époque de ce changement.

98. Vous prétendez que, selon vous, on en viendrait à une situation satisfaisante des émissions de la Banque, si une moitié de cette somme représentait les avances au Gouvernement et l'autre les escomptes du commerce. Une portion considérable des émissions ne doit-elle pas également être consacrée à l'acquisition des lingots? — Certainement. — Alors cette proportion d'une moitié pour chacun de ces deux emplois est en dehors? — En dehors de l'acquisition des lingots.

99. A présent, le montant des émissions garanti par les valeurs du Gouvernement est dans la proportion de 23 à 26, par rapport au total de la circulation. En considérant la proportion des émissions que l'on doit faire pour l'achat des lingots, dans quelle proportion doit-on réduire les avances au Gouvernement pour rétablir l'équilibre entre elles et les escomptes du commerce? — Mon avis est

que pour accélérer la reprise des paiements en espèces, il faudrait réduire d'un tiers les avances faites par la Banque.

100. Comment pouvez-vous savoir si cette réduction suffit pour faciliter les préparatifs nécessaires à la reprise des paiements en espèces? — Par l'état général du commerce du pays et la situation où se trouverait le change.

101. Si le change continuait à être défavorable, désireriez-vous un remboursement de la part du Gouvernement? — Si la Banque a une époque fixe pour la reprise des paiements, elle doit chercher dans ses ressources, soit de la part du Gouvernement, soit de la part du public, de quoi remplir ses engagements; mais dans des circonstances aussi défavorables, je ne pense pas qu'on puisse maintenir une circulation métallique.

102. Ne pensez-vous pas que l'époque de la reprise des paiements ne devrait pas être fixée? — Je suis loin de le désirer, mais je préférerais que l'on fixât une époque et que la Banque allât au devant des demandes du public plutôt que d'attendre cette limite.

103. Pour procurer à la Banque une occasion d'anticiper ses paiements, quelle période pensez-vous qu'on doive prendre? — Je suis assez embarrassé pour fixer une période d'après des événements que je ne puis ni prévoir ni contrôler; mais je désirerais qu'elle ne fût pas de moins de deux ans ni de plus de trois ans, à partir de l'époque actuelle.

104. Pour devancer cette époque, que croyez-vous que la Banque doive faire? — Payer en espèces, si elle peut, dans des limites raisonnables, et réduire strictement ses émissions au montant actuel; si pareille occasion se présentait et qu'elle ne fût pas promptement saisie par la majorité du conseil, je déclare au Comité que je ne continuerais pas une heure de plus mes fonctions de directeur.

105. A supposer que le placement des capitaux anglais sur des fonds étrangers ait cessé ou à peu près, que la paix soit toujours maintenue, et que, malgré ces circonstances, l'état du change continue à être défavorable, à quel autre moyen qu'une diminution des émissions pensez-vous que l'on doive avoir recours pour reprendre les paiements en espèces au bout de deux ou trois ans? — Je ne connais pas d'autre moyen qu'une réduction des émissions. Mais je

ferai observer au Comité que, dans ce cas, la difficulté provient des différentes situations du pays, avant la suspension, soit dans le montant de sa dette, soit dans celui de ses revenus, soit dans ses transactions.

106. Vous avez dit que l'effet d'une diminution des émissions de la Banque serait une baisse générale des prix et une amélioration dans les changes, mais que l'effet d'une baisse générale des prix paralyserait les efforts nécessaires pour maintenir le change dans un état favorable; cette baisse ne créerait-elle pas de plus fortes demandes et, par conséquent, une plus grande exportation? — Une baisse de prix des produits les rendrait moins chers sur les marchés étrangers et pourrait, de cette façon, augmenter les demandes; mais, d'un autre côté, il faut que le fabricant soit pécuniairement soutenu par le marchand, qui achète les articles de première main. Si la circulation était matériellement diminuée, je crois que les marchands cesseraient de soutenir les fabricants et que l'effet produit par la réduction des prix serait complétement détruit.

107. Le tort occasionné aux manufacturiers, par les circonstances que vous venez de décrire, serait-il temporaire ou permanent? — Une crise passagère a souvent des conséquences durables, tandis qu'un secours passager a souvent relevé des fabricants; nous en avons un remarquable exemple depuis la paix dans l'industrie du fer, qui, avec un prêt temporaire, à repris le travail et dont les usines sont maintenant en pleine activité.

108. La Banque ne pourrait-elle pas accorder, dans certains cas, des secours temporaires, tout en réduisant ses émissions? — Je pense que oui; mais si elle était limitée dans le montant de ses billets, cela pourrait l'embarrasser.

109. Le montant des émissions de la Banque d'Angleterre n'a-t-il pas constamment varié pendant qu'elle faisait, à vue, le paiement en espèces de ses billets? — Effectivement.

110. Cette fluctuation pourrait-elle être réglée par d'autres circonstances que les demandes variables du public, la Banque étant alors obligée d'avoir toujours en vue le prix de l'or sur le marché? — Certainement non.

111. Le montant de ces émissions ne varierait-il pas de même, selon les besoins du public, quand même la Banque suivrait le prix de l'or? — Il serait bon que la Banque réglât sa conduite

sur le cours de l'or; mais je ne sais pas si les demandes du public suivraient la même règle.

112. Vous avez dit que vous pensiez qu'on pouvait avoir vingt millions d'ici à deux ou trois ans avec l'état du change dont vous avez parlé plus haut. Dirigez votre attention sur le rapport que la Banque a fait de l'état de son trésor; vous y verrez qu'au mois de mai 1815, le trésor de la Banque était représenté par le n° 420; qu'au mois d'octobre 1817, il était représenté par le n° 2,350, et que, pendant cette période de vingt-neuf mois, l'encaisse de la Banque a toujours été en augmentant; pouvait-elle se procurer plus d'or qu'elle ne l'a fait sans en déranger le cours? — Je crois que non.

113. Entre 1807 et 1810, la Banque a-t-elle escompté les billets dont on a déjà parlé sous le nom de « billets anticipés, » tirés sur les banquiers à soixante jours de vue et acceptés par eux sur des dépôts d'obligations et d'hypothèques, ces effets à l'échéance étant remplacés par d'autres effets dans les mêmes conditions? — Certainement non; lorsque la Banque a, en dehors de ses usages, accordé des facilités aux maisons de commerce gênées, elle l'a toujours fait en donnant tacitement à entendre que si les circonstances étaient encore les mêmes à l'échéance, elle escompterait de nouveau ces effets.

114. Si un acte du Parlement, passé dans les termes employés jusqu'à ce jour, accordait à la Banque une prolongation de trois ans à partir du mois de juillet prochain, se croirait-elle obligée de faire les préparatifs nécessaires à la reprise des paiements en espèces, à l'expiration de ce temps, de manière à hausser le taux du change et à baisser en réduisant au-dessous de 25 millions le montant de ses billets en circulation? — Je crois que la Banque comprendrait le devoir qu'elle a d'employer tous les moyens possibles pour atteindre ce but.

115. Ayez la bonté de nous dire si elle regarde la réduction de ses billets au-dessous de 25 millions comme un moyen probable d'atteindre ce but? — J'ai déjà dit qu'avec d'autres circonstances favorables on pouvait tenter cette réduction; mais si la question donne à supposer une réduction de moitié, je crois qu'il y aurait dans les affaires du pays une crise commerciale qui non seulement éloignerait de ce but, mais encore attirerait le blâme sur la Banque.

116. La Banque trouve-t-elle nécessaire de réduire ses billets au-dessous de 25 millions jusqu'à ce qu'elle s'arrête, convaincue

que ce système est désastreux pour le pays ? — Je ne saurais trop dire jusqu'où la Banque porterait cette réduction ; mais puisqu'on peut y arriver en maintenant l'activité du commerce et de la fabrication, il n'y a pas de raison pour les maintenir à ce chiffre.

117. Le Comité doit-il voir, dans votre réponse, l'opinion du Comité du trésor de la Banque, ou bien votre opinion personnelle ? — Mon opinion personnelle.

118. La crise dont vous parliez tout à l'heure se rapporte-t-elle à la diminution de la circulation? — Oui. — Vous avez dit qu'une réduction de la circulation des billets rendrait les changes favorables ; vous avez dit aussi que le remboursement des avances faites au Gouvernement serait nuisible, par suite de la diminution de la circulation ; en supposant que les changes favorables attirent l'or dans ce pays, est-ce que cet or, frappé à la Monnaie, ne contrebalancerait pas le vide de la circulation ? — Certainement, si l'or circule, on demandera moins de banknotes.

119. L'effet d'un cours favorable du change et de l'importation de l'or ne fournirait-il pas un système monétaire consistant en papier et en or et équivalent à celui qui existe aujourd'hui en papier seulement ? — Oui, certainement.

120. Pensez-vous qu'avec les paiements en espèces, le cours de l'or, mesuré par des monnaies d'or au titre ou par du papier convertible en cette monnaie, ait jamais pu être supérieur au cours de la Monnaie ? — Je crois qu'il l'a été pendant quelque temps.

121. A quelle époque ? — Je ne puis guère préciser ; mais le fait est constaté dans le rapport de M. Newland au Comité en 1797.

122. Vous avez dit, dans la première partie de votre déposition, que la balance des paiements n'était pas en faveur de ce pays. Sur quoi fondez-vous votre assertion ? — Principalement sur l'état du change, mais aussi sur ce que les traites faites pour payer les emprunts étrangers et les dépenses pour le blé importé l'année dernière ne sont pas encore liquidées.

DÉPOSITION

DE

M. THOMAS TOOKE.

SÉANCE DU 2 MARS 1819.

Présidence du très-honorable ROBERT PEEL.

123. Quel est votre genre d'affaires ? — Je suis en relation avec la Russie et associé dans la maison Stephen Thornton frères et Compagnie. J'ai été trente ans dans les affaires.

124. Avez-vous remarqué qu'il y a eu dernièrement une stagnation considérable dans le commerce ? — Oui, je l'ai remarqué.

125. A quelle cause attribuez-vous cette stagnation ? — Je l'attribue en grande partie à une élévation primitive des prix occasionnée par ce que je crois être une trop forte émission de billets de banque qui a commencé au printemps de 1817, et s'est accrue particulièrement au mois de juillet de la même année.

126. Pensez-vous que cette émission ait encouragé les spéculations et les entreprises hasardeuses ? — D'une manière extraordinaire. Elle a encore eu pour effet de réduire brusquement le taux de l'intérêt et de faire rechercher les placements sur les fonds étrangers, dans le but d'en retirer plus de bénéfice. De plus, dans tous les pays, elle a agi comme une prime à l'importation des articles qui commençaient à hausser dans ce pays, et en même temps elle a diminué la tendance à l'exportation.

127. Pensez-vous que l'accumulation des produits, à cette époque, suffise pour expliquer la stagnation subséquente ? — Je le pense.

128. Une réduction des prix également ? — Egalement.

129. Pouvez-vous dire jusqu'où s'est étendue cette réduction du prix des denrées ; y a-t-il eu une réduction générale ? — Il y a eu une réduction considérable dans la plupart des articles dont je

m'occupe ; et il me semble que cette observation peut s'appliquer aux autres genres d'affaires.

130. Trouvez-vous qu'on puisse attribuer une partie de cette stagnation à l'impression produite sur l'esprit public par la nouvelle que la Banque voudrait bientôt effectuer ses paiements en espèces ? — Il est incontestable que cette nouvelle a affecté les marchés. Elle dispose les marchands à venir et les acheteurs à s'en aller ; et en même temps l'effet d'une baisse est en général de disposer à acheter à mesure que la baisse continue.

131. D'après vos relations avec Saint-Pétersbourg, vous pouvez nous parler de la refonte d'or qui a eu lieu dernièrement? — C'est à peine si l'on peut appeler cela une refonte. Dernièrement on a frappé en Russie beaucoup de monnaies d'argent et, sous certains rapports, dans des circonstances assez singulières. Le papier est la seule circulation généralement reconnue. Tout objet est coté d'après sa valeur en billets de banque. L'influence de l'argent semble en quelque sorte provenir d'une demande particulière de produits adressée à la Russie par notre pays. On peut attribuer cette demande à la cause générale que j'ai indiquée tout à l'heure, savoir la hausse des prix qui agit comme une prime à l'importation. Le Gouvernement russe a annoncé, pour 1817, un projet d'emprunt de 38 millions de roubles, près de 2 millions sterling, et pour 1818 un projet d'un autre emprunt illimité comme chiffre, mais fixé comme paiement au mois de décembre (vieux style). Le second emprunt a reçu pour 67 millions de roubles, près de 3 millions sterling de souscriptions. L'effet de cet emprunt, combiné avec les demandes extraordinaires de produits russes, y compris le blé, a fait monter le change et donne ainsi un bénéfice sur les lingots en général et sur ceux d'argent en particulier. A mesure que l'on déposait de l'or et de l'argent à la Monnaie, on les a monnayés promptement et facilement. Ainsi monnayés, ils étaient mis de suite en circulation à des prix différents. Il y a trois ans, le rouble argent valait 4 roubles 15 copecs en billets de banque. Depuis, sa valeur est tombée à 3 roubles 70 copecs. Le change, qui était à Pétersbourg, dans l'automne 1816, de 9 3/8 den. pour le rouble papier, atteignait, en 1818, 12 3/4 den., avec une avance d'environ 25 0/0. Il est évident qu'une aussi grande hausse du change, pendant cette période, a favorisé l'importation des espèces. La valeur intrinsèque de l'argent est de 38 à 39 den.

132. Le monnayage considérable qui s'est fait en Russie a-t-il nui à nos relations commerciales avec ce pays, au point que nous préférions remettre à la Russie des lingots en échange des denrées qu'elle nous envoyait? — Ce monnayage a certainement beaucoup favorisé l'exportation des lingots. L'argent a été envoyé comme spéculation séparée se rattachant au change et non pour payer les produits qui viennent de Russie.

133. Pensez-vous que le monnayage ait fait beaucoup de tort aux lingots d'argent de ce pays? — Je ne peux pas discuter sur ce point.

134. A supposer que pendant cet intervalle la Banque d'Angleterre ait payé ses billets en espèces, croyez-vous que l'effet de ce monnayage en Russie n'ait nullement dérangé la circulation de notre pays? — Je crois que non, et que si les envois d'argent faits à la Russie n'ont pas été aussi considérables, la cause n'en est pas dans l'abondance artificielle des monnaies du pays qui poussait les capitaux vers l'extérieur. Ce surplus du capital a été donné en espèces, partie pour le placement en fonds russes et partie pour une acquisition insolite des denrées russes.

135. Pensez-vous que l'embarras dont souffre le commerce, par suite de l'excès de spéculations et d'entreprises, soit aggravé par la réduction qui se ferait sur le prix des denrées à la suite de la réduction du montant de la circulation du pays? — Sans aucun doute; de même que proportionnellement une émission plus forte de billets de Banque au-dessous du niveau normal (c'est-à-dire ce qui resterait en circulation, je suppose, si l'on pouvait convertir le papier en monnaie) produira une hausse artificielle; ainsi la diminution des émissions nécessaires pour produire une complète réaction occasionnerait une réduction artificielle mais temporaire des prix au-dessous de leur cours ordinaire.

136. Ne pensez-vous pas que la diminution des prix, à la suite d'une panique, pourrait dépasser la diminution naturelle qui proviendrait d'une réduction dans les moyens de circulation? — Oui, je crois qu'il y aurait un effet de ce genre; mais il ne ferait que hâter ce qui doit arriver, pourvu que l'on puisse, à un moment donné, réduire les émissions de la Banque au niveau des espèces.

137. A supposer que, pour produire une réduction dans le prix de l'or, la Banque voulût réduire le montant de ses billets et l'étendue des escomptes accordés aux marchands, quel préjudice

cette réduction porterait-elle au commerce ? — Je ne puis répondre à cette question sans connaître le degré de la réduction. — Et en admettant que la réduction eût lieu dans six mois et que le montant actuel des 25 millions de billets de banque en circulation fût diminué de 2 ou 3 millions ? — Permettez-moi de vous dire qu'à mon avis, après mûre réflexion, il n'est pas besoin d'une telle réduction en six mois pour produire cet effet. J'ai de fortes raisons pour croire qu'une réduction même minime des 25 millions suffit pour mettre le change au pair et abaisser le prix des lingots au niveau de celui de la monnaie. Toutefois, cet effet dépend beaucoup de l'assurance qui sera donnée au public que, durant cet intervalle, ce montant ne sera pas augmenté, et de l'intention manifestée de préparer les paiements en espèces dans un temps fixé d'une manière raisonnable. Mais après tout, ce n'est qu'une simple conjecture et, à moins que le prix des lingots continue d'augmenter, l'effet en question pourra être déclaré insuffisant, surtout si la stagnation actuelle vient à cesser en même temps.

138. Si la Banque était obligée de reprendre ses paiements en espèces au bout d'un an, pourrait-elle, en agissant avec prudence et discrétion, prendre les mesures nécessaires pour assurer la continuation de ces paiements sans ajouter de nouveaux embarras à ceux qui existent déjà? — Je pense que l'on augmenterait fort peu cette crise, qui est irrémédiable, à moins que l'on ne dérange la circulation par une nouvelle émission égale à la réduction opérée.

139. Lorsque vous dites qu'une faible réduction du montant actuel des billets de banque en circulation favoriserait le change de ce pays et réduirait le prix de l'or, tenez-vous compte de l'effet produit par la circulation des banques de province? — Oui, et c'est sur ce point que j'insiste tout particulièrement, en affirmant que la réduction du montant actuel des billets de la Banque d'Angleterre suffirait pour opérer la révolution dont j'ai parlé plus haut. La valeur de la monnaie dépend beaucoup de l'état de la confiance et de la circulation plus ou moins rapide qui s'ensuit. Pour le moment, les marchés sont en baisse par suite des causes que j'ai indiquées et de la diminution de la confiance. Dans ce cas, une certaine somme de monnaie augmente de valeur, car les banquiers et les autres personnes en gardent de fortes portions dans le but de parer aux événements.

140. Cette augmentation dans la valeur des monnaies ne peut-

elle pas augmenter les émissions des banques de province? — Je crois tout le contraire. La circulation des billets des banques de province est essentiellement fondée sur le crédit des émissions et des personnes pour lesquelles elles sont faites. Les banquiers de province eux-mêmes peuvent souffrir et souffrent ordinairement du discrédit général. En conséquence, ils sont obligés de limiter leurs émissions d'abord par rapport à leur propre crédit et surtout à cause de la déconsidération des clients auxquels ils ont l'habitude de faire des avances, la plupart de ces clients étant propriétaires d'articles qui sont susceptibles de subir une baisse générale de prix.

141. L'augmentation de la valeur des monnaies, supposée dans une des questions précédentes, ne forcerait-elle pas une banque de province, qui a la confiance du public et l'habitude de ne jamais faire d'émission égale à son capital, à étendre ses émissions? — Je ne vois pas trop comment. Dans ce cas, la valeur des monnaies est prise dans un autre sens que celui que j'ai voulu dire. L'augmentation de la valeur des monnaies dont j'ai voulu parler consiste généralement dans une réduction du prix des denrées, et cette réduction porterait nécessairement préjudice au crédit des personnes qui voudraient faire des emprunts aux banquiers de province.

142. Vous affirmez alors que le montant du papier des banques de province varierait avec celui des billets de la Banque d'Angleterre, ou du moins qu'une diminution dans le montant actuel du papier de la Banque d'Angleterre produirait une diminution correspondante du papier de la banque de province? — Dans une proportion considérable.

143. Au bout de combien de temps? — Au bout de six mois.

144. Pensez-vous que les spéculations et les entreprises hasardeuses faites pendant la période dont vous avez parlé puissent être attribuées à un excès de la circulation du pays à cette époque, par suite des facilités accordées pour de telles spéculations? — Oui.

145. Avez-vous une règle d'après laquelle vous puissiez juger la proportion qui doit exister entre les billets en circulation et les demandes du public, et prouver qu'à une époque quelconque ce montant était excessif? — Je ne puis me faire une juste idée de la véritable limite de la circulation; je pense cependant que tant que le papier peut toujours être convertible en numéraire, elle n'est pas atteinte.

146. En supposant qu'à une époque quelconque depuis la sus-

pension des paiements, le cours du prix de l'or ait été inférieur à celui de la Monnaie, en concluriez-vous que le montant de la circulation n'était pas excessif? — Lorsque le cours du prix de l'or est égal ou inférieur à celui de la Monnaie, soit 3 liv. 17 sh. 10 1/2 den., la circulation du papier ne doit pas être excessive. Je dois cependant ajouter que ce principe n'est applicable qu'à l'appréciation que fait le public de la somme en circulation; mais les directeurs de la Banque doivent encore, par la tendance de l'or à entrer dans leurs coffres ou à en sortir et par celle du change à hausser ou à baisser, avoir une autre ligne de conduite.

147. Pendant une grande partie de la fin de 1816 et au commencement de 1817, le prix de l'or n'excédait pas celui de la Monnaie; pendant cette période, le montant des billets de banque en circulation était plus fort qu'aujourd'hui; concluez-vous de là que, dans le premier cas, le montant des billets de banque en circulation ne dépassait pas celui des demandes du commerce, mais qu'il le dépasse dans le dernier cas, parce que le prix du cours est supérieur à celui de la Monnaie? — Je crois qu'en 1816, surtout en été et au commencement de l'automne, le montant du papier en circulation était insuffisant; je fonde cette opinion sur cette circonstance, c'est que, bien que le prix de l'or ne soit jamais fixé au-dessous de 3 liv. 18 sh., la croyance générale était que la Banque pouvait réduire le prix de l'or au niveau de celui de la Monnaie et même au-dessous de 3 liv. 17 sh. 6 den. Le prix de l'argent, comparé à celui de l'or dans le monde entier, était très-peu au-dessous des proportions fixées par notre Monnaie, à moins qu'il ne fût troublé par une absorption d'or extraordinaire de la part de la Banque; mais ici l'étalon d'argent était de 5 sh. au-dessous du cours, ce qui mettait l'or au-dessous de 3 liv. 15 sh. Par conséquent, je crois que si la Banque avait payé en espèces à cette époque, il y aurait eu une bien plus forte circulation en combinant le papier et la monnaie. Si l'assurance avait été donnée que la restriction continuait, mais que la Banque n'eût ni acheté ni accumulé l'or et que la Monnaie fût ouverte, c'est-à-dire que la Banque n'eût pas payé au-dessus du cours normal, il est indubitable qu'avec l'immense affluence d'or qu'il y avait à cette époque, on aurait apporté des quantités de lingots pour les faire monnayer. La monnaie ainsi revenue aurait augmenté la circulation.

148. A quelle époque eurent lieu les spéculations et les entreprises hasardées dont nous souffrons aujourd'hui? — Comme obser-

vation préliminaire, je dirai qu'à la fin de 1816, lorsqu'il fut bien constaté que la récolte était mauvaise, presque tous les articles avaient une tendance à augmenter par suite de l'effet d'une diminution ou d'une augmentation dans le prix du blé, et parce que les magasins qui renfermaient toutes ces denrées avaient généralement beaucoup diminué. Le public a acquis la certitude que les denrées avaient atteint le minimum de leur prix en temps de paix ; il y avait donc chez les marchands une disposition à agrandir leurs magasins, et, dans l'année 1816-1817, il y avait peu de marchandises qui ne fussent en hausse. Cet état de choses tendait à ramener la confiance dans la circulation des banques de province en général et même à l'augmenter, car elle était fondée sur le montant de ce que la Banque d'Angleterre avait mis en circulation ; ces circonstances indiquent plutôt une réduction qu'une augmentation des billets de banque. Leur augmentation continua pendant les six premiers mois de 1817 ; mais en juillet, il y eut une émission de deux ou trois millions, qui, jointe à la tendance naturelle des denrées vers la hausse et à l'extension de la circulation des provinces, opéra avec une rapidité sans exemple sur le prix de presque toutes les marchandises. La seule chose que faisaient les marchands était de regarder le prix courant et de voir l'article qui avait le moins haussé ; ils étaient ainsi certains de faire une bonne spéculation en achetant un tel article sans même le connaître.

149. Vous avez dit que vous attribuiez ces spéculations à un excès de la circulation et que c'était la fin de l'année 1816 qui les avait encouragées ; dans une autre réponse, vous avez conclu, de l'infériorité du cours de l'or vis-à-vis de celui de la Monnaie, qu'il n'y avait pas un montant bien élevé de circulation ; comment conciliez-vous ces deux réponses ? — Vous n'avez pas bien compris le commencement de ma première réponse. Je ne voulais pas dire que ce qui encourageait la spéculation était la hausse artificielle des prix ; je parlais exclusivement de certaines causes naturelles qui aident au développement des affaires comparées à l'impulsion donnée par la spéculation.

150. En supposant que, pendant six mois, le prix de l'or fût inférieur à celui de la Monnaie, concluriez-vous de là que, pendant cette période de temps, il n'y aurait pas eu trop de billets de banque en circulation ? — Dans ce cas, je ne le pense pas.

151. Mais en admettant que, pendant six mois, le prix de l'or fût

resté au-dessous de celui de la Monnaie, vous concluriez de là qu'il n'y a pas eu de circulation exagérée de billets de banque? — Certainement.

152. Alors, puisque le prix de l'or est resté pendant six mois au-dessous de celui de la Monnaie à la fin de 1816, pourquoi dites-vous que la spéculation qui a commencé à cette époque était le résultat d'une trop grande circulation? — Je suis de nouveau mal compris; je n'ai pas voulu dire que les spéculations avaient commencé en 1816.

153. Pensez-vous que, si les billets de banque avaient été payables en espèces pendant cette période, il y aurait eu moins de circulation de billets et de numéraire qu'il n'y en a eu lorsque les billets de banque seuls composaient toute la circulation? — J'ai déjà donné les motifs que j'avais de croire que si les billets de banque avaient été payables en monnaie en 1816, la circulation composée de billets de banque et de monnaie aurait été plus forte que celle qui n'était composée que de billets. Mais je suis fermement convaincu que si les billets de banque avaient été payables en monnaie, il y aurait eu une circulation bien inférieure à celle de 1817, surtout pendant les six derniers mois.

154. Ne peut-on pas attribuer complétement ces excès du commerce à l'état de sécurité dont vous parlez et à une ère de paix à la suite de la guerre? — Je crois qu'en 1817 la question du retour de la guerre à la paix n'avait aucune influence sur les événements commerciaux.

155. La moyenne de la circulation des billets de banque en 1813 était d'environ 24 millions; en 1817, elle était de 28 millions; en 1813, l'or variait de 4 liv. 17 sh. à 5 liv. 10 sh.; en 1817, de 3 liv. 18 sh. à 4 liv. 0 sh. 6 d.; comment expliquez-vous ces différentes variations? — Dans certaines circonstances, le montant de la circulation peut être trop fort et dans d'autres trop faible. En se réglant d'après le prix de l'or, 24 millions étaient une somme trop considérable en 1813, tandis qu'en 1816, 26 millions 1/2 ne suffisaient pas. Il me semble qu'il y a de bons motifs pour trouver la première de ces sommes excessive plutôt que la seconde insuffisante. Le total des billets de la Banque d'Angleterre, pendant les six derniers mois, était :

En 1808 de £17,303,512
» 1809 de £19,641,640
» 1810 de £24,188,605

ce qui fait une augmentation de 7 millions au bout de deux ans. Et, chose digne de remarque, au mois de mars 1811, au moment où l'on devait sentir complétement l'effet de l'augmentation de l'émission, à la fin de l'année 1810, le prix de l'or s'éleva jusqu'à 4 liv. 13 sh. 6 den. A Hambourg, le change tomba à 24, et à Paris à 17.16, de 35.3 et 23.16, taux auquel il était dans l'été de 1808. A quelques variations près, le total se maintint à £24,000,000, plutôt au-dessous qu'au-dessus, jusqu'à la fin de 1813. Dans cette période de temps, il y eut une rapide circulation provenant des obstacles que rencontrait l'exportation et qui nuisaient aux marchands de produits des colonies, ainsi qu'à quelques classes de manufacturiers. Mais ces malheurs et une stagnation partielle étaient plus que contrebalancés par les espèces au comptant, et les prix des produits agricoles étaient élevés par suite des mauvaises récoltes de 1809 à 1812, tandis que l'importation rencontrait de grands obstacles et que chaque jour l'accroissement de la population augmentait les demandes. Cet état de choses était surtout favorable à l'accroissement du papier des banques de province, et, en conséquence, il augmenta rapidement pendant cet espace de temps. Il atteignit probablement son maximum pendant les six premiers mois de 1813, et la circulation de la Banque d'Angleterre et des banques de province doit avoir doublé à cette époque en considérant la rapidité générale de la circulation, ce qui explique la dépréciation du prix de l'or qui s'éleva à 5 liv. 10 sh.

156. La récolte de 1813 a été l'une des meilleures de notre pays, car non-seulement le temps avait été très-favorable et les productions abondantes, mais encore la culture avait pris beaucoup plus d'extension à la suite de la hausse des prix qui avait eu lieu auparavant, en partie naturellement à cause de la rareté des produits, et en partie artificiellement à cause de la dépréciation de la circulation? — L'abondance des produits de cette saison ne fut bien appréciée que longtemps après. En conséquence, la baisse de prix des produits agricoles commença, quoique faiblement, avant la fin de 1813, et continua plus ou moins rapidement, avec quelques variations pendant 1814 et 1815, qui furent deux années de récolte plus qu'ordinaire. Il y eut, à cette époque, d'assez fortes importations de blé. Cette baisse continue des produits agricoles finit par occasionner une grande stagnation dans la plupart des produits. Mais il y en avait déjà beaucoup d'importés en 1813 : après des efforts ruineux pour la réexportation au printemps et pendant l'été de 1814

après la paix, elles devinrent invendables, à moins d'être cédées à des prix ruineux. Toutes ces causes réunies engendrèrent une stagnation dans les marchés, ou, en d'autres termes, une lente circulation du papier depuis la fin de 1813 jusqu'au commencement de 1816. Mais la masse de la circulation subissant une réduction énorme et progressive par les faillites successives des banques de province et la diminution des émissions de celles qui restaient, la réduction des billets des banques de province à cette époque s'éleva, d'après ce que j'ai entendu dire, à 20 millions. Quelle que soit l'exactitude du chiffre de cette diminution, elle a été, sans aucun doute, assez forte pour ne pas être compensée par les deux ou trois millions d'augmentation des billets de la Banque d'Angleterre, relativement à 1813; on trouvera le même résultat à l'égard du prix des lingots et du change. Je laisse exprès de côté 1817, parce que, suivant moi, l'émission de cette année, quoique inférieure à celle de 1813, était encore trop forte et que le contraste en 1813 et 1816 est frappant. Dans le même but, pour simplifier, je n'ai pas tenu compte de l'augmentation des billets de la Banque d'Angleterre, pendant les six derniers mois de l'année 1814, jusqu'à 28,000,000.

157. N'attribuez-vous pas l'effet produit sur le change à des causes politiques? — En supposant un papier inconvertible, oui; mais en se reportant à la circulation métallique du continent, en voyant les révolutions politiques et les prodigieux efforts tentés par certaines puissances qui ont conservé leur circulation métallique sans variations comparables à la nôtre, je suis porté à croire que l'on ne peut attribuer cette influence qu'au papier.

158. Cette fluctuation considérable du change dans les contrées qui ont une circulation métallique ne provient-elle pas de causes politiques? — Les fluctuations entre les contrées qui ont ensemble des rapports établis doivent être limitées à la transmission du métal d'un pays à l'autre. Pendant la guerre, les obstacles politiques à ces rapports doivent engendrer un grand commerce de change.

159. Quant à l'emprunt russe de 1818, n'a-t-il pas beaucoup poussé à l'importation de l'argent en Russie? — Je ne pense pas que les conditions de cet emprunt aient été suffisantes, elles ont dû être aidées par l'idée générale d'une hausse du change et la tendance des capitaux anglais à chercher un placement dans les fonds étrangers; mais je crois que si notre circulation eût été convertible

et réglée par un étalon métallique, il n'y aurait pas eu une telle souscription à cet emprunt.

160. Savez-vous quel capital l'Angleterre a souscrit dans cet emprunt russe? — Je ne le sais pas exactement.

161. Pouvez-vous vous en faire une idée ? — Je ne le pense guère.

162. Connaissez-vous la valeur de l'or envoyé en Russie en 1818 ? — Non, je crois qu'on en a fort peu envoyé. Je n'ai pas entendu dire à quel prix on l'avait acheté.

163. Pensez-vous qu'il faut une grande quantité de billets pour maintenir et encourager les manufactures du pays? — La seule mesure de la circulation du papier, c'est la quantité qui peut circuler avec le remboursement à vue obligatoire en monnaie. Je crois que tout ce qui dépasse cette somme est un encouragement factice, qui est invariablement contrebalancé par une hausse ou une dépréciation des produits; on peut comparer cet encouragement à l'ardeur que produisent les spiritueux sur les corps humains : l'abattement vient après, à moins que l'on en conserve une habitude qui finit par détruire l'organisme.

164. Veuillez nous dire l'influence de l'abondance du papier sur le taux de l'intérêt? — Une émission croissante du papier tend à réduire le taux de l'intérêt : cette réduction est en rapport avec le mode d'accroissement. Mais lorsque la circulation est en quelque sorte *saturée* de papier, de manière que les prix ont atteint leur maximum, le taux de l'intérêt doit reprendre le niveau qu'il aurait eu sans une telle émission ; et j'ai vu dans l'emprunt russe des cas où, quoique la circulation fût toute entière en papier, il y a eu parfois ce qu'on appelle, d'une manière technique, une telle rareté de monnaie, que le taux légal étant de 1/2 0/0, il est monté quelquefois à 1 et 2 0/0.

165. Avez-vous remarqué, à Londres, une abondance ou une rareté de monnaie sans une augmentation ou une diminution correspondante du papier de la Banque ? — Il y a parfois de grandes variations à cet égard dans les émissions de la Banque ; ces variations doivent être attribuées aux alternatives de la rapidité ou de la stagnation, dans la circulation, des produits et de l'argent. La rapidité ou la lenteur de la circulation peut alternativement donner l'apparence de la rareté ou de l'abondance. Cette

remarque s'applique à la circulation en général ; mais dans le cas des émissions de la Banque, il peut y avoir une augmentation ou une diminution de billets des banques de province sans un changement correspondant dans la circulation du papier de la Banque d'Angleterre, et cette dernière pourra ainsi paraître rare ou abondante.

166. Ainsi vous avez vu des variations sur le marché des capitaux sans variations correspondantes du montant des billets de banque en circulation ? — Certainement, et pour continuer ma réponse précédente, je ferai observer que dans les moments de confiance, les modifications du crédit viennent en aide au montant de la circulation. On échange volontiers les produits contre des billets ou d'autres papiers de crédit ; et la circulation a moins à faire et reste moins dans les mains de ceux qui s'en servent.

167. Croyez-vous que l'or soit devenu plus cher sur le continent depuis une dizaine d'années ? — Je ne pense pas que l'or soit plus cher ici ou sur le continent que par le passé relativement aux différentes denrées ; il est seulement plus cher comparativement au papier de la Banque. L'or ne peut acheter plus d'argent, de plomb, de cuivre, qu'il y a deux ou trois ans. Si je considère ces grands produits qui s'appliquent à la nourriture, au chauffage, au logement, à l'habillement, je ne crois pas qu'avec de l'or on puisse s'en procurer une plus grande quantité que par le passé.

168. Soyez assez bon pour expliquer au Comité s'il est nécessaire d'opérer une réduction dans le montant des billets de banque en circulation, et de quelle manière on doit opérer cette réduction ? — Je crois que la meilleure manière serait d'obtenir le remboursement d'une partie des sommes avancées au Gouvernement.

169. Veuillez dire au Comité comment vous pensez que le prix des grains augmente ou diminue la valeur de la circulation ? — Une mauvaise récolte élevant le prix du grain et favorisant les ventes de ceux qui ont à vendre, augmente la rapidité de tout ce qui constitue la circulation ; et comme sa valeur dépend de la rapidité de la circulation, elle a pour effet de hausser le prix des autres denrées aussi bien que du blé. En pareil cas, tout fermier parvient à avoir un bon crédit, à cause de la hausse de ses produits et du marché toujours ouvert. Par suite de ce crédit qu'il a chez son banquier, il obtient facilement des avances. Alors il y a augmentation, non-seulement dans la rapidité de la circulation, mais encore

dans la somme du papier ; de sorte qu'on observe un double effet : le prix des diverses denrées hausse ainsi que le blé. D'un autre côté, l'abondance du blé éloigne les ventes, fait baisser les prix et diminue le crédit du fermier, qui non-seulement ne peut plus fournir de nouvelles sommes, mais encore peut à peine payer les anciennes avances qu'on lui a faites. Une tendance générale de ceux qui possèdent les fonds à les conserver, pour faire baisser les prix, diminue encore la rapidité de la circulation. Il en résulte une réduction des billets des banques de province, une baisse du prix des denrées en général et du blé en particulier.

170. L'accumulation des produits importés, la stagnation actuelle du commerce et la baisse des prix n'ont-elles pas une tendance à relever les changes étrangers, quoique le papier des Banques n'ait pas diminué ? — Ce sont ces considérations que j'ai fait valoir en disant qu'une petite réduction de la circulation suffirait probablement à relever le cours du change et à diminuer le prix de l'or.

171. L'obligation pour la Banque de reprendre ses paiements en espèces ne peut-elle pas être facilitée, si les préparatifs pour cette reprise coïncident avec l'amélioration du change provenant des causes signalées dans votre dernière réponse ? — La facilité de ces préparatifs est en rapport avec les progrès du change.

172. Y a-t-il d'autres causes à la rareté actuelle de la monnaie que l'accumulation des produits et le manque de confiance, résultat de la baisse des prix ? — Je ne le crois pas.

DÉPOSITION
DE
M. DAVID RICARDO.

SÉANCE DU JEUDI 4 MARS 1819.

Présidence du très-honorable ROBERT PEEL.

173. Pensez-vous que la circulation du papier soit excessive et dépréciée en comparaison de l'or, et que le haut prix des lingots et le faible taux du change soient la conséquence et l'indice de cette dépréciation? — Oui, je le pense.

174. Voici l'extrait d'une de vos publications : « Pourquoi la » Banque n'essayerait-elle pas une réduction de deux ou trois mil- » lions sur ses billets pendant trois mois? Si elle ne réussissait pas » à produire quelque effet sur le prix des lingots et des changes » étrangers, ses amis pourraient dire alors que les principes du » *Bullion Report* n'étaient que les utopies de quelques spéculateurs » peu pratiques. » Adhérez-vous encore aux opinions exprimées dans cette phrase? — Oui, j'y adhère.

175. Du mois de juillet au mois de décembre 1817, la moyenne du montant des billets de banque en circulation paraît avoir été de £29,210,000; du mois de juillet au mois de décembre 1818, il a été de £26,487,000; dans cette dernière période, le prix de l'or était plus élevé que pendant la première, et les changes étaient plus favorables au pays, de sorte que la réduction de trois millions sur les émissions n'a produit d'effet ni sur le change ni sur le prix de l'or. Comment conciliez-vous ces faits avec votre théorie? —· Lorsque j'ai émis cette opinion, je supposais qu'aucune cause commerciale ne devait agir sur le prix des lingots ou sur le change. J'étais fermement convaincu que, dans cette circonstance, la réduction des billets de banque élèverait leur valeur au point désiré. Je suis certain qu'il y a d'autres causes que la quantité des

billets de banque qui peuvent agir sur les changes, mais que, quelle que soit l'origine d'un change défavorable, on peut toujours l'améliorer par une réduction de la circulation.

176. Ne doit-on pas alors ajouter à l'exposé ci-dessus cette réserve, pourvu que d'autres causes ne contrarient pas l'effet de la réduction? — Evidemment, je faisais allusion à un temps donné ; je ne prétends pas que, n'importe quand ou dans n'importe quelles circonstances, une réduction des billets de banque améliore le change.

177. Quelles sont les causes dont vous voulez parler? — Il y en a plusieurs : il peut y avoir dans le capital d'un pays une grande augmentation qui accroît tellement la quantité des marchandises qu'on se trouve avoir besoin d'espèces en circulation plus à une époque qu'à une autre ; il peut y avoir en Europe une diminution de la valeur de l'or et de l'argent assez forte pour absorber une circulation plus considérable ; dans tous les cas, je considère que son chiffre doit dépendre de sa valeur et de la quantité des demandes qu'elle a à satisfaire.

178. Alors, vous pensez que le prix de l'or est un signe certain de la dépréciation des billets de banque? — Je le considère comme un signe certain de la dépréciation des billets de banque, parce que je regarde le métal comme base du cours. Quelle que soit sa valeur, le papier doit s'y conformer, et il s'y conformerait avec un système semblable à celui qu'on employait avant 1797. Il y a, je crois, quelque chose qui prouve ce que je dis ; en 1782, comme l'indique un rapport de la Banque, il y eut une réduction de trois millions de billets dans l'espace de quelques mois ; cette réduction fut probablement suivie d'une diminution du métal en circulation, car il n'y avait alors en circulation aucun billet au-dessous de dix livres. Cela me prouve que, pour conformer la valeur du papier à celle du lingot, la Banque s'est vue dans la nécessité de réduire le montant de sa circulation.

179. Le prix de l'or étant plus faible lorsque le montant des billets en circulation était de 29 millions que lorsqu'il était de 26 millions, considérant toujours le prix de l'or comme base de la dépréciation des billets, à quelle autre cause attribuez-vous l'élévation du prix de l'or, lorsque le montant des billets de banque a diminué de 3 millions? — Il me semble que lorsque l'on compare ces deux produits, l'or et le papier, par exemple, il est impossible de dire, lorsqu'ils varient, si l'un augmente ou si l'autre diminue. Si l'or

hausse sur le marché du monde à un moment donné, il est évident qu'il peut dépasser la valeur de la circulation du papier ; quoique ce dernier soit réduit en quantité et augmenté de valeur, tous deux augmenteraient en même temps, mais l'or hausserait davantage. Par suite des opérations des banques de province, la circulation pourrait avoir été augmentée, quoique les émissions de la Banque d'Angleterre aient diminué. La confiance et le crédit peuvent, jusqu'à un certain point, remplacer les moyens de circulation. Je crois que nous n'avons jamais suffisamment observé les variations qui ont eu lieu dans la valeur du métal d'après lequel nous apprécions la valeur du papier ; il y a beaucoup de causes commerciales qui peuvent affecter la valeur de l'or. Une taxe, un progrès dans la mécanique peuvent produire cet effet ; mais quelle que soit la cause qui fasse dépasser au papier la valeur de l'or, soit par l'accroissement du papier, soit par la hausse de l'or, cependant, on peut toujours rétablir l'équilibre en réduisant le papier en circulation : c'est ce qui se pratiquait avant l'année 1797.

180. Pensez-vous qu'une réduction des billets de la Banque d'Angleterre amène une baisse sur le prix de l'or? — Je le pense ; je veux dire plutôt une réduction du montant de la circulation générale du pays. Mais ici une réduction des billets de la Banque est possible sans diminution correspondante de la circulation de province ; elle peut même l'augmenter. Ce n'est pas que je compte sur ce résultat ; mais je ne le crois pas matériellement impossible.

181. Pensez-vous que le montant de la circulation des banques de province varie avec celui de la circulation de la Banque d'Angleterre? — Dans un cas ordinaire, il varierait ; mais je crois que cette règle a des exceptions qui proviennent du plus ou moins de crédit des banques de province. Il y a toujours entre elles et la Banque d'Angleterre une concurrence pour inonder le plus de districts possible de leurs billets respectifs. La Banque d'Angleterre, ainsi que les banques de province, peuvent réussir à un moment plutôt qu'à un autre ; mais toutes choses égales d'ailleurs, je suis persuadé qu'une réduction dans la circulation de Londres en amènerait une dans celle de la province ; j'ajouterai qu'il importe peu pour le public que la réduction ait lieu complètement sur les émissions de la Banque d'Angleterre, ou bien en partie sur les émissions de la Banque d'Angleterre et en partie sur les émissions des banques de province. Le seul désagrément pour le public, si toutefois il y en a un, serait la réduction de la circulation.

182. De 1817 à aujourd'hui, la circulation de la Banque d'Angleterre est tombée de £29,210,000 à £25,000,000, c'est-à-dire qu'elle a diminué de £4,000,000 ; comme cette réduction s'est faite graduellement et a duré quinze mois, n'a-t-elle pas agi sur la circulation des Banques de province ? — Elle a dû avoir une certaine influence, à moins d'avoir été contrariée par des causes toutes particulières que je ne peux pas connaître. Comme le papier de la Banque d'Angleterre vient de diminuer de £4,000,000 pendant cette période, celui des banques de province doit avoir été réduit dans la même proportion. — Ne trouvez-vous pas que cet état de choses ne s'accorde pas avec cette théorie que le prix de l'or est aujourd'hui plus élevé qu'à l'époque où la circulation de la Banque d'Angleterre était plus forte de £4,000,000 ? — Cela n'altère en rien ma confiance dans cette théorie, car je suis sûr que le résultat prévu serait arrivé s'il n'avait pas été contrarié par des causes étrangères.

183. Quelles sont les causes qui, selon vous, ont empêché l'effet de la réduction de la circulation ? — Je n'ai pas assez de faits à ma connaissance pour donner une explication complète sur ce sujet ; mais je suis certain qu'il y a d'autres causes que la quantité du papier, et qu'elles ont exercé leur influence dans cette occasion.

184. Alors, en supposant que la Banque fît plus tard une réduction du montant actuel de ses émissions, les mêmes causes ne viendraient-elles pas paralyser les bons effets que l'on attend de cette réduction ? — C'est possible, mais non probable.

185. Ayez la bonté de nous dire pourquoi ces mêmes causes, qui ont produit tel effet dans le même cas, ne le produiraient pas dans le second ? — Parce qu'il me semble que dans le commerce telle cause qui agit d'une façon dans un moment agit autrement à une autre époque. Je crois qu'une réduction de la quantité des monnaies doit en augmenter la valeur ou tout au moins l'empêcher de baisser. Je suis également certain qu'une réduction de la quantité de la circulation, si elle est suffisante, en augmentera la valeur malgré les causes qui peuvent s'y opposer.

186. Pensez-vous que si la Banque d'Angleterre réduisait de 2 ou 3 millions le montant de ses émissions, il s'ensuivrait une baisse de prix pour l'or et le rétablissement du change, ou bien les causes qui affectent le prix de l'or et le taux du change ne paralyseraient-elles pas les effets de cette réduction ? — Certainement, elles peuvent paralyser l'effet de cette réduction des émissions; mais pourvu qu'elle soit suffisante, elle l'emportera. Il y a deux marchandises que nous comparons l'une à l'autre, savoir, l'or et les billets de banque; la variation et la valeur relative de ces deux marchandises peuvent être engendrées par une augmentation de la quantité du papier ou par une baisse de prix de l'or. Dans l'état de notre circulation, le meilleur remède est toujours une réduction dans le montant du papier, que cette valeur et cette variation provienne d'une cause ou d'une autre.

187. Prenez alors une période considérable; lorsque la Banque avait la même circulation de billets, elle fut ainsi pendant trois semestres, depuis juillet 1815 jusqu'à décembre 1816, de 26 millions et demi. Au commencement de cette période, l'or était à 4 liv. 16 sh, il tomba à 4 liv. 11 sh., 4 liv. 9 sh., 4 liv. 7 sh., 4 liv. 3 sh., 4 liv. 2 sh., 4 liv. 1 sh., 4 l., 3 liv. 19 sh. et 3 liv. 18 sh. 6 den? — Il n'y avait pas d'interruption dans la baisse graduelle de l'or et pas de variation dans le montant des billets de banque en circulation. — Attribuez-vous la baisse du prix de l'or à un changement de sa valeur? — Sans aucun doute.

188-189. — En lisant les rapports faits à différentes époques au Parlement, on voit que la valeur relative de l'or et de l'argent a souvent varié; maintenant à quelle cause doit-on attribuer cette variation; est-ce à l'altération de la valeur d'un de ces métaux? — Quel que soit le métal altéré, s'il sert d'étalon, il indiquera toujours une augmentation ou une diminution du papier.

190. Savez-vous quelles ont été les plus fortes variations de l'or et de l'argent; pensez-vous que dans une période de trois ans, par exemple, ils aient varié d'un pour cent? — En consultant mes souvenirs, je dirai que cette variation a été jusqu'à 6 et 7 0/0. Je relève ces circonstances pour prouver au Comité qu'il peut très-bien y avoir avec les métaux précieux des variations qui produisent des effets semblables à ceux dont nous cherchons ici l'explication.

191. Mais en supposant qu'il y ait eu pendant ce temps une baisse correspondante du prix de l'argent, l'attribueriez-vous à la même cause que la baisse du prix de l'or? — Je dirai alors que, quelle que soit cette cause, elle a agi sur les deux au lieu d'agir sur un seul exclusivement.

192. Ne pensez-vous pas que la meilleure circulation est celle

dont la valeur est la plus fixe et peut continuer avec le moins de frais possible? — Certainement.

193. Avez-vous envisagé quelque plan qui conduise à ce but? — Oui, je l'ai fait.

194. Soyez assez bon pour dire au Comité votre opinion à ce sujet? — Mon opinion est que la Banque d'Angleterre pourrait à volonté payer ses billets en espèces ou en lingots au prix de 3 liv. 17 sh. 10 1/2 den.; par ce moyen, la circulation du papier ne pourrait jamais tomber au-dessous de la valeur de la monnaie avant 1797.

195. Quelle quantité d'or une personne pourrait-elle demander en échange de son papier? — Je laisse cette décision à la Banque ; mais c'est de peu d'importance.

196. Ne serait-il pas nécessaire d'avoir une loi ? — Il en faudrait une sans doute, mais que la quantité soit de 20.50 ou 100 onces, je n'ai pas à choisir; quelle qu'elle soit, le but proposé sera toujours atteint.

197. Pensez-vous qu'il soit politique d'imposer en même temps à la Banque l'obligation d'émettre des billets en échange de l'or qu'on *lui* apporte ? — Ce n'est pas absolument nécessaire, mais ce serait un grand progrès.

198. Le but serait-il d'empêcher une hausse de la valeur des billets de Banque au-dessus du cours de l'or? — Oui, effectivement.

199. Ne pourrait-on pas atteindre ce but en laissant à chaque personne la faculté d'aller à la Monnaie et d'y recevoir des espèces en échange de lingots? — Il serait aussi bon de convertir les lingots en monnaie ou en papier, et le but serait parfaitement rempli.

200. Pensez-vous convenable que les billets au-dessous de 5 liv. continuent à être mis en circulation ? — Dans cette circonstance, il faudrait absolument des billets d'une et deux livres.

201. Pensez-vous qu'on puisse faire avec les billets de banque une offre légale? — Certainement.

202. Laisseriez-vous aux banquiers de province la faculté d'émettre du papier payable en billets de la Banque d'Angleterre? — Oui.

203. Et vous ne les forceriez pas à payer en espèces? — Non.

204. Vous rapporteriez les lois à l'égard de l'exportation de la monnaie? — Sans aucun doute.

205. Et vous laisseriez la liberté au commerce des lingots et de la

monnaie ? — Parfaitement, et même j'autoriserais tout individu à frapper monnaie s'il le jugeait convenable.

206. Quelle règle pensez-vous qu'on doive adopter pour les monnaies étrangères ? — Lorsque je dis que le public devrait avoir le privilége d'acheter et de vendre les lingots à la Banque, je parle des lingots au titre anglais. Mais si l'on admet les monnaies étrangères, suivant qu'elles sont au-dessus ou au-dessous du titre anglais, il me semble peu important que ces opérations se fassent en lingots ou en espèces.

207. Ne serait-ce pas là un avantage de plus ? — Je pense que oui.

208. Pourriez-vous fixer une période à la fin de laquelle on pourrait avoir recours à ce plan d'une manière certaine ? — Je pense qu'on doit y avoir recours dès à présent, soit au prix de 3 liv. 17 sh. 10 1/2 den., soit à un autre prix. Je trouve que notre circulation n'est pas dans un état satisfaisant, tandis que la Banque peut diminuer ou augmenter sa circulation, ou en altérer la valeur à son gré. Aussi, quelle que soit l'époque de la reprise des paiements en espèces, je recommanderai toujours dans l'intervalle d'adopter ce système, même en le modifiant.

209. La Banque serait donc dans l'obligation de payer ses billets à vue en or à son prix actuel sur le marché, et de réduire successivement le prix de l'or qu'elle donnerait jusqu'à ce qu'il arrivât au niveau de celui de la Monnaie ? — Précisément ; mais dans cette circonstance le prix auquel la Banque serait forcée d'acheter l'or ne serait pas fixé au-dessus de celui qui servirait toujours de base.

210. Proposeriez-vous de mettre ce prix au-dessous de celui de la Monnaie ? — Certainement ; je ne peux guère préciser dans quelle proportion, mais la Banque le pourrait mieux que moi.

211. Proposeriez-vous de mettre le prix auquel la Banque serait forcée d'acheter l'or au niveau ou au-dessous du prix auquel elle l'émet ? — J'ai déjà dit que je recommandais de mettre le prix auquel la Banque achèterait l'or un peu au-dessous de celui de la Monnaie, qui, une fois pour toutes, est fixé à 3 liv. 17 sh. 10 1/2 den.

212. Dans ce cas, la Banque ne pourrait-elle pas changer subitement la valeur des cours en réduisant la circulation plus promptement qu'il ne serait désirable pour le montant de ses billets ? — Dans ces limites, oui ; mais après qu'on a investi la Banque des grands

pouvoirs qu'elle a eus pendant vingt-deux ans, on peut bien lui laisser ce faible pouvoir pour le moment actuel.

213. Mais si l'on ne pouvait pas y arriver ainsi, ne pourrait-on pas contre balancer son action en veillant à ce que les achats se fissent presque au même prix que les émissions d'or ? — Certainement non au même prix, mais à un prix plus faible.

214. Si après la reprise des paiements en espèces, la Banque continuait à émettre des billets d'une ou deux livres, ses émissions ne tendraient-elles pas à diminuer la quantité d'or nécessaire à la circulation lorsque l'on compare cette quantité à celle qui était nécessaire avant la restriction ? — Certainement ; si le public préférait une circulation de billets d'une ou de deux livres à une circulation d'or monnayé, cette règle serait inutile ; mais autrement elle assurerait à la Banque le pouvoir de remplir cette portion de notre circulation avec des billets d'une et de deux livres, et d'empêcher le public de demander le paiement en or de ces billets.

215. Pensez-vous qu'il serait difficile d'avoir tout l'or nécessaire au pays, dans les circonstances que vous avez supposées ? — D'après la manière dont j'envisage la question, je pense que non.

216. Vous supposez que la Banque commencerait de suite les paiements en or au prix actuel du marché ? — Ou bien à un autre prix ; car j'ai la ferme conviction qu'en réduisant le montant de ses billets, la Banque en augmente la valeur et qu'elle peut toujours maintenir leur valeur au pair avec ses lingots, à quelque prix que le Comité fixe son choix.

217. Ne serait-il pas nécessaire d'avoir toujours une quantité considérable d'or pour répondre aux demandes, bien que le prix du marché corresponde à celui de la Monnaie ? — Ce serait certainement désirable, mais la Banque en reviendrait aux règles qu'elle suivait lors de la circulation du métal. Je pense qu'il serait imprudent de sa part de ne pas s'approvisionner de lingots, car il y a des intervalles pendant lesquels le papier peut ne pas atteindre de suite la valeur qu'il doit avoir par suite de sa réduction, et pendant ces intervalles il peut y avoir des demandes de lingots.

218. Cela ne prouve-t-il pas que la réduction des émissions de la Banque d'Angleterre amènerait de suite une réduction des billets des banques de province ? — Sans doute ; j'ai déjà expliqué au Comité qu'il me semblait que dans certains cas la réduction des

billets de la Banque d'Angleterre pourrait être beaucoup plus forte et celle des billets des banques de province beaucoup plus faible ; mais ce n'est là qu'une question de proportion ; la Banque peut, dans certaines circonstances, être forcée de réduire bien plus son papier pour maintenir sa valeur au pair avec les lingots.

219. Ne peut-il pas y avoir dans le pays des événements capables d'amener une réduction des émissions pour diminuer le prix élevé de l'or qui nuit au commerce ? — Sans doute, c'est un malheur auquel toutes les circulations sont exposées ; tout pays qui a une circulation métallique est sujet à cet inconvénient, et le public ne serait pas exposé à en subir d'autres, si l'on adoptait le plan proposé.

220. Etes-vous sûr qu'il y ait à présent une grande stagnation dans le commerce, et qu'il s'en soit suivi une forte réduction des prix ? — Je l'ai entendu dire ; mais n'étant pas dans le commerce, je n'ai pas de renseignements précis à cet égard.

221. Une réduction des émissions de la Banque n'amènerait-elle pas une baisse du prix des denrées ? — Je le crois, car je considère une diminution du papier de la Banque comme une hausse dans le medium qui sert de base à l'estimation des marchandises.

222. Dans quelle proportion ? — Dans la proportion de 5 à 6 0/0 ; je calcule d'après l'excédant du prix de l'or sur le marché comparé à celui de la Monnaie.

223. Pensez-vous qu'une diminution de la circulation réduise les prix dans une proportion mathématique ? — A peu près.

224. Réduirait-elle les prix de toutes les marchandises d'une manière égale ? — Je ne le pense pas, à cause de l'inégalité des taxes ; sans cela, ce serait bien possible.

225. La réduction de 5 0/0 sur les prix ne serait-elle pas fort gênante, si elle provenait d'autres causes que de la diminution des émissions de la Banque ; par exemple, un excès de spéculation et la stagnation qui s'ensuivrait ? — Une différence de 5 0/0 ne me semble pas énorme ; mais je ne prétends pas être fort instruit dans ce genre de choses ; je n'en ai que quelques notions.

226. Lorsque la confiance diminue, ne demande-t-on pas plus d'argent ? — Sans doute.

227. Alors, si c'est une période durant laquelle on demande beaucoup d'argent, par suite du manque de confiance, elle ne doit pas être propice à la réduction de la circulation ? — Il me semble

que cette circonstance peut permettre une petite réduction. Une demande légitime d'argent, par suite du manque de confiance, doit mettre la Banque à même de maintenir sa circulation à un taux plus élevé que s'il n'y avait pas eu de demandes par suite de ce motif.

228. A supposer que cette réduction des émissions de la Banque ait lieu pour rétablir le prix de l'or au niveau de celui de la Monnaie, pensez-vous que la valeur de la circulation augmenterait de 5 0/0 ? — Oui, je le pense.

229. Ne serait-il pas nécessaire d'élever le montant des taxes pour faire face aux dépenses publiques destinées au paiement de la dette publique ? — Sans doute.

230. Le montant des impôts n'augmenterait-il pas à proportion de l'augmentation de la valeur nominale de la monnaie ? — Certainement.

231. Vous êtes sûr que par l'acte 56, de Georges III, chap. 68, qui autorise une refonte des monnaies d'argent, il y a eu dans la valeur relative de l'or avec l'argent une altération de 15-059-2-1 à 14-121, ce qui fait une différence d'environ 6 0/0. Pensez-vous que cette différence arrête le monnayage de l'or, pourvu que la monnaie d'argent, en particulier, reste une offre légale jusqu'à 40 sh., et que la Monnaie conserve toujours le pouvoir de régler le montant des espèces en argent ? — Cela me paraît à peu près impossible, quelle que soit la valeur relative de ces deux métaux, tant qu'ils seront gouvernés d'après les règles déjà mentionnées.

232. Trouvez-vous convenable de maintenir la valeur intrinsèque de notre monnaie aussi rapprochée que possible de la valeur intrinsèque du métal ? — Mon avis est de n'avoir que du papier en circulation, et l'expédient que j'ai proposé était dans ce but ; mais pourvu que nous ayons une circulation métallique, je ne connais rien de plus désirable que de maintenir la valeur de la monnaie aussi près que possible de celle du métal.

233. Le prix de l'or en avril 1815 était de 5 liv. 7 sh. l'once, et au mois d'avril suivant il était de 4 liv. 1 sh. l'once, ce qui fait une différence de 1 liv. 6 sh. ; à supposer que le prix moyen des autres marchandises, calculé en billets de banque, ait été le même à ces deux périodes, en concluriez-vous que les billets de banque étaient dépréciés en avril 1816 en comparaison d'avril 1815, dans la proportion de la différence des prix de l'or ? — Oui.

234. Quoique le prix de tous les autres articles soit resté le même estimé en banknotes? — Oui, malgré cela.

235. Vous avez dit qu'une circulation qui a l'or pour base est sujette aux grandes variations qui peuvent provenir du changement de la valeur de l'or comparé aux autres produits; peut-on établir quelque chose de plus fixe? — Je ne le pense pas.

236. Pourrait-on, en fixant de temps en temps le montant des billets de banque en circulation, en obtenir une dont la fixité approchât celle dont la base était une valeur métallique? — Je ne connais aucun moyen de fixer la valeur d'une marchandise quelconque; mais en pratique, le métal paraît être la base la plus fixe.

237. Le Comité ne doit-il pas en conclure que votre opinion est que la base de la circulation, depuis qu'elle a cessé d'être payable en espèces à vue, a été beaucoup plus variable que si elle était restée sur le même pied qu'avant 1797? — C'est mon opinion.

238. Relativement à l'or? — Ou à l'argent, peu importe. — Vous avez dit que vous pensiez que la raison pour laquelle une réduction de 3 millions sur le montant des billets de banque n'avait pas été suivie d'une baisse correspondante du prix de l'or et d'une hausse du change devait venir d'autres causes; vous avez dit également que vous pensiez qu'une réduction des billets de la Banque d'Angleterre amènerait une réduction correspondante des billets des banques de province. Si ce dernier papier avait été retiré par suite d'une panique comme celles de 1816 et 1817, et si quelques-uns des districts dans lesquels il avait circulé auparavant avaient été remplis de billets de la Banque d'Angleterre, n'est-il pas probable qu'une réémission des billets des banques de province aurait renvoyé à Londres les billets de la Banque d'Angleterre, et, par ce moyen, aurait contrarié l'effet de la diminution des émissions de la Banque d'Angleterre dans le but de réduire le prix de l'or et la hausse du change et de limiter le montant du papier de province en circulation? — Je le crois; plus le cercle de la circulation des billets de la Banque d'Angleterre est restreint, plus l'effet d'une augmentation ou d'une diminution doit être sensible. Je ferai aussi observer que, dans quelques rapports sur le montant des billets de banque en circulation à certaines époques, les billets d'une, et deux livres varient d'une manière très-remarquable relativement à ceux qui sont plus forts; c'est ce qui peut arriver par suite du plus ou moins de crédit des banques de province. — Il paraît qu'en 1815, le montant

des billets au-dessus de £5 était de 13 millions et celui des billets au-dessous de £5 de 9 millions. En janvier 1818, le montant des billets au-dessus de £5 était de 16 millions et celui des billets au-dessous de £5 de 7 millions 1/2. D'après les rapports faits à la Chambre des communes, il semblerait qu'il y ait eu la même inégalité entre les billets de £10 et ceux de £20 ; ce sont eux qui circulent surtout pendant les embarras des banques de province ? — Je n'ai pas examiné ces proportions pour expliquer la difficulté que votre question a soulevée ; mais je fais observer cela comme une circonstance que je ne connais pas à fond ; cependant, on saisit le rapport qui existe avec la situation des banques de province.

239. Pensez-vous que l'émission des billets de banque, pour l'achat des lingots, puisse être avec sécurité plus considérable, sans produire les mêmes effets d'excès ou de diminution que l'on observe quand elles ont lieu dans un autre but ? — Il me semble que cela ne fait aucune différence d'émettre les billets pour l'escompte pour les avances au Gouvernement ou pour l'achat des lingots ; c'est le chiffre du total qui produit l'effet.

240. Pensez-vous que l'étalon de la valeur, si on adoptait deux métaux, l'or et l'argent, par exemple, comme c'était autrefois le cas dans notre pays et comme cela se voit encore chez d'autres nations, serait plus variable que si on n'adoptait qu'un seul métal ? — Oui.

241. Alors, quel métal préféreriez-vous ? — J'éprouve quelque embarras pour répondre à votre question ; certaines raisons m'ont donné autrefois à penser que l'argent eût été le meilleur métal, surtout parce qu'il est principalement employé dans la circulation des autres pays ; mais depuis que j'ai appris que la mécanique est applicable surtout aux mines d'argent et peut en augmenter la quantité et en changer la valeur, tandis que les mêmes causes n'agissent pas sur l'or, j'en ai conclu que l'or était le meilleur métal pour régler la valeur de notre circulation.

242. Quoique la circulation des autres pays soit ordinairement réglée par l'argent ? — Je pense que ce fait n'est d'aucune importance pratique et ne peut en rien gêner le commerce.

243. Si un pays se sert de l'or comme mesure et un autre de l'argent, est-ce qu'il ne doit pas en résulter une fluctuation fréquente dans le pair du change ? — Certainement, non-seulement dans le pair, mais dans le cours.

244. D'après des rapports déjà cités, il paraît qu'en avril 1815,

l'or était à 5 liv. 7 sh., et qu'en avril 1816 il était de 4 liv. 1 sh., ce qui fait 25 0/0 à 30 0/0 de différence, ces prix étant toujours estimés avec notre circulation de papier. Savez-vous si, pendant cette période, il y eut une variation dans le prix de l'or en France ou dans une autre partie du continent? — Il me semble qu'en France il n'y a eu aucune variation dans le métal qui sert de base à la circulation, et, quant aux variations de l'autre métal, qui n'est pas étalon, elles doivent être limitées à celles qui ont eu lieu généralement en Europe dans la valeur relative des deux métaux.

245. S'il paraît que, pendant cette période, il n'y ait eu aucun changement dans le prix de l'or à Paris, concluez-vous de cette circonstance que la variation du prix de l'or entre avril 1815 et avril 1816 provienne de variations dans la valeur du papier et non dans celle de l'or? — Toute baisse dans le prix du métal régulateur est immédiatement compensée en France par une réduction du montant de la circulation; si une pareille réduction n'a pas eu lieu dans les mêmes circonstances sur notre circulation, il doit y avoir nécessairement un excédant du prix de l'or sur le marché comparé à celui de la monnaie d'or; dans une circulation normale, la valeur de l'or peut varier, mais son prix jamais.

246. La variation dont vous avez parlé précédemment, c'est sans doute ce que vous comprenez sous le titre de dépréciation du papier? — De quelque cause que provienne la différence de valeur entre le papier et l'or, je dirais aujourd'hui que le papier est déprécié lorsque le prix du marché excède le prix de la Monnaie, parce qu'alors la circulation est plus considérable que si l'on était obligé d'en proportionner la valeur à celle du métal, ce que l'on est obligé de faire lorsque la Banque paie en espèces.

247. Considérez-vous la différence du prix de l'or sur le marché et à la Monnaie comme la base de la dépréciation des billets de banque? — Oui.

248. Alors, en prenant janvier, février et mars de l'année dernière, le montant des billets de banque en circulation était de 30, 29 et 28 millions; en octobre, novembre et décembre, il était de 26 et 25 millions. De la sorte, la moyenne en décembre était de 5 millions plus faible qu'en janvier; dans les trois derniers mois, le prix de l'or était plus élevé que dans les trois premiers; croyez-vous que les billets de banque avaient moins de valeur dans la dernière période que dans la première? — Oui, certes, si l'or était plus cher.

249. Pensez-vous que l'on doive distinguer les lingots ou les espèces des billets de banque, en se rappelant que la monnaie ou les lingots servant d'intermédiaire pour toutes les valeurs agissent comme une lettre de change, tandis que le billet de banque ne possède pas cette propriété ; la valeur du lingot et de la monnaie ne doit-elle pas suivre le taux du change, tandis qu'une pareille opération ne peut pas influer sur le billet de banque ? — Certainement, un billet de banque non payable en espèces est limité à notre circulation et ne peut pas servir pour un paiement à l'étranger ; un billet de banque payable en espèces est la même chose que les lingots ou la monnaie.

250. Cette qualité particulière qui distingue le billet de banque du lingot ne peut-elle pas expliquer la différence de valeur sans qu'il s'ensuive que la banknote soit dépréciée pour régler la valeur des marchandises dans le pays ? — Je ne le crois pas ; le terme de dépréciation n'indique pas une simple diminution de valeur, mais il suppose encore une diminution de valeur relative comparée avec l'étalon normal ; par conséquent, je regarde comme possible la dépréciation d'un billet de banque, malgré l'augmentation de sa valeur, si cette augmentation n'a pas lieu dans une proportion égale à la dépréciation elle-même.

251. Pensez-vous que la Banque ait pu ne pas interrompre ses paiements en 1797 ? Ne trouvez-vous pas que ce serait une expérience dangereuse, car si l'on manquait le but les paiements seraient arrêtés ? — Je ne sais si en payant jusqu'à sa dernière guinée la Banque n'eût pas dominé la panique ; cette expérience aurait amené une crise semblable à celle dont nous souffrons aujourd'hui.

252. Vous avez dit que la diminution des émissions de billets rétablirait le prix de l'or au niveau de celui de la Monnaie et rendrait le change favorable au pays. En supposant que la balance de nos paiements ne fût pas en notre faveur, comment se liquider ? — Il me semble qu'une réduction dans le montant de la circulation peut toujours rétablir le prix du métal au niveau de celui de la Monnaie ; mais je n'ai pas dit qu'elle pouvait rétablir le change au pair. Toutefois, si cette réduction était continuée, je pense qu'elle rétablirait le change ; mais, dans certaines circonstances, le prix du métal pourrait tomber au-dessous de celui de la Monnaie.

253. Vous avez dit que vous regardiez une petite quantité d'or en circulation comme nécessaire pour permettre à la Banque de

reprendre ses opérations ? — C'est en supposant un arrangement par lequel la Banque ne serait pas forcée de payer en espèces, mais de payer ses billets à vue en lingots ; je crois que, dans ce cas, il lui en faudrait une faible quantité pour continuer ses opérations.

254. En supposant que la balance des paiements ne fût pas en notre faveur, ne faudrait-il pas nécessairement faire ce paiement en espèces ou en lingots ? — Il me semble que la balance des paiements est souvent l'effet et non la cause de la situation de notre circulation.

255. Vous devez être persuadé qu'entre deux pays de commerce il doit y avoir une balance d'une manière ou d'une autre ? — Ces achats et ces ventes me paraissent dirigés par la valeur de la circulation des deux pays ; telle cause qui augmentera les prix d'un des pays agira sur les transactions commerciales de l'autre, et, par conséquent, le change sera affecté par une augmentation ou une diminution de la valeur de leur circulation.

256. De ce que le coton, le café et d'autres marchandises sont bon marché aujourd'hui dans notre pays, en concluez-vous qu'il serait plus avantageux de les envoyer en France ou sur le continent ? — Cela dépend, si ces articles sont plus chers ailleurs qu'ici.

257. Et s'ils sont meilleur marché en France ? — Alors il n'est pas avantageux de les y envoyer.

258. Y a-t-il d'autre moyen de payer qu'en lingots ou en espèces ? — En limitant le montant des billets, nous abaissons la valeur du coton et des autres marchandises, et dans ce cas nous pouvons opérer nos paiements au moyen de l'exportation, ce que nous ne pourrions faire au prix antérieur.

259. Alors pensez-vous qu'il soit prudent, selon les circonstances, d'arrêter le commerce du pays pour agir sur le prix de l'or ? — Il me semble qu'une réduction du prix de l'or ne peut jamais être obtenue que par une diminution de la circulation, par son usage plus répandu ou par une baisse dans sa valeur échangeable ; si l'on y arrivait par une réduction du papier, il faudrait encore avoir recours à ce que j'appellerais l'épuisement de la circulation.

260. Ne regardez-vous pas le remède comme pire que le mal ? — Sans doute, dans certains cas ; mais ici ce n'est pas le cas.

261. Pouvez-vous désigner une époque préférable pour que la Banque puisse reprendre ses paiements en espèces au prix de la Monnaie ? — Il m'est difficile de préciser une époque, mais je ne

crains pas de dire qu'elle le pourra dans quelques mois; je sais qu'il y a des difficultés, mais elles ne sont pas formidables, et nous aurons en compensation une circulation régulière fixée sur des bases stables.

262. Pensez-vous qu'il y ait quelque inconvénient pour le commerce dans l'incertitude et dans les fluctuations qui doivent probablement durer jusqu'à la reprise des paiements en espèces? — Je pense que l'incertitude peut engendrer de grands maux : un de ceux qui accompagnent le papier non payable à vue, c'est d'encourager l'excès du commerce et de nous mettre dans des embarras où nous ne serions pas si nos billets étaient compensés par une circulation métallique.

263. Pensez-vous que dans l'état actuel du commerce il y ait plutôt quelque chose qui puisse nous faire désirer une baisse de 5 0/0, que vous considérez comme une mesure nécessaire pour la reprise des paiements en espèces, que la persistance des inconvénients que, selon vous, avec ce système on endurerait avec l'état actuel de choses, pendant une période plus longue au delà du 1er mars 1820? — Je ne crois pas que l'on puisse le prolonger.

264. Le commerce n'a-t-il pas souvent été exagéré avant la suspension des paiements en espèces à la Banque? — Je pense qu'il y a toujours une tendance vers cet excès; qu'il a été encouragé par les circonstances particulières dans lesquelles la dernière guerre nous avait placés, ainsi que par la manière dont nous étions forcés de continuer le commerce, et que ces habitudes, que nous avons conservées, sont plutôt encouragées par un système de circulation en papier qu'autrement.

265. Ne pensez-vous pas que l'excès du commerce a été beaucoup encouragé par le système des banques de province, bien que leurs billets soient payables à vue en espèces? — Je crois que les banques de province ne peuvent jamais augmenter le montant de la circulation d'une manière permanente, et, que par conséquent, elles n'ont pas encouragé les excès du commerce.

266. Est-ce dans le cas où leurs billets seraient payables en espèces? — Oui.

267. N'y a-t-il pas eu un excès temporaire des billets des banques de province à l'époque où ils étaient payables en espèces, et n'a-t-il pas engendré des spéculations hasardées? — Je n'en ai jamais eu d'autre preuve que la hausse du prix de l'or sur le

marché au-dessus du prix de la Monnaie, et jamais je n'avais vu chose pareille avant 1797.

268. Vous considérez un grand nombre de banqueroutes comme un signe de l'excès du commerce? — Un grand nombre de faillites peut prouver un commerce excessif, mais non un excès de la circulation.

269. Même si les banqueroutiers étaient en rapport avec les banques de province? — Même dans le cas où l'on pourrait remonter jusqu'à elles, je dirai que leur émission était irrégulière.

270. Pensez-vous que la suspension des paiements en espèces excite davantage et donne une plus grande facilité pour faire un commerce d'aventure que quand la Banque était forcée de payer en espèces? — Cela me semble ainsi, car on a surtout confiance dans le renouvellement des billets de commerce.

271. Vous avez dit que la stagnation du commerce et la baisse des prix produiraient le même effet avec une réduction positive du montant de notre circulation. Cet effet mettrait-il les changes étrangers au pair? — Certainement.

272. Le résultat de ces causes actuelles ne serait-il pas d'amener le prix de l'or sur le marché au niveau de celui de la Monnaie, sans l'intervention d'aucune loi sur les émissions de la Banque d'Angleterre? — Cette circonstance peut arriver, mais de toute façon je ne connais pas assez les faits pour être juge de la chose.

273. Pensez-vous qu'avec la continuation de la stagnation du commerce et de cette baisse de prix on obtiendrait le résultat en question? — Je n'ai pas d'idée arrêtée à ce sujet; l'effet peut avoir déjà été produit, et par conséquent il a cessé d'exister. Toutes ces causes me semblent peu probables, aussi je ne peux rien préciser.

274. Lorsqu'il y a une tendance générale vers la baisse des prix, les espèces métalliques ne sont-elles pas gardées en caisse, de même que, en temps prospère, les marchandises sont accumulées dans le but de réaliser un plus grand bénéfice? — Il me semble que personne ne voudrait enfermer son argent; on cherche au contraire à lui faire rendre le plus possible : on n'achète pas de marchandises si l'on croit qu'elles vont baisser, mais on est heureux, en attendant un emploi, de retirer l'intérêt de son argent.

275. Les changes ayant été favorables à ce pays lorsque la Banque a suspendu ses paiements en 1797, il est impossible que, par des facilités plus grandes accordées aux banquiers de province

et aux négociants, elle n'ait pu aider la circulation du pays et diminuer la détresse publique? — J'ai de grands doutes à cet égard; il me semble que cette alarme provenait de causes étrangères et d'un désir de thésauriser. Je ne pense pas que l'augmentation de la circulation ait pu calmer de semblables craintes.

276. Ne se produit-il pas souvent une différence d'opinions sur l'époque à laquelle les marchandises ont atteint le minimun de leur valeur, car le vendeur raisonne autrement que l'acheteur, bien qu'ils aient en vue le même objet : un bénéfice? — Certainement, mais c'est de la lutte de ces deux opinions que doit résulter la hausse ou la baisse.

DEUXIÈME DÉPOSITION DE M. DAVID RICARDO.

SÉANCE DU VENDREDI 19 MARS 1819.

Présidence de l'honorable ROBERT PEEL.

277. Il y a quelques points sur lesquels le Comité a appris que vous désiriez lui donner encore des informations.—Le témoin remet un écrit ainsi conçu :

« Je demande à être admis à modifier une partie des explications que j'ai eu récemment l'honneur de donner au Comité.

» Quand on m'a interrogé dernièrement, on m'a demandé si ce n'était pas une amélioration dans les statuts qui régissent la fabrication des espèces monnayées que de conserver à l'Hôtel de la Monnaie une provision d'or monnayé que l'on échangerait, sans délai et sans réduction, pour un poids égal en lingots d'or; à quoi j'ai répondu : que tout ce qui tendra à égaliser la valeur de l'or monnayé et du lingot sera une amélioration notable dans les rouages de la circulation, et qu'un tel perfectionnement ne pourrait manquer de produire un résultat avantageux.

» Je maintiens cette réponse en ce qui regarde notre circulation; mais je dois ajouter que, rendre le lingot échangeable sans délai et sans perte pour l'or monnayé encouragerait par trop les exportateurs le valeurs métalliques à échanger leurs lingots contre de l'or monnayé, en prévision de leur exportation. L'or monnayé porte sur son empreinte l'attestation de sa finesse, il est divisible en petites sommes, et par ces raisons il possède, comme article de marchandise, des avantages sur le lingot. Notre administration de la Monnaie ne serait plus seulement chargée de la fabrication de l'or pour la circulation intérieure de l'Angleterre, mais encore pour tout ce qui pourrait lui être demandé pour l'exportation, et que, le cas échéant, on voudrait acquérir sans surcroît de dépense. Là est l'inconvénient attaché à un numéraire exempt de tout droit de fabrication, à l'abri aussi des pertes d'intérêt qui proviennent dans le système actuel du délai apporté par la Monnaie à rendre les pièces fabriquées à la place des lingots, et qu'on pourrait justement appeler un léger droit de fabrication. Mais des espèces frappées avec un droit de fabrication ont aussi des inconvénients, parce que l'administration de la Monnaie n'est pas seule à en émettre. La Banque en peut abaisser le prix jusqu'à sa valeur intrinsèque par le pouvoir incontestable qu'elle a de créer une circulation considérable de papier-monnaie. Si, par exemple, l'argent était maintenant le type régulateur de notre circulation monétaire, et par conséquent la monnaie légale, la Banque pourrait émettre du papier jusqu'à ce que le prix du lingot d'argent ait été élevé à 5 sh. 6 den. l'once (valeur légale des espèces en argent) sans inconvénient pour elle-même ; elle pourrait diminuer alors ses émissions jusqu'à ce que l'argent tombât à 5 sh. 2 den., et, de cette manière, élever ou abaisser alternativement le prix de l'argent entre 5 sh. 6 den. et 5 sh. 2 den., et cela aussi souvent qu'elle jugerait à propos. S'il n'y avait pas un droit de fabrication sur l'argent monnayé, et s'il était immédiatement échangeable contre un lingot d'argent, à la demande du possesseur du lingot, il est évident que le prix de l'argent ne s'élèverait pas au-dessus et ne tomberait pas au-dessous de 5 sh. 2 den. (prix actuel de la Monnaie); mais, dans ce cas, l'administration de la Monnaie pourrait, comme je l'ai précédemment démontré, être appelée à frapper tout l'argent qu'il serait possible d'exporter. Si l'on décide qu'en toute circonstance une partie de la circulation du numéraire doive être faite en or monnayé, il est à désirer que la base sur laquelle on devra établir cette circulation soit aussi parfaite que possible. Il faudrait imposer un droit très-modique pour la fabrication de l'or, et donner en même temps aux détenteurs des billets de banque le privilége d'exiger de la Banque, au prix de la Monnaie, de l'or monnayé ou de l'or en lingot, en échange de leurs billets, selon ce qu'ils jugeraient leur être le plus avantageux. Si, en vue de l'exportation, ils préféraient, comme c'est probable, l'or en lingot à cause de sa plus grande valeur intrinsèque, ils l'exporteraient sans aucun désavantage pour le pays ; s'ils choisissaient, ce qui est possible, l'or monnayé, à cause de sa forme plus convenable et d'une finesse garantie, ils ne pourraient l'obtenir sans payer les frais de sa fabrication. Si ce plan était adopté, le droit de la fabrication devrait donner un bénéfice suffisant pour en couvrir tous les frais; et l'on pourrait, en toute sécurité, l'étendre jusqu'au point précis où il n'y aurait plus le moindre profit à fabriquer de la fausse monnaie. Ce plan me paraît être le meilleur pour une circulation monétaire dont les métaux précieux formeraient la plus grande partie ; mais je suis néanmoins d'avis qu'on en obtiendrait tous les avantages, avec plus d'économie, en adoptant le plan que j'ai eu l'honneur d'exposer dernièrement devant votre Comité. »

278. D'après les idées que vous avez développées dans l'écrit qui vient de nous être lu, quel droit de fabrication regardez-vous comme suffisant pour protéger le numéraire de ce pays ? — C'est là une question pratique à laquelle je n'ai pas qualité pour répondre.

279. Savez-vous quel est, sur l'or, le droit de fabrication que prend en France l'administration de la Monnaie ? — Non ; je ne me suis jamais mis au courant des règlements du droit de fabrication de la monnaie en France.

280. Dans une circulation dont une partie consisterait en or monnayé et l'autre partie en papier convertible en numéraire, à la volonté de son détenteur, pensez-vous qu'il se présenterait fréquemment de passagères fluctuations dans le prix de l'or, et que ce serait une spéculation avantageuse d'exporter l'or monnayé ? — S'il n'y avait pas de droit de fabrication, il n'y aurait pas de variations dans le prix de l'or ; on pourrait cependant l'exporter au cas où le change serait défavorable ; mais quand il y a un droit de fabrication, le prix de l'or varie jusqu'à concurrence de ce droit.

281. Est-ce par cette cause ou par d'autres qu'il y a de si fréquentes variations dans le prix du change ? — La valeur de l'or monnayé ne peut différer de celle de l'or en lingot qu'en raison de la plus grande valeur intrinsèque de l'un ou de l'autre. Si une once d'or, frappée en 3 liv. 17 sh. 10 1/2 den. est délivrée par la Monnaie en échange d'un lingot, et sans aucun délai, je pense que, puisqu'il

y a précisément la même valeur d'un côté que de l'autre, il ne peut y avoir de préférence, et par conséquent pas d'élévation dans le prix de l'or ; mais si le droit de fabrication est tel que 3 liv. 17 sh. 10 1/2 den. d'or monnayé pèsent moins d'une once d'or en lingot, alors le prix du lingot s'élève au-dessus de celui des espèces monnayées jusqu'au montant de cette différence.

282. Si certaines demandes d'or étaient faites dans des pays étrangers, comme nous avons appris que cela venait d'arriver en Russie, n'en résulterait-il pas que l'or exporté dans ces pays-là y acquérerait une valeur supérieure à celle qu'il aurait en France ou chez nous ? — Sans aucun doute, parce que, dans ce cas-là, pour obtenir de l'or, la Russie donnerait plus de marchandises que la France.

283. Si vous regardez la monnaie d'or que l'on prendra ici comme un équivalent de l'or, et si en Russie l'or a une plus grande valeur que les marchandises, est-ce que cette situation ne déterminera pas une exportation de l'or ? — Si l'or a une valeur supérieure aux marchandises, le change sera défavorable, et l'exportation de l'or en lingots ou monnayé en sera la conséquence ; on l'exportera si cela paraît plus avantageux que d'expédier des marchandises de laine ou de coton. — Et s'il y a un droit de fabrication, garderez-vous l'or monnayé ici jusqu'à ce qu'il y ait une grande fluctuation dans le change ? — S'il y a un droit de fabrication, cela dépendra de certaines circonstances, à savoir si la monnaie sera acceptée selon sa valeur nominale ou intrinsèque. Avec des règlements convenables le numéraire peut être maintenu à sa valeur nominale ; mais par une mauvaise administration, en exagérant la circulation, vous pouvez abaisser sa valeur au niveau de celle du métal qu'il renferme, et alors il sera de suite exporté à la moindre variation des changes.

284. En admettant le plan que vous avez proposé, d'après lequel la Banque paierait en lingots d'or, au titre légal actuel de 3 liv. 17 sch. 10 1/2 pour une once, toute somme présentée en billets de banque au-dessus de £100 par exemple, et en supposant que les souverains soient frappés avec un alliage qui élève le titre de l'or monnayé à £4 l'once, et que ce titre soit admis comme taux légal pour une somme de £100 seulement ou pour la plus petite somme de billets de banque en échange de laquelle on puisse demander un lingot. Est-ce que cette modification de votre plan de paiement en lingots n'offrirait pas le double avantage de posséder un titre invariable pour le lingot, et d'avoir de l'or monnayé pour

les besoins de la circulation, sans exposer le pays au risque de voir son numéraire fondu ou exporté? — Je crois qu'il serait mis par là complétement à l'abri d'un tel danger, et dans cet état de choses le prix de l'or, à mon avis, n'irait jamais au delà de 3 liv. 17 sh. 10 1/2 den.; mais cela suppose à la possession d'or monnayé en circulation un avantage que je ne considère pas de la même manière.

285. En admettant qu'il soit utile de combiner votre plan du paiement des billets de Banque en lingots d'or jusqu'à un chiffre donné, tout en maintenant en circulation une certaine proportion d'or monnayé, pensez-vous qu'une modification comme celle qu'indique la première question n'est pas le moyen le plus convenable pour arriver à cet effet? — C'est le meilleur, et c'est celui que je recommande en pareille circonstance dans l'écrit dont je vous ai donné lecture ce matin. Je dis qu'avec un tel système j'opinerais pour un prix du droit de fabrication qui n'exposerait pas l'or monnayé au danger d'être contrefait dans ce pays ou dans un autre.

286. Pensez-vous que la différence entre 3 liv. 17 sh. 10 1/2 den., titre de l'or en lingot, £4, titre proposé pour l'or monnayé, exposerait cet or à un semblable danger? — Je ne le pense pas.

287. Seriez-vous disposé à pousser le droit de fabrication au delà de £4? — Il m'est difficile d'estimer dans quelle proportion il deviendrait un appât suffisant pour encourager la contretaçon : c'est une chose pour laquelle je manque d'expérience; et je ne puis, en cela, donner une opinion plus juste que toute autre personne.

288. Voyez-vous une objection de quelque importance à un droit de fabrication qui laisserait l'or monnayé à peu près au prix du cours? — J'éprouve quelques difficultés à indiquer les limites convenables à un droit de fabrication. Il y a des personnes qui pourraient donner de meilleures informations que moi.

289. Pensez-vous qu'avec un système comme celui que vous avez nettement exposé, il serait nécessaire d'avoir pour l'exportation une quantité considérable d'or monnayé? — Bien qu'il soit difficile de répondre à cette question, je crois que l'usage du papier-monnaie est maintenant si bien établi, que le public serait fort peu porté à demander de l'or monnayé; et s'il en est ainsi, les besoins de la circulation n'en nécessiteraient qu'une très-petite quantité.

290. Si l'or en circulation était au taux légal, c'est-à-dire à 3 liv. 17 sh. 10 1/2 den. pour le poids d'une once, et que l'exportation de cet or fût libre aussi bien que celle des lingot, n'est-il pas probable que les exportateurs préféreraient avoir en lingots l'or de cette qualité ? — Ils le préféreraient certainement.

291. Dans le système d'un droit de fabrication sur l'or monnayé, ne pensez-vous pas que cet or serait le dernier exporté ? Et ne préférerait-on pas les lingots à l'or monnayé pour les exportations ? — Cela dépendrait du prix courant des espèces. A moins que quelque restriction comme celle qui a été mentionnée fût adoptée, il est, je crois, probable que l'or monnayé serait exporté aussi bien que les lingots, parce que la Banque pourrait augmenter le chiffre de ses émissions jusqu'à ce que la valeur de son papier descendît à la valeur intrinsèque de l'or monnayé.

292. Revenant à la première partie, relative à la demande d'or en Russie, et admettant que cette première demande ayant été satisfaite, nous lui fissions à notre tour une semblable demande, ne pourriez-vous pas faire arriver cet or de Russie en Angleterre, en échange de nos marchandises, comme vous avez établi que la Russie aurait pu se procurer de l'or de notre pays en retour des siennes ? — Je crois que tous les pays ont le moyen d'acheter les marchandises dont ils ont besoin, y compris l'or, et que par conséquent il ne pourrait pas y avoir de demandes d'or faites dans notre pays, si nous n'avions pas le moyen d'en fournir.

293. Croyez-vous qu'un pays riche ait de plus grands moyens d'acquérir de l'or et de le retenir chez lui qu'un pays pauvre ? — Je crois qu'il doit en avoir un besoin plus pressant, ce qui est du reste le meilleur moyen de s'en procurer et d'en augmenter la quantité.

294. Ne pensez-vous pas que notre pays, à cause de l'état de ses affaires commerciales, relativement aux produits de ses manufactures aussi bien qu'à ceux de ses colonies, ait plus de moyens de se procurer de l'or sur une grande échelle que la Russie, l'Autriche, ou toute autre puissance continentale ? — Je crois, en effet, qu'il en est ainsi ; mais je le regarde comme un désavantage sous quelques rapports, d'autant plus que nous avons forcément en circulation une bien plus grande quantité d'or que je ne voudrais. J'ai tou-

jours regardé la circulation monétaire comme la partie morte de nos fonds.

295. En admettant que le système de notre pays soit de posséder une grande quantité d'or, n'a-t-il pas, pour atteindre ce but, des moyens supérieurs à ceux du continent dont nous venons de parler ? — Un pays manufacturier aura toujours l'avantage sur un pays agricole dans le moyen de se suffire à lui-même avec des lingots ; et comme il n'y a pas de pays plus manufacturiers que celui-ci, je conclus naturellement qu'il a les meilleurs moyens de se suffire à lui-même avec une telle quantité de lingots qu'il lui plaira d'avoir.

296. Nos possessions coloniales n'ajoutent-elles pas à ces moyens ? — Sans aucun doute, parce que leurs produits sont des marchandises exportables, généralement demandées dans les autres pays.

297. S'il faut réclamer £100 pour être autorisé à recevoir de la Banque de l'or en lingot, le possesseur de billets de banque, pour une somme au-dessous de £100, ne sera-t-il pas placé dans une plus mauvaise situation par rapport à cette somme que celui qui en possède une de £100 ou plus, la somme de £100 étant d'ailleurs arbitrairement considérée dans la question comme la plus minime pour laquelle on puisse exiger un lingot ? — L'objet que j'ai en vue, c'est de régulariser complétement la valeur de la circulation monétaire en garantissant un contrôle à toutes ses parties. Or, il me semble qu'en ne donnant qu'aux personnes qui possèdent une forte somme en billets de banque le droit d'exiger de l'or en échange, leur nombre serait toujours exactement réduit aux besoins de la circulation, et que par conséquent il ne pourrait jamais arriver, excepté à l'occasion d'une panique, lorsque chacun voudrait échanger ses billets de banque contre lingots, que les personnes qui en possèdent pour une somme de moins de £100 soient relativement dans une plus mauvaise situation que celles qui posssèdent pour £100 et plus. Je crois que dans le cas d'une panique il y aurait des spéculateurs disposés à acheter des billets d'une et de deux livres à un prix beaucoup au-dessous de celui du cours, sachant, comme tout le monde, qu'aussitôt qu'ils auraient rassemblé £100 de ces billets ils pourraient aller à la Banque se faire donner un lingot au prix du cours. Et comme il y aurait concurrence pour cette spéculation aussi bien que pour toutes les autres, la différence entre la valeur d'une livre sterling et le prix du billet d'une livre

serait tout autant disputée que s'il s'agissait de billets d'une somme beaucoup plus considérable.

298. Votre plan n'interdit-il pas aux possesseurs de billets de moins de £100 la faculté de les convertir en lingots ? — Certainement, par tout autre moyen que par la vente ou par l'achat.

299. Vous avez établi que, dans le cas d'une panique, les spéculateurs achèteraient de petits billets jusqu'à concurrence de £100, prix auquel on pourrait exiger un lingot. De quelle manière paieraient-ils ces petits billets ? — Ils les paieraient en lingots. D'après le plan, le détenteur d'un billet d'une grande valeur aurait le privilége de recevoir en échange un lingot; ce qu'on ne pourrait pas se procurer avec de petits billets.

300. Comment paierait-on ces petits billets avec un lingot? Serait-ce en le divisant en fragments qu'on donnerait à leurs détenteurs ? — Oui.

301. De quelle manière un billet du prix de £5 serait-il payé? — J'imagine qu'un lingot de £5 peut-être vendu aussi bien qu'un de £500 ?

302. Ne croyez-vous pas qu'un état de panique est précisément cet état des affaires par lequel sont ordinairement déjouées les spéculations qui regardent la circulation monétaire ? Et n'est-il pas très-difficile de prendre des précautions qui puissent défendre contre toutes les conséquences possibles d'une alarme dans l'esprit public ? — Je crois qu'il est absolument impossible de se pourvoir contre les effets d'une panique sur un système de banque quelconque.

303. Quel effet serait produit si la Banque, au lieu de payer complétement en lingots la somme supposée de £100, était autorisée ou exposée à en payer une petite partie, par exemple 5 p. 100, en argent monnayé avec son droit actuel de fabrication ? — Le principal effet serait de faire prendre deux métaux comme type régulateur, au lieu d'un seulement, ce qui, dans mon opinion, présenterait un très-grand inconvénient.

304. Ce paiement, dont une partie serait faite en argent monnayé au cas d'une panique, viendrait-il en aide aux détenteurs de petits billets, et donnerait-il à la Banque le temps de se protéger elle-même et de calmer la panique ? — Cette question suppose que l'argent est un type monétaire légal aussi bien que l'or, ce qui changerait les

affaires et serait un plus mauvais système que celui établi actuellement.

305. Il serait possible qu'on essayât de réunir de petits billets en sommes de £100, ou qu'on ne le fît pas ; dans ce dernier cas, n'y aurait-il pas du profit à ce que les billets de banque fussent considérés comme valeur à l'égal de l'or; et, dans le premier cas, la concurrence n'égaliserait-elle pas la valeur des petits billets à celle des gros? — S'il n'y avait aucune tentative de réunir les petits billets en sommes de £100, il y aurait du profit à ce qu'ils fussent aussi estimés que les gros; et si cette spéculation était faite, il ne pourrait y avoir dans leur valeur, en tant que billets, que la légère différence que j'ai signalée au profit du vendeur.

306. Croyez-vous qu'il y aurait autant de différence entre la prime qui serait exigée pour convertir les petits billets en billets plus forts qu'entre 3 liv. 17 sh. 10 1/2 den., cours du prix du lingot, et 4 liv. en espèces ? — Probablement la même, à peu de chose près.

307. Vous avez dit que dans le cas où pour une cause ou pour une autre, les détenteurs de petits billets voudraient les échanger contre de l'or en lingots, on pourrait y autoriser ceux qui réuniraient ces petits billets pour les porter à la Banque, lorsqu'ils en auraient amassé pour une somme de £100. N'aurait-on pas raison de se servir de l'or monnayé dont, par son contrôle, les personnes auxquelles il est présenté reconnaissent immédiatement la qualité ? — C'est là l'avantage de se servir des espèces monnayées, mais cet avantage est abandonné dans les temps modernes, à cause de l'usage plus économique du papier.

308. Au cas où je serais détenteur d'un billet d'une livre et où je désirerais l'échanger contre un lingot avec un de ces spéculateurs, comment pourrais-je m'assurer que ce qu'il me donnerait en lingot serait de la valeur qu'il devrait être? Pourrais-je le faire sans un essai ou sans tout autre moyen actuellement adopté pour certifier la valeur des espèces monnayées ? — Non, à moins que vous eussiez une entière confiance dans le marchand ; mais c'est là un état de choses qui, je le présume, n'arrivera jamais, et contre lequel il n'est pas nécessaire de se mettre en garde.

309. La réponse dans laquelle vous avez établi que les détenteurs de petits billets demanderaient à pouvoir les échanger contre des ingots, en s'adressant aux changeurs, aurait-elle été faite en vue

de montrer que les porteurs de ces billets ont un moyen de les placer sur le même pied que les personnes qui peuvent en présenter pour une somme de £100 ? — Oui, dans le cas extraordinaire d'une panique ; mais je considère ce cas comme tout-à-faire rare.

310. N'est-il pas essentiel pour l'exécution de votre plan que les billets de banque soient une monnaie légale ? — Oui, sans aucun doute. Je ferai ici une observation : la dernière fois que j'ai été interrogé, je crois avoir donné le prix de 3 liv. 17 sh., qui était mentionné, comme celui auquel la Banque était tenue d'acheter des lingots ; mais je désire que le Comité comprenne que c'était là un prix arbitraire, et non celui que j'établissais ou que je regardais comme le meilleur qu'on pût établir. J'inclinerais plutôt à le regarder comme beaucoup plus considérale que 3 liv. 17 sh., et approchant de 3 liv. 17 sh. 10 1/2 den.

311. Dans le cas où votre plan serait adopté et où il n'y aurait pas d'estampille légale pour l'or, n'est-il pas probable qu'il entrerait dans la circulation de notre pays une certaine quantité de pièces d'or étrangères ? — Je pense que non, car je ne vois pas quel avantage nous pourrions attendre de l'introduction de la monnaie d'or étrangère.

312. Est-il entendu, comme faisant partie de votre plan, que la Banque puisse avoir la liberté de payer les billets d'une certaine valeur qu'on lui présente, soit en lingots d'or, soit en or étranger, à la valeur intrinsèque ? — Oui.

313. N'est-il pas probable que, dans ce cas, une quantité considérable d'or étranger serait distribuée par la Banque ? — Certainement.

314. Pensez-vous que cer or serait demandé seulement en vue de l'exportation ou qu'il demeurerait dans ce pays ? — Je pense qu'il ne serait demandé qu'en vue de l'exportation ou pour les manufactures d'objets d'or.

315. En supposant que la Banque fût obligée, quand on lui présenterait une somme de moins de £100, de payer ses petits billets en souverains, au prix de £4 l'once, un semblable règlement tendrait-il à faciliter le plan qui a été en projet ? — A mon avis il n'y aurait pas d'obstacle à cela, quoique ce ne soit pas aussi économique, en supposant que les gros billets fussent échangeables contre des lingots.

316. Comment supposez-vous que la valeur des lingots d'or pourrait être constatée avec certitude, pour la satisfaction de ceux qui en recevraient de la Banque, et pour celle des personnes envers lesquelles ils en disposeraient plus tard ? — Il se fait maintenant, entre le public et la Banque, beaucoup de transactions de ce genre, et je pense qu'il ne s'en ferait guère davantage avec l'adoption de mon système. La méthode que suit la Banque à cette heure est d'avancer immédiatement une certaine somme sur la vente de l'or ; un échantillon du lingot est alors envoyé à la monnaie pour être essayé et aussitôt que sa qualité est constatée, la Banque paie le reste en numéraire. Je crois le vendeur parfaitement content de ce procédé.

317. Cette réponse est très-satisfaisante relativement aux achats d'or faits par la Banque, mais il peut arriver qu'on vienne y recevoir un lingot d'or ; comment pourra-t-on être certain que ce lingot est au titre convenable, et surtout combien y aura-t-il de personnes qui seront disposées à recevoir à leur tour ce lingot du premier acquéreur ? — Chaque lingot d'or acheté par la Banque a été essayé, et je pense que l'acheteur peut toujours, à cause de cela, le prendre sans un nouvel essai.

318. Et sans estampille ? — Je le crois ; mais s'il était nécessaire qu'il fût estampillé, cela pourrait être fait de la manière la plus simple. Les marchands de lingots ne ressemblent pas à ces hommes qui reçoivent une pièce de monnaie du premier venu, et dont on ne peut pas retrouver la trace. Mais la transaction est faite avec une personne connue ; si l'on a quelque crainte que le lingot ne soit pas du prix qu'il représente, on peut, dès qu'on le possède, le faire essayer ; et s'il se trouve qu'il ne soit pas de la finesse convenue, on peut faire ses observations, montrer l'estampille et prouver au marchand que c'est bien véritablement le même lingot qu'il vous avait livré. Je crois qu'il n'y aurait pas plus de difficultés pour ces transactions là que pour celles qui ont quotidiennement lieu entre des particuliers pour l'achat ou la vente de lingots, et je n'ai jamais entendu parler de difficultés dont elles aient été la source.

319. Y aurait-il un titre de valeur convenu ? — Quand même il y aurait un titre de valeur, je crois qu'on ne se servirait jamais de lingots comme monnaie : toutes nos transactions en lingots devraient se borner à notre commerce étranger et aux besoins de nos

manufactures, ce qui est exactement le résultat de notre commerce de lingots en ce moment.

320. Vous avez admis qu'un pays riche a une très-grande facilité pour se procurer un approvisionnement considérable d'or; est-ce qu'un pays pauvre, exportant beaucoup et important peu de marchandises, ne produirait pas nécessairement un change qui lui serait favorable? Et l'or n'y arriverait-il pas tout naturellement sans égard à sa richesse ou à sa pauvreté? — Il me semble que l'exportation des marchandises, comme solde, est l'effet de la valeur de l'or et non sa cause.

DÉPOSITION

DE

M. Nathaniel Myers ROTHSCHILD.

SÉANCE DU LUNDI 8 MARS 1819.

Présidence du très-honorable ROBERT PEEL.

— Quelles affaires faites-vous? — Principalement la Banque avec les pays étrangers.

321. Ayez la bonté d'exposer en détail, à la Commission, les conséquences pour la Banque de la reprise des paiements en espèces, dans un an, à dater d'aujourd'hui? — Je ne crois pas que cela puisse se faire sans une grande gêne pour le pays; il est possible que cela cause un grand dommage, mais nous ne pourrions actuellement préciser quel serait ce dommage.

322. Veuillez nous expliquer la nature de ce dommage, et de quelle manière il serait produit? — La monnaie pourrait devenir très-rare, les prix des produits du pays baisser à ce point que beaucoup de personnes seraient ruinées.

323. Quand vous parlez de la rareté de numéraire, entendez-vous dire que la réduction des billets de banque causerait une baisse de prix sur toutes les marchandises? — Oui, je crois que chaque objet subirait une baisse, ne trouvant pas actuellement d'acheteurs, attendu que l'homme aisé qui voudrait acheter un article se tiendrait sur la réserve, parce qu'il ne pourrait connaître ni le terme de cette réduction, ni le point où elle s'arrêterait.

324. Ne pensez-vous pas que le prix de l'or tomberait aussi comme celui de toutes les autres marchandises? — Je ne pense pas qu'il puisse tomber beaucoup; il ne subirait certainement qu'une très-petite baisse, parce que l'or est un article qui trouvera toujours un débouché et qui aura toujours un prix.

325. Expliquez-nous en détail pourquoi vous pensez que l'or ne

doive pas être affecté au même degré que les autres marchandises de la réduction des billets de banque ? — Parce que l'or est un article demandé partout. On sait ce que vaut une pièce de vingt francs à Paris, un ducat en Hollande ; on sait qu'il est accepté en tout pays comme monnaie, et passe ainsi de main en main ; mais les marchandises que vous avez ici, telles que les denrées coloniales, le café, le coton, et presque tous les articles du commerce de ce pays, sont sujets à de grandes variations, parce qu'ils ne sont pas d'une vente journalière, et que, si on ne les expédie pas à l'étranger, la place en est inévitablement encombrée, ce qui les rend tout à fait invendables.

326. Supposez qu'on prenne un article d'une consommation aussi générale que l'or, comme par exemple le grain; ne pensez-vous pas que la réduction du nombre des billets de banque produise une réduction dans le prix du grain ? — Je ne doute pas que si la monnaie devient rare, le grain ne tombe dans ce pays à un prix très-minime.

327. Pensez-vous que les emprunts contractés par les Etats étrangers aient produit un effet défavorable sur le change ? — Certainement, je ne doute pas de cela.

328. Pouvez-vous établir le total général des versements faits par le pays à propos du placement, soit en actions étrangères, soit dans certaines entreprises qui accordent un intérêt suffisant pour encourager les actionnaires à faire sortir leur capital du pays ? — Il n'est pas possible d'en fixer exactement le montant, mais je puis dire à la Commission ce que j'ai fait. Je n'en ai négocié qu'une partie, plusieurs autres maisons en ont négocié beaucoup. Ma maison a vendu plus de 1 million 1/2 sterling, en fonds français, dans l'espace de huit ou neuf mois; à peu près £250,000 en fonds russes, qui ont été pris pour le compte de l'Angleterre ; probablement £3 à 400,000 de fonds prussiens, dans le cours de six à huit mois environ. Je les ai vendus à des personnes résidant dans la Grande-Bretagne, alors en quête d'un placement.

329. Parlez-vous d'un placement permanent ou d'un emprunt?— Je parle d'un placement réel.

330. Vous voulez sans doute donner à entendre que votre maison est le canal par lequel le capital a été transporté en France pour y être placé ? — J'ai reçu l'argent des acheteurs ici, et je l'ai fait passer en France.

331. Pouvez-vous établir quel a été le montant des versements faits par l'Angleterre au sujet de l'emprunt, et jusqu'à quel chiffre ils doivent encore s'élever? — Il ne m'est pas possible de l'établir, et je ne crois pas que ce soit possible à un autre.

332. Ne serait-il pas possible de constater quel a été le montant des versements de ce pays dans l'emprunt fait par les puissances étrangères depuis la paix? — Cela serait possible en additionnant les transactions des différentes maisons : le gouvernement prussien a fait un emprunt de 5 millions sterling en un an ; le gouvernement russe en a fait un de plus de 50 millions de roubles, ou d'environ 2 millions 1/2 sterling. Je ne sais pas pour combien les autres maisons peuvent avoir participé à ces emprunts, je ne puis dire rien de plus que ce que j'ai dit. M. Baring a fait pour le gouvernement français trois emprunts dont le montant est connu.

333. Tant que la circulation du pays sera dans l'état présent, c'est-à-dire tant que le papier ne sera pas convertible en argent, à la volonté du détenteur, croyez-vous que l'effet des emprunts étrangers et des paiements faits à l'étranger soit différent de ce que devrait être le cours métallique le plus bas de notre circulation moyenne? — Je ne doute pas que les emprunts aient influé sur le change.

334. Pensez-vous que ces emprunts pourraient avoir été faits dans ce pays si la Banque d'Angleterre avait payé en numéraire? — Certainement non ; ils n'auraient pas pu être faits.

335. Ayez la bonté de nous expliquer de quelle manière vous concevez qu'un papier-monnaie, non convertible en argent, aurait donné le moyen de faire, dans ce pays, des emprunts qui n'auraient pas pu être faits si la Banque avait payé en numéraire? — Au milieu de la guerre qui a duré vingt ans, vous avez eu un papier-monnaie qui vous a donné des facilités, soit pour faire la guerre, soit pour entreprendre les différentes affaires qui s'y rattachent, et les choses vous ont été faciles. Mais si vous commencez à payer en argent, tous les articles tomberont, d'autant plus qu'on ne pourra plus faire d'emprunt. Il faut songer d'abord à sa propre maison et penser à soi-même avant d'envoyer son nécessaire au dehors.

336. En supposant que vous puissiez recommencer à faire de nouveau les paiements en numéraire, ne pensez-vous pas que les emprunts faits à l'étranger auraient probablement pour effet de

déranger la circulation dans ce pays ? — Je ne le pense pas. Je crois qu'on ne pourrait pas faire chez nous plusieurs emprunts ; la plupart des gouvernements étrangers désireraient en faire ici, mais l'argent commençant à devenir rare, le public ne voudrait pas se hasarder ainsi.

337. A supposer qu'une puissance étrangère fît une démarche dans le but d'obtenir de ce pays une somme considérable, par exemple £7 à £8,000,000, et que vous fussiez parfaitement certain que la Banque serait à la fin de l'année obligée de payer en numéraire, voudriez-vous vous embarquer dans cette spéculation ? — Non, certainement non ; j'y consentirais pour une petite somme en rapport avec mes épargnes, mais je n'irais certainement pas me mettre moi-même dans l'embarras.

338. Admettons que la Banque n'eût pas la perspective de reprendre avant cinq ou six ans les paiements en numéraire, votre objection relative à la levée d'un emprunt dans ce pays ne serait-elle pas considérablement diminuée ? — Sans doute ; et je consentirais à tenter cette affaire.

339. Est-ce que la facilité de faire ces emprunts proviendrait de ce que, en raison de l'abondance de la circulation, l'intérêt de l'argent serait à un taux peu élevé, ce qui engagerait le public à placer ses capitaux sur les fonds étrangers? — Il est hors de doute que les Anglais placeraient en actions étrangères une partie de leur argent s'ils comptaient en retirer un plus fort intérêt, ce qui, d'ailleurs, est la passion dominante de notre époque. Nous plaçons £50 à £60,000 par semaine sur les fonds étrangers pour compte de différentes maisons anglaises.

340. Croyez-vous que si ce système continue plus longtemps et que, par conséquent, il se fasse quotidiennement un placement plus considérable sur les fonds étrangers, la difficulté ne devienne pas plus grande encore lorsqu'il faudra définitivement payer en numéraire ? — Non, je ne pense pas ainsi sur ce sujet. Mon opinion est que les Anglais en auront bientôt assez de ces fonds étrangers dans lesquels ils font de continuels placements, et que, si nous avons la paix pendant plus d'une année, les fonds français et toutes les actions étrangères actuellement en hausse reprendront leur niveau par le cours des affaires, de sorte qu'il se fera une réaction et qu'il y aura une disposition générale à vendre les fonds étrangers.

341. Les personnes au profit desquelles vous faites les achats dont

vous venez de nous parler ont-elles, en s'embarquant dans ces spéculations, le projet de réaliser le bénéfice de la hausse du prix des fonds qu'elles ont achetés, ou se proposent-elles de conserver leurs achats d'une manière permanente ? — Quelques-uns ont un projet, quelques autres en ont un différent ; il est impossible de les connaître tous.

342. Quelle proportion y a-t-il entre les sommes destinées à des achats stables et celles qui sont simplement employées pour la spéculation ? — On peut les diviser par moitié : une moitié des acheteurs veut spéculer, l'autre veut placer réellement ; mais dans le cas, qui s'est déjà présenté, d'une hausse véritable, tout le monde veut aller de l'avant. Je me souviens qu'il y a environ six mois, quand les fonds français montèrent de 64 à 80, il se fit une grande réaction ; par suite, le change, qui était très-bas, monta de 3 à 4 0/0 en notre faveur, et la plus grande partie des fonds que j'avais placés furent vendus.

343. Comment les bénéfices obtenus étaient-ils réglés et de quelle manière les dividendes touchés, par suite des placements dans les fonds étrangers, étaient-ils distribués ; les faisait-on revenir dans ce pays ? — Nous recevions la plupart des dividendes par l'entremise du gouvernement français, et nous nous en servions pour payer, en raison des bénéfices qui avaient été réalisés, les personnes auxquelles ces fonds appartenaient. Il n'est pas possible de savoir exactement ce qu'elles en faisaient ; mais une forte partie de cet argent est revenue dans nos fonds.

344. Compensiez-vous les versements anglais par les paiements reçus de France jusqu'à la concurrence de la somme de fonds français appartenant aux personnes qui résident ici ? — Oui.

345. Avez-vous connaissance que quelque autre pays, la Hollande, par exemple, ait placé ses capitaux dans les actions françaises ? — Certainement la Hollande possède, pour ainsi dire, toutes les valeurs.

346. La Hollande n'a-t-elle pas fait des versements considérables en France dans le but d'acquérir des fonds français ? — Assurément.

347. Pourriez-vous expliquer l'effet que ces versements ont produit sur le change entre la Hollande et la France ? — Je pense qu'il a été quelquefois de 1 1/2 0/0 d'un côté, et quelquefois de 1 à 1 1/2 0/0 de l'autre.

348. La circulation de la Hollande étant uniquement en numéraire, l'effet produit sur le change par ses versements dans les actions étrangères a dû être peu considérable? — Sans doute; d'ailleurs ses versements se font sur une très-petite échelle comparativement à ceux de ce pays-ci.

349. Quel a été l'effet des remises forcées que la France a été obligée de faire aux nations étrangères par rapport aux changes avec ces mêmes nations? — Peut-être de 1 à 1 1/2 0/0. Je vais vous en expliquer la raison. Pendant les vingt dernières années d'une guerre continuelle, la France a ramassé de divers côtés de l'or et de l'argent qu'elle a rapporté chez elle, de sorte qu'elle est très-riche en valeurs métalliques; il s'ensuit que le paiement des contributions de guerre a été fait en espèces. Nous avons eu à recevoir nous-mêmes pour la Russie, pour la Prusse et pour toutes les petites puissances; nous avons touché une grande partie en argent et nous l'avons envoyé en Allemagne; de sorte que si l'on peut payer en numéraire, le change reprendra son niveau.

350. En admettant que la France, relativement aux besoins de ses transactions commerciales, tant à l'intérieur qu'à l'extérieur, ait eu de l'argent monnayé en plus grande proportion que les autres pays, aurait-elle pu le garder si elle n'avait pas été forcée de faire des versements? — Non, il aurait toujours été exporté dans les autres pays. En 1816, j'ai reçu de 2 millions à 2 millions et demi d'or, provenant principalement de France, que j'ai vendu à la Banque d'Angleterre; de sorte que si cet argent n'avait pas passé de France en Allemagne ou en Russie et en d'autres pays, et qu'on n'eût pas fait d'emprunt, il est hors de doute qu'il serait venu en Angleterre pour l'achat de diverses denrées, comme du café, du sucre, etc.

351. Avez-vous connaissance que la France ait importé du grain pour sa propre consommation à l'époque où elle a fait des versements forcés? — Certainement; en 1816, il y a eu dans ce pays-là une grande disette de grain. J'ai moi-même négocié environ £200,000 à £300,000 de valeurs en effets, qui étaient tirés pour des paiements de grain, et j'ai reçu de l'or en retour.

352. Est-ce à cette époque que la récolte du vin a manqué en France? — Je crois que oui. Nous avons pris du papier sur l'Allemagne et sur la France.

353. Il semble donc que, bien que la récolte du vin n'ait pas été

aussi productive en France que les années précédentes, bien que la France se soit trouvée dans la nécessité de faire des importations de grain, bien qu'elle ait été contrainte de faire des remises forcées aux puissances étrangères, son change avec ces mêmes puissances, auxquelles elle faisait des remises forcées, n'aurait pas varié, malgré la combinaison de ces diverses circonstances, de plus de 2 1/2 à 2 0/0 ? — En effet, mais cela tient à ce qu'elle le faisait en numéraire ; quand le change tombe, l'argent et l'or se présentent aussitôt, et c'est ce qui est arrivé dans ce temps-là, où nous recevions une grande masse d'argent et d'or.

354. Pouvez-vous dire positivement quelle a été, pendant cette période, la variation du change entre l'Angleterre et la France ? — En 1816, je crois que le change a été de 25.40 à 26 ; à ce moment l'or, dans les importations du continent, donnait 1 1/2 à 2 0/0 de profit, et cela quand la Banque avait abaissé son prix pour l'or de 80 à 79 sh.; ainsi donc, il fléchissait en arrivant ici.

355. Aviez-vous l'habitude d'envoyer des produits des manufactures anglaises pour faire des versements sur le continent ? — Je ne fais pas d'autres affaires que des affaires de banque, emprunts, etc.

356. Jusqu'à quel point le change peut-il être affecté par des opérations qui ne proviennent pas de transactions commerciales régulières? — Quelquefois de 1/2 0/0 ; je ne crois pas que cela ait un effet important.

357. A quelle circonstance attribuez-vous la hausse du change de l'année 1816 à l'année 1817? — Ce pays-ci avait expédié une grande quantité de marchandises, et la balance du commerce était en notre faveur ; il ne se faisait ici ni emprunt ni aucune autre affaire de ce genre.

358. N'y a-t-il pas à votre avis d'autre cause qui ait influé sur le change cette année là? — Non.

359. N'y avait-il pas eu dans les années 1814 et 1815 une énorme dépense faite à l'intérieur par le gouvernement anglais? — Une immense.

360. Quel avait été l'effet de cette dépense sur le change? — Le change avait baissé d'environ 30 0/0.

361. Quel a été sur le change l'effet de la cessation de cette dépense? — La hausse que nous avons vue l'année suivante.

362. La hausse qui a eu lieu sur le change, de 1816 à 1817, ne

doit-elle pas être attribuée surtout à cette circonstance? — Sans doute, parce que la balance du commerce nous devenait toujours plus favorable, et que nous ne dépensions plus une aussi forte somme à l'étranger.

363. N'avez-vous jamais fait le calcul des sommes enlevées à notre pays par les Anglais qui voyagent, et par ceux qui résident à l'étranger? — Non, mais d'après ce que j'ai vu par les traites reçues de l'étranger, cette somme doit être énorme.

364. Pouvez-vous vous former une idée générale de son total?— C'est impossible.

365. Quel effet croyez-vous que produirait sur le public une nouvelle réduction de 2 ou 3 millions sur la totalité des billets de banque, outre celle qui a déjà été faite, en supposant le chiffre total de 25 millions? — Cela rendrait la monnaie très-rare ; occasionnerait beaucoup de faillites et porterait un grand préjudice aux affaires. Si 3 millions de billets de banque étaient ôtés de la circulation, l'effet s'en ferait ressentir sur presque toutes les marchandises du pays.

366. Croyez-vous que cela rendrait le change bien meilleur, et réduirait de beaucoup le prix de l'or, de manière que la Banque pût commencer ses paiements en numéraire et continuer avec sûreté ce qu'elle aurait commencé? — Il n'y a pas de doute que si l'argent devenait rare, cela produisît un petit effet sur le change comme sur tous les autres articles; mais s'ensuivrait-il que l'or dût rester dans le pays, si la Banque payait en numéraire : il n'est pas possible de le dire exactement.

367. Quel serait l'effet d'une telle rareté d'argent sur les manufactures du pays? — Dans mon opinion ce serait la ruine du pays, si cela arrivait trop vite et tout à la fois.

368. Entendez-vous par ruine du pays la ruine des manufactures? — Je regarde comme ruine du pays la ruine de tout ce qui touche à un intérêt commercial quelconque, non-seulement dans les manufactures, mais dans chaque branche du commerce. C'est comme une secousse électrique, qui ébranle toute chose du même coup.

369. Le change serait-il amélioré par la ruine du commerce de ce pays? — Non, je ne pense pas que cela puisse améliorer le change.

370. Vous avez constaté que le change entre la Hollande et la France n'avait guère varié que de 1 1/2 0/0 en hausse ou en baisse, malgré les versements considérables de la Hollande pour ses achats de fonds français; n'y a-t-il pas eu en même temps de forts paiements faits par la France à la Belgique, relativement aux fortifications de ce pays, et les contributions n'ont-elles pas été payées par la France? — Oui, c'est vrai; mais quand le change était avantageux la France envoyait des espèces à la Hollande; quand le contraire arrivait, la Hollande à son tour envoyait des espèces à la France.

371. Connaissez-vous le plan proposé par M. Ricardo pour la régularisation des paiements de la Banque? Le principe de ce plan est qu'après un temps convenu la Banque, au lieu de payer ses billets en monnaie d'or du pays, sera tenue de livrer en échange, pour une valeur qui ne serait pas moindre de £100, une valeur égale en lingots d'or évalués au cours de la Monnaie; quelle est votre opinion sur un semblable plan? — Je ne puis pas le recommander, parce que dans le cas où il nous arriverait de l'étranger la nouvelle de la moindre velléité de guerre, chacun accourrait en même temps pour reprendre ses lingots. Or, un homme peut en cinq minutes emporter de la Banque la valeur de £100,000 en lingots, tandis que si vous payez en numéraire, la Banque peut s'en tirer, parce qu'il faut compter les espèces, que peu d'instants suffisent pour avertir le gouvernement, et qu'alors la Banque serait protégée.

372. Connaissez-vous quelque autre objection à ce plan? — Il offre beaucoup de difficultés; outre qu'un lingot devra être délivré de la main à la main, supposons que j'aie à recevoir de la Banque la valeur de £100,000 en lingots, et à les donner en plusieurs paiements à différentes personnes; il pourrait arriver que l'étranger n'eût que des lingots d'or quand on n'aurait ici que de l'argent; il faudrait avoir quelqu'un pour examiner chaque lingot qui arriverait à la Banque; il pourrait y avoir beaucoup de pièces fausses fabriquées avec ces lingots, ce qui serait un grand malheur, au lieu que nous pouvons compter nos guinées et nous apercevoir de leurs moindres défauts. Mais je ne pense pas que ce plan soit mis à exécution, parce qu'il présente de trop nombreuses difficultés.

373. Pensez-vous que la Banque doive réduire le nombre de ses

billets pour reprendre ses paiements en numéraire?—Certainement, je crois même qu'elle ne peut pas payer en numéraire sans diminuer le nombre de ses billets.

374. Pourquoi faudra-t-il que la Banque diminue le nombre de ses billets si elle reprend les paiements en numéraire? — Parce qu'il n'y a pas à la Banque assez d'or pour payer tous les billets en circulation.

375. Comment pourra-t-elle diminuer le nombre des billets de banque? — En limitant les escomptes, il y en aura moins en circulation.

376. Pourriez-vous prouver que la Banque n'a pas rassemblé assez d'or pour reprendre les paiements en numéraire? — D'après son compte rendu, la Banque a émis pour 25 millions de billets; on croit généralement qu'elle n'a pas pour 25 millions d'or dans ses coffres.

377. Pensez-vous que la circulation actuelle soit arrivée au point de ne pouvoir se soutenir dans le cas où la Banque reprendrait ses paiements en numéraire? — Il est certain que si elle paie en numéraire elle ne pourra pas garder autant de papier en circulation; elle ne peut pas, si elle paie en or, avoir en circulation pour 25 millions de papier, à moins qu'elle ait en réserve la moitié de cette somme en or, parce qu'elle pourrait être accablée tout à coup par les billets à rembourser.

378. Au cas où les paiements en numéraire seraient repris, pensez-vous que le montant du papier retiré de la circulation doive excéder celui de l'or mis en circulation? — Pour pouvoir attirer l'or du continent, nos marchandises doivent y être envoyées à des prix très-bas.

379. Dans combien de temps êtes-vous d'avis que la Banque doive reprendre ses paiements en numéraire? — Dans deux ans et demi ou trois ans.

380. Pensez-vous que la Banque puisse reprendre ses paiements en numéraire sans qu'il en résulte quelque différence dans le prix de toutes les marchandises? — Pas autant que si elle le faisait sur-le-champ. Si l'on prend deux ans et demi pour faire cette opération, elle ne produira qu'un effet peu sensible.

381. De quelle manière la Banque doit-elle agir pour se préparer graduellement à la reprise des paiements en espèces? — Il faudra

qu'elle achète peu à peu de l'argent et de l'or, afin d'en avoir une bonne provision.

382. Comment la Banque paiera-t-elle l'argent et l'or ? — En billets de banque.

383. Il pourrait donc y avoir davantage de billets de banque en circulation ? — Oui, ce serait sans inconvénient pour un an ou deux.

384. Pensez-vous que l'augmentation du nombre des billets de banque soit une préparation nécessaire pour la reprise des paiements en numéraire ? — Non, je ne crois pas qu'il soit nécessaire d'augmenter le nombre des billets de banque. Le compte général, rendu au Parlement, constate que la Banque possède des actions du Gouvernement ; qu'il lui permette de les faire passer de main en main et d'en rembourser une petite partie chaque année, alors la Banque achètera de l'or et de l'argent en échange ; elle n'en placera que peu, et si par hasard le cours du change haussait, comme elle aurait le moyen d'envoyer un demi million ou un million à l'étranger, elle pourrait le soutenir, et le change se maintiendrait s'il n'y avait ni guerre ni emprunt étranger.

385. Pensez-vous que l'on doive donner en paiement ces espèces à l'étranger ou à l'intérieur ? — A l'étranger ; si pendant deux ans ou deux ans et demi on avait la paix et qu'il n'y eût pas d'emprunt, je ne doute pas que le change se soutînt et qu'on pût payer en espèces.

386. Le montant de la circulation générale demeurant ce qu'il est actuellement ? — Oui.

387. Quand vous parlez de la réduction des prix comme conséquence de la suppression supposée de deux ou trois millions de billets de banque, quelle réduction pensez-vous qu'il se ferait sur les prix ; en un mot, de combien pour cent croyez-vous que les marchandises tomberaient si l'on retirait de la circulation deux ou trois millions de billets de banque ? — Je ne puis pas le dire, parce que je ne fais pas un commerce de marchandises. Il y a environ quinze jours ou un mois, quand la monnaie était très-rare, plusieurs personnes m'ont consulté, parce qu'elles avaient besoin de faire un emprunt d'argent ou d'escompter des valeurs. On ne pouvait rien vendre des marchandises, et un grand nombre de faillites ont eu déjà lieu ; maintenant, si on retire encore trois millions de la circulation, cela ne peut-il pas avoir un double effet. Trois ou quatre millions

avaient été déjà auparavant retirés de la circulation; la question est de savoir quel sera l'effet ultérieur.

388. Dites-nous de combien pour cent une réduction de trois millions de plus dans la circulation pourrait réduire le prix des marchandises? — Si l'on manque d'argent, je ne puis pas calculer quelle dépréciation en résultera.

389. En faisant l'emprunt prussien de cinq millions, pouvez-vous calculer quelle part de ces cinq millions a été payée en lingot ou en or étranger livré par ce pays-ci? — Cela n'est pas possible; j'en ai livré beaucoup à l'étranger, mais je ne suis pas certain du chiffre.

390. Pouvez-vous dire quelle quantité de lingots a été livrée pour le compte des emprunts étrangers par votre maison? — Je ne puis pas le dire exactement.

391. Y a-t-il eu des valeurs considérables livrées en lingots par ce pays-ci? — Non; l'on a surtout payé en traites, qui ont été tirées en paiement d'achat de café, de sucre et d'autres denrées.

392. Les emprunts étrangers ont-ils enlevé beaucoup de nos espèces? — Cela n'est pas douteux.

393. Pouvez-vous savoir s'il est sorti de ce pays une quantité considérable de lingots pour les emprunts étrangers? — Oui, une immense quantité.

394. La Russie a-t-elle fait une demande spéciale d'or pour l'emprunt étranger? — La prime de l'or en Russie a rapporté de dix à quinze pour cent de bénéfice.

395. Est-ce qu'une grande partie de cet or a été envoyé par notre pays? — Non, l'Angleterre en a moins fourni que la France et l'Allemagne.

396. Quel effet a été produit sur le change entre Paris et Pétersbourg par l'envoi de cette quantité d'or de Paris à Pétersbourg? — Le prix de l'or a monté à Paris d'un à un et demi pour cent; à Hambourg, de deux et demi pour cent; à Berlin, de deux pour cent. Dans la plupart des villes du continent, l'or a gagné d'un à deux pour cent.

397. Avec quoi pouvez-vous comparer cela? Avec l'argent ou avec le prix des autres marchandises? — Avec l'argent.

398. Cette demande d'or de la part de la Russie a-t-elle produit un effet particulier dans le prix du métal sur le marché anglais? —

Oui, certainement; il a monté, je crois, d'environ 2 sh. par once; de 81 sh. à 83 sh.

399. Si la Banque avait payé en numéraire, la même hausse dans le prix de l'or aurait-elle eu lieu d'après cette demande? — Je crois que non, parce qu'une grande quantité de notre monnaie se serait dirigée de ce côté.

400. Le prix de l'or ayant considérablement monté à Pétersbourg, cette hausse n'a-t-elle pas naturellement attiré l'or de tous les autres pays vers cette place comme vers le marché le plus avantageux?— Quand l'or se payait si bien en Russie, il y arrivait de toutes les places du continent et il montait sur presque toutes places, en Prusse, en Autriche, à peu près partout.

401. En supposant que le même fait se renouvelle et qu'il y ait une demande extraordinaire, l'or étant payé en Russie un plus haut prix que partout ailleurs, n'y serait-il pas attiré de notre pays aussi bien que de tous les autres? — Il est évident que, si vous payez en or et que le gouvernement russe en donne un prix plus élevé, il se fera vers la Russie un grand écoulement de nos espèces, et si nous livrons notre or à 77 sh. 10 den. 1/2, nous aurons un plus grand profit à le vendre qu'à en acheter sur le continent.

402. En admettant le cas d'une nouvelle hausse et que la Banque payât en numéraire, est-ce qu'une demande aussi extraordinaire et un prix aussi élevé à l'étranger absorberaient une partie de notre or en circulation? — Je n'en doute pas.

403. Quand vous parlez du prix de l'or en Russie comme étant très-élevé, sur quoi ce prix est-il basé en Russie? — J'ai à ce sujet deux versions différentes, d'après l'une desquelles le gouvernement russe a besoin de retirer une grande quantité de son papier-monnaie; en échange de ce papier-monnaie, il contracte un emprunt public. Il dit : « Nous voulons vendre notre six pour cent à 85; nous ne voulons recevoir pour cette valeur que du papier-monnaie; ce papier-monnaie est en circulation; il y en a chez tous les cultivateurs et chez différentes personnes, et ces personnes vendent leur *rouble-papier* contre lequel elles reçoivent des espèces. » Mais si la Monnaie prend de l'argent et de l'or, elle frappe des roubles d'argent et des espèces de jetons en or que le peuple reçoit en paiement.

404. La Commission doit-elle entendre que le prix de l'or en Russie, tel que vous l'avez indiqué, soit évalué en papier?—L'argent et l'or

sont acceptés par la Monnaie, qui en donne un reçu ; elle en frappe une certaine quantité en roubles d'argent et en pièces d'or qui ont la même valeur que le rouble-argent ; les personnes qui placent leur argent de cette manière sont obligées de payer une rétribution au Gouvernement.

405. Est-ce que le prix de l'or comparativement à celui de l'argent hausse en Russie?— Je ne puis pas être juge de cela. Comme je n'ai aucun rapport de Pétersbourg sur les calculs faits à ce sujet, je ne peux pas donner d'explication là-dessus.

406. Vous avez émis l'opinion que si la Banque reprenait ses paiements en numéraire, les demandes d'or faites à notre pays par la Russie nous priveraient de tout notre or?— Non pas de tout, mais d'un million peut-être.

407. En supposant que, par suite de la hausse de l'or en Russie, £100,000 y fussent envoyées d'Angleterre, la conséquence ne serait-elle pas l'accroissement de la valeur de ce qui en resterait dans notre pays? — Non ; je pense que, dans le cas où le gouvernement russe demanderait de l'or et où il en sortirait d'ici un demi-million, cela le déprécierait un peu, mais qu'il reprendrait ensuite son niveau. Nous avons envoyé une grande quantité d'or en Russie ; ce premier envoi a été très-satisfaisant; mais le résultat du second a été tout différent.

408. En parlant du placement des capitaux anglais dans les fonds étrangers, n'avez-vous pas constaté qu'une somme d'environ un million et demi sterling avait été placée par votre maison sur l'emprunt français et l'argent livré par vous à Paris? — Oui, en grande partie.

409. Avez-vous un moyen de savoir à qui et dans quelle proportion les individus pour lesquels vous aviez acheté ont vendu et quelle partie de cette somme est revenue par eux en Angleterre?
— Non, cela n'est pas possible.

410 N'avez-vous pas établi que, dans votre opinion, les emprunts étrangers n'auraient pas pu être négociés si la Banque d'Angleterre avait payé en numéraire? — Ils ne l'auraient pas été dans une aussi grande proportion.

411. Ne résulte-il pas de cela que la restriction présente des paiements en numéraire est favorable aux spéculations qui ont trait à ces négociations et à toutes les transactions qui ont rapport aux emprunts étrangers? — Elle est certainement très-

favorable à tous ceux qui ont contracté ces emprunts; si la Banque voulait payer en numéraire, elle leur ferait tort sans aucun doute.

412. Vous avez constaté qu'à une époque antérieure, quand la France faisait des importations de grain, que sa récolte de vin était mauvaise et qu'elle payait de lourdes contributions aux puissances étrangères, le cours défavorable du change que ces circonstances y avaient amené avait été nécessairement limité par les frais de transmission de l'argent monnayé de la France dans ces Etats, avec lesquels elle avait des relations commerciales. En supposant que la reprise des paiements en numéraire eût lieu et que la circulation de ce précieux métal pût être rétablie, le change n'aurait-il pas un cours moins avantageux résultant de ce que la balance des paiements étant défavorable à l'Angleterre, il serait aussi nécessairement limité par le prix de la transmission des espèces monnayées de ce pays dans les Etats du continent avec lesquels nous pouvons avoir des relations? — Il est hors de doute qu'en envoyant cet or à l'étranger, cela rétablira le niveau du change.

413. A quelle cause attribuez-vous la baisse du change entre Londres et Paris, par exemple, pendant les deux dernières années, et combien en coûterait-il à présent pour faire passer l'or d'Angleterre à Paris, en supposant que la Banque y consentît? — D'abord, à ce que beaucoup de voyageurs ont visité le continent depuis deux ans; ensuite, aux importations de grains que nous avons faites dans ce pays; enfin, aux emprunts pour la Russie, la Prusse, l'Autriche et la France.

414. En admettant que les frais de transmission de l'or et de l'argent de Londres à Paris soient de un pour cent et que le change entre Londres et Paris soit de cinq pour cent contre nous, à quelle cause attribueriez-vous cette différence entre les frais de transmission de l'argent et le cours actuel du change? — Quand on l'achète sur cette place, l'or coûte maintenant 82; un pour cent de plus pour le fret le met à 83; cela ne donne aucun avantage, ou du moins un très-minime.

415. Si la Banque payait en or maintenant, le cours de l'or sur la place serait-il de 82 à 83 sh.? — Non; dans ce cas, son prix baisserait.

416. En fait, le prix de l'or en lingots sur le marché dépasse-t-il toujours celui de l'or monnayé? — Oui.

417. Jusqu'à quel point ?— Cela dépend du taux du change ; la valeur de l'or est calculée d'après le change.

418. Si le prix de l'or dans ce pays est toujours au-dessus de celui de la monnaie, n'est-ce pas la même chose que si l'on disait que chacun ici doit débourser plus d'une livre d'or monnayé pour une livre d'or en lingot ? — Oui.

419. Pensez-vous que cela puisse avoir lieu constamment dans ce pays ? — Je ne comprends pas la question.

420. Vous avez admis que l'état des affaires du pays peut devenir tel qu'il exige l'exportation d'une certaine quantité de ses espèces pour maintenir le change au pair ou à peu près ; un état aussi défavorable des affaires ou le paiement en numéraire créerait-il la nécessité d'une exportation considérable de nos espèces monnayées pour maintenir le change aux environs du pair, et le retour de circonstances semblables pendant deux ou trois ans n'épuiserait-il pas tout l'argent du pays ? — Non, parce que vous ne pouvez pas demeurer dans une telle nécessité plus d'une année, et, si nous avons deux ou trois ans de paix et qu'il n'y ait pas de nouvel emprunt, le change sera tout naturellement maintenu en faveur de ce pays par les exportations ordinaires.

ENQUÊTE DE 1841

CONCERNANT

LES EFFETS PRODUITS PAR LA MODIFICATION DES LOIS
SUR L'INTÉRÊT DE L'ARGENT.

(CHAMBRE DES LORDS.)

RAPPORT.

Le Comité que la *Chambre des Lords* a choisi dans son sein pour rechercher les effets *des changements* apportés aux *Lois* qui réglementent *l'intérêt de l'argent*, et pour faire connaître son opinion à la Chambre à cet égard,

Déclare,

Qu'il s'est réuni, qu'il a interrogé plusieurs déposants sur le sujet en question, et qu'il a recueilli les dépositions suivantes :

SOMMAIRE DES QUESTIONS TRAITÉES DANS LES DÉPOSITIONS.

DÉPOSITION DE M. G.-W. NORMAN. . . . . Page 239

1. Position de M. G.-W. Norman.
2. Pourquoi les billets escomptés par la Banque d'Angleterre échappent à l'action des lois sur l'usure.
8. Opinion de M. G.-W. Norman relativement aux modifications apportées aux lois sur l'usure.
12. Il est avantageux pour le public que la Banque d'Angleterre puisse élever le taux de son escompte.

14. Les effets de la loi modifiée en 1839 et 1840.
17. Opérations de la Banque d'Angleterre en 1839.
21. M. G.-W. Norman exprime l'opinion que, commercialement parlant, le taux de l'intérêt ne doit pas être limité.
24. Moyens employés pour éluder les lois sur l'usure.
26. Les lois sur l'usure sont préjudiciables à ceux surtout dans l'intérêt de qui elles ont été créées.
32. Quel a été le but de la Banque d'Angleterre en n'escomptant que les billets à 65 jours au plus.
48. Du taux de l'escompte de la Banque d'Angleterre.

DEUXIÈME DÉPOSITION DE M. G.-W. NORMAN . . . . . Page 248

618. Modifications du taux d'escompte de la Banque d'Angleterre de 1836 à 1841.
619. Modifications apportées aux délais d'échéance des effets de commerce.
625. Causes des changements apportés aux délais d'échéance des effets.
627. Influence de ces changements sur les banques particulières.
634. La Banque d'Angleterre ne doit pas faire concurrence aux établissements particuliers.
635. Du taux de l'intérêt de la Banque et du taux de l'intérêt du marché.
640. La Banque d'Angleterre doit-elle escompter tout le bon papier du commerce à 5 0/0 ?
646. Comment la Banque de France a pu conserver un taux d'escompte stable et modéré.
649. Comparaison de l'ancien système avec le régime actuel.
656. Opinion de M. G.-W. Norman sur la fixation d'un taux maximum.
666. Il est impossible à la Banque d'Angleterre d'accepter tout le papier qui lui est offert.
667. La Banque doit-elle avoir un taux d'escompte invariable ?

672. Influence de la Banque sur le marché.

676. Des opérations de la Banque d'Angleterre comparées à celles des banques particulières.

DÉPOSITION DE M. S.-J. LOYD. . . . . Page 263

56. Opinion de M. S.-J. Loyd sur les avantages résultant de la modification des lois sur l'usure.
58. Avantages que procure la liberté du taux d'escompte.
60. Inconvénients qui résultent de la limitation à 5 0/0 du taux de l'escompte.
63. Comment, en dehors de la Banque d'Angleterre, sont traités les effets de commerce.
64. Conséquences de la résolution prise par la Banque d'Angleterre de réduire l'échéance du papier présenté à l'escompte.
70. Effets de cette réduction sur les commerçants qui sont en relation avec les pays éloignés.
71. Inconvénients de la limitation du taux de l'intérêt.
75. Inconvénients que présenterait le rétablissement des anciennes lois sur l'usure.
80. Opinion générale sur les lois modifiées.
82. De quoi dépend l'élévation du taux de l'intérêt.
84. Le taux de l'escompte et la crise commerciale de 1839.
93. La loi modifiée est-elle préjudiciable au commerce de détail?
95. Doit-elle être maintenue?
103. Avec cette loi les jeunes gens trouvent-ils les usuriers aussi faciles qu'antérieurement à sa modification?
107. Effets produits sur les opérations des Banquiers par la limitation de l'intérêt.

DÉPOSITION DE M. G.-C. GLYN. . . . . Page 274

111. Inconvénients de la limitation du taux de l'intérêt.
118. Conséquences de la résolution prise par la Banque d'Angleterre de limiter l'échéance des billets.
119. Des taux d'escompte les plus élevés.
122. Avantages résultant de la modification des lois sur l'usure.
126. La commission et les courtiers.
133. Avec la loi modifiée, les jeunes gens trouvent-ils les usuriers plus faciles qu'antérieurement à sa modification ?
140. Abondance des capitaux en 1839.
143. Opinion générale sur la loi modifiée.
145. Effet de la modification de la loi sur les bons du Trésor.

DÉPOSITION DE SIR J.-W. LUBBOCK. . . . . Page 281

159. Les lois sur l'usure et les effets de commerce.
164. La loi modifiée et l'escompte.
166. Elévation du taux de l'escompte.
175. Les courtiers de change et les opérations d'escompte.
181. Des billets à longues échéances.
197. Avantages de la loi modifiée.
212. Des effets de la limitation du taux de l'intérêt.
219. Du taux de l'escompte pratiqué par la Banque de France.
224. Inconvénients des anciennes lois sur l'usure.

DÉPOSITION DE M. S. GURNEY . . . . Page 293

248. Inconvénients des anciennes lois sur l'usure.
252. La liberté de l'escompte et le commerce de détail.

253. Effets de la loi modifiée sur la longueur de la période d'échéance des billets.

273. Interprétation de la loi relativement à la durée des billets.

279. Les lois sur l'usure au point de vue des emprunts du gouvernement anglais et des gouvernements étrangers.

285. Les événements de 1815 et l'action des lois sur l'usure.

286. Effets de la loi modifiée sur le commerce.

294. De la commission.

300. Les lois sur l'usure et la crise de 1839.

304. La loi modifiée et l'importance des faillites.

312. La loi modifiée et les emprunts du Gouvernement.

315. Placements de fonds et transactions faits par les courtiers de change pour le compte des banquiers de province.

335. La modification de la loi a attiré de grands capitaux sur le marché de l'escompte.

343. Causes qui produisent l'élévation du taux de l'intérêt.

352. Prêts sur marchandises.

358. Effets tirés par les districts manufacturiers.

365. Du taux le plus élevé de l'intérêt.

DÉPOSITION DE M. J. MAYNARD. . . . . Page 310

371. Position qu'occupe le déposant.

375. Opinion du déposant sur l'influence générale des changements apportés aux lois sur l'usure.

378. Influence de la loi modifiée sur le commerce de second ordre.

380. De la commission.

387. Du taux d'intérêt des prêteurs d'argent ou usuriers.

394. Variations du taux de l'intérêt.

402. Les commerçants de la Cité n'ont jamais cherché à éluder les lois sur l'usure.

408. Considérations d'après lesquelles les prêteurs règlent le taux de l'intérêt.

411. Comment se réglait le taux de l'intérêt antérieurement à la modification des lois sur l'usure.

413. La modification de la loi amène l'argent sur le marché.

423. En résumé, la modification de la loi a-t-elle été avantageuse ?

424. M. J. Maynard propose de limiter le taux de l'intérêt à 10 0/0.

444. Incertitudes sur la portée de la loi modifiée.

460. Comment il peut se faire que le taux de l'intérêt s'élève à 30 0/0 par an.

470. Transactions faites sous le régime des *Annuity acts*.

DÉPOSITION

DE

M. GEORGE-WARDE NORMAN

SÉANCE DU 24 MAI 1841.

Le Lord Président occupe le fauteuil.

1. Vous avez été directeur de la Banque d'Angleterre antérieurement et postérieurement à un acte passé la quatrième année du dernier règne, par lequel les billets escomptés par la Banque ont été exceptés de la loi relative à l'usure ? — J'ai été directeur de la Banque pendant vingt annnées qui comprennent cette période.

2. Avez-vous été alors informé des motifs sur lesquels la Banque s'est basée pour demander cette exception ? — J'ai été interrogé à cet égard devant le Comité de la Chambre des communes dans l'année 1832 ; j'ai exprimé une conviction profonde qu'il était désirable que les lois sur l'usure fussent modifiées de manière à permettre à la Banque de demander un taux d'escompte supérieur à 5 0/0.

3. Voulez-vous nous indiquer quels sont les inconvénients que vous avez observés dans l'état antérieur de la loi, et qui vous ont amené à cette conclusion ? — J'ai remarqué que, lorsque sur le marché le taux de l'intérêt était au-dessus de 5 0/0, tandis que la loi nous empêchait d'escompter à un taux plus élevé, la Banque était forcée d'adopter, pour maintenir son émission dans des bornes convenables, des expédients excessivement gênants pour le public, tels que refus arbitraires des billets, limitation à un total restreint des sommes employées à l'escompte, et réduction très-gênante de l'échéance des billets ; autrement, et en de telles circonstances, la Banque aurait été forcée à une émission exagérée.

4. Depuis que la loi a passé, s'est-il présenté des circonstances dans lesquelles, si la loi n'eût pas accordé cette exception, la Banque eût eu à souffrir une gêne matérielle ? — Oui ; je pense que si la loi n'eût pas été changée, la Banque eût souffert une grande gêne dans l'année 1839.

5. Voulez-vous préciser la nature de cette gêne ? — C'est celle que j'ai indiquée dans ma précédente réponse et qui résulta de ce fait que le taux de l'intérêt, au-dehors, s'était élevé au-dessus de 5 0/0, tandis que la loi empêchait la Banque d'élever le taux de son escompte au-dessus de cette limite.

6. Est-ce votre opinion que, par la suite, de telles circonstances doivent se représenter de temps à autre ? — Certainement, je le pense. Pendant la dernière guerre, à cause principalement des demandes continuelles d'argent faites sur le marché par le Gouvernement, le taux de l'intérêt était certainement au-dessus de 5 0/0 ; par suite, pendant des périodes considérables, et si l'on n'eût pas eu recours à quelques expédients extraordinaires et gênants, tels que ceux que j'ai mentionnés dans une réponse précédente, je ne vois pas comment la Banque eût pu éviter une émission exagérée.

7. Le Comité comprend, d'après ce que vous dites, que la gêne n'eût pas été bornée à la Banque elle-même, mais qu'elle se fût étendue généralement à tout le public commercial ? — C'est ainsi que je l'entends. Je pense qu'il est toujours désirable, dans l'intérêt public, que toute mesure restrictive que la Banque est forcée d'adopter ait, autant que possible, une action générale et non partielle.

8. Avez-vous, d'un autre côté, entendu s'élever des plaintes sur les inconvénients résultant, pour une classe quelconque d'individus, de la modification des lois sur l'usure ? — Je n'ai pas entendu de plaintes impliquant un désir que les anciennes lois sur l'usure fussent rétablies. Naturellement, parmi les hommes engagés dans les affaires, le fait d'être obligé de payer un taux d'escompte plus élevé que 5 0/0 n'est pas généralement populaire ; ils préfèrent les arrangements qui leur permettent de payer bon marché plutôt que cher.

9. Etes-vous d'avis que le pouvoir de demander plus de 5 0/0 d'intérêt doive, pour quelque raison, être borné aux billets émis par le gouverneur de la Banque d'Angleterre, ou qu'il doive être étendu à d'autres Sociétés et à d'autres individus ? — Mon opinion

arrêtée est que les lois sur l'usure sont généralement nuisibles, et que le pouvoir de prêter de l'argent à plus de 5 0/0 ne doit pas être borné à la Banque d'Angleterre.

10. Mais, sans s'occuper d'aucune modification générale, ou de l'abolition des lois sur l'usure, en supposant que l'exception soit limitée au taux de l'escompte des billets à ordre, vous ne voyez pas de raison pour faire une distinction entre ceux de la Banque d'Angleterre et ceux des autres Compagnies? — Certainement non.

11. Vous pensez que la loi, telle qu'elle est maintenant, est quelque peu impopulaire parmi certains commerçants; mais n'arriverait-il pas que l'escompte serait très-souvent refusé, si on ne pouvait demander un taux d'escompte plus élevé que 5 0/0? — J'ai été mal compris, si l'on suppose que j'ai voulu dire que le changement de la loi était impopulaire parmi les commerçants; car, certainement, je ne pense pas qu'il en soit ainsi. Autant que je peux connaître les commerçants, je crois ce changement populaire, et un retour à l'ancien système serait très-impopulaire; j'ai simplement indiqué ce fait évident que, lorsque un homme qui a besoin d'escompter doit subir une augmentation de l'intérêt, il préférerait naturellement un taux moins élevé; généralement parlant, je ne pense pas que l'état actuel de la loi soit du tout impopulaire, et je suis parfaitement convaincu que les emprunteurs, et spécialement les emprunteurs nécessiteux, ont un avantage particulier au changement qui a été fait.

12. Vous pensez que cette faculté de demander un taux plus élevé d'intérêt sert à la Banque à réduire le montant des escomptes au lieu de les cesser entièrement, lorsqu'il est nécessaire de diminuer ces escomptes en raison de la situation? — Je pense qu'à certains moments, lorsqu'il est du devoir de la Banque de restreindre ses opérations d'une manière ou de l'autre, l'élévation du taux de l'escompte est, dans certaines circonstances, le moyen le plus convenable, soit de réduire absolument le montant des escomptes, soit de diminuer cette somme plus qu'on n'eût pu le faire si le taux de l'escompte n'eût pas été augmenté.

13. N'y a-t-il pas un grand nombre d'individus qui, dans de telles circonstances, pourraient obtenir des facilités qui leur eussent été absolument refusées si cette faculté n'eût pas été accordée à la Banque par la loi? — Je suis d'avis qu'une telle mesure tend à réduire, dans une certaine proportion, le montant des escomptes,

demandés par chaque personne, de manière à étendre à un plus grand nombre les facilités accordées, et que, par conséquent, un plus grand nombre de personnes jouira, dans l'état actuel de la loi, de facilités qu'elles ne pourraient trouver si les anciennes restrictions étaient rétablies.

14. Durant les périodes de grande détresse pour les manufactures, en 1839 et 1840, la loi actuelle a-t-elle été considérée comme utile ou comme nuisible ? — Je n'ai pas une connaissance particulière de la situation des districts manufacturiers, mais j'ai toujours considéré avec autant de surprise que d'admiration la manière dont la crise commerciale de 1839 s'est comportée. Bien que très-rigoureuse, le nombre des grandes faillites a été certainement peu important ; et je ne puis faire autrement que d'attribuer dans une certaine mesure la manière dont cette crise a été surmontée, — en la comparant à ce qui est arrivé antérieurement dans de pareille occasions, comme en 1826, — à l'état de la loi, qui a permis aux capitaux et aux ressources disponibles d'affluer là où ils étaient le plus nécessaires, et où ils pouvaient recevoir le plus utile emploi, c'est-à-dire leur emploi naturel.

15. Et vous pensez que dans les années précédentes, lorsque le taux de l'intérêt était limité à 5 0/0, les capitaux n'ont pu aussi naturellement affluer dans les endroits où ils étaient le plus nécessaires ? — Je ne puis en douter ; je ne doute pas que, dans beaucoup d'occasions, des commerçants qui, en payant 8, 9, 10 0/0....., ou un taux plus élevé d'intérêt, ont pu obtenir les facilités dont ils avaient besoin, n'eussent été entraînés, sans le changement dont je parle, à des ventes ruineuses ou à des expédients infiniment plus préjudiciables pour eux.

16. La loi actuelle les met en état de supporter une crise rigoureuse ? — N'étant pas moi-même dans les affaires, je ne puis parler avec l'expérience que d'autres personnes peuvent avoir; mais telle est mon opinion.

17. La Banque d'Angleterre escompte des billets pour les districts manufacturiers ? — Nos succursales le font.

18. La Banque d'Angleterre, ou les établissements qui en dépendent, ont-ils fourni de grandes facilités en 1839 ? — La somme des escomptes, tant à Londres que dans nos succursales, s'est considérablement accrue en 1839.

19. Savez-vous quel a été l'accroissement du taux de l'intérêt

durant cette période de crise ? — Non ; mais le taux de l'intérêt a dû varier suivant que les billets avaient une échéance plus ou moins longue, ou suivant la valeur des signatures.

20. Pensez-vous que la loi actuelle a eu pour effet d'entraîner beaucoup de personnes à des spéculations que ne comportaient ni leur capital, ni les errements d'un commerce honnête et légitime? — Je ne puis penser qu'elle ait eu un tel effet.

21. Seriez-vous d'avis que la tolérance relative au taux de l'intérêt fût illimitée, ou préféreriez-vous que cet intérêt fût limité à un certain taux plus élevé que 5 0/0 ? — Je ne vois pas de raison pour que ce taux ait une limite quelconque. Il me semble qu'il n'y a, en principe, aucune différence entre fixer par la loi le taux de l'intérêt ou fixer un maximum au prix des denrées. Naturellement, dans certains cas, il peut être nécessaire de fixer le taux d'intérêt qu'une personne poursuivie légalement doit avoir à payer pour une dette ; mais, hors de là, je ne puis concevoir ce qu'il peut y avoir à faire.

22. On laisserait alors les individus régler entre eux le taux de l'intérêt? — Sans doute ; on doit admettre que le prêteur et l'emprunteur connaissent leurs propres intérêts mieux que ne peut le faire la Législature.

23. Et on suivrait à tous égards les rapports ordinaires de l'offre et de la demande? — Certainement.

24. Vous parlez du taux de l'intérêt comme étant sur le marché au-dessus de 5 0/0. Comment cela pouvait-il être quand il existait des lois sur l'usure empêchant de donner plus de 5 0/0 ? — En réalité, la Législature ne peut pas plus fixer le taux de l'intérêt que celui des marchandises ; elle ne peut que mettre des obstacles à l'action naturelle du marché monétaire. Il y a beaucoup de manières d'éluder les lois contre l'usure, et cela me paraît être un des nombreux inconvénients de ces lois ; car les moyens existants pour les éluder sont souvent une cause de démoralisation pour les deux parties, et sont très-onéreux aux emprunteurs ; on peut citer parmi ces moyens la commission, la vente, les annuités, ou l'emprunt par renouvellement.

25. Et par conséquent ces moyens deviennent en fait plus onéreux qu'un taux d'intérêt plus élevé payé d'une manière légitime ? — Sans aucun doute. Je suis porté à croire que, dans la grande majorité des cas, les lois sur l'usure sont éminemment préjudicia-

bles aux emprunteurs ; elles les entraînent à de plus mauvais moyens d'obtenir du crédit ; en certain cas, le prêteur doit être payé pour le risque qu'il court en violant la loi.

26. De sorte qu'en fait elles sont préjudiciables à ceux-là surtout dans l'intérêt de qui elles ont été faites ? — C'est ce que je pense, sans aucun doute.

27. Pouvez-vous dire de combien la circulation de la Banque a augmenté en 1839, quand celle-ci a augmenté le taux de ses escomptes ? — Je n'ai pas les comptes avec moi ; mais la circulation de la Banque a diminué en 1839. La Banque a vendu des valeurs et employé d'autres moyens restrictifs.

28. Savez-vous si la circulation des banques de province a augmenté en donnant les mêmes conditions d'escompte à la même époque ? — Je puis affirmer que les banques de province ont fait comme la Banque ; qu'elles ont été obligées d'employer les moyens restrictifs ; je ne puis imaginer que l'élévation de leur escompte ait accru leurs émissions ; mais les comptes ont tous été publiés, et on peut vérifier.

29. Pouvez-vous nous dire si quelque résolution a été adoptée sur ce sujet par le Conseil des directeurs de la Banque d'Angleterre depuis que notification a été donnée de ce Comité en Parlement ?—Je puis vous lire la résolution suivante, qui a été adoptée le 13 mai par le Conseil des directeurs : « Résolu que la modification des lois sur l'usure, actuellement existantes, a grandement contribué à faciliter les opérations de la Banque, et qu'elle est essentielle à une bonne direction de sa circulation. »

30. Est-ce votre opinion que le même principe serait bon à l'égard de tout autre établissement de Banque ? — Je pense qu'il est désirable pour le public que tous les marchands d'argent aient la même faculté de demander ce qu'ils jugent convenable pour leur marchandise, que les marchands d'autres denrées pour la leur ; je pense que les emprunteurs et les prêteurs, de même que les acheteurs et les vendeurs, doivent arranger leurs marchés sans aucune intervention de la loi.

31. Vous pensez que si la loi était ramenée à son état primitif et que l'intérêt légal ne fût pas au-dessus de 5 0/0, cela serait en somme regardé comme un sujet de plaintes par le commerce et la Banque ? — Très-certainement cela serait regardé comme un grand sujet de plaintes par tous ceux avec qui j'ai des rapports

habituels ; et, autant que j'en puis juger, ce serait l'opinion générale.

32. Pouvez-vous dire l'effet d'un changement récemment adopté par la Banque à l'égard de l'échéance des billets? — Le raccourcissement de l'échéance des billets escomptés par la Banque, de 95 à 65 jours, est un expédient restrictif dont l'effet est d'élever le taux de l'escompte sur le marché pour tous les billets dont l'échéance est plus longue que celle acceptée par la Banque. Je crois que cet expédient a eu cet effet l'année dernière, et peut-être quand il a été adopté la première fois. C'est une mesure plus restrictive qu'une simple élévation du taux de l'escompte; mais elle ne peut la remplacer tout à fait, parce que, au bout d'un temps très-court, il serait créé des billets conformes à la règle imposée par la Banque, et il pourrait devenir encore nécessaire d'avoir la faculté d'élever l'escompte.

33. Pourquoi la Banque a-t-elle adopté cette mesure l'année dernière? — C'est une mesure à laquelle on avait souvent pensé, et, dans les circonstances où l'on se trouvait, on a jugé convenable d'en essayer au lieu d'élever directement le taux de l'escompte comme on l'avait fait l'année précédente.

34. L'exemple a-t-il été suivi par d'autres établissements de banque faisant habituellement l'escompte? — Dans les temps de crise, les banquiers n'escomptent jamais volontiers les billets à longue échéance. Les billets de cette nature sont ceux sur lesquels il est le plus difficile de trouver de l'argent; mais les autres banquiers ne s'assujettissent pas aux règles adoptées par la Banque d'Angleterre, et il n'y a pas de longueur d'échéance fixe au delà de laquelle ils refusent de prendre les billets.

35. Alors l'escompte de la Banque n'a pas été généralement suivi l'année dernière? — Je puis affirmer qu'il était très-difficile d'obtenir l'escompte des billets à longue échéance, à cause de ce fait que j'indique, que les banquiers en temps de crise désirent autant que possible garder leurs fonds sous leur propre direction.

36. Mais vous pensez que beaucoup de ces personnes qui obtenaient habituellement l'escompte à la Banque, et dont les billets n'étaient pas conformes aux règles qu'elle avait adoptées, ont trouvé du crédit ailleurs? — Oui.

37. Et probablement à un taux d'intérêt plus élevé? — Oui.

38. Ils essayaient probablement de trouver du crédit pour l'intervalle entre 95 et 65 jours ? — Oui.

39. Dans les opérations actuelles, l'échéance est-elle restreinte ? — Oui ; la limite adoptée par la Banque est actuellement de 65 jours.

40. Malgré cela, la crise est moins forte maintenant qu'au moment où cette règle a été adoptée ? — Oui ; je ferai remarquer que c'est seulement vers 1822 ou 1823 que la Banque a commencé à escompter des billets à plus de 65 jours de date ; par conséquent, l'escompte des billets à 95 jours était une mesure nouvelle.

41. A quelle époque a-t-on abandonné cette mesure ? — L'automne dernier.

42. Vous avez dit que l'on assujettirait bientôt les billets aux nouvelles règles de la Banque en raccourcissant les échéances ; cela a-t-il eu lieu ? — Après que l'on eut raccourci les échéances, la crise fut rigoureuse, mais pendant une courte période, et je ne puis dire que j'aie observé ce fait récemment ; mais, en supposant que la loi existe sous son ancienne forme et que la Banque soit obligée, comme mesure restrictive, de raccourcir les échéances, je n'ai pas le moindre doute qu'en très-peu de temps il ne soit créé un très-grand nombre de billets conformes aux règles de la Banque, et qu'alors la Banque ne soit forcée de raccourcir encore l'échéance jusqu'à 45 ou même 30 jours, ou de refuser les billets en masse.

43. Suivant l'habitude du commerce, à combien de jours de date sont payables les lettres de change tirées des Etats-Unis ? — Je ne suis pas en position de répondre à cette question.

44. Mais, dans les transactions ordinaires, vous ne considérez pas un billet à 90 jours comme ayant une très-longue date ? — Non ; dans certain commerce, les billets sont faits à 12 mois ; mais 6 mois sont une date très-commune.

45. Mais avant la limitation de l'échéance adoptée à la suite de la résolution dont vous nous entretenez maintenant, quelle était la proportion ordinaire des billets à longues et à courtes échéances ? — Je ne puis répondre sans prendre des informations.

46. Les lettres de change d'outre-mer n'étaient-elles pas généralement à longue échéance ? — Je ne puis le dire ; il importe peu à quelle date la lettre de change eût été primitivement tirée, pourvu que, au moment où on la présentait à l'escompte, elle

n'eût plus que 95 jours ; elle ne doit plus avoir maintenant que 65 jours à courir avant l'échéance.

47. N'arrive-t-il pas souvent que les mêmes personnes renouvellent les mêmes billets à leur expiration pour une nouvelle période de 65 jours ? — Cela se fait, mais ce n'est pas considéré comme un procédé parfaitement honorable pour une maison de commerce, si ce n'est dans des circonstances particulières.

48. La Banque, en même temps qu'elle raccourcissait l'échéance des billets, a-t-elle ramené l'escompte au taux primitif de 5 0/0 ? — Le taux de l'escompte a été réduit de 6 à 5 0/0 vers le commencement de l'année dernière.

49. Au moment où la Banque escomptait les billets à 95 jours ? — Oui, et l'intérêt continue encore à être à 5 0/0.

50. Et, dans aucun cas, la Banque ne prend un intérêt plus élevé que celui-là maintenant ? — Non, nous n'avons qu'un seul taux d'escompte.

51. Vous avez dit que le taux d'escompte de la Banque d'Angleterre est de 5 0/0 ; pouvez-vous dire si le taux général de l'escompte est à présent supérieur ou inférieur à 5 0/0 ?— Naturellement il varie suivant la qualité des billets ; je n'ai pas d'informations particulières à ce sujet, mais j'estime que sur le marché le taux d'escompte des bons billets est à présent couramment de 5 0/0 ; il y a deux ou trois mois, il était au-dessous de 5 0/0.

52. En parlant d'un billet à longue ou à courte échéance, voulez-vous parler d'un billet à 95 ou à 65 jours de date, ou placez-vous la ligne de démarcation entre ces deux espèces de billets ? — Il est difficile de le dire ; néanmoins je considère un billet à 2 mois comme étant à courte échéance, et un billet à 6 mois comme étant à longue échéance.

53. Mais il n'y a pas de ligne de démarcation exacte ? — Je ne le crois pas.

DEUXIÈME DÉPOSITION DE M. G.-W. NORMAN.

SÉANCE DU 10 JUIN 1841.

Le Lord Président occupe le fauteuil.

618. Pouvez-vous indiquer au Comité quels sont les changements que la Banque d'Angleterre a fait subir au taux de son escompte depuis la modification des lois sur l'usure? — Je ne pourrais le faire avec beaucoup d'exactitude, mais j'ai ici quelques notes qui, je le crois, donneront au Comité des indications suffisantes, au moins en ce qui concerne les années qui viennent de s'écouler. Le 21 juillet 1836, le taux de l'escompte fut élevé de 4 à 4 1/2 0/0, et le 1er septembre de la même année de 4 1/2 à 5 0/0. Il subit une réduction le 15 février 1838, et fut abaissé à 4 0/0; le 16 mai 1839, on le vit s'élever de nouveau à 5 0/0; le 20 juin de la même année, à 5 1/2 0/0; le 1er août, à 6 0/0, taux auquel il resta jusqu'au 1er janvier 1840. A cette époque, il descendit à 5 0/0, taux auquel nous le voyons encore aujourd'hui.

619. Pouvez-vous nous faire connaître aussi les différentes époques auxquelles la Banque fit des changements relatifs au temps à courir des billets présentés à son escompte? — Je ne pourrais le faire avec une très-grande certitude, mais je crois avec une exactitude suffisante. Le 20 décembre 1821, elle porta de 65 à 95 jours l'échéance des effets qu'elle consentait à escompter et conserva cette limite jusqu'en octobre de l'année dernière, époque à laquelle elle recommença à ne plus accepter que les valeurs à 65 jours. Depuis la semaine dernière, elle a repris l'escompte des effets à 95 jours.

620. Il ressort de votre déposition que la Banque a l'habitude de restreindre ses émissions, soit en réduisant le temps à courir des effets, soit en élevant le taux de son escompte; a-t-elle recours en même temps à ces deux mesures ou bien a-t-elle une préférence pour l'une d'elles? — Si vous voulez bien vous reporter à ma der-

nière réponse, vous verrez qu'elle n'a jamais employé ces deux moyens en même temps, et que les changements relatifs à l'échéance des billets ont été rares. Parfois, et pour protéger sa situation, la Banque juge utile d'adopter l'un ou l'autre de ces moyens; mais ce sont les circonstances du moment qui lui indiquent lequel est préférable.

621. Ces deux mesures concourent-elles au but déjà indiqué de restreindre les émissions, ou la réglementation de l'échéance des billets sert-elle à un but particulier et n'est-elle que la conséquence d'un principe général? — Ce sont deux mesures également protectrices, calculées en vue de rendre les émissions de la Banque moins importantes qu'elles ne le seraient sans cela aux époques où l'on reconnaît la nécessité d'un resserrement de la circulation. Elles ont d'ailleurs, généralement parlant, les mêmes résultats.

622. Ne pensez-vous pas qu'il est important pour la circulation et le commerce qu'un grand établissement comme la Banque d'Angleterre n'escompte pas aujourd'hui les effets qu'il rejettera demain et ne change rien à ses us et coutumes à moins de motifs très-sérieux? — Je suis complétement de cet avis; mais je crois qu'il est absolument impossible à la Banque, au point de vue de ses devoirs envers le pays et du soin qui lui incombe de diriger la circulation, je crois, dis-je, qu'il lui est complétement impossible d'accepter toujours les billets à la même échéance et d'escompter toujours au même taux.

623. Vous savez pourtant que jusqu'à ces derniers temps la Banque n'avait fait aucune modification de cette nature? — Je crois qu'il n'y eut aucun changement semblable pendant de nombreuses années et jusqu'en 1823, époque où les délais d'échéance furent augmentés; mais pendant combien de temps cette uniformité de procédés exista-t-elle, je ne saurais le dire. J'ai pensé que si les lois sur l'usure eussent été en vigueur durant la guerre et qu'à la même époque la Banque eût été obligée par la loi de payer en or, sa situation eût été entourée d'extrêmes difficultés, attendu que le taux de l'intérêt du marché était certainement bien supérieur à 5 0/0, et que, par suite, la demande considérable d'escomptes tendait fortement à provoquer des émissions extraordinaires.

624. Pouvez-vous faire connaître au Comité les variations qu'a subies la somme des avances faites par la Banque sous forme d'escompte d'effets de commerce? — Je n'ai pas ces renseignements

présents à la mémoire; mais je vous prierai de vouloir bien vous reporter au tableau annexé au rapport du Comité de la Chambre des communes sur les Banques d'émission, document qui vous donnera tous les renseignements que vous pourrez désirer à cet égard.

625. *Pouvez-vous dire quelles circonstances ont occasionné les changements apportés aux échéances des billets?* — Les années 1822 et 1823 virent les cours tomber très-bas et peuvent être considérées comme des années de crise commerciale; en outre la Banque avait à sa disposition de grandes ressources et l'on regardait l'extension de l'échéance des billets comme devant être avantageuse aussi bien pour la Banque que pour le public. L'année dernière, l'or abandonnait le pays; le stock de nos espèces métalliques était extrêmement faible et la Banque pensa qu'il était nécessaire de prendre, en pareille circonstance, quelque mesure restrictive puissante. Elle aurait pu élever le taux de l'escompte, comme elle l'avait fait d'ailleurs les années précédentes; mais il parut préférable d'essayer de l'effet que produirait la limitation de l'échéance, ces deux mesures produisant des résultats presque identiques. Quant à l'extension de l'échéance qui a été décidée la semaine dernière, elle a pour but d'aider le commerce et de lui offrir des facilités que la Banque peut donner sans compromettre sa situation.

626. *Dans le fait, ces changements d'échéance ont eu simplement pour but, soit de restreindre, soit d'accroître les émissions de la Banque?* — Elles ont eu pour but, soit de protéger la réserve de la Banque, soit de donner des facilités au commerce; car je ne pense pas que, pour le cas actuel, la Banque pourrait regarder comme opportun un certain accroissement de ses émissions.

627. *Les opérations des banquiers particuliers et des banques de province qui font l'escompte pour leurs clients ne sont-elles pas affectées au plus haut point et modifiées par les changements auxquels la Banque d'Angleterre croit devoir recourir, et la rareté ou l'abondance des ressources de cette Banque ne doivent-elles pas réagir sur les différentes institutions privées qui prêtent de l'argent?* — Il y a, je pense, d'autres déposants qui ont été interrogés devant ce Comité et qui auraient pu mieux que moi répondre à cette question. Ma réponse doit se borner à des généralités, parce que je n'ai que de très-faibles connaissances pratiques sur ce sujet. Je dirai donc que les banquiers de province, emprunteurs ou prêteurs, opèrent sur le marché de l'argent de Londres. Les mesures que

prend la Banque exercent aussi, temporairement au moins, une influence importante sur le marché monétaire, et ces mesures peuvent, par suite, affecter les opérations des banquiers de province.

628. De sorte que lorsque la Banque d'Angleterre fait des changements de la nature de ceux dont nous avons parlé, elle affecte d'une manière ou d'une autre les opérations de tous ceux qui dans le pays sont engagés dans les transactions de prêts d'argent? — Ces changements peuvent avoir plus ou moins la tendance qui vient d'être indiquée, c'est-à-dire que, dans certains cas, leur influence sera nulle ou très-faible, et dans d'autres circonstances, au contraire, très-puissante, quoique pour un temps très-court. Généralement parlant, je pense que le taux de l'intérêt est soumis à des influences naturelles et que, si vous examinez l'ensemble des faits pendant une longue période de temps, vous verrez que les mesures qu'a pu prendre la Banque d'Angleterre n'ont eu sur le taux aucune influence.

629. Lorsque vous modifiez à Londres, soit le taux de l'intérêt, soit l'échéance des billets, ces modifications ont-elles lieu également dans vos succursales de la province? — Oui, toujours.

630. Lorsque la Banque croit devoir recourir à quelque mesure restrictive, quel moyen emploie-t-elle tout d'abord? — Habituellement elle vend ses valeurs, prenant pour cela celles qui peuvent être réalisées le plus promptement, comme, par exemple, les bons du Trésor.

631. Réalise-t-elle ses valeurs avant de commencer à réduire l'importance des facilités qu'elle accorde au commerce? — Oui, et c'est ce qu'elle a fait en toutes circonstances.

632. Lorsque la Banque se trouve dans cette situation, que l'on peut considérer comme une situation moyenne, accepte-t-elle tout le bon papier qui lui est présenté, ou bien est-elle forcée d'en rejeter une grande partie? — Elle escompte presque tout le bon papier qui lui est envoyé; mais depuis assez longtemps la somme de ses escomptes n'a pas été bien considérable, attendu que son taux a presque toujours été supérieur à celui du marché.

633. Est-ce une mesure systématiquement adoptée par la Banque? — La Banque a pensé qu'elle ne devait pas entrer en

concurrence avec les particuliers. Sa position d'institution nationale, chargée par excellence de l'émission, et certains devoirs qui lui incombent de ce chef, ne pouvaient que lui commander cette réserve.

634. Le taux de l'intérêt de la Banque a-t-il été supérieur au taux de l'intérêt du marché aux époques où elle a élevé le taux de son escompte ? — Je ne le crois pas.

635. Quand vous parlez du « taux de l'intérêt du marché, » faites-vous allusion seulement au taux de l'intérêt du marché appliqué à l'escompte des effets du commerce ? — Ces mots « taux de l'intérêt du marché » sont naturellement très-vagues, parce que, à toutes époques, le taux de l'intérêt varie selon la nature des garanties offertes. Quand donc je parle du taux de l'intérêt du marché par opposition à celui de la Banque, je veux désigner le taux auquel des billets en tout semblables à ceux qu'escompte la Banque et présentant les mêmes garanties trouvent à être escomptés sur le marché.

636. Le taux de l'intérêt sur hypothèques n'a pas, depuis longues années, dépassé 4 0/0; le 3 0/0 est resté dans les environs de 90, et les bons du Trésor ont rendu un intérêt de 2 3/4 à 3 1/5 0/0. Peut-on dire dès lors que le taux de l'intérêt du marché ait jamais été supérieur à 5 0/0, si ce n'est pour l'escompte du papier du commerce ? — Il est certain que, pour toutes ces valeurs, le taux de l'intérêt du marché n'a pas dépassé 5 0/0 depuis longtemps. Je crois d'ailleurs m'être suffisamment expliqué à cet égard dans ma précédente réponse. En parlant du taux de l'intérêt du marché, je n'ai pas entendu le faire à propos des différentes valeurs dont vous parlez, et je vous prierai de remarquer que le taux de l'intérêt sur ce qui est appelé techniquement le marché monétaire n'est que très-rarement et pour de très-courtes périodes au niveau du taux de l'intérêt sur hypothèques, et qu'il n'a relativement aucun rapport avec celui qui résulte des transactions de prêts sur consolidés, par exemple. La plupart du temps, ces différentes valeurs sont traitées par différentes classes d'emprunteurs et de prêteurs.

637. Par conséquent, le taux de l'intérêt du marché, tel que vous le comprenez, ne s'applique qu'à l'escompte du papier du commerce? — Non pas seulement à l'escompte du papier du commerce, mais à l'argent employé de différentes manières par une certaine classe d'individus que l'on peut appeler marchands d'argent, tels

que les banquiers, certains commerçants, les courtiers et les agents de change, etc.; il y a, en outre, un taux d'intérêt payé sur dépôt de fonds, et je dirai que cette transaction appartient au marché monétaire tel que je le comprends.

638. Alors, pour me servir de termes généraux, le marché monétaire se borne à faciliter les transactions commerciales? — Les transactions commerciales et de banque dans le sens le plus large de ces expressions.

639. Si la Banque pouvait, sans compromettre sa situation, escompter à l'ancien taux de 5 0/0 tout le bon papier qui lui est présenté, une semblable mesure ne ferait-elle pas disparaître, pour le public, la nécessité où il se trouve de payer les taux plus élevés dont la loi a permis l'application depuis quelque temps? — Dans ce cas, la Banque n'aurait aucun motif sérieux d'élever le taux de son intérêt au-dessus de 5 0/0; mais cette hypothèse est inadmissible.

640. Ne pensez-vous pas au moins que la Banque pourrait, soit en disposant de ses ressources d'une manière différente, soit en n'acceptant, sous forme de dépôts, que des capitaux faciles à employer, ne pensez-vous pas, dis-je, qu'elle pourrait escompter tout le bon papier commercial de manière à prévenir les grandes fluctuations auxquelles est soumise la valeur de l'argent? — Je pense qu'il est impossible à la Banque d'arriver à ce but, quelque système, quelque mesure qu'elle puisse adopter, quelque changement qu'elle puisse apporter à sa constitution et à sa manière d'opérer. Il me semble qu'il est tout aussi impossible de fixer le taux de l'intérêt que d'assigner une limite invariable au prix des marchandises; que le taux de l'intérêt et le prix des marchandises sont soumis à des fluctuations tenant à des causes naturelles; que vous rendriez ces fluctuations plus grandes encore en essayant de les régulariser par une loi, et que toute tentative d'intervention à cet égard manquerait son but et n'aurait que de détestables résultats.

641. Vous savez pourtant que, pendant de nombreuses années, la Banque a escompté à 5 0/0 tout le bon papier commercial? — Je sais qu'en effet elle a pendant longtemps tenu son taux d'escompte à 5 0/0; mais je ne saurais dire si elle a bien accepté tout le bon papier qui a pu lui être présenté, et, d'ailleurs, ce que nous avons fait sous un régime complétement restrictif ne peut nous servir de règle aujourd'hui.

642. Savez-vous bien que chaque fois que, depuis la modification

de la loi, la Banque a demandé un intérêt supérieur à 5 0/0, cette mesure a déterminé au dehors non pas une simple fluctuation de 1 1/2 ou 1 0/0, mais une hausse du taux de l'intérêt jusqu'à 10 ou 15 0/0, et même plus lorsque les emprunteurs se sont trouvés pressés par la nécessité ? — Non, je n'ai rien appris de semblable.

643. Ne pensez-vous pas qu'il importe beaucoup, pour un grand pays commercial comme le nôtre, que le taux de l'intérêt ou, en d'autres termes, le loyer du capital soit stable et modéré ? — Je crois avoir établi, dans une précédente réponse, qu'il serait désirable que le taux de l'intérêt fût aussi stable que possible, et que ce n'est qu'en nous abstenant de faire intervenir la loi que nous pourrions atteindre ce but.

644. Savez-vous qu'en France, en Hollande, en Allemagne et presque partout sur le continent, l'intérêt de l'argent a toujours été stable et s'est toujours tenu à un taux bien inférieur au nôtre ? — Je ne sais pas précisément ce qu'est le taux de l'intérêt sur le continent ; la Banque de France a escompté pendant très-longtemps au même taux, tout en ayant recours quelquefois à des changements dans l'échéance des billets qu'elle était disposée à escompter. En ce qui concerne Hambourg, où il ne peut y avoir pourtant que très-peu de causes de perturbation, je crois que les fluctuations du taux de l'intérêt y sont énormes.

645. Ces fluctuations n'ont-elles pas été bien moins importantes que chez nous ? — Je n'en sais rien, n'étant pas dans les affaires et ne possédant aucun renseignement à cet égard.

646. Pourriez-vous expliquer au Comité comment, dans votre opinion, la Banque de France a pu, au grand avantage du commerce et de l'industrie de son pays, conserver le taux de son intérêt aussi stable que modéré, tandis que la Banque d'Angleterre a rencontré tant de difficultés sous ce rapport ? — C'est que, dans l'espèce, il y a entre les deux pays d'énormes différences. La France, en effet, n'est pas un pays de grande spéculation, et sa circulation peut être considérée comme une circulation entièrement métallique ; en outre, son commerce avec l'étranger est, comparativement au nôtre, insignifiant et échappe, de ce chef, à de nombreuses perturbations. L'Angleterre, au contraire, est un pays dont la circulation, qui se compose d'éléments divers, se trouve alimentée par des sources très-mal réglées, je l'avoue ; elle fait, en outre, avec l'étranger un commerce énorme, et la spéculation est entrée

tout à fait dans ses habitudes. On conçoit aisément, dès lors, qu'elle ressent le contre-coup de toutes les perturbations qui s'élèvent dans le monde commercial, et que, par suite, telle ligne de conduite bonne pour la Banque de France ne conviendrait pas à la Banque d'Angleterre.

647. Savez-vous quel est le capital de la Banque de France ? — Très-faible, d'environ 70 millions de francs.

648. Savez-vous dans quelle proportion ce capital concourt à ses opérations ? — Je l'ignore ; mais elle n'en emploie, je pense, qu'une faible partie. La Banque de France a été pendant quelques années dans une situation très-favorable, par suite des dépôts énormes que lui avait confiés son gouvernement ; c'est, du reste, je me plais à le reconnaître, un établissement sagement et prudemment administré.

649. A propos de l'intérêt élevé que le commerce est quelquefois obligé de payer sous le régime actuel, voulez-vous avoir la bonté de nous dire si, dans votre opinion, les embarras auxquels il était nécessairement soumis avec l'ancien système étaient plus onéreux pour lui que l'augmentation de l'intérêt qu'il lui faut actuellement subir ? — Beaucoup de gens se plaignent aujourd'hui d'avoir à payer 6, 7 ou 8 0/0 pour l'escompte de leurs billets ou pour l'obtention de toute autre facilité ; mais si la loi n'était pas venue légaliser ces taux, ils auraient été très-probablement obligés de faire de plus grands sacrifices encore, soit par suite de ventes forcées de marchandises, soit par suite de l'obligation où ils se seraient trouvés d'éluder les lois pour obtenir des fonds, auquel cas le prêteur aurait exigé un intérêt additionnel pour se couvrir des risques inhérents à de semblables transactions. Vous voudrez bien remarquer à ce propos qu'une augmentation du taux de l'intérêt de 2 0/0, par exemple, n'est, après tout, que de 1/2 0/0 de plus pour trois mois ; dans les cas d'une vente forcée de marchandises, la perte est rarement de 1/2 0/0 et va presque toujours bien au delà, ce qui n'empêche pas que beaucoup de gens croient faire un sacrifice très-considérable lorsqu'il leur faut donner 1/2 0/0 de plus que l'intérêt ordinaire.

650. Dans les circonstances ordinaires, le prix des marchandises de toute nature n'est-il pas sujet à des fluctuations de 20 à 30 0/0 ? — Sans aucun doute, le prix des marchandises varie

beaucoup et ne reste stationnaire que très-rarement et pendant de très-courtes périodes de temps.

651. De sorte qu'il est de la plus grande importance pour chaque commerçant de pouvoir différer la vente de ses marchandises jusqu'au moment où le marché lui semblera le plus favorable? — Quant à moi, il me semble très-important pour les commerçants que la loi s'abstienne absolument de fixer aucune limite au taux de l'intérêt et qu'elle les laisse libres de payer le taux qu'on leur demande, s'il se trouve être à leur convenance.

652. Mais si la Banque se mettait elle-même en situation d'escompter à 5 0/0 tout le bon papier qui lui est présenté, toutes ces causes de fluctuations se trouveraient détruites? — Il me semble impossible que la Banque puisse se mettre elle-même dans une semblable situation; supposons que le taux de l'intérêt s'élève, par suite d'un emprunt du Gouvernement, au-dessus de 5 0/0, il y aura profit à emprunter à la Banque à ce dernier taux; un épuisement du numéraire se produira, et la Banque se trouvera forcée, soit de suspendre ses paiements, soit de refuser le papier, qui naturellement lui sera envoyé en masse, soit d'adopter tout autre moyen aussi restrictif qu'irrégulier.

653. Cet état de chose peut exister en temps de guerre quand le Gouvernement fait de larges emprunts; mais ce n'est pas une raison pour qu'il existe en temps de paix, lorsque le Gouvernement se suffit avec ses propres ressources? — Il peut se produire, ainsi que nous l'avons vu récemment, des circonstances où la Banque oublierait toute prudence et toute sagesse si elle limitait le taux de son escompte à 5 0/0.

654. Chaque fois que 5 0/0 se trouverait être inférieur au taux du marché, vous pensez que la Banque aurait des escomptes à faire pour une somme trop considérable? — Généralement parlant, oui; il peut arriver telles circonstances où, même en temps de paix, le bureau de l'escompte restant ouvert à 5 0/0 et acceptant à ce taux tout le bon papier qui lui serait présenté, la Banque serait amenée à faire des émissions extraordinaires dont le public aurait bientôt à souffrir.

655. Supposez-vous que tel serait le cas si vous disposiez d'un capital plus considérable, si telle partie de vos ressources n'était pas réservée aux rentes et telle autre aux prêts sur hypothèques? Pensez-vous, en d'autres termes, que si vous affectiez une plus

grande partie de votre capital aux opérations commerciales, il ne vous serait pas possible, excepté bien entendu dans les circonstances extraordinaires, d'escompter tout le bon papier? — Aucun changement dans le montant de son capital ou dans sa manière de l'employer ne pourrait permettre à la Banque d'escompter en tout temps au même taux et la dispenser d'élever son taux d'escompte au-dessus d'une proportion donnée, soit par exemple 5 0/0.

656. Mais ne pourrait-elle pas adopter quelque autre fixation au-dessus de 5 0/0, de manière à échapper aux suites des fluctuations du marché? — Je ne le crois pas; toute fixation serait inutile ou pernicieuse. Limitez, par exemple, le taux de l'escompte à 10 0/0, la Banque ne trouvera jamais l'occasion d'appliquer ce taux; ce serait donc une fixation complétement inutile, au moins en ce qui nous concerne.

657. Ne pensez-vous pas que le fait seul de la fixation d'un taux maximum aurait pour résultat de faire adopter ce maximum comme taux ordinaire? — Il me semble que l'intérêt de l'argent, aussi bien que le prix des marchandises, échappe à toute législation et qu'il est impossible de fixer une limite à la valeur de l'argent ainsi qu'à la valeur des marchandises.

658. Mais n'est-il pas vrai pourtant que le taux de l'intérêt se trouvait réglementé par la loi avant qu'elle n'eût été modifiée? — Oui, mais il est arrivé aussi que ce taux de 5 0/0, qui était le taux légal de l'intérêt, s'est trouvé habituellement supérieur au taux du marché lorsqu'il s'est agi de papier entouré de bonnes garanties. La loi était donc, la plupart du temps, sans application. Si le taux de l'intérêt fixé par la loi eût été inférieur à celui du marché, de manière à rendre cette loi susceptible de recevoir une application quelconque, je suis certain qu'il se serait dès lors produit une confusion tellement désastreuse que la situation n'aurait pu être supportée pendant six mois seulement. La loi aurait été foulée aux pieds, ainsi que nous l'avons vu faire pendant la guerre, lorsque banquiers et marchands avaient recours à toutes sortes d'expédients pour l'éluder. On traduisait alors, comme on le ferait maintenant, quelques malheureux individus devant les Cours de justice; mais souvent les juges reculaient devant une condamnation.

659. Pensez-vous que le risque que l'on courait de subir les pénalités édictées par la loi avait pour effet de faire élever le taux de l'intérêt au dessus de celui du marché? — Je ne doute pas que,

chaque fois que la convenance mutuelle de l'emprunteur et du prêteur les portait à conclure à un taux d'intérêt supérieur au taux légal, circonstance qui mettait le prêteur en danger, je ne doute pas, dis-je, que le prêteur ne se couvrît autant que possible de ce risque par telle augmentation du taux d'intérêt qu'autrement il n'eût pas songé à demander.

660. N'y avait-il pas, par suite de cet état de chose, une si grande masse d'argent empruntée par des moyens cachés qu'il était impossible d'arriver à une appréciation exacte relativement à la somme d'argent empruntée à un taux supérieur au taux légal? — Oui, si j'ai bien compris la question.

661. Lorsque vous parlez de ces transactions illégales, pensez-vous qu'elles entraient dans la masse des transactions du commerce, pour les neuf dixièmes, par exemple? — Je n'ai qu'un vague souvenir de ce qui se passa durant la guerre; mais je crois que, particulièrement en province, une quantité très-considérable de transactions s'effectuèrent à un taux réellement supérieur à 5 0/0.

662. En limitant le taux de l'intérêt à 10 0/0, limitation qui compenserait toutes les fluctuations qui se sont produites depuis dix ans, n'aurait-on pas quelque chance d'empêcher les transactions qui s'effectuent à des taux d'intérêt encore plus élevés? — Une pareille loi serait inutile lorsqu'il s'agirait de transactions ordinaires, car alors le prêteur ne songerait pas à demander plus de 10 0/0; elle serait préjudiciable à l'emprunteur dans les transactions où, par suite de circonstances particulières, il pourrait payer sans se gêner le taux qui lui serait demandé au-dessus de 10 0/0.

663. N'aurait-elle pas également pour effet d'amener beaucoup de gens, qui empruntent aujourd'hui au taux de 10 ou 12 0/0, à emprunter sur leurs rentes? — Il est certain que chaque fois qu'un homme pourrait, par suite de circonstances particulières, donner sans peine 12 ou 15 0/0, et que la nature de sa garantie lui permettrait même d'offrir quelque chose de plus, un intérêt de 10 0/0 serait accepté comme le bienvenu. Mais si, d'autre part, la loi lui défendait de donner plus de 10 0/0, où il n'obtiendrait pas de prêt ou serait obligé, pour en obtenir, d'avoir recours à des moyens illégaux et de payer un intérêt additionnel pour dédommager le prêteur de ses risques.

664. S'il ne pouvait obtenir de prêt, il ne lui resterait d'autre

alternative que de se déclarer en faillite ou de vendre à perte ses marchandises? — Il est difficile de dire quelle alternative lui resterait. Je présume qu'il préférerait donner plus de 10 0/0, soit, par exemple, 12 0/0, et dans ce cas la loi l'empêcherait non-seulement d'obtenir à ce taux les facilités dont il aurait besoin, mais encore lui causerait d'autre part un énorme préjudice.

665. Mais cela ne vaudrait-il pas mieux que de voir les gens continuer leurs affaires au moyen d'emprunts obtenus à des taux dépassant dans de si énormes proportions le taux de l'intérêt du marché? — Je ne puis répondre à cette question, n'ayant pas pour cela la connaissance complète des faits qui serait nécessaire.

666. Dans une partie précédente de votre déposition, vous avez fait allusion à la coutume autrefois suivie par la Banque d'Angleterre d'escompter à 5 0/0 tout le bon papier qui lui était présenté. Pensez-vous qu'il serait possible à cette Banque de ne refuser aucun papier entouré de bonnes garanties et représentant des transactions commerciales non fictives, c'est-à-dire étrangères à la spéculation ? — Selon moi, il est impossible à la Banque d'Angleterre, quelque système qu'elle adopte, d'escompter tout le papier qui lui est offert sans négliger quelques-unes de ses autres obligations. Chaque fois qu'elle juge utile d'accroître ou de diminuer la quantité des effets de commerce qui peuvent lui être présentés, il est extrêmement désirable qu'elle agisse en cela d'après quelque principe général ; que, par exemple, elle élève ou abaisse le taux de l'escompte, elle étende ou restreigne les délais d'échéance des effets à lui présenter. Si les moyens que je viens de citer lui étaient retirés, elle serait forcée d'en adopter de bien plus irréguliers ; elle pourrait dire, par exemple : « Aujourd'hui, quelle que soit la demande, nous n'affec- » tons qu'une certaine somme à l'escompte ; nous ne prendrons » absolument que le très-bon papier et rejetterons le reste. » Je suis parfaitement convaincu que de tous les moyens restrictifs que la Banque puisse employer, ceux qui constituent une mesure générale sont les meilleurs.

667. Pensez-vous que, tandis que la valeur de l'argent est soumise sur le marché à des fluctuations considérables, il ne serait pas juste de la part de la Banque d'Angleterre de s'en tenir à un taux invariable d'escompte? — Je pense que toute tentative faite dans un but semblable serait une violation de toutes les règles qui constituent une bonne gestion.

668. Mais cette tentative n'a-t-elle pas été faite et n'a-t-elle pas constamment réussi jusqu'à l'époque ou le Parlement apporta des changements aux lois sur l'usure? — Avec les anciennes lois sur l'usure, la Banque ne pouvait naturellement demander plus de 5 0/0, et pendant longtemps elle ne dépassa pas 4 ; mais ces lois pesèrent durement sur elle à l'époque de la guerre, et surtout dans la dernière période. Elle fit des émissions extraordinaires, considérables et destinées seulement au service de l'escompte, et elle eut une fois jusqu'à £20,000,000 de papier à l'escompte.

669. Mais n'est-il pas vrai aussi que malgré toutes les difficultés suscitées par la guerre et toutes celles qu'eut à surmonter la circulation, le commerce du pays ne fut jamais exposé à payer les taux d'escompte élevés qui lui sont imposés depuis la modification de la loi ? — Je ne nie pas que, durant la guerre, les commerçants de Londres dont le papier portait deux bonnes signatures et n'avait pas plus de 65 jours à courir, n'aient obtenu des facilités, au taux de 5 0/0, dans les bureaux de l'escompte de la Banque ; mais, pendant la même période, tous ceux dont le papier ne rentrait pas dans les conditions indiquées payaient très-cher, d'une manière ou d'une autre, les emprunts d'argent qu'ils étaient forcés de faire.

670. Pensez-vous que l'expérience faite sous le régime des lois restrictives puisse servir de point de départ pour déterminer les principes d'après lesquels la Banque doit agir lorsqu'elle est tenue à payer en or à présentation ? — Non, je ne le pense pas.

671. Parmi les pièces annexées au rapport présenté à la Chambre des communes se trouve un document fourni par la Banque elle-même et qui fait connaître que, le 28 mai 1833, la somme des escomptes sur effets de commerce ne fut que de £960,000, tandis qu'à une autre époque, le 27 avril 1837, elle s'éleva au chiffre de £10,800,000. Ne pensez-vous pas que des fluctuations aussi énormes, dans la partie du capital de la Banque affectée à l'escompte du papier de commerce, produisent, par cela même, de grandes révolutions dans le montant du capital destiné aux opérations commerciales ? — Je ne pense pas qu'un effet semblable soit produit.

672. Les fluctuations que nous pouvons constater dans notre histoire monétaire n'ont-elles pas pour source unique les changements de système adoptés par la Banque d'Angleterre? — Je ne le crois pas. Dans quelques circonstances particulières la Banque

d'Angleterre peut, pour un instant, influer sur le taux de l'intérêt ; mais il est impossible que cette influence dure longtemps.

673. Si, par exemple, la Banque d'Angleterre, se trouvant avoir au dehors £10 ou 11,000,000 en escomptes d'effets de commerce, jugeait devoir, par prudence ou pour tout autre motif, faire rentrer rapidement ce capital, une semblable mesure n'aurait-elle pas pour effet de rendre aussitôt l'argent très-rare sur le marché ? — La Banque ne s'est jamais trouvée dans cette situation et je ne puis croire qu'elle puisse s'y trouver ; je ne saurais donc vous dire ce qui se passerait en pareille circonstance.

674. Si vous le voulez, laissons cela de côté et supposons que la Banque détermine la rareté de l'argent en restreignant les facilités qu'elle donne habituellement au public et au Gouvernement ; n'a-t-elle pas avantage à élever le taux de l'intérêt de l'argent et ne peut-elle élever ce taux dans le but de faire de son capital un emploi plus profitable ? — Généralement parlant, un taux élevé d'intérêt accroît les profits de la Banque, et je crois avoir déjà dit que la Banque pouvait pour un moment tenir ce taux élevé ; mais son influence, dans ce sens, ne saurait se soutenir longtemps.

675. La Banque pourrait-elle produire la rareté de l'argent autrement que par une diminution du nombre de ses transactions, et, dans ce cas, n'éprouverait-elle pas une perte qui contrebalancerait les profits réalisés par suite de l'augmentation du taux de l'intérêt ? — C'est une question de proportion.

676. Pour en revenir aux chiffres contenus dans le rapport présenté à la Chambre des communes, le Comité ne devrait-il pas, pour arriver à une appréciation exacte de l'importance totale des facilités données sous forme d'escompte au monde commercial, ajouter d'autres éléments à la somme des escomptes faits par la Banque d'Angleterre ? — Je puis dire que généralement le montant des effets escomptés par la Banque d'Angleterre est très-insignifiant, comparé aux opérations de même nature faites par les banquiers, les courtiers de change et autres ; je puis ajouter que la plus ou moins grande importance des opérations d'escompte de la Banque ne tient pas à ce qu'elle donne des facilités à un nombre plus ou moins considérable de personnes, mais simplement à la différence qui existe entre son taux d'escompte et le taux du marché.

677. Supposons que la Banque pratique un taux supérieur à

celui du marché ; que le montant de ses escomptes s'élève, par hypothèse, à £3,000,000, et que la somme des escomptes faits par des établissements particuliers atteigne £6,000,000, donnant ensemble un total de £9,000,000, n'arriverait-il pas, si au contraire la Banque pratiquait un taux inférieur au taux du marché, que les chiffres que je viens de citer se trouveraient renversés, que £6,000,000 représenteraient les escomptes de la Banque d'Angleterre, et £3,000,000 les opérations de même nature des banquiers particuliers, donnant dans les deux hypothèses le même chiffre total de £9,000,000 appliqué aux escomptes du commerce ? — Oui, cela n'est pas impossible.

678. Vous savez que ce fait, que la Banque d'Angleterre lance ses bons de l'Echiquier sur la place, met souvent le Trésor dans des embarras très-sérieux ? — Je ne suis pas suffisamment familiarisé avec les faits pour répondre à cette question d'une manière satisfaisante.

DÉPOSITION

DE

M. SAMUEL-JONES LOYD.

SÉANCE DU 24 MAI 1841.

Le Lord Président occupe le fauteuil.

54. Avez-vous été dans les affaires avant et après l'époque à laquelle fut décrétée la modification des lois sur l'usure, en ce qui concerne l'intérêt payable sur billets à ordre? — Oui; j'ai été dans les affaires avant et après cette époque, mais surtout depuis la modification dont il s'agit.

55. Antérieurement à cette modification, vos opérations ont-elles été assez considérables pour vous permettre de faire actuellement connaître au Comité quelle somme d'inconvénients éprouvaient, selon vous, les relations commerciales de ce pays, par suite de l'absence d'une telle modification? — Mes observations ont porté plus particulièrement sur la période postérieure à la modification; mais si je parle des conséquences de la loi antérieurement et postérieurement à sa modification, je désire qu'il soit bien entendu que je suis guidé plutôt par des considérations générales que par les observations que je puis avoir faites moi-même dans quelques cas particuliers.

56. Pensez-vous que le commerce ait retiré de grands avantages de la modification de la loi, pendant le temps où vous vous êtes trouvé mêlé aux affaires? — Je pense que cette modification a été la source d'avantages considérables pour le monde commercial, et que, par son influence, beaucoup de maux ont pu être évités.

57. Dans quelle situation se serait trouvé le commerce si la loi ne nous avait pas fait jouir des bénéfices de cette modification? —

Si la loi qui fixait le taux maximum de l'escompte à 5 0/0 avait été maintenue, nous aurions vu se produire des inconvénients de deux sortes. Dans certains cas, les personnes ayant besoin d'argent n'auraient pu en obtenir, et par suite auraient éprouvé des embarras de la nature la plus regrettable, tels que ventes forcées de leurs marchandises à des prix ruineux, perte de leur crédit, et bien souvent suspension de paiements; en d'autres cas, les personnes auraient probablement trouvé de l'argent à emprunter, mais ce n'eût été qu'au moyen d'expédients détournés, dans le but d'éluder la loi, manière d'agir pleine de risques, onéreuse et portant avec elle le discrédit.

58. Ces inconvénients se seraient-ils produits avec la même force, si la modification s'était appliquée seulement, ainsi que nous l'avons vu dans le principe, à l'intérêt payable sur billets escomptés par la Banque d'Angleterre ? — Certainement, la situation aurait été tout aussi mauvaise. Il n'est pas facile d'indiquer en détail qu'elles eussent été les conséquences de cette modification partielle; mais il est parfaitement évident qu'aux époques où la valeur réelle de l'argent sur le marché et le taux d'escompte de la Banque d'Angleterre sont supérieurs à 5 0/0, la classe qui fait métier de répandre l'argent dans le commerce aurait été soumise à de nombreux embarras, à des expédients désagréables, empêchée qu'elle eût été de demander ouvertement un taux d'escompte équivalant à la valeur réelle de l'argent sur le marché. Les gens de cette classe auraient autant que possible limité leurs avances sous forme d'escompte et se seraient efforcés d'employer leurs capitaux à d'autres entreprises produisant directement ou indirectement un taux d'intérêt plus élevé; par suite, les personnes qui ont recours à l'escompte, pour se procurer de l'argent, auraient vu cette ressource leur échapper de plus en plus, et naturellement cette situation aurait été désastreuse pour ceux surtout qui, ne possédant que des garanties de second ordre ou n'étant eux-mêmes que d'une reponsabilité douteuse, tentent généralement peu les prêteurs.

59. Ces inconvénients se seraient-ils produits, selon vous, à un degré suffisant pour accroître le nombre des faillites aux époques de difficultés et d'alarme? — Il est évident pour moi que toute entrave artificielle, mise à la libre expansion du capital dans les différentes branches du commerce, tend à faire naître les embarras et les faillites.

60. Pensez-vous que beaucoup de banquiers continueraient à avancer de l'argent à 5 0/0 aux commerçants de détail et autres, si l'intérêt était limité à ce taux et quand même le taux ordinaire serait supérieur à 5 0/0 ? — Il est très-probable que, même dans ces circonstances, les banquiers feraient encore des avances sous forme d'escompte ; mais naturellement ils feraient en sorte d'en réduire le plus possible le montant ; par suite, leurs avances sur escompte seraient plus ou moins réduites selon le caractère et la valeur de leurs clients ; la classe inférieure se verrait refuser tout escompte, tandis que la première classe n'obtiendrait que des avances restreintes. Le banquier subirait une perte, il est vrai, en avançant de l'argent à un taux inférieur à sa valeur réelle, mais il retrouverait une compensation dans les autres transactions qu'il aurait occasion de traiter pour ses bons clients. Mais, comme je l'ai dit, les clients de la classe inférieure ou se verraient refuser toute avance ou n'en obtiendraient que par des moyens tombant sous l'action répressive de la loi.

61. De sorte que les personnes qui auraient le plus besoin seraient aussi celles qui souffriraient le plus de ne pouvoir payer les avances plus de 5 0/0 ? — Indubitablement.

62. Faites-vous l'escompte des valeurs du commerce ? — Fréquemment.

63. Auriez-vous quelque objection à faire connaître au Comité à quelle date d'échéance sont généralement tirés les billets que vous escomptez ? — Je vous fournirai volontiers ce renseignement ; les billets que nous escomptons sont généralement souscrits à deux ou trois mois, ce qui ne veut pas dire pourtant que nous n'en recevions pas un grand nombre dont les délais d'échéance dépassent trois mois, et un grand nombre aussi ayant moins de deux mois à courir.

64. Y a-t-il des époques où vous établissez une distinction entre les billets à longues et à courtes échéances, où vous acceptez un moins grand nombre de ceux-ci, tout en continuant à escompter ceux-là ? — Notre règle, à cet égard, varie selon la situation du marché monétaire. Lorsque l'argent est cher, nous sommes naturellement plus sévères relativement à la valeur morale des billets et à la longueur du temps qu'ils ont à courir ; lorsque l'argent est moins cher, nous nous relâchons un peu de cette sévérité.

65. Vous êtes-vous fixé une limite en ce qui concerne les délais

d'échéance des billets? — Oui ; nous n'acceptons pas ordinairement les billets à plus de trois mois d'échéance ; mais dans certaines circonstances pourtant, circonstances accidentelles et très-rares, nous escomptons des effets ayant six mois et même douze mois à courir.

66. Avez-vous eu occasion d'observer les effets produits par la résolution qu'a cru devoir prendre la Banque d'Angleterre de limiter l'échéance à laquelle elle consent à escompter les effets du commerce ? — Je ne pourrais vous indiquer exactement les effets pratiques de cette mesure ; mais je suis certain qu'à l'époque où elle fut annoncée, elle produisit un excellent effet en resserrant la confiance et le crédit, et en restreignant l'activité de la circulation. Elle eut aussi pour résultat de faire diminuer dans une certaine mesure les délais d'échéance des billets.

67. De sorte qu'elle amena tous ceux qui font métier de prêter de l'argent à suivre son exemple dans une certaine mesure et à escompter de préférence les billets à courts termes? — Ce fut certainement là sa tendance.

68. Vous pensez, en résumé, que cette mesure a été avantageuse ? — Certainement.

69. Ne serait-on pas arrivé aux mêmes résultats en élevant le taux de l'intérêt ? — Sous beaucoup de rapports, une élévation du taux de l'intérêt aurait eu, en effet, les mêmes résultats que la diminution des délais d'échéance des billets, car les deux mesures tendent également à resserrer le crédit et à élever le prix de l'argent tout en diminuant le nombre de demandes de fonds qui peuvent être adressées à la Banque d'Angleterre.

70. Les restrictions apportées aux délais d'échéance ne sont-elles pas gênantes, au premier chef, pour les personnes qui entretiennent des relations commerciales avec les Etats-Unis et les Indes orientales? — Je ne vois pas que cette mesure puisse affecter les personnes dont vous parlez plus que les autres classes de commerçants. Le trafic avec les Indes orientales exige un plus long crédit que tout autre en raison de la distance et, par suite, du laps de temps considérable nécessaire pour l'aller et le retour des correspondances ; mais ce long crédit fait, soyez-en certains, l'objet de conditions particulières entre les contractants. Lorsque la Banque réduit les délais d'échéance de trois à deux mois, je ne crois pas que les effets de cette mesure pèsent plus sur le commerce à long crédit que sur les transactions à crédit limité, pourvu que les ressources des con-

tractants soient proportionnées à la longueur du crédit reconnu nécessaire dans le genre d'affaires qu'ils ont entrepris.

71. Si les lois restrictives sur le taux de l'intérêt étaient remises en vigueur, comme elles l'étaient antérieurement à la quatrième année du règne de Guillaume IV, ne pensez-vous pas qu'il en resulterait une gêne considérable pour le monde commercial? — Je suis certain que la fixation du taux de l'intérêt à 5 0/0 produirait les résultats les plus regrettables chaque fois que, sur le marché, la valeur réelle de l'argent dépasserait 5 0/0 ; elle jetterait le trouble dans le cours naturel des transactions, disperserait les capitaux, les éloignant plus ou moins des affaires auxquelles nous les voyons maintenant affectés.

72. Mais on pourrait alors éluder la loi? — De tout temps et dans tous les pays, les lois sur l'usure ont été éludées sur une très-grande échelle, et ce ne serait qu'en les éludant que nous échapperions en grande partie aux maux que leur rétablissement ferait naître chez nous ; mais de semblables procédés entraînent avec eux des inconvénients considérables et sont très-onéreux pour les emprunteurs.

73. Quel a été, selon vous, le résultat de la modification des lois sur l'usure pour les districts manufacturiers pendant la crise de 1839? — Je ne doute pas qu'elle n'ait grandement contribué à diminuer la gêne née de la crise monétaire en permettant au capital de se répandre dans toutes les directions, selon les besoins.

74. Et vous pensez que cette modification a procuré un grand soulagement au commerce en 1839? — Je crois fermement que, grâce à elle, nous avons échappé à de grands embarras.

75. Et si l'ancienne loi était rétablie, les intérêts manufacturiers seraient encore exposés aux embarras auxquels vous venez de faire allusion? — Certainement ; mais je crois que la question concerne tout aussi bien les autres intérêts que ceux des manufacturiers. Je prétends que toutes les personnes qui doivent conduire leurs opérations ou faire régulièremeat face à leurs engagements au moyen d'emprunts d'argent se trouveraient, si la loi était rétablie, exposées à de très-sérieux inconvénients chaque fois que la valeur réelle de l'argent excèderait le taux légal.

76. En résumé, il en serait ainsi pour tous ceux dont les transactions roulent sur le crédit? — Oui.

77. Et les transactions de cette nature sont actuellement les plus nombreuses ? — Indubitablement.

78. A quel taux escomptez-vous les billets ? — Le taux de la Banque d'Angleterre est actuellement à 5 0/0 ; jusque dans ces derniers temps, le taux du marché s'était tenu au-dessous ; mais il est en ce moment presque égal à celui de la Banque.

79. Vous voulez parler naturellement du taux appliqué au bon papier ? — Oui.

80. Avez-vous entendu, soit le commerce ordinaire, soit les manufacturiers, se plaindre de la loi telle qu'elle se trouve actuellement modifiée ? — Chaque fois que le taux de l'intérêt s'élève, j'entends beaucoup de gens exprimer leur contrariété à cet égard, dire que, quelques mois auparavant, ils payaient un taux plus faible et qu'ils sont très-contrariés qu'il soit remonté, absolument comme lorsque le prix d'une marchandise quelconque s'élève, les acheteurs sont naturellement désappointés et disent ce qu'ils en pensent.

81. Ces mêmes personnes qui se plaignent de l'élévation du taux de l'intérêt ne seraient-elles pas les premières à manquer de toutes facilités si la loi n'autorisait pas cette augmentation du taux de l'intérêt ? — Certainement ; si j'étais, par suite des dispositions de la loi, amené, dans mon propre intérêt, à employer mes fonds d'une autre manière au lieu de les avancer sous forme d'escompte à mes clients, par la raison qu'ils ne pourraient légalement me payer mon argent ce qu'il vaut, leurs plaintes, en se voyant privés de leurs facilités habituelles, seraient naturellement bien plus sérieuses et bien plus pressantes.

82. Cette élévation du taux de l'intérêt n'est pas arbitraire et dépend de la valeur de l'argent sur le marché ? — Certainement ; dans un pays qui possède d'immenses capitaux et où, par suite, il existe entre les prêteurs d'argent une très-vive concurrence, il est impossible que la valeur de l'argent, c'est-à-dire du capital, soit maintenue arbitrairement au-dessus de son niveau naturel. Qu'un banquier ou tout autre individu soit connu pour demander un taux plus élevé que ses concurrents, il lui sera bientôt impossible de trouver l'emploi de ses fonds et il subira dans ses autres affaires des pertes qui seront loin de compenser les bénéfices qu'il essayera de réaliser en demandant un taux d'intérêt exorbitant.

83. Les lois de la concurrence ont sur l'argent la même influence que sur tous les autres objets d'échange? — Précisément.

84. Pouvez-vous dire au Comité à quel taux s'effectua l'escompte du bon papier pendant la grande crise commerciale de 1839? — Le taux moyen d'escompte pratiqué par les banquiers n'excéda jamais 6 0/0; je ne veux pas dire pourtant qu'il n'y eut pas de transactions à des taux plus élevés; mais ce fut certainement le très-petit nombre comparé à la masse des escomptes traités à 6 0/0.

85. Pouvez-vous donner au Comité une idée du montant des billets escomptés pendant une période de temps donnée et d'une époque à une autre? — Non, cela me serait impossible; mais je puis dire sans hésiter que généralement la somme des billets escomptés est immense.

86. Durant la grande crise commerciale de 1839 et 1840, à l'époque où des demandes très-considérables étaient adressées à la Banque d'Angleterre, les billets furent-ils, pour la plupart, escomptés à 6 0/0? — Il n'est pas douteux que beaucoup d'escomptes furent traités à des taux variant de 7 à 10 0/0; mais si vous consultez les livres des banquiers de Londres, vous verrez, ainsi que j'ai déjà eu l'honneur de vous le dire, que les cinq sixièmes de leurs escomptes furent faits à 6 0/0.

87. Quel fut, à cette époque, le taux le plus élevé de la Banque d'Angleterre? — 6 0/0.

88. La place de Londres n'escompte-t-elle pas un nombre considérable de billets de Liverpool et de Manchester? — Oui, un nombre très-considérable; mais lorsque je dis qu'en 1839-1840 ils furent escomptés à 6 0/0, je dois faire remarquer que je me suis formé cette opinion surtout d'après les transactions des banquiers à cette époque. Si vous consultiez les livres des courtiers de change et autres personnes de cette classe, tout me porte à croire que vous trouveriez le taux moyen d'escompte pratiqué par eux en 1839 un peu supérieur à 6 0/0, taux moyen des banquiers.

89. Les banquiers de province ont-ils l'habitude de faire escompter leurs billets à Londres? — Oui; beaucoup de banques provinciales ont adopté ce système.

90. Si le taux de l'intérêt était sévèrement limité à 5 0/0, ces banques ne se trouveraient-elles pas très-souvent dans l'impossi-

bilité d'obtenir des facilités dont elles pourraient, d'autre part, avoir le plus pressant besoin? — Celles qui ont l'habitude de recourir à l'escompte pourraient certainement se trouver très-embarrassées; mais je crois que l'effet de cette limitation de l'intérêt serait plutôt de les porter à recourir à d'autres moyens comme, par exemple, à des ventes d'effets publics.

91. Ne pensez-vous pas que la loi, telle qu'elle se trouve actuellement modifiée, offre des facilités excessives à ceux qui voudraient emprunter de l'argent sur des opérations fictives? — Je ne vois pas à quel point de vue l'on peut dire que la loi actuelle offre des facilités excessives aux transactions de cette nature; je croirais plutôt qu'elle tend, au contraire, à faire disparaître tous les moyens indirects et préjudiciables auxquels on avait recours antérieurement pour se procurer des fonds.

92. Croyez-vous, en résumé, qu'il puisse résulter quelque inconvénient de la modification de la loi en ce qui concerne l'usure? — Non; je crois que cette modification est une mesure basée sur de sains principes généraux, et que vous pouvez, sans crainte de vous tromper, affirmer qu'elle est avantageuse au commerce.

93. La loi, telle qu'elle se trouve actuellement modifiée, est-elle contraire aux intérêts des commerçants de détail qui se plaignent aujourd'hui de ne pouvoir obtenir d'argent aux mêmes taux qu'avant cette modification? — Je ne crois pas que la loi actuelle puisse réellement nuire aux intérêts des commerçants de détail. Les gens de cette classe semblent croire que les lois sur l'usure peuvent fixer un maximum à l'intérêt de l'argent sans tenir compte de la rareté ou de l'abondance de cette marchandise et sans nuire aux intérêts des emprunteurs. Dans le même ordre d'idées, les consommateurs de chaque classe demandent des lois qui fixent le prix maximum que ne pourront dépasser les producteurs auxquels ils ont respectivement à s'adresser. En ce qui concerne toutes les autres marchandises, il a été reconnu depuis longtemps que la libre concurrence entre le commerçant et le producteur est le plus sûr moyen d'assurer la régularité de l'approvisionnement et la modicité des prix, et que toute tentative faite par la loi pour s'immiscer dans cette libre concurrence, non-seulement ne réussirait pas à faire baisser les prix, mais encore serait, en fin de compte, fort préjudiciable pour les consommateurs. Mais sur la question de l'argent, une impression contraire est restée jusqu'ici dans l'esprit de quelques

classes et spécialement chez les détaillants; la persistance de cette impression, qui s'est conservée à propos de l'argent et qui n'existe plus depuis longtemps pour toute autre espèce de marchandise, doit être attribuée, je pense, à la sanction indirecte donnée à l'impression dont il s'agit par la longue application des lois sur l'usure. Je suis persuadé, quoi qu'il en soit, qu'il n'existe aucune raison plausible de supposer que l'argent n'est pas soumis, comme toute autre marchandise, à la loi générale, qui veut que la libre concurrence soit le meilleur système que l'on puisse adopter dans l'intérêt de tous.

94. Mais la facilité avec laquelle se font actuellement les emprunts ne peut-elle permettre à certains commerçants de continuer de ruineuses spéculations, de sorte qu'au moment de la catastrophe il ne reste plus rien pour les créanciers? — Oui; mais si la facilité que l'on trouve à se procurer des fonds peut aider parfois aux spéculations ruineuses, elle est, d'un autre côté, très-avantageuse dans toutes les transactions qui n'ont pas ce caractère. D'autre part, je pense que toute tentative de la loi pour se substituer à la prudence et à la discrétion d'un chacun en pareilles matières ferait plus de mal que de bien.

95. Pensez-vous que ce soit le désir des commerçants et des banquiers que la loi actuelle sorte de la situation provisoire et soit définitivement adoptée? — On pense en général que les lois sur l'usure ne sont plus de notre temps et qu'il serait sage de s'en débarrasser.

96. L'influence de la loi actuelle a-t-elle été si avantageuse que l'on puisse dire que l'opinion que vous venez de citer est confirmée par l'expérience? — Certainement, c'est là ma manière de voir et celle aussi de la plupart des gens avec lesquels je suis en relations. Je crois pouvoir dire que c'est l'opinion de la grande majorité.

97. Vous n'avez jamais entendu exprimer d'opinion contraire? — Je ne nie pas avoir rencontré des gens qui doutent encore de l'efficacité de la loi et ne sont pas satisfaits de ses résultats; mais je dois ajouter qu'ils me paraissent appuyer cette opinion sur des observations d'une justesse très-discutable.

98. Ces gens qui attaquent la loi sont-ils des emprunteurs ou des prêteurs? — Ce sont principalement des emprunteurs; mais il y a bien aussi parmi les prêteurs des gens qui attaquent la loi.

99. Lorsque vous parlez de l'opinion générale, vous faites allusion au sentiment général du monde commercial? — Oui.

100. Et non de tous ceux qui sont étrangers au commerce? — Je puis dire seulement que la très-grande majorité de ceux avec lesquels je suis en relations pense que les lois usuraires reposent sur de faux principes et qu'elles doivent être abrogées.

101. Pensez-vous que la modification de ces lois ait eu pour effet de faire disparaître ou de diminuer matériellement cette nombreuse classe bien connue de prêteurs de bas étage qui, sous l'ancien régime, réussissaient par des moyens détournés à faire rendre à leur argent un intérêt exorbitant? — Je n'ai jamais eu personnellement de rapports avec les gens de cette classe, et mes vues sont plutôt le résultat de considérations générales que le fruit des connaissances personnelles que je pourrais avoir acquises sur la nature des transactions qui s'effectuaient sous le régime des lois contre l'usure; mais je ne doute pas que la modification de ces lois n'ait fait disparaître quelques-uns des obstacles qui s'opposaient auparavant à la libre expansion du capital, obstacles que les intéressés ne pouvaient surmonter qu'à l'aide de moyens détournés et illicites. La nature de ces moyens détournés et leurs effets ont été parfaitement décrits dans le cours de l'enquête du Comité, en 1818; mais j'ai tout lieu de penser qu'il y a été fait appel après cette enquête aussi fréquemment qu'auparavant.

102. La loi ne servait alors qu'à faire payer à l'emprunteur un taux d'intérêt élevé? — Ou elle était éludée et ne servait qu'à rendre l'emprunt plus onéreux pour celui qui le contractait, ou elle n'était pas éludée, et celui qui avait besoin d'emprunter était obligé de recourir à des expédients encore plus ruineux pour lui.

103. Un jeune homme prodigue trouverait-il maintenant plus facilement à emprunter que sous le régime des anciennes lois? — Je ne sais pas si je suis plus compétent que toute autre personne pour répondre à cette question, mais je crois qu'avant la modification de la loi, les jeunes gens riches et prodigues trouvaient à emprunter de l'argent sans grande difficulté; que, d'autre part, cette loi les jetait entre les mains de gens dénués de toute honorabilité et leur rendait les emprunts très-onéreux, à cause des risques, du trouble et du discrédit attachés à ces transactions. Il est possible que les jeunes gentlemen puisent maintenant à des sources un peu moins impures et à moins de frais; mais je ne crois pas que le changement de la loi ait quelque chose à faire dans cette question.

104. Un jeune homme dans la position à laquelle j'ai fait allu-

sion n'obtiendrait aucun crédit chez un banquier ou toute autre personne habituée à faire l'escompte? — Non.

105. Il s'adresserait toujours à cette classe de gens qui lui ont prêté antérieurement? — Oui, mais les transactions de cette sorte forment un commerce tout à fait distinct des transactions commerciales.

106. Les usuriers de l'espèce dont nous parlons ont-ils conservé leurs taux d'autrefois, ou font-ils actuellement payer leurs prêts moins cher? — Je n'en sais absoument rien, et je suis porté à croire que la modification de la loi qui fait l'objet de cette enquête n'a rien changé aux procédés des usuriers.

107. Quel effet pensez-vous que produiraient ou qu'ont produit les lois restrictives du taux de l'intérêt sur l'emploi des capitaux des banquiers? — Pendant la guerre, lorsque l'argent valait sur le marché plus de 5 0/0, qui était le taux légal, les banquiers, et généralement tous les prêteurs se trouvaient forcément amenés à n'employer en escompte qu'une partie de leurs fonds aussi faible que possible, affectant au contraire la masse de leurs capitaux à d'autres transactions et principalement aux spéculations sur les fonds publics; de sorte que la restriction enlevait aux affaires d'escompte une grande partie du capital disponible et l'attirait sur le marché des fonds publics, où les lois restrictives pouvaient être facilement éludées lorsque la valeur réelle de l'argent dépassait 5 0/0.

108. De sorte que la somme des facilités pour le petit commerce se trouvait par là diminuée? — Oui, dans une proportion très-considérable.

DÉPOSITION

DE

M. GEORGE-CARR GLYN.

SÉANCE DU 24 MAI 1841 (Suite).

Le Lord Président occupe le fauteuil.

109. Vous avez été dans les affaires avant et après l'abandon légal de la limitation du taux de l'intérêt en ce qui concerne l'escompte des billets du commerce? — Oui, Monsieur.

110. Pourriez-vous dire si le besoin de cette modification se faisait sentir antérieurement à l'acte de Guillaume IV, et quels en ont été depuis les résultats? — Il existait une grande gêne née de l'état de choses antérieur et, autant que peut en faire juger la récente expérience qui en a été faite, je puis déclarer qu'il est résulté une grande amélioration de cet abandon.

111. Pourriez-vous nous dire de quelle nature étaient ces inconvénients avant l'abandon, et quelle classe de personnes en était plus particulièrement affectée? — Les détenteurs de capitaux en général s'en trouvaient gênés au plus haut point. Comme banquier, je puis dire que cela nous empêchait d'appliquer notre système ordinaire d'escompte à une classe particulière de clients, tels que les petits commerçants, facteurs en marchandises et détaillants, pendant le temps où le loyer des capitaux excédait 5 0/0 sur le marché. Je crois aussi que cela tendait à encourager la spéculation, sur le marché de Londres, sur toutes les valeurs étrangères rapportant un taux d'intérêt comparativement plus élevé.

112. De sorte que, dans le fait, le nombre de personnes que vous pouviez satisfaire dans ces circonstances se trouvait nécessairement réduit? — Comme une des conséquences de notre système, nous cessions toujours nos escomptes pour une classe particulière de nos

clients, par la raison qu'il y a sur le marché une nature de papier que l'on doit, dans les circonstances ordinaires, traiter à un taux d'intérêt plus élevé qu'on ne le fait généralement pour une valeur commerciale de premier ordre.

113. En raison de l'infériorité de la garantie ? — Oui, de l'infériorité de la garantie.

114. Etiez-vous quelquefois amené à cette restriction de vos escomptes, outre la considération du plus ou moins de garantie, par la longueur de l'échéance des billets qui vous étaient présentés ? — Oui, aussi par la longue échéance des billets.

115. Depuis la modification de la loi, avez-vous entendu beaucoup de personnes se plaindre de ce que, en raison de l'état du marché monétaire, vous auriez été obligé de leur réclamer plus de 5 0/0 ? — Je ne puis me rappeler un seul cas où une personne aurait eu à se plaindre d'avoir payé plus de 5 0/0 pendant la courte période où ce taux aurait été appliqué. Je connais beaucoup de cas où des personnes se sont reconnues elles-mêmes nos obligées, parce que nous avions pris leur papier à 6 et 6 1/2 0/0, lorsqu'elles se rappelaient que dans des circonstances précédentes nous avions positivement refusé d'escompter du papier semblable.

116. Pensez-vous que votre refus d'escompter les billets, en raison de ce que vous ne pourriez exiger plus de 5 0/0, ne contribuerait pas, avec d'autres causes semblables, à augmenter le nombre des faillites parmi les marchands en détail se présentant à l'escompte ? — Que cela augmentât actuellement le nombre des faillites, je ne pourrais le dire en ce moment, mais que cela augmentât essentiellement les difficultés dans lesquelles se trouve placée cette classe particulière de commerçants, je l'affirme. Je me rappelle parfaitement que, sous l'ancien système, il y avait possibilité, pour ces petits commerçants, d'obtenir l'escompte de leurs billets en de certaines circonstances, en payant une énorme commission sur ces billets, et que cette commission s'élevait à un taux d'escompte bien plus élevé, en la calculant comme intérêt, que celui qui leur est demandé sous le système actuel.

117. Pourriez-vous établir la proportion entre les billets à longues et à courtes échéances que vous avez l'habitude d'escompter ? — Les billets généralement escomptés à Londres, chez les banquiers, sont des billets à 3 mois et au-dessous ; il y en a beaucoup

à plus longues échéances ; un quart du nombre total dépasserait probablement trois mois.

118. La résolution prise récemment par la Banque d'Angleterre, de limiter la période d'échéance des billets qu'elle escompte, a-t-elle eu pour effet, dans votre opinion, de faire adopter par les banquiers ou autres personnes faisant l'escompte une pratique analogue ? — Non ; nous nous sommes contentés de demander un taux d'intérêt plus élevé sur les billets à plus longues échéances.

119. Quel est le taux le plus élevé et quel est le taux le plus bas de l'escompte ? — La période pendant laquelle les taux les plus élevés ont été demandés n'a pas duré plus de six ou huit mois, et le taux le plus élevé que nous ayons jamais fait payer a été de 6 1/2 0/0, de 6 à 6 1/2 généralement.

120. Quel est le taux actuel ? — Le taux actuel est de 5 0/0.

121. Fait-on payer maintenant une commission quelconque ? — Il n'est jamais exigé aucune commission à Londres par les banquiers ; les courtiers et agents intermédiaires en exigent quelquefois.

122. Quel est le taux actuel payé dans ces occasions ? — Cela dépend de la solvabilité des personnes ; je pense que 5 0/0 est le prix exigé, plus, dans quelques cas, une légère commission. Un résultat important de l'acte qui nous occupe a été d'attirer temporairement une plus grande quantité de capitaux vers les escomptes ; pendant les temps de grands besoins, la quantité de fonds versés sur le marché de l'escompte, par l'appât du taux croissant de l'intérêt, a été très-considérable, et cela a contribué à soulager les intérêts des capitalistes et des commerçants à Londres.

123. Vous faites allusion à l'année 1839 ? — Oui, et au commencement de celle de 1840, pendant lesquelles de grands besoins se faisaient sentir à Londres.

124. Croyez-vous que cela ait pu apporter un grand soulagement dans les districts manufacturiers aussi bien que dans les comtés agricoles ? — Autant que mes connaissances me permettent de le dire, cela a procuré un grand soulagement. Je me suis entretenu avec un grand nombre de banquiers et de commerçants, et j'ai rarement trouvé de dissidence d'opinion sur ce sujet. En ce qui concerne les récits qui ont été faits de personnes ruinées pour avoir payé un taux excessif d'intérêt, on ne saurait attribuer un tel

résultat au nouveau système ; au contraire, chacun peut maintenant se procurer de l'argent à un taux inférieur, par cette raison que, les détenteurs de capitaux ayant un approvisionnement plus considérable et pouvant faire payer légitimement plus de 5 0/0, on ne se trouve plus forcé de passer par les mains de ces intermédiaires qui vous ruinaient avec la commission qu'ils faisaient payer.

125. En effet, on peut maintenant s'adresser plus facilement qu'autrefois à des personnes honorables ? — Je prends la liberté de vous citer comme exemple les opérations de notre propre maison sous le nouveau régime ; nous avons escompté le papier de petits commerçants à Londres dans un temps de crise commerciale ; anciennement nous ne le faisions pas ; nous prêtions notre argent au taux le plus élevé possible, soit 5 0/0, mais sur des valeurs dont la garantie ne laissait rien à désirer.

126. Le courtier intervient-il toujours entre le principal emprunteur et le prêteur ? — Non, pas toujours.

127. Lorsqu'il le fait, ne pouvez-vous dire le taux de l'intérêt payé par l'emprunteur ? — Seulement à titre de renseignements donnés par les courtiers.

128. Quelle est la commission qu'ils font payer ? — De 1/8 à 1/4 0/0 généralement parlant.

129. La seule personne qui court un risque n'est-elle pas celle qui prête son argent ? — Cela dépend de l'arrangement fait avec la personne tierce. La personne qui donne de l'argent au courtier peut dire, et c'est ce qu'elle fait très-souvent : « Je demande votre garantie sur ce billet. » L'habitude des courtiers, à Londres, est d'acheter le billet au prêteur ; il devient le sien, et conséquemment il lui est loisible de s'en défaire avec sa garantie, s'il a besoin de se procurer de l'argent à un moment donné.

130. Il le porte donc à un banquier ? — Oui, il l'envoie à un banquier de province, ou le garde sur ses propres fonds.

131. Avez-vous l'habitude d'escompter des billets de Manchester et de Liverpool ? — Pas directement ; les transactions de ces deux villes se font maintenant beaucoup par les banquiers qui y résident ; les courtiers de Londres font une grande quantité d'affaires avec ces deux places par le canal des banquiers locaux.

132. Vous ne pourriez dire, par vos propres connaissances, le

degré de soulagement que la loi actuelle a apporté aux manufacturiers ? — Non, je ne le puis.

133. Si un jeune gentleman a besoin d'argent, peut-il se le procurer par l'intermédiaire d'un courtier ? — Oui, si sa garantie est bonne.

134. Est-ce que l'état de la loi actuelle lui donne plus de facilités à se procurer de l'argent qu'il n'en avait auparavant ? — Je présume qu'un jeune gentleman doit suivre aujourd'hui la même marche qu'il suivait auparavant ; il doit s'adresser au capitaliste, qui le fera payer suivant la nature de sa garantie. C'est ainsi que cela se pratiquait auparavant et que cela se pratique sans doute encore ; je le crois d'autant plus que le capitaliste, s'il est responsable, peut avoir maintenant de plus grandes facilités pour obtenir l'escompte du billet par son banquier.

135. Cela est dû à sa responsabilité personnelle et n'a rien à faire avec l'autre transaction ? — Parfaitement.

136. Vous ne considérez pas la loi actuelle comme accordant une facilité excessive à ces transactions feintes ? — Je n'ai pas de raison de penser qu'elle leur donne une facilité plus grande.

137. Avez-vous jamais entendu des plaintes à ce sujet à la Cour des faillites ? — J'ai eu connaissance de plaintes faites à cette Cour sur le système suivi à Londres, qui pouvait très-souvent amener la ruine d'un homme ; mais je n'ai pas entendu de plaintes plus fortes en ces derniers temps que celles qui étaient faites avant que la loi fût modifiée.

138. N'avez-vous pas entendu dire que, dans les quatre dernières années, il y aurait eu des exemples palpables de personnes ruinées par le taux élevé de l'intérêt ? — J'ai entendu citer ces exemples pour les quatre dernières années ; j'ai entendu parler aussi antérieurement de faits semblables et de résultats analogues survenus avant la modification de la loi.

139. Mais imputables à cette modification ? — Non, pas imputables à la modification de la loi.

140. Vous disiez qu'une plus grande quantité de numéraire avait été apportée sur le marché par ces moyens pendant les crises de 1839 et le commencement de 1840 ; d'où venait cet argent ? — Les exemples auxquels je fais allusion, d'après mes propres connaissances, sont des prêts de fortes sommes faits par des Compagnies

d'assurances et autres grandes Compagnies de la Cité, qui autrement auraient employé ces capitaux dans les fonds publics.

141. Au lieu de placer cet argent dans les fonds publics, ces Compagnies l'apportaient donc sur le marché de l'escompte? — L'appât du taux élevé de l'intérêt les engageait à apporter leur argent sur le marché de l'escompte.

142. Ce qui était bien alors une facilité pour les emprunteurs?— Momentanément oui.

143. Autant qu'il est à votre connaissance, la nouvelle loi, telle qu'elle existe actuellement, a donc produit une satisfaction générale dans le monde des affaires et du commerce? — Oui, assurément, et, autant que j'en puis juger moi-même, l'opinion des commerçants est généralement en faveur de la loi ainsi établie.

144. Et on voudrait la voir définitive ? — Oui.

145. Ne craignez-vous pas qu'elle ne fasse tort aux bons du Trésor? — Je crois que c'en est presque une conséquence naturelle ; elle a affecté très-fort le prix des fonds étrangers et ça été l'un des points les plus importants et les plus avantageux de l'influence de cette loi ; il va sans dire que, si elle frappe ce genre de valeurs, elle doit frapper les nôtres à un certain degré.

146. En quel sens? — En détournant, pour l'amener vers le marché de l'escompte, cet argent, qui autrement était employé en valeurs étrangères.

147. La personne qui, sous le régime de l'ancienne loi, aurait placé l'argent dont elle n'avait pas besoin en achetant des bons du Trésor, le placera maintenant à un taux d'intérêt plus élevé? — Oui.

148. Le marché alors ne pourra plus supporter une quantité de bons du Trésor égale à celle qu'il supportait auparavant? — Non, pas avec une prime élevée.

149. Ne pourriez-vous pas calculer jusqu'à quelle limite la demande des bons du Trésor s'est ralentie sur le marché? — On ne pourrait y arriver que très difficilement, parce que cela dépend d'une foule de circonstances qui varient continuellement ; la semaine dernière, la prime était en baisse à 2 shillings et aujourd'hui elle est en hausse à 10 shillings; les causes de ces variations sont accidentelles et temporaires.

150. Mais une prime élevée sur les bons du Trésor serait, à un haut degré, une indication d'un malaise commercial et d'un manque de confiance dans les transactions engagées? — En quelque sorte, mais plutôt une indication qu'il existerait l'idée, par suite de quelque pronostic prochain, qu'il devra y avoir probablement une plus grande abondance de capitaux sur le marché.

151. Les opérations d'escompte ne se sont-elles pas accrues pendant les trois ou quatre années précédentes plutôt par la manière dont elles ont été conduites que par suite de la modification de la loi? — Elles ont augmenté pendant les huit dernières années.

152. Les affaires de ce pays ne sont-elles pas en voie de s'adapter à ce nouveau système? — Certainement, dans une très-grande proportion.

153. Pensez-vous que cette transformation s'accomplisse avec des conséquences funestes pour le commerce? — Pas le moins du monde ; je la crois, au contraire, avantageuse sous certains rapports.

154. Conséquemment, toute facilité accordée par vous aux escomptes est une facilité accordée aux affaires commerciales et générales de ce pays? — Sans contredit.

155. La loi n'a-t-elle pas eu pour effet, à un certain degré, d'équilibrer l'offre et la demande? — A un très-haut degré.

DÉPOSITION

DE

Sir JOHN-WILLIAM LUBBOCK.

SÉANCE DU 27 MAI 1841.

Le Lord Président occupe le fauteuil.

156. Vous avez fait, pendant plusieurs années, des affaires dans la ville de Londres? — Oui, Monsieur.

157. Est-ce avant et après la modification qui a été apportée, il y a quelques années, aux lois relatives à l'intérêt payable sur les billets à ordre? — Comme négociant, oui; mais non comme banquier.

158. Vous agissez maintenant en ces deux qualités? — Oui.

159. Pouvez-vous dire au Comité s'il est résulté, des restrictions imposées à ces billets par les lois usuraires, quelque embarras pour la facilité de leur négociation? — Mon opinion personnelle est que le changement est en général un bien. Comme négociant, je n'ai pas l'habitude d'escompter de billets; nous le faisons comme banquiers, et nous sommes d'autant plus disposés à accorder des facilités que nous obtenons une meilleure rémunération.

160. Si, dans des circonstances particulières, vous pouviez prélever sur des billets de cette nature un intérêt de plus de 5 0/0, ce fait aurait-il sur vous, comme banquier, une influence pour le montant des avances que vous feriez sur ces billets? — Oui, dans quelques cas; chacun agit suivant son opinion. Nous préférons du papier à courte échéance, même à un taux plus bas, parce qu'il est plus facile d'en disposer. Les banquiers sont sujets à des besoins d'argent à de certaines époques et doivent, autant que possible, garder les capitaux à leur disposition, ce que nous obtenons plus

facilement en employant notre argent à des dates rapprochées qu'à des dates éloignées.

161. Vous pensez donc que la modification de la loi facilite surtout la négociation des billets à longue échéance ? — Tel est le cas ; mais, si mes souvenirs sont exacts, l'intérêt de l'argent n'a été supérieur à 5 0/0 sur des billets à toute date que pendant fort peu de temps, et, pendant une période plus longue, la coutume a été de prélever plus de 5 du 100 sur le papier ayant plus de deux mois d'échéance. Je parle en ce moment de la coutume des banquiers.

162. La règle récemment adoptée par la Banque de limiter l'échéance des billets a-t-elle eu pour effet d'influencer les banquiers et les hommes d'affaires en général relativement à la date des billets escomptés par eux ? — Je le crois.

163. Avez-vous connaissance d'embarras éprouvés par des commerçants, soit en gros, soit en détail, par suite de la modification de la loi qui a eu lieu pendant ces dernières années ? — Non.

164. Pensez-vous d'une façon générale qu'il ait été escompté ainsi une plus grande somme de billets par suite de cette modification ? — Je pense qu'elle doit être plus grande qu'elle ne l'eût été sans cela à cette époque, mais non d'après l'expérience des banquiers en général.

165. Etes-vous informé que beaucoup de plaintes aient été faites par des marchands, parce qu'on leur demandait plus de 5 0/0 pour les avances qu'ils recevaient d'ordinaire de leurs banquiers ? — Je n'ai que peu connaissance de ces plaintes ; mais je crois qu'il a été escompté beaucoup de papier dans la Cité à des taux supérieurs à 5 0/0, et il ne saurait naturellement convenir à personne de payer un intérêt aussi fort que celui qui a été payé dans beaucoup de cas.

166. Vous dites : « A un taux supérieur à 5 du 100 ; « pouvez-vous dire de combien l'intérêt a été plus élevé ? — Je ne le puis, parce que, dans notre banque, nous n'avons jamais pris plus de 6 1/2 0/0, et n'avons jamais prélevé de commission ; nous préférons le papier à courte échéance à celui à longue échéance ; et par conséquent, même les cas dans lesquels nous avons pris 6 0/0 (excepté lorsque le taux de la Banque était 6 0/0) n'ont été qu'en petite proportion du papier que nous avions à l'escompte.

167. Mais le taux pris par d'autres personnes a été beaucoup plus élevé ? — Je l'ai entendu dire, mais non par des banquiers ; et je ne le sais pas par moi-même.

168. D'après les rumeurs que vous avez entendues ou les informations que vous avez eues, croyez-vous qu'il se soit élevé à 8 ou 10 0/0? — Je le croirais. Nous ne prenons jamais de commission en sus du taux de l'escompte ; mais lorsque l'argent est rare, je crois qu'il est d'usage parmi les courtiers de change de prendre une commission en plus de ce taux. Si vous ajoutez cette commission à l'escompte et la considérez comme escompte, le taux peut aisément s'élever à 8 ou 10 0/0. Peut-être dois-je dire que nous avons pour règle, nous banquiers, de ne jamais faire l'escompte que pour nos clients ou par l'intermédiaire d'un courtier.

169. Dans le cas où le taux de l'escompte se serait beaucoup élevé récemment en raison de l'adoucissement des lois sur l'usure, verriez-vous là une facilité additionnelle pour le public? — Oui, si l'argent n'était pas devenu plus rare. La quantité de papier que nous avons maintenant à l'escompte au delà de trois mois est comparativement petite, et celle que nous avons eue à 6 0/0 n'a pas été plus considérable, excepté du 31 juillet au 23 janvier 1840, époque à laquelle le taux de la Banque était de 6 0/0.

170. Votre précédente réponse se rapportant à un taux d'intérêt plus élevé que celui que vous prélevez vous-mêmes, la question qui vous est maintenant posée est relative au papier de cette nature ; pensez-vous que ce papier eût été négocié à 5 0/0 si la modification des lois sur l'usure n'avait pas eu lieu? — Je pense qu'il ne l'eût pas été sur une aussi grande échelle.

171. Vous pensez donc que le résultat produit a été, non pas d'élever les charges des affaires qui, auparavant, auraient été faites à 5 0/0, mais de rendre faisables des affaires qui, à 5 0/0, n'auraient pas été faites du tout ? — Je ne crois pas que cela résulte de ma réponse précédente ; cela dépend des circonstances. Le marché de l'argent restant dans le même état qu'auparavant, l'affaire se ferait également ; mais je ne pense pas qu'il en serait de même si le marché se trouvait gêné.

172. En fait, n'y a-t-il aucun effet produit par l'adoucissement des lois sur l'usure, sauf dans les cas de manque d'argent? — Je crois que non.

173. Ce manque d'argent venant à se produire pendant la période où les lois restrictives de l'usure étaient en vigueur, aurait-il eu pour effet de porter les banquiers à employer leur argent à des

affaires d'une autre nature que l'escompte des billets à courte échéance? — Je ne le pense pas, parce que, comme nous ne faisons l'escompte que pour nos clients, je crois que cela ferait peu de différence; mais une grande quantité de papier est escomptée dans la Cité par d'autres personnes que les banquiers.

174. Beaucoup de banquiers n'escomptent-ils pas pour d'autres personnes que leurs clients? — Je ne crois pas; nous ne le faisons pas; mais nous plaçons aussi parfois notre argent sur des billets par l'intermédiaire d'un courtier de change.

175. Lorsque vous dites que vous placez votre argent sur des billets en dehors de l'escompte, qu'entendez-vous par là? — Je veux dire par là que nous le faisons par l'intermédiaire d'un courtier de change. Si nous voulons employer notre argent, nous pouvons dire aux courtiers : « Apportez-nous des billets, et nous vous les escompterons sous votre garantie, » ou bien nous leur prêtons notre argent à notre ordre moyennant un certain intérêt.

176. Lorsque vous prêtez ainsi votre argent à votre ordre moyennant un certain intérêt, c'est toujours à un taux supérieur à 5 0/0? — Oui, ce taux a été 5 1/2 0/0 lorsque le taux de la Banque était à 6.

177. Bien que vous ne fassiez pas vous-même l'escompte autrement que pour vos clients, n'est-ce pas un usage général chez les banquiers d'employer leur argent à l'escompte? — Je crois qu'ils ne le font que pour leurs clients ou autrement par l'intermédiaire des principaux courtiers de change.

178. L'usage plus répandu du courtier de change, comme intermédiaire entre le banquier et l'emprunteur, n'a-t-il pas pris tout récemment son extension, et son origine n'est-elle pas moderne plutôt qu'ancienne? — Je le crois, mais je ne saurais me prononcer à ce sujet.

179. Vous avez dit que l'intérêt sur les billets à trois mois, au maximum, a été le plus souvent limité à l'ancien taux de 5 0/0, mais que des billets à plus longue échéance ont circulé à un taux plus élevé. Pensez-vous qu'il soit en général avantageux pour le commerce et la confiance de pousser notre commerce dans une voie de crédit plus étendu; les affaires ordinaires étant limitées à trois mois de crédit, la tendance de la nouvelle loi n'a-t-elle pas été d'allonger les périodes de crédit et de procurer par suite à tout le commerce du pays plus de crédit et une circulation de papier

plus étendue? — Telle n'est pas mon opinion; mais c'est là une question difficile, et je n'émets mon opinion qu'avec beaucoup de défiance.

180. N'est-il pas à votre connaissance qu'il y a plusieurs sortes de transactions qui se font à long crédit? — Certainement.

181. Et que ce système existait avant la modification des lois sur l'usure? — Assurément; mais mon opinion personnelle est que les circonstances ont eu récemment une tendance à diminuer la longueur du crédit. Je crois que, malgré l'augmentation du taux de l'intérêt ou du taux de l'escompte, la difficulté qui s'est dernièrement produite dans l'escompte des billets à plus de trois mois a eu pour effet de diminuer la longueur du crédit.

182. Voulez-vous expliquer ce que vous entendez par la difficulté qui s'est dernièrement produite dans l'escompte des billets à plus longue échéance? — Je sais que, pour nous, nous nous sommes récemment opposés aux billets à longue échéance. Je crois que la Banque d'Angleterre a fait de même; je crois qu'elle n'a pas voulu escompter des billets ayant plus de 65 jours à courir.

183. Alors vous entendez par difficulté les règles que la Banque d'Angleterre et d'autres banquiers ont jugé convenable d'établir? — Oui.

184. Vous dites que la Banque d'Angleterre a récemment établi le principe de ne pas escompter des billets au delà de trois mois; la Banque d'Angleterre n'a-t-elle pas toujours agi de la sorte? — Je ne parle qu'avec beaucoup d'hésitation de ce que fait la Banque d'Angleterre. Je parle avec beaucoup plus de certitude de ce que nous faisons nous-mêmes.

185. Pouvez-vous nous dire quels sont en général les délais d'échéance des billets de la Chine? — Je n'ai pas de transactions avec la Chine.

186. Si la Banque d'Angleterre fait cette restriction de ne pas escompter des billets ayant plus de 65 jours à courir, cela force-t-il les détenteurs de billets à plus longue échéance à aller chercher des facilités sur d'autres marchés? — Je crois que tel est le résultat de cette restriction.

187. Alors la Banque d'Angleterre ne donne pas de facilités au commerce du pays, qui se fait au moyen de billets à plus de 65 jours d'échéance? — Non.

188. Cela met les personnes qui font le commerce sur des crédits semblables entre les mains de gens qui peuvent faire payer l'intérêt selon les besoins des personnes ou selon les circonstances du temps? — Oui.

189. Vous avez dit que, quoique les maisons en crédit aillent rarement au delà de 5 ou 6 0/0, des maisons de commerce plus petites ont été obligées de payer des taux qui se sont élevés jusqu'à 8 et même 10 0/0, ne trouvant à la Banque d'Angleterre aucune facilité pour l'escompte de leur papier? — Je ne crois pas avoir établi de différence entre les maisons de bon crédit et les maisons d'un crédit inférieur. J'ai voulu simplement établir une différence entre les billets selon les délais d'échéance, et j'ai dit que les billets à plus de deux mois avaient quelquefois été escomptés à un taux plus élevé. Je crois bien que la question de crédit entre dans la négociation du billet, mais cela n'arrive pas avec nous, banquiers, quant au taux de l'intérêt que nous prenons, et, par conséquent, je ne puis parler de ce que je ne sais pas moi-même, car nous n'escomptons jamais que pour nos clients ou par l'intermédiaire des courtiers de change.

190. Quelle est la nature des affaires que l'on fait sur billets à plus longue échéance? — Il est à ma connaissance que les affaires en vins sont généralement faites au moyen de billets à plus longue échéance.

191. En est-il de même pour le commerce de l'Inde et de la Chine? — Je le crois; mais je n'ai pas de transactions avec l'Inde et la Chine.

192. Pouvez-vous dire quelle est la longueur des crédits que l'on fait dans les grandes affaires des manufactures de Manchester, Birmingham, Leeds et des grandes villes manufacturières? — Non, je ne le puis.

193. Savez-vous si c'est en billets à 65 jours qui sont escomptés par la Banque d'Angleterre ou non? — Je crois que cela varie beaucoup, suivant les circonstances.

194. Vous avez dit que le taux de l'intérêt n'a été que pendant peu de temps élevé de 5 à 6 0/0. A quelle époque cela est-il arrivé? Est-ce pendant la crise manufacturière et commerciale de 1839? — Ce fut du 31 juillet 1839 au 23 janvier 1840.

195. Mais l'intérêt est revenu maintenant à son taux primitif? — Nous ne prenons maintenant jamais plus de 5 0/0.

196. Ne pensez-vous donc pas que le prix de l'argent se règle comme toute autre chose, et que la loi n'intervient que lorsque l'argent vaut réellement plus de 5 0/0 sur le marché? — Je le crois, assurément.

197. Donc la loi permettant cet adoucissement doit être en somme un avantage pour les affaires commerciales du pays? — Je le crois.

198. Lorsque le taux de l'intérêt s'élève au-dessus de 5 0/0, quoique n'affectant pas les maisons en crédit, n'a-t-il pas une tendance immédiate à peser sur les personnes moins favorisées; ne tombe-t-il pas lourdement sur les petits commerçants du pays? — Je pense le contraire, parce que je crois qu'ils n'obtiendraient pas d'argent du tout s'ils n'en payaient pas le prix.

199. Alors que le gros commerçant en crédit obtient encore son argent à 5 0/0, la variation dans le taux de l'intérêt ne pèse-t-elle pas immédiatement sur l'homme moins favorisé sous le rapport du crédit, ou du moins ne pèse-t-elle pas sur lui au point de lui faire payer un intérêt plus élevé? Sans chercher à savoir si, dans d'autres circonstances, il obtiendrait ou non de l'argent, cette variation n'est-elle pas plus lourde pour lui que pour toute autre classe? — Je pense le contraire, parce que si un homme a besoin d'argent, il veut bien en payer le prix, s'il le faut. Je puis parler avec beaucoup plus d'assurance au Comité des cas que je connais personnellement que de ceux que je ne connais pas par moi-même, et dans notre pratique nous n'avons généralement pas l'habitude de faire une différence entre un client et un autre dans le taux de l'intérêt que nous prenons.

200. Vous dites que les personnes dans une situation de crédit inférieure ne pourraient pas obtenir d'argent du tout si le taux de l'intérêt n'était pas élevé? — Je n'ai pas attaché moi-même beaucoup d'importance à la différence de crédit; j'ai attaché de l'importance à la différence des délais d'échéance des billets.

201. Mais la question était de savoir si le changement dans le taux de l'intérêt, quoique ne retombant pas sur les grandes maisons, ne pèse pas lourdement sur les maisons d'un crédit moyen et inférieur, et vous avez répondu que vous le croyiez avantageux pour elles, parce que sans l'augmentation de l'intérêt elles n'obtiendraient pas de facilités? — J'y comprends toutes les maisons jouissant d'un bon crédit; je mets ensemble celles-ci et celles d'un

crédit inférieur, et je pense que ni les unes ni les autres n'obtiendraient de facilités sur des billets à une certaine échéance sans payer un taux d'intérêt additionnel.

202. Vous avez dit qu'il existe une certaine espèce de papier qui ne serait pas escompté du tout, s'il n'était pas permis d'élever le taux de l'intérêt. Qu'aurait-on fait du capital, s'il n'avait pas pu être prêté à 8 ou 9 0/0? n'aurait-il pas été prêté à 5 0/0? n'aurait-il pas été prêté au taux le plus élevé qu'eût permis la loi, s'il y avait eu restriction? l'adoucissement des lois sur l'usure peut-il avoir créé un capital nouveau pour la facilité générale du commerce? — C'est là une question à laquelle il est très-difficile de répondre. Je crois qu'il en est ainsi, jusqu'à un certain point, parce que l'argent aurait pu rester sans emploi ou bien être employé de manières différentes.

203. Par exemple, si les banquiers, généralement parlant, ont une forte somme à employer pour l'escompte (ce qui arrive le plus souvent), et ne peuvent pas en obtenir 7 ou 8 0/0, ne voudront-ils pas l'employer à 5 0/0? — Je crois qu'ils l'emploieraient ainsi, mais non volontiers, sur du papier à longue échéance; et les banquiers ont des clients qui attendent d'eux des facilités lorsqu'ils les demandent, ce qui met les banquiers dans une situation toute particulière.

204. Mais relativement au papier à longue échéance, que l'on peut appeler un bon papier dans le commerce où il existe, tel que celui de l'Inde ou de la Chine, ou les commerces dans lesquels il est habituel, n'aurait-il pas été escompté, et n'était-il pas escompté, assez librement même, avant la modification des lois sur l'usure? — Oui, je crois qu'il pouvait l'être dans certaines circonstances; mais lorsqu'une crise monétaire survient, l'on accepte moins volontiers qu'auparavant les billets à longue échéance.

205. Les billets à longue échéance avaient donc moins cours qu'aujourd'hui? — Je le crois.

206. Le système actuel aurait donc une tendance à augmenter les transactions à long crédit. N'est-ce pas là ce qui résulte de votre argument? — Je crois le contraire. J'ai compris que les billets ont été faits à des échéances plus courtes, dans la pensée qu'ils seraient renouvelés à leur échéance.

207. Les maisons d'un crédit inférieur ne se trouveraient-elles pas dans une situation pire encore, en comparaison des premières

maisons, si, par suite de l'impossibilité de se procurer de l'argent à 5 0/0, elles étaient obligées de faire, dans un moment de crise, une vente forcée de leurs marchandises ? — Je le crois certainement.

208. Ces maisons, qui ne pouvaient pas obtenir d'escompte, soit en raison de leur crédit inférieur, ou parce que les billets étaient malheureusement à longue échéance, ne trouveraient-elles pas des moyens d'éluder la loi, en supposant qu'il n'y ait pas eu d'adoucissement, et d'obtenir de l'argent, soit en payant des commissions, soit par toute autre des manières diverses dont on peut en obtenir ? — Je pense qu'elles en trouveraient probablement ; mais des cas de cette nature ne me sont pas connus.

209. Mais il est probable que tels auraient été les moyens auxquels auraient eu recours les maisons ayant besoin de facilités immédiates ? — C'est ce que je pense.

210. La limitation de l'intérêt de l'argent sur l'escompte des billets ne tendrait-elle pas à favoriser ce qui est strictement selon la loi, savoir l'élévation de l'argent à un taux plus élevé par annuités ? — Je ne sais pas.

211. Cela n'a-t-il pas existé en tout temps et à tous les degrés dans les affaires ? — Je l'ignore.

212. La question se rapportait à la précédente, dans laquelle on vous demandait, dans le cas d'une limitation de l'intérêt, soit 5 0/0, l'argent ne pouvant pas, par suite, être employé à raison de 6 ou 7 0/0 à l'escompte des billets, comment on emploierait cet argent dans de telles circonstances ; nous vous demandons maintenant si, dans cette hypothèse, il n'y aurait pas une tendance à placer l'argent, d'après l'acte d'annuité, à intérêt annuel, de manière à obtenir pour cet argent la valeur du marché ? — Cela demanderait examen et nécessite la connaissance précise de la nature de l'opération à faire.

213. La faculté d'escompter à un taux plus élevé que 5 0/0, accordée par la modification des lois sur l'usure, n'attire-t-elle pas sur le marché de l'escompte une somme beaucoup plus forte, qui pourrait sans cela être absorbée par des opérations étrangères, et des opérations à un taux supérieur à 5 0/0 ? — Telle est, en effet, mon opinion, et peut-être laisserait-on l'argent inactif, à moins que le placement n'en fût satisfaisant pour la personne qui le ferait.

214. Vous pensez que, ne pouvant obtenir 5 0/0, on préférerait n'avoir rien du tout ? — Oui, pendant quelque temps.

215. Ne croyez-vous pas que l'on serait bientôt fatigué de voir son argent rester improductif? — Je le crois, mais ces crises ont généralement peu de durée.

216. Mais en vous rappelant le temps antérieur à la modification de la loi, direz-vous qu'à Londres, ou dans le pays en général, on se soit plaint du manque de capital pour l'escompte, le crédit et les transactions commerciales en général ? — Je n'ai pas entendu de plainte de cette nature ni avant ni après.

217. Vos affaires vous font-elles connaître le commerce du pays avec l'étranger ? — Pas avec les pays avec lesquels je ne suis pas en relations comme négociant. Je suis en relations avec différentes parties de l'Europe, mais je ne fais pas d'affaire avec l'Inde et l'Amérique.

218. Savez-vous, par exemple, quel est le taux de l'intérêt à Paris dans le temps actuel, et quel il a été pendant les dernières années? — Non, je ne le sais pas.

219. Vous ne savez pas que la Banque de France a assez régulièrement escompté tout le bon papier du commerce à 4 0/0 ? — Non.

220. En supposant qu'il en soit ainsi, ne pensez-vous pas que cette régularité d'intérêt et cette certitude d'escompte pour tout le bon papier du pays sont un grand avantage pour toutes les branches de l'industrie nationale, en comparaison d'un pays dans lequel des personnes entreprenant une opération quelconque ne savent pas si elles auront à payer 4 ou 10 0/0 pour l'argent dont elles pourront avoir besoin ? — Je crois qu'il est difficile de répondre brièvement à cette demande, attendu qu'elle renferme la question tout entière. La Banque de notre pays ne pourrait pas, je crois, faire des escomptes de cette nature à un degré illimité, sans une augmentation de numéraire et une forte émission de papier.

221. Sans rechercher pourquoi la Banque d'Angleterre ne pourrait pas le faire comme la Banque France, nous vous demandons si vous ne pensez pas que cette stabilité du taux de l'intérêt, sur laquelle peuvent compter toutes les grandes branches de l'industrie du pays, soit un grand avantage? — Je crois que la stabilité du taux de l'intérêt serait un grand avantage.

222. Mais vous n'êtes pas personnellement informé que cette stabilité existe à Paris? — Non.

223. Nous vous avons interrogé sur les maisons possédant un bon crédit et sur celles d'un crédit inférieur. Ne pensez-vous pas que la majeure partie des affaires générales du pays est faite par des maisons qui n'appartiennent pas à la première classe? — Il existe un crédit moral aussi bien qu'un crédit pécuniaire, et, en mettant les deux ensemble, je dirais que la grande masse des affaires du pays est faite par des maisons parfaitement dignes de confiance pour ce qu'elles font.

224. Voulez-vous dire dans quelles circonstances vous pensez que les anciennes lois sur l'usure ont été nuisibles? — Peut-être n'ai-je pas qualité pour donner une opinion sur ce point, d'après ce qui est arrivé à ma connaissance; mais je pense qu'un homme, s'il a besoin d'argent, veut généralement ne le payer que ce qu'il vaut, et je crois qu'il est probable que si les lois sur l'usure n'avaient pas été modifiées, beaucoup de personnes auraient trouvé difficilement l'argent dont elles avaient besoin, difficulté qui a été aplanie par cette modification.

225. En un mot, vous pensez que la valeur de l'argent doit être réglée comme toute autre chose? — Oui, positivement.

226. Vous considérez la modification des lois comme décidément favorable aux banquiers et à ceux qui ont de l'argent à prêter? — Je dirai qu'en ce qui nous concerne, la quantité des billets que nous avons escomptés au-dessus de 5 0/0 a été comparativement petite, sauf pendant le temps où le taux de la Banque était plus élevé.

227. Avez-vous quelque objection à la modification générale de la loi sur laquelle vous n'avez pas été questionné dans le cours de votre interrogatoire? — Je n'y vois aucune objection.

228. Vous avez dit que vous considériez comme avantageux la modification de la loi depuis quelques années? — Je la crois avantageuse.

229. Relativement aux billets à courte échéance aussi bien qu'à ceux à longue échéance? — Oui, assurément.

230. Vous ne faites aucune distinction quant au bien que vous croyez avoir été produit par le changement de la loi? — Aucune.

231. Vous avez dit que votre maison avait pour pratique m-

ployer son argent à l'escompte à ordre ; est-ce la pratique générale du commerce de Londres ? — Je crois que c'est celles des banquiers.

232. Est-ce la pratique d'individus non banquiers? — Je crois que cela est pratiqué aussi par des individus non banquiers s'occupant de négoce; ma maison de commerce agit ainsi.

233. Est-ce invariablement l'usage de faire ces avances sur ce que l'on appelle ordre? — Non; ce peut être à ordre, ou payable à quatorze jours, ou à toute autre date fixe; c'est une question d'arrangement.

234. Et quel est l'intérêt que l'on reçoit? — Je reçois actuellement 4 1/2 0/0 pour l'argent à ordre.

235. Ne va-t-il pas au-dessus de ce chiffre? — Il s'est élevé à 5 1/2 0/0 lorsque le taux de la Banque était à 6 0/0.

236. Les banquiers et autres personnes faisant l'escompte ne prennent pas plus de 5 0/0 d'intérêt à ordre ? — Je ne pense pas qu'ils prennent davantage maintenant.

237. Quelle est la garantie donnée sur cet emprunt fait à ordre, outre le simple caractère de la maison? — Les billets sont déposés.

238. Pour quelle somme ? — Pour environ la même.

239. Et quelquefois des warrants de marchandises et des warrants de docks? — Cela peut aussi se faire, mais je l'ignore.

240. Le profit de l'emprunteur qui prend votre argent à 4 1/2 ou 5 0/0 consiste dans la différence entre cet intérêt et celui qu'il peut obtenir d'une autre personne? — Oui.

241. La facilité laissée au prêteur d'avoir son argent à ordre ne constitue-t-elle pas un avantage qui fait toujours que l'argent ainsi placé à ordre, surtout à ordre rapproché, est toujours prêté à un taux inférieur à celui des placements permanents? — Assurément; lorsque je place mon argent à ordre, je pourrais généralement le placer sur billets à 1/2 0/0 de plus à date fixe.

242. Lorsque vous parlez d'ordre, entendez-vous par là ordre à vue? — Oui, sur demande.

243. Et quelquefois deux, trois, quatre ou six jours d'avis? — Oui, c'est une question d'arrangement.

244. Mais lorsque vous parlez d'ordre, vous entendez ordre à vue? — Oui, sur demande.

DÉPOSITION

DE

M. SAMUEL GURNEY.

SÉANCE DU 27 MAI 1841 (suite).

Le Lord Président occupe le fauteuil.

245. Vous êtes courtier de change et faites des affaires très-considérables ? — Oui, cela est exact.

246. Et vous êtes depuis très-longtemps dans cette profession ? — Oui, depuis 1817.

247. De sorte que vous avez été mêlé aux affaires avant et après l'époque à laquelle fut décrétée la modification des lois sur l'usure en ce qui concerne l'intérêt payable sur billets à ordre ? — Oui.

248. Pensez-vous qu'antérieurement à cette modification le commerce général éprouvait de sérieux embarras par suite de la stricte application des lois sur l'usure? — Oui, de très-grands embarras, chaque fois que la valeur de l'argent dépassait le taux légal; je pourrais vous rappeler certaines époques où ces embarras furent très-considérables.

249. Quelles sont ces époques? — Ce fut en 1815 que les intérêts commerciaux et industriels de ce pays eurent le plus à souffrir des dispositions restrictives des lois sur l'usure, attendu que jamais aussi la valeur de l'argent ne dépassa le taux légal dans une si énorme proportion.

250. N'est-ce pas à cette époque que l'on reprit les paiements au comptant? — Non, c'était avant la reprise des paiements au comptant, et jamais les transactions financières du pays ne furent soumises à d'aussi rudes épreuves.

251. Est-il venu à votre connaissance que depuis la modification des lois sur l'usure et par suite de cette modification, certaines classes aient éprouvé des embarras? — Mon expérience, je dois commencer par l'avouer, se borne presque exclusivement aux transactions des commerçants et des industriels de la première classe, et je ne sache pas que la modification de la loi leur ait porté préjudice.

252. Avez-vous entendu dire que les détaillants se plaignaient fréquemment d'avoir à payer actuellement un taux d'intérêt plus élevé que sous l'ancien système? — Très-rarement.

253. Les facilités nées de la modification de la loi ne profitent-elles pas plutôt aux billets à longues échéances qu'aux billets à courts termes? — La loi actuelle favorise bien plus la spéculation des premiers que des seconds et, par conséquent, exerce sur les premiers une plus grande influence.

254. Elle tend, par suite, ou tendrait à donner des bases plus larges au crédit sur lequel roulent les affaires du pays? — Je ne sais pas exactement si telle est sa tendance; mais elle est, en tout cas, très-favorable aux affaires pour la réussite desquelles un long crédit est indispensable.

255. Avez-vous eu l'occasion d'observer dans ces derniers temps quelque changement considérable dans les délais d'échéance des billets que vous êtes appelés à négocier? — Je ne crois pas que la proportion des billets à longues échéances que nous avons à négocier se soit matériellement accrue.

256. Avez-vous l'habitude de négocier ces billets chez les banquiers? — Oui.

257. Trouvez-vous que les banquiers montrent plus d'empressement à escompter vos billets maintenant qu'ils peuvent, aux époques de gêne, demander plus de 5 0/0? — La loi actuelle donne certainement de grandes facilités aux banquiers ainsi qu'à nous, et favorise nos transactions avec eux.

258. De sorte que c'est sur la garantie représentée par votre endos que le banquier consent à faire effectuer les avances? — Oui, c'est bien cela.

259. Quels sont, selon vous, les billets à courts termes et les billets à longues échéances? — Les billets à moins de quatre mois sont, d'après mon opinion, des billets à courts termes; au delà de quatre mois, ce sont des billets à longues échéances.

260. Pouvez-vous faire connaître au Comité les délais ordinaires des billets tirés dans les différentes classes du commerce qui se trouve en relations avec la Chine, le Brésil, les Indes orientales et occidentales? — Ces billets sont pour la plupart tirés à trois mois.

261. Mais vous voulez parler des billets qui représentent le commerce intérieur? — Oui, certainement; mais le crédit est plus ou moins long suivant les différentes espèces de commerce; par exemple, dans le commerce de la soie les billets sont tirés à quatre mois et à six ou douze mois, suivant les distances, lorsqu'il s'agit de transactions faites avec les pays qui se trouvent à l'est du cap de Bonne-Espérance.

262. Et vous négociez indifféremment tous ces billets, pourvu que les garanties vous paraissent bonnes? — Oui, nous ne faisons entre eux aucune différence, pourvu que nous soyons sûrement garantis.

263. Quels sont les délais d'échéance des billets qui représentent le commerce avec le Brésil et l'Amérique? — Généralement les effets tirés sur des maisons brésiliennes sont à six mois.

264. Tirés à six mois, vous les considérez comme valeurs régulières? — Oui.

265. Quels sont les délais d'échéance des effets de Manchester, Birmingham, de Sheffield et de Leeds? — Lorsque sur ces places les maisons sont engagées dans le commerce intérieur, les effets sont généralement tirés à trois et quatre mois.

266. De sorte que les transactions des manufactures s'effectuent généralement au moyen de billets à trois, quatre et six mois? — Généralement oui; mais comme je l'ai déjà dit, les billets relatifs aux transactions avec le Brésil ou les pays qui se trouvent à l'est du cap de Bonne-Espérance sont tirés à six ou douze mois.

267. Y a-t-il eu accroissement des délais d'échéance ou le crédit est-il toujours resté le même? — Le crédit a pris une bien plus grande importance matérielle depuis l'ouverture du commerce avec la Chine et les Indes orientales; mais la longueur du crédit est restée la même.

268. Ma question était relative aux délais d'échéance des billets tirés sur une des maisons de Londres par le commerce intérieur des

districts manufacturiers; ces billets portent-ils maintenant les mêmes délais d'échéance qu'autrefois? — Je crois que les délais d'échéance des valeurs dont vous parlez ne se sont pas sensiblement accrus.

269. Pouvez-vous faire connaître au Comité quels sont les délais d'échéance des billets qui représentent les transactions entre les Etats-Unis et l'Angleterre? — Ce sont généralement des valeurs à 60 ou 90 jours, mais plus souvent à 60 jours.

270. Y a-t-il quelque différence entre les effets tirés des États du nord et ceux que représentent le commerce du coton? — Pas d'autre que celle que j'ai fait connaître tout à l'heure.

271. Quels sont les délais d'échéance des effets du commerce avec la Russie? — Ce sont des traites à 90 jours.

272. Vous avez établi qu'une traite tirée de Chine, par exemple, était selon vous aussi régulière qu'une traite tirée des Etats-Unis d'Amérique, bien que ces valeurs portent des délais d'échéance différents. Tant que la législation a soustrait les effets à courts termes à l'action des lois sur l'usure et limité l'intérêt sur les effets à longues échéances, n'y avait-il pas là une inégalité gênante pour le commerce qui a besoin d'un long crédit? — Oui, cette inégalité était très-gênante et entravait les affaires dans toutes les branches de commerce auxquelles un crédit de plus de trois mois est généralement nécessaire.

273. Savez-vous s'il existait des doutes sur l'interprétation de la loi, dans le cas, par exemple, où il s'agissait d'escompter un effet à six ou douze mois, mais n'ayant plus que trois mois à courir? — Notre interprétation était que la loi perdait son action sur toutes valeurs n'ayant plus que trois mois à courir.

274. Comment en usez-vous avec la loi actuelle; la considérez-vous comme laissant libres les transactions de toute nature? — Oui.

275. Sans exception? — Excepté les valeurs dont les délais d'échéance dépassent douze mois.

276. Quel sens donnez-vous à ces mots : « Tout contrat relatif à » un prêt d'argent? » — Nous nous considérons comme libres de prendre quelque taux d'intérêt que ce soit pourvu qu'il ait été consenti par la partie contractante.

277. Que le contrat soit relatif à un prêt d'argent pour douze mois ou pour deux ou trois ans, c'est la même chose, n'est-ce pas;

et vous ne supposez pas que la loi défende de faire des contrats de prêts d'argent pour plus de douze mois? — Certainement non; mais des doutes se sont élevés à cet égard, de sorte que je ne crois pas que, excepté au taux de 5 0/0, il soit passé des contrats de prêts d'argent pour plus de douze mois.

278. Cela résulte de l'interprétation générale de cette partie de la loi? — Oui.

279. Vous avez fait allusion à la situation des affaires en 1815; supposons que les lois sur l'usure aient encore toute leur action, tout leur pouvoir, et que des dépenses considérables du Gouvernement exigent qu'il soit fait une grande émission de bons du Trésor, un emprunt du Gouvernement dans ces circonstances tomberait-il sous l'action des lois contre l'usure? — Les transactions du Gouvernement ont toujours échappé à l'action des lois contre l'usure.

280. Echappant donc à l'action des lois contre l'usure, n'affecteraient-elles pas les transactions commerciales qui seraient soumises à ces lois? — Il est certain que, dans l'hypothèse, de semblables transactions de la part du Gouvernement affecteraient de la manière la plus sérieuse le marché où le commerce puise ses moyens d'action.

281. Notre marché monétaire ne serait-il pas affecté au même degré si les gouvernements étrangers y venaient faire de grandes opérations sur nos fonds publics? — Bien plus qu'un emprunt du Gouvernement, de semblables opérations affecteraient notre marché monétaire, et non-seulement pèseraient fortement sur le taux de l'intérêt, mais encore provoqueraient directement des demandes de numéraire à la Banque.

282. Vous avez dit que si les anciennes lois étaient encore en vigueur, les opérations faites par le Gouvernement sur le marché monétaire, lorsque la valeur de l'argent dépasserait 5 0/0, porteraient préjudice à l'intérêt commercial, qui naturellement resterait soumis à l'action des lois contre l'usure; ne pensez-vous pas que le même effet serait produit en cas d'emprunt du Gouvernement ou d'opérations faites par lui sur les fonds étrangers, soit par les demandes de numéraires qui nous arriveraient de l'étranger, soit par des ventes de valeurs étrangères sur notre marché? — Oui, étant admis le rétablissement des lois sur l'usure, les transactions dont vous parlez entraveraient d'une manière regrettable les affaires commerciales.

283. Vous avez dit que si le Gouvernement restait en dehors des lois sur l'usure, tandis que le commerce serait obligé de se conformer aux dispositions restrictives de ces lois, une semblable inégalité influerait défavorablement sur le commerce du pays; n'est-ce pas là précisément ce qui arriva pendant la dernière guerre, lorsque le Gouvernement vendit la rente 5 0/0 à 85, ce qui n'empêcha pas que l'on trouva toujours assez facilement à faire escompter le bon papier? — Je sais pour mon compte que nous rencontrâmes parfois de très-sérieuses difficultés à trouver des avances sous forme d'escompte, parce que l'intérêt se trouvait limité au taux légal.

284. Ne savez-vous pas que durant la guerre la somme des escomptes faits par la Banque d'Angleterre s'éleva de £16,000,000 à £19,000,000, et qu'il y eut toujours des fonds disponibles pour le bon papier du commerce? — Oui, mais cela tient, comme je l'ai dit tout à l'heure, à ce que le marché monétaire commercial était soumis aux lois restrictives, et sans cette circonstance la Banque n'aurait pas fait les escomptes dont vous parlez.

285. Soyez assez bon pour faire connaître au Comité quelles sont, à propos de 1815, les circonstances dont votre esprit a conservé le souvenir? — Par suite des emprunts extraordinaires du Gouvernement, emprunts effectués en dehors de l'action des lois sur l'usure, l'argent trouva au « Stock Exchange » sa valeur réelle qui dépassait de beaucoup le taux légal, et, par suite, fut attiré sur ce marché au détriment du marché commercial soumis aux restrictions de la loi; c'est pour cette raison que je dis qu'en 1815 le commerce général eut à surmonter de très-sérieuses difficultés.

286. Ces difficultés avaient leur source dans l'espérance conçue par les détenteurs de capitaux que la guerre venant à cesser, les fonds publics reprendraient un grand essor; par suite, dites-vous, une grande partie des capitaux disponibles était attirée vers le Stock Exchange, et les transactions commerciales se trouvaient privées de leurs facilités ordinaires. Mais si les mêmes circonstances se reproduisaient demain, si nous nous trouvions dans une situation qui rendit probable une hausse des fonds publics de 10, 20 ou 30 0/0, ne verrions-nous pas se reproduire aussi les mêmes résultats qu'en 1815, et la probabilité de cette hausse n'attirerait-elle pas aux opérations d'agiotage le capital ordinairement affecté à l'escompte? — Les difficultés éprouvées par le marché monétaire en

1815 n'ont pas eu d'autre cause que celle que j'ai indiquée, et je n'ai jamais vu que la probabilité, même la plus forte, d'une hausse dans les fonds publics ait pesé autant et d'une manière si défavorable sur le marché monétaire commercial. A ce propos, je désire ajouter ici quelques considérations qui pourront peut-être éclaircir la question de savoir si les changements apportés aux lois sur l'usure ont été favorables ou défavorables au commerce général. Les avantages consistent en ce que le commerçant peut, en toutes circonstances, trouver des fonds à emprunter, conduire ses affaires avec facilité et même leur donner une très-grande extension; il est à remarquer que, dans nos deux ou trois dernières crises, nous n'avons eu que très-peu de faillites. Voyons, d'autre part, quels sont les désavantages. Consistent-ils en ce que le commerçant doit payer un taux élevé d'intérêt pour un temps limité? La perte pourtant se réduit à bien peu de chose. Qu'une grande maison de commerce ait, par exemple, besoin de £50,000 et qu'elle paie 6 0/0 au lieu de 5 0/0 pour six mois, la perte ne sera donc que de £250 seulement; mais, par contre, cette maison a trouvé, sans perte de temps, une grande facilité et sauvegardé son crédit en ne laissant pas ses affaires à l'aventure. Un autre grand avantage qui résulte, pour le commerce, de la modification de la loi, est la faculté de pouvoir emprunter sur marchandises. En temps de crise, un commerçant doit ou emprunter sur ses marchandises ou les vendre; s'il emprunte sur elles une somme de £100,000, par exemple, sa perte sera de £300 ou £400; mais s'il les vend, il ne pourra faire moins, vu les circonstances, que de perdre de 10 à 20 0/0. D'un côté, donc, nous constatons une perte de £300 ou £400; de l'autre, s'il y avait vente forcée de marchandises, ce qui arrivait très-souvent autrefois, le commerçant ne pouvant payer un intérêt supérieur au taux légal, la perte s'élèverait de £10,000 à £12,000.

287. Mais au lieu de vendre et de s'exposer ainsi au danger de perdre 15 ou 20 0/0, ce commerçant, dans l'hypothèse où les lois sur l'usure seraient en vigueur, ne trouverait-il pas quelque moyen de se procurer des fonds en payant, par exemple, un taux d'intérêt plus élevé? — Dans une affaire de ce genre, il serait bien imprudent à un prêteur d'argent d'éluder les lois.

288. Quel est l'intérêt minimum que vous demandez généralement et quel est aussi l'intérêt maximum? — Actuellement, la valeur de l'argent est de 4 à 5 0/0; mais depuis la modification

des lois sur l'usure, elle a parfois atteint 7 0/0 et même un peu plus.

289. Vous faites allusion ici à vos transactions habituelles avec les premières maisons de commerce ? — Oui.

290. Qui négocie le papier des maisons que l'on peut ranger dans la seconde classe? — Ces maisons négocient elles-mêmes directement leur papier avec les banquiers.

291. N'y a-t-il pas pour ces maisons une classe particulière de courtiers de change, d'acheteurs d'argent? — Il y en a peu, et ce sont des gens de peu de crédit.

292. Vous avez eu occasion de nous dire que la moyenne de l'escompte dans votre genre d'affaires s'effectuait entre 3 et 3 1/2 0/0 ; pourriez-vous nous dire également à quel taux est escompté le papier de la seconde classe ou de la classe inférieure? — La plus grande partie de ce papier est négociée directement entre les commerçants et les banquiers, et ceux-ci, pour s'attacher leurs clients, prennent rarement plus de 6 0/0, quelque gêne que puisse éprouver le marché monétaire. Les changements apportés aux lois sur l'usure ont été d'une très-grande importance pour cette classe inférieure de commerçants, parce que, chaque fois que la valeur de l'argent s'élève au-dessus de 5 0/0, les détenteurs de capitaux n'accepteraient, si 5 0/0 était un taux légal, que le papier de la première classe et laisseraient de côté le papier de la classe inférieure ; je suis donc porté à croire que la modification des lois a été plus directement avantageuse à cette classe qu'à la classe supérieure.

293. Comment pensez-vous que les commerçants dits de la seconde classe parvenaient à se procurer de l'argent avant la modification de la loi? — Cela leur était très-difficile et plutôt une affaire de complaisance de la part des banquiers.

294. Outre l'intérêt, l'emprunteur paie-t-il une commission? — Très-rarement; la différence existant entre le prix d'achat et le prix de vente de l'argent est la base des transactions.

295. Le taux de l'intérêt comprend peut-être la commission? — Non.

296. Et les demandes de commission sont très-rares? — Oui, très-rares.

297. Vous parliez tout à l'heure de l'absolue nécessité où se trouve un commerçant de vendre ses marchandises s'il ne peut

emprunter, et vous estimez à 10 ou 20 0/0 la perte pouvant résulter pour lui d'une vente de cette nature ; vous ajoutiez qu'il était dispensé de recourir à ces ventes ruineuses, aujourd'hui que la loi modifiée lui permet d'emprunter à 2 ou 3 0/0. Ne pensez-vous pas, à ce propos, qu'une vente forcée de marchandises est préjudiciable non-seulement au vendeur lui-même, mais encore à tous ceux qui font le même commerce ? — Naturellement.

298. De sorte que la différence entre les deux systèmes doit être considérée, non-seulement au point de vue des pertes subies par le commerçant en faillite, mais encore au point de vue de celles qu'avaient à subir de ce chef tous ceux qui se trouvaient en relation d'affaires avec lui ? — La question peut être certainement envisagée de cette manière.

299. Vous avez dit que la modification de la loi avait été avantageuse pour les petits commerçants surtout; pouvez-vous nous dire si le nombre des faillites a été plus considérable parmi eux pendant la crise de 1825 que pendant les crises récentes? — Il est certain qu'antérieurement à la modification de la loi, les faillites étaient plus nombreuses en temps de crise que maintenant ; qu'il faille faire complètement honneur de cette heureuse différence à la modification de la loi, je n'oserais l'assurer ; mais je suis sûr au moins que cette modification a fait beaucoup pour prévenir les faillites aux époques de crise.

300. Vous dites qu'il y a eu moins de faillites dans les temps de crise et de gêne ; quelle a été l'époque de votre dernière crise de gêne ? — La plus forte crise que nous ayons récemment éprouvée eut lieu en automne de l'année 1839 ; nous avons éprouvé une forte gêne dans l'automne de l'année dernière pendant quelques semaines.

301. N'est-ce pas en 1839 que tant de maisons américaines firent faillite? — Non ; ce fut en 1836 et 1837.

302. Dans ce cas, la plus grande partie des personnes intéressées ne faillirent-elles pas ? — Quoique je considère comme favorable la modification des lois sur l'usure, elle n'empêche pas pour cela les faillites ; les faillites des maisons américaines, en 1837, eurent lieu par suite de transactions imprudentes ; aucune modification des lois n'aurait pu les empêcher.

303. Pensez-vous que la gêne eût été plus grande, ou moindre, ou qu'elle fût restée la même, si les lois sur l'usure n'avaient pas

été modifiées ? — Si elles ne l'avaient pas été, la gêne eût été plus grande et infiniment plus préjudiciable.

304. La faculté que possède une maison d'un crédit inférieur d'emprunter à des taux plus élevés, lorsqu'elle est aux prises avec les difficultés et les embarras, n'a-t-elle pas pour effet, en cas de faillite, d'emporter tout ce que cette maison possède, et de rendre sa banqueroute plus sérieuse ? — Il est probable qu'elle peut avoir cet effet.

305. Vous ne traitez pas avec les personnes de cette catégorie ? — Non ; mais je sais ce qui a lieu parmi elles.

306. Un homme qui voudrait cesser ses paiements et donner 15 schillings par livre pourrait, en avançant le taux de l'intérêt, continuer jusqu'à ce qu'il ne lui fût plus possible de donner 5 schillings par livre ; n'est-il pas plus désirable et plus honnête qu'un homme se trouvant dans un embarras de cette nature assemble immédiatement ses créanciers plutôt que de ne le faire qu'après avoir dissipé presque toute sa fortune ? — Sans aucun doute il serait plus sage et plus honnête qu'il appelât ses créanciers dès le début de ses embarras.

307. Vous avez dit que le système actuel facilite à un homme dans l'embarras les moyens de continuer jusqu'à la dernière extrémité ? — Oui.

308. Mais, d'autre part, en obtenant de l'argent à un taux plus élevé, cet homme ne peut-il pas, par le système actuel, être mis en état de surmonter les difficultés, et de se sauver de la banqueroute ? — Nul doute que dans beaucoup de cas des personnes sont sauvées de la ruine, si elles peuvent obtenir des facilités dans un moment de gêne.

309. Ces facilités ne sauveraient-elles pas fréquemment des maisons de premier ordre sous le rapport du crédit ? — Assurément, des facilités dans des circonstances pénibles sauvent de très-bonnes maisons ; il ne peut y avoir aucun doute à cet égard.

310. Une personne pourrait-elle négocier un effet à 10 0/0, sans s'adresser à un homme faisant le commerce d'argent à bas prix ? — Avec un homme prudent, ce serait un obstacle à la négociation ; l'offre d'un taux plus élevé que la valeur de l'argent fait naître des soupçons.

311. Mais si quelqu'un vous apportait un effet, obtiendrait-on

de l'argent de vous? — Nous prendrons toujours un bon effet, à sa valeur sur le marché, la garantie étant bonne et les lois sur l'usure existant telles qu'elles sont actuellement.

312. Avez-vous considéré l'effet produit par la modification de ces lois sur les emprunts faits par le Gouvernement en temps de guerre et en temps de paix? — Conformément à ce que j'ai déjà dit, la restriction a eu pour effet de rejeter une plus grande partie du capital disponible sur les transactions du Gouvernement que dans le monde commercial, lorsque la véritable valeur de l'argent s'est élévée au delà du taux légal.

313. Cela a mis le Gouvernement en état d'élever la somme requise pour le service public de cette année-là? — Cela peut avoir eu cette tendance.

314. Vous avez dit que l'effet produit par les transactions sur valeurs étrangères et sur valeurs du pays serait le même? — Le même, mais avec une aggravation considérable, parce que dans le premier cas l'argent serait envoyé hors du pays.

315. Vous placez l'argent de beaucoup de banques de province? — Oui.

316. L'argent qui vous arrive pour cela doit être placé sur quelque valeur commerciale? — Il doit être placé sur le marché monétaire.

317. Si vous pouvez en obtenir 6 ou 7 0/0, vous le faites ; mais si vous ne le pouvez pas, vous êtes êtes obligé de vous contenter de 5? — Oui, quelquefois de 3 0/0.

318. Le taux auquel vous le placez a très-peu d'influence sur la somme que vous avez à placer? — Très-peu, pourvu que nous donnions à nos commettants la valeur de l'argent sur le marché, et qu'il n'y ait pas d'autre marché où l'on puisse obtenir un taux plus élevé.

319. Où est ce marché? — A la Bourse ; la valeur de l'argent y est quelquefois plus élevée que sur le marché commercial.

320. Mais ce marché vous est ouvert aussi bien qu'à d'autres? — Oui, mais non pour les lettres de change ni pour les transactions commerciales.

321. A la Bourse, les opérations se font généralement en report, n'est-ce pas? — Les transactions y prennent diverses formes.

322. Ne recevez-vous pas de ces banques qui vous envoient de

l'argent une certaine somme qui doit être placée soit sur effets publics, soit sur valeurs commerciales? — Oui.

323. Si la loi ne vous permettait pas de prendre plus de 5 0/0, cette somme devrait être affectée à des achats d'effets publics ou bien au 5 0/0 dans les valeurs commerciales? — Oui, nous devrions nous soumettre au 5 0/0 sur valeurs commerciales.

324. La loi vous permettant de prendre plus de 5 0/0, cela n'augmente-t-il pas les moyens de placement? — Cela augmente l'importance des sommes à placer.

325. Sur le marché de la Bourse? — Oui.

326. Principalement sur bons du Trésor? — Non-seulement sur bons du Trésor, mais aussi sur Consolidés et autres valeurs.

327. Les emprunteurs obtiendraient votre argent à 5 0/0, si la loi ne vous permettait pas de prendre un taux plus élevé? — Non, les emprunteurs n'auraient d'argent qu'avec beaucoup de difficulté.

328. Les personnes entre les mains desquelles vous pouvez placer votre argent sont de deux sortes; en considérant comme emprunteurs le Gouvernement d'une part, les particuliers de l'autre, auquel des deux votre argent doit-il aller, au Gouvernement en échange de ses valeurs de diverses natures, ou aux particuliers? — Notre argent est presque invariablement placé dans le commerce.

329. Il ne serait donc pas vrai de dire que la faculté d'élever le taux de l'intérêt au-dessus de 5 0/0 augmente l'importance des sommes à emprunter? — Elle augmente la somme d'argent placée sur le marché commercial.

330. Lorsque vous dites que le taux de l'intérêt à la Bourse n'était que de 3 1/2 0/0 vous voulez dire que le prix des Consolidés donnait cet intérêt? — Non, je veux dire que si une personne avait des Consolidés et pouvait les donner comme garantie, elle pourrait obtenir de l'argent à 2 ou 3 0/0.

331. Si vous et d'autres personnes ayant de l'argent à prêter, et votre capital étant partagé de diverses manières entre les escomptes commerciaux et les effets publics, pouvez en cas de gêne faire rapporter 6 ou 7 0/0 à votre argent, sur le marché de l'escompte, cela ne rejette-t-il pas immédiatement les bons du Trésor sur le Chancelier de l'Echiquier, et ne lui cause-t-il pas des embarras? Si les banquiers, détenteurs d'un grand nombre de bons du Trésor, vont

ensuite placer leur argent sur ce que l'on appelle ordres à 4 1/2 et 5 0/0, n'est-ce pas une raison pour rejeter les bons du Trésor, qui sont à 3 0/0, et embarrasser ainsi le Trésor? — Jusqu'à un certain point seulement ; les bons du Trésor ne sont pas beaucoup entre les mains des banquiers de la cité.

332. Comment pensez-vous que les banquiers de West-End placent leur argent? — En grande partie sur les bons du Trésor.

333. Ne prenez-vous jamais leur argent? — Nous le prenons jusqu'à un certain point; ils commencent à voir que les placements sur effets de commerce donnent un taux plus élevé, et même offrent plus de sûreté avec une bonne direction que les transactions à la Bourse sur effets publics.

334. Lorsqu'ils peuvent prêter leur argent à un intérêt plus élevé, cela ne peut-il pas les porter à se débarrasser de leurs bons du Trésor à un taux plus bas? — Cela peut les y porter, mais seulement à un faible degré.

335. La modification des lois sur l'usure, favorable à l'extension des prêts d'argent dans ce pays, doit, lorsque le Gouvernement ne fait en même temps aucun emprunt, avoir pour effet, n'est-ce pas, de diminuer la somme de numéraire affectée aux valeurs et aux spéculations étrangères? — Elle a positivement cet effet.

336. Elle a attiré sur le marché de l'escompte plus de capital qu'il n'y en avait d'habitude? — Oui, surtout aux périodes où il est le plus demandé.

337. Et l'a détourné du placement sur valeurs étrangères? — Je crois qu'il en est ainsi.

338. Attribuez-vous l'envoi de si fortes sommes à l'étranger pour placement sur ces valeurs à la pression des lois de notre pays, qui ne permettraient pas de retirer de l'argent un intérêt convenable? — Je ne puis dire que je l'attribue à cette cause, mais à plusieurs causes, entre autres au faible taux de l'intérêt qui a existé pendant une longue série d'années.

339. Mais ces faibles taux d'intérêt étaient la véritable mesure de la valeur de l'argent? — Oui, sans aucun doute.

340. L'importance des placements à l'étranger ne sera-t-elle pas en proportion du faible taux de l'intérêt chez nous ; cela résulte d'une cause naturelle ou d'une cause artificielle, telle que l'existence de quelque loi? — Indubitablement.

341. Le faible taux de l'intérêt ne doit-il pas en même temps améliorer la condition des fabricants du pays? — C'est un secours pour eux.

342. Mais que le taux de l'intérêt dans un pays soit à 4 ou à 6 0/0, il doit matériellement affecter les bénéfices auxquels pourraient arriver les manufactures de ce pays; n'est-ce pas vrai? — La valeur et la rareté du capital affectent sans aucun doute matériellement les bénéfices du commerce.

343. La valeur de l'argent étant de 2, 3 et 4 0/0, quel est, d'après vous, la cause des crises qui élèvent l'intérêt de l'argent; est-ce quelque opération de la Banque d'Angleterre? — Ce qui influe immédiatement sur notre marché, c'est la quantité des agents de circulation que nous y avons et la somme de transactions qu'il y a à exécuter.

344. Et cette influence est principalement produite par les variations de la circulation de la Banque d'Angleterre? — Les variations dans la valeur de l'argent suivent immédiatement les variations de la circulation de la Banque d'Angleterre.

345. Mais la Banque d'Angleterre est parfois obligée d'étendre ou de restreindre sa circulation, selon qu'il lui est plus ou moins facile de payer en espèces? — Sans doute.

346. La Banque, ainsi que vous et les personnes qui prêtent beaucoup d'argent, n'avez-vous pas intérêt à favoriser les événements susceptibles d'élever l'intérêt de l'argent; en supposant que la Banque agisse simplement en vue de ce que l'on peut appeler son intérêt propre, n'a-t-elle pas un intérêt direct à favoriser ces paniques ou crises qui peuvent la mettre à même d'élever son intérêt de 3 à 7 0/0? — Assurément non; il est de l'intérêt de tous ceux qui font le commerce d'argent que la quiétude règne dans les affaires.

347. Bien que vous n'aimiez pas la panique et la confusion, vous n'êtes pas opposé à ce léger degré de trouble qui vous met en état d'avoir 7 0/0 au lieu de 3? — Je crois que l'objet de tous ceux qui font en grand le commerce d'argent, en mettant la Banque à leur tête, est de faire tout leur possible pour que les choses restent dans l'ordre et le calme.

348. Tout en retirant de leur argent le taux d'intérêt le plus élevé possible? — Le contraire a lieu; un faible taux d'intérêt est préférable pour notre maison.

349. N'arrive-t-il pas fréquemment que les banquiers réalisent de plus grands bénéfices sur des taux d'intérêt plus faibles que lorsque le taux est plus élevé ? — Les banquiers font un bénéfice plus grand sur un taux d'intérêt plus élevé ; c'est l'opposé dans mon genre d'affaires.

350. Le même raisonnement ne s'applique-t-il pas à ces banques qui donnent un intérêt sur dépôts et en prennent un sur prêts ? — Pas au même degré que dans mes affaires. Les taux d'intérêt que donnent les banquiers de la province ont un caractère beaucoup plus fixe que chez nous ; ils ne suivent pas avec la même rapidité les fluctuations du marché.

351. Vous avez dit que des facilités considérables étaient accordées sur marchandises, par suite de la modification des lois sur l'usure ; cela n'a-t-il pas conduit à un grand nombre de trafics frauduleux ? — Cela n'est jamais venu à ma connaissance.

352. Quelle est la proportion habituellement demandée sur dépôts de marchandises ? — Cela dépend beaucoup de la nature des marchandises et de l'état des cours ; mais avec une maison de premier ordre nous prêterions de l'argent sur marchandises jusqu'à 20 0/0 de la valeur courante, dans la plupart des cas.

353. A longues ou courtes périodes ? — Nous faisons généralement nos prêts pour trois ou quatre mois, suivant la demande du commerçant.

354. Cela ne mettrait-il pas un spéculateur en état de faire du commerce sans capital aucun ? — Cette transaction a sans aucun doute pour résultat de faciliter toutes personnes ayant des marchandises, spéculateurs ou commerçants de bonne foi.

355. Si un homme peut acheter des marchandises sur le marché de Manchester, ou sur tout autre, à trois mois de crédit et trouver ensuite de l'argent jusqu'à 20 0/0 de la valeur de ces marchandises, ne peut-il pas ainsi faire du commerce avec le capital d'autrui ? — Des transactions semblables, s'il en exite, ne peuvent être que très-rares.

556. Savez-vous combien pour cent de la valeur supposée des marchandises la Compagnie des Indes orientales avance en argent ? — Je crois qu'elle avance en général 80 0/0 sur le prix de facture à Calcutta.

357. La circulation du papier est-elle actuellement dans son état moyen, ou bien plus ou moins grande que d'habitude ? — En ce

moment, son extension est à peu près dans la moyenne usuelle et présente un bon caractère ; telle est notre manière de voir dans les circonstances actuelles.

358. Avez-vous beaucoup à faire avec la circulation des effets des districts manufacturiers ? — Nous escomptons beaucoup pour ces districts.

359. Cette sorte de papier se trouve-t-elle dans son état ordinaire ou bien est-elle plus ou moins répandue que d'habitude ? — Je ferai la même réponse que je viens de faire : elle est à peu près dans la moyenne usuelle et présente un bon caractère.

360. De quelle nature est ce papier ? Se compose-t-il de traites des fabricants de Manchester sur des maisons de Londres ? — C'est en général une traite du fabricant sur l'acheteur des marchandises, soit à Liverpool, à Londres ou dans toute autre ville commerciale, traite endossée par le banquier de la ville.

361. Considérez-vous cette sorte de papier comme une des meilleures ? — Nous la considérons comme la meilleure de toutes, parce que nous avons la garantie du fabricant, de l'acheteur et du banquier de province.

362. Le taux de l'intérêt que l'on peut dire payé pour l'argent dans les districts manufacturiers dépend du taux auquel ces effets sont escomptés ? — Oui, le taux de l'intérêt à Manchester et à Liverpool suit notre cours par le premier courrier.

363. De sorte que, lorsque ces effets sont escomptés à 3 0/0 ou à 7 0/0, cette variation existe dans le taux de l'intérêt que le fabricant paie pour l'argent dont il a besoin dans ses affaires ? — C'est ce qui a lieu.

364. Vous ne savez pas quelle est l'action de la loi actuelle sur la classe pauvre ? — J'en sais peu de chose ; elle facilite spécialement, je crois, la classe des petits commerçants dans les temps de crise.

365. Pouvez-vous dire jusqu'à quel taux ont pu, dans quelques cas, s'élever les intérêts, compris la commission et autres frais ? — Le taux de l'intérêt s'est élevé une fois à environ 7 0/0, sans compter la commission. Il peut y avoir eu des transactions dans lesquelles on a fait payer des taux exorbitants ; mais, autant que j'ai pu l'apprendre, elles ont été limitées tant pour le nombre que pour la somme.

366. Savez-vous quelque chose au sujet de la valeur de l'argent dans les pays étrangers ? — Très-peu de chose ; la valeur de l'argent

en Hollande, en Allemagne et en France est en général un peu moins élevée qu'à Londres.

367. Savez-vous quelque chose du taux d'intérêt que prend la Banque de France ? — Je crois qu'il est actuellement de 4 0/0.

368. Est-il resté constamment à 4 0/0 ? — Plus constamment que le taux d'intérêt pris par la Banque d'Angleterre.

369. Ne considérez-vous pas cette stabilité de l'intérêt comme importante pour les intérêts commerciaux du pays ? — Je crois qu'il vaudrait mieux qu'il en fût ainsi ; mais je ne crois pas que ce soit une question d'importance matérielle.

370. Savez-vous dans quelle proportion la Banque de France fait les escomptes de Paris et quel est le taux d'escompte pris par d'autres que la Banque de France ? — Je l'ignore complétement.

DÉPOSITION

DE

M. JOSEPH MAYNARD.

SÉANCE DU MARDI 8 JUIN 1841.

Le Lord Président occupe le fauteuil.

371. Vous êtes sollicitor et mêlé aux affaires de la Cité ? — Oui.

372. Y a-t-il longtemps que vous exercez ? — J'exerce pour mon compte depuis environ dix-huit ans ; mais avant d'exercer pour mon compte, j'ai été pendant dix ans dans la profession.

373. Votre position vous a-t-elle mis à même de vous initier à la situation générale des classes commerciales de la cité ? — Oui, je puis vous l'affirmer, je connais parfaitement les intérêts commerciaux.

374. Avez-vous souvent occasion de poursuivre des débiteurs insolvables ? — Très-souvent.

375. Voulez-vous faire connaître au Comité quelle a été, selon vous, sur la situation générale du commerce de la cité de Londres, l'influence des changements apportés aux lois qui déterminent l'intérêt de l'argent, aux lois que l'on appelle lois sur l'usure ? — Je pense que ces changements ont eu des résultats différents suivant les classes différentes dans lesquelles on peut ranger les commerçants de la cité de Londres. En ce qui concerne ceux que je considère comme faisant partie de la première classe, c'est-à-dire qui peuvent demander des capitaux aux meilleures sources et offrir en retour des garanties d'une valeur incontestable, je crois que pour ceux-là les modifications dont il s'agit ont été avantageuses, en ce sens qu'elles leur ont permis d'éviter les sacrifices auxquels il faut se soumettre lorsque les garanties que l'on peut offrir pour l'emprunt sont dépréciées sur le marché. Pouvant donner un taux d'intérêt qui, je le crois, était supérieur au taux ordinaire, les personnes dont je parle ont trouvé des ressources dans les circonstances où elles en avaient le plus besoin, au moment des crises et des diffi-

cultés commerciales, et elles ont, comme je viens de le dire, évité d'énormes sacrifices en échappant à l'obligation d'apporter leur avoir sur le marché, comme elles auraient été forcées de le faire antérieurement, lorsqu'il n'existait d'autre alternative que de vendre ce que l'on possédait à n'importe quel prix.

376. Vous parlez ici, en même temps, et de ceux qui prêtent de l'argent et de ceux qui en empruntent? — Relativement à ceux qui prêtent, il est hors de doute, pour moi, que les changements apportés aux lois sur l'usure leur ont été aussi incontestablement avantageux qu'aux commerçants dont j'ai parlé dans ma réponse précédente.

377. Quelle a été, selon vous, l'influence de ces changements sur les commerçants de la seconde classe? — Relativement aux commerçants de la seconde classe, comme il n'y a aucune limite au taux de l'intérêt et qu'ils ne jouissent pas du crédit dont j'ai parlé tout à l'heure, je les ai vus très-souvent obligés de donner un taux d'intérêt excessif et hors de toute proportion avec la valeur de l'argent qu'ils empruntent. Désirant se soutenir le plus longtemps possible, l'obligation où ils sont de payer l'argent très-cher amène ce résultat regrettable, qu'au moment de suspendre leurs paiements et de faire connaître leur insolvabilité par le dépôt de leur bilan, leur actif est déjà réduit à néant.

378. Ainsi, la loi, telle qu'elle est actuellement constituée, a pour effet de forcer les commerçants de la seconde classe à emprunter, pour se soutenir le plus longtemps possible, à un taux d'intérêt plus élevé que celui qu'ils auraient dû subir sous le régime de cette loi telle qu'elle se trouvait antérieurement constituée; par suite, elle a été cause que dans cette classe de commerçants il n'existait plus rien à l'actif au moment où le bilan était déposé? — Précisément; je pense que, sous le régime de l'ancienne loi, les commerçants de cette classe n'auraient pu, sans s'exposer à perdre leur crédit, et partant à suspendre leurs paiements, introduire de force leurs marchandises sur le marché avec l'intention évidente de s'en défaire pour se procurer des fonds, tandis que par le moyen des courtiers qui servent d'intermédiaires entre les capitalistes et les emprunteurs, et en offrant de bonnes garanties, des valeurs sûres, ils peuvent actuellement obtenir de l'argent à l'insu des gens en relations avec eux. Se trouvaient-ils obligés autrefois d'introduire par force leurs marchandises sur la place et de les vendre pour se procurer des fonds, cette opération ne pouvait s'effectuer, générale-

ment parlant, qu'entre commerçants trafiquant des mêmes articles ; l'opération était connue et les vendeurs ne pouvaient faire autrement que de suspendre immédiatement leurs affaires, tandis que maintenant ils empruntent secrètement pour aller le plus longtemps possible, et cela au grand détriment de leurs créanciers.

379. Ne pensez-vous pas que la plus grande partie des affaires de la Cité sont traitées par cette classe de commerçants que vous indiquez comme légèrement inférieure à celle qui jouit d'un crédit incontestable ? — Je ne le crois pas ; numériquement parlant, les commerçants de la seconde classe sont plus nombreux, mais ce sont ceux de la première classe qui traitent la somme la plus considérable d'affaires financières.

380. Votre expérience vous met-elle à même de nous faire connaître à quel taux ont emprunté les commerçants dont vous avez parlé ? — Oui ; mais je suis amené à vous entretenir d'un système dont j'attribue l'introduction à la modification des lois sur l'usure et qui consiste à faire payer par l'emprunteur, à la personne qui lui procure les fonds, un tant pour cent indéterminé qu'on appelle non pas intérêt, mais commission ; ce n'en est pas moins pour l'emprunteur un intérêt ajouté à celui qu'il paie déjà comme loyer de l'argent. En conséquence, si j'étais appelé à fixer le taux de l'intérêt, la commission entrerait pour la plus grande part dans sa composition ; car la commission élève d'autant plus le tant pour cent qu'elle est prise en bloc sur la somme empruntée sans qu'il soit tenu aucun compte du tant pour cent par an qui se trouve ainsi augmenté dans une énorme proportion. Je m'explique : si vous payez 1 0/0 de commission pour l'escompte d'un effet à deux mois, ce sera dans le fait 6 0/0 par an à ajouter au taux de l'intérêt quel qu'il soit ; je crois pouvoir affirmer que ce système domine non-seulement parmi les commerçants de la classe inférieure, mais encore parmi ceux de la première classe.

381. Selon vous, ce système était-il pratiqué ou ne l'était-il pas avant le rappel de la loi sur l'usure ? — Mon impression est que l'on ne demandait pas alors de commission ; mais j'hésite un peu sur ce point, parce que, pour mon compte, je n'ai jamais eu d'escomptes ou de commissions à payer. Néanmoins, si j'examine la question au point de vue de ma profession, mon sentiment est, et mes confrères pensent comme moi, que la demande d'une commission pouvait, sous le régime de l'ancienne loi, être considérée comme un expédient pour obtenir un taux d'intérêt supérieur au

taux légal ; si la personne qui réclamait une commission ne pouvait démontrer clairement que cette commission n'était que la rémunération d'un service rendu, et qu'elle n'avait elle-même aucun intérêt direct dans l'opération du prêt (ce qui, je crois, est excessivement rare), il est évident, selon moi, que sous le régime de l'ancienne loi la commission, dans le cas indiqué, ne devait être considérée que comme un expédient pour obtenir un intérêt plus élevé.

382. N'était-ce pas, en fait, toujours là le cas, lorsque les prêts s'effectuaient par l'intermédiaire de tierces parties? — Je ne pense pas qu'antérieurement au rappel de la loi sur l'usure, on pratiquait le système de commission comme maintenant; mais je ne suis pas préparé à soutenir que l'on ne demandait pas de commission.

383. Mais alors on pouvait toujours traiter la demande d'une commission comme délit d'usure ? — Indubitablement.

384. C'est pour cela probablement que l'on ne pratiquait pas le système de la commission comme on le fait actuellement? — C'était une raison pour qu'on ne pût le faire et une raison pour laquelle, je crois, on ne le faisait pas. Je me permettrai de rappeler ici le cas bien connu des banquiers de Kensington ; il s'agissait de transactions considérables, d'une affaire de £100 à 200,000, et ces banquiers demandèrent une commission de 1 0/0. Ordinairement on ne prenait que 1/2 0/0, et le jury chargé d'examiner l'affaire rechercha si même la demande additionnelle de 1/2 0/0 devait être considérée comme la rémunération d'un service rendu ou simplement comme un moyen de faire rendre à l'argent prêté un intérêt un peu supérieur à 5 0/0. Le jury ne crut pas devoir se prononcer dans ce dernier sens ; mais il est clair que la loi fut méconnue et lord Ellenborough exprima l'opinion que le procédé des banquiers de Kensington était entaché d'usure.

385. Alors la demande d'une commission étant considérée comme usuraire et tendant à élever le taux de l'intérêt, l'effet naturel des transactions dont vous avez parlé était de faire rendre à l'argent un taux d'intérêt supérieur au taux fixé par la loi? — On ne pouvait pas demander plus de 5 0/0 ; mais vous remarquerez, à ce sujet, qu'une demande de commission ne constituait pas un acte d'usure si l'intérêt et la commission additionnés ne dépassaient pas 5 0/0 qui était l'intérêt ordinaire.

386. Mais, en fait, l'argent prêté par des personnes de la condition de celles dont vous avez parlé ne l'était pas avant la modifica-

tion des lois sur l'usure, au même taux d'intérêt que nous voyons pratiquer depuis l'époque de cette modification ? — Certainement non ; naturellement, il ne pouvait en être ainsi, parce que, bien qu'il existât de nombreux moyens d'éluder la loi, je ne crois pas que ce système d'expédients s'étendît à l'espèce d'opérations commerciales dont j'ai parlé. Ce procédé ne sortait pas de cette classe inférieure que nous appelons prêteurs d'argent.

387. Pouvez-vous nous faire connaître, en tenant compte du chiffre de la commission et de celui de l'intérêt, quels ont été les taux de l'intérêt de l'argent pratiqués depuis la mise en vigueur de la présente loi ? — Il y a deux manières d'emprunter ; si vous vous adressez à votre banquier, naturellement vous ne paierez pas de commission et n'aurez à lui tenir compte que du seul intérêt, car je n'ai pas connaissance qu'un banquier ait jamais demandé plus de 6 0/0. D'autre part, si, pour obtenir des fonds, vous vous adressez à un courtier (les courtiers ont généralement à leur disposition des sommes considérables), le taux de l'intérêt variera. J'ai connu un courtier de change de la première classe qui prenait 6 et 7 0/0 d'intérêt par an, sans compter sa commission, qui ajoutait d'autant plus au taux de l'intérêt que la période de temps pour laquelle le prêt ou l'escompte étaient effectués se trouvait moins longue. Si nous descendons à la classe inférieure des prêteurs, je sais que, chez eux, le taux de l'intérêt varie de 10, 12 ou 15 0/0, sans compter la commission.

388. Quel est le taux ordinaire de la commission ? — La commission, je crois, varie de 1/2 à 1 0/0, et je ne pense pas que ce dernier taux soit jamais dépassé.

389. Mais combien les valeurs qui font l'objet de ces transactions ont-elles de temps à courir ? — Rarement plus de trois mois.

390. De sorte que, s'il s'agissait d'un billet à trois mois d'échéance en moyenne, 1 0/0 et 1/2 0/0 de commission équivaudraient respectivement à des intérêts additionnels de 4 et de 2 0/0 par an ? — Précisément.

391. Vous avez parlé d'opérations faites par des courtiers de change ; ces courtiers sont-ils des gens d'une honorabilité reconnue ou font-ils leurs affaires clandestinement ? — Ce sont des gens qui opèrent au grand jour.

392. Sont-ce des opérations d'une nature que l'on puisse avouer ? — Oui.

393. De sorte que les personnes que vous avez représentées comme ne jouissant que d'un crédit de second ordre, mais d'un caractère d'ailleurs fort honorable, ont pu emprunter de l'argent au taux dont vous avez parlé tout à l'heure, tandis que les pauvres commerçants de détail ont dû subir des taux d'intérêt extravagants ? — Exactement.

394. Savez-vous si ces taux exorbitants d'intérêt n'ont pas eu quelquefois pour cause soit quelque changement du système de la Banque d'Angleterre, soit toute autre circonstance qui aurait modifié la valeur de l'argent dans la Cité ? — La valeur de l'argent dans la Cité varie continuellement et sous l'influence de circonstances diverses ; mais je ne pense pas que le taux de l'intérêt soit, depuis bien longtemps, descendu au-dessous de 5 0/0.

395. Quand à la Banque d'Angleterre et chez les grands banquiers de la Cité l'intérêt s'élève de 5 à 6 0/0, cette élévation est, en réalité, bien plus considérable pour les personnes de la classe inférieure ? — Certainement.

396. Pouvez-vous établir une proportion à cet égard ? — Il est très-difficile, lorsque vous sortez une fois du premier marché de l'argent, de savoir quels sont les taux pratiqués en dehors de ce marché, dans les classes inférieures, car le taux de l'intérêt dépend non pas tant de la valeur de l'argent même que du degré de crédit dont jouissent ceux qui l'empruntent.

397. Et de la qualité des garanties offertes ? — Certainement, et j'attribue au rappel des lois sur l'usure ce fait que les personnes qui ne jouissent que d'un crédit de second ordre doivent payer, non pas tant parce que l'argent augmente de valeur que parce qu'elles manquent d'un crédit solidement assis. C'est la conclusion que des observations sérieuses me permettent de formuler.

398. Si les lois sur l'usure n'avaient pas été altérées et si le taux maximum de l'intérêt légal était demeuré à 5 0/0, pensez-vous que cette classe d'individus aurait pu trouver de l'argent à emprunter ? — Je ne le pense pas et je ne pense pas non plus que l'impossibilité de trouver à emprunter se serait arrêtée à la classe dont vous parlez ; suivant moi, il était absolument nécessaire d'élever le taux de l'intérêt au-dessus de 5 0/0.

399. Autrement, on n'aurait pu se procurer d'argent ? — Ou bien, il aurait fallu, pour en obtenir, faire des sacrifices énormes.

400. Ou éluder la loi ? — Oui ; mais je ne pense pas que les

désobéissances à la loi aient été fréquentes parmi les classes commerciales.

401. Les moyens évasifs n'étaient-ils pas employés principalement par les jeunes gens qui escomptaient ainsi leurs espérances de fortune à venir, et ne peut-on pas dire, d'autre part, que la loi était presque toujours respectée par les commerçants de quelque importance? — Je pense que le commerce de la Cité n'a jamais cherché à éluder la loi, mais que, dans le West-End, l'emploi des moyens évasifs était très-répandu non-seulement parmi les jeunes gens auxquels vous avez fait allusion, mais encore parmi les commerçants.

402. Vous pensez que, plutôt que les autres, les commerçants de la Cité auraient vendu leurs marchandises à perte pour ne pas éluder la loi? — Ils n'auraient pas vendu leurs marchandises à perte; ils auraient suspendu leurs paiements.

403. Ils auraient suspendu leurs paiements plutôt que de chercher à se procurer des fonds par le paiement d'une commission qui aurait, par le fait, augmenté le taux de l'intérêt? — Ils n'auraient pas voulu emprunter par ce moyen, qui constituait, au su de tous, un acte illégal; en d'autres termes, le commerce de la Cité n'aurait pas payé une commission pour obtenir de l'argent, car, le faisant, il se serait rendu complice des usuriers. D'autre part, je ne pense pas que ceux qui avaient des fonds disponibles dans la Cité auraient voulu s'exposer à les perdre en les prêtant à des conditions illégales, et je regarde l'usure comme un commerce spécial en dehors duquel la Cité s'est toujours tenue.

404. Les courtiers de change aussi? — Les courtiers de change aussi bien que le commerce en général. Suivant moi, aucun des honorables courtiers de change de la Cité ne voudrait se mêler à des transactions qui l'exposeraient à perdre son argent ou à subir les pénalités prononcées contre l'usure.

405. Vous avez dit que des personnes qui trouvent actuellement de l'argent en payant un intérêt élevé auraient dû, sous l'ancien régime, faire appel à leurs créanciers et suspendre leurs paiements; pensez-vous que ce fait qu'ils continuent leurs affaires au moyen d'emprunts à des taux très-élevés, lorsqu'ils sont dores et déjà insolvables; pensez-vous, dis-je, que ce fait puisse s'accomplir sans dommage pour le commerce du pays et qu'il entretienne l'honnêteté et l'intégrité des usages commerciaux? — Il est de toute évidence qu'il n'y a qu'un système vicieux qui puisse permettre à un homme notoirement insolvable de continuer ses affaires; car si,

dans cet ordre d'idées, l'un sort de ses embarras, ce ne peut être qu'au détriment de l'autre. Mais il arrive journellement, en dehors de toute raison d'insolvabilité ou de quelque chose d'approchant, qu'un commerçant ait besoin de fonds; il lui sera possible d'en obtenir s'il consent à payer un taux d'intérêt supérieur à l'ancien taux légal, et c'est dans ce sens que, selon moi, le rappel des lois sur l'usure a été avantageux; quant à la question du taux, c'est une affaire à débattre entre prêteurs et emprunteurs.

406. Dans ces circonstances, l'emprunteur ne pourrait-il donner au prêteur une preuve indiscutable de la sûreté des garanties qu'il lui offre et obtenir ainsi son argent à 5 0/0? — Aux époques de crise, l'argent est plus cher; il est admis qu'il vaut intrinsèquement plus de 5 0/0.

407. De combien l'intérêt demandé est-il supérieur à 5 0/0 ? — Je ne suis pas assez compétent pour répondre à cette question, mais il est évident que sur le marché l'argent vaut tantôt plus, tantôt moins, et quant à vous indiquer un moyen pour déterminer d'où vient cette différence dans la valeur de l'argent, je répète que je n'ai pas l'expérience nécessaire pour exprimer une opinion à cet égard.

408. Dans ces circonstances, le prêteur ne tient-il pas un compte important du degré de stabilité qu'offre la valeur des garanties présentées, du plus ou moins de facilité qu'il peut avoir à les réaliser, et ne règle-t-il pas son intérêt en conséquence de ces considérations? — Oui, je pense que telle est la voie adoptée par le prêteur; il ne prêtera certainement pas son argent sur une garantie qui pourra lui paraître d'une valeur inférieure à la somme demandée, et cela empêchera que le taux de l'intérêt ne tombe au-dessous de la valeur de l'argent. Mais naturellement le prêteur augmentera le taux de son intérêt s'il croit avoir des risques à courir. Je vous prierai de remarquer ici qu'il existe une grande différence entre l'augmentation du taux de l'intérêt en vue de risques à courir et l'augmentation résultant de ce que la valeur de l'argent se trouve être sur le marché supérieure à l'intérêt ordinaire.

409. Le prêteur n'est-il pas amené quelquefois à tenir compte en même temps de ces deux considérations, je veux dire des embarras du marché monétaire et du crédit douteux de l'emprunteur? — Naturellement tout homme qui prête son argent tient compte du plus ou moins de facilité que présente la réalisation des garanties données, surtout aux époques où l'argent est rare; mais je ne pense

pas, pour mon compte, que la difficulté qui nous occupe tienne autant que cela à la question du plus ou moins de sûreté des garanties ; il y a des personnes dans la Cité de Londres dont le crédit est très-solidement assis et qui pourtant ne peuvent emprunter à 5 0/0 lorsque l'argent en vaut 7 sur le marché.

410. Dans quelle occasion le taux de l'intérêt pouvait-il s'élever à 7 0/0 ? — Je ne suis pas assez au courant des opérations commerciales pour dire exactement quelles circonstances gouvernent et déterminent la valeur de l'argent au point de vue de l'intérêt.

411. Ma question concerne la période antérieure au rappel des lois sur l'usure ? — Celui qui avait de l'argent disponible prenait 5 0/0 d'intérêt, s'il ne pouvait obtenir davantage ; par suite, si en dehors de toute considération relative à la qualité des garanties qui lui étaient offertes, le prêteur ne voulait pas céder son argent à 5 0/0 et demandait 8 0/0, le taux de 5 lui paraissant insuffisant, je présume alors qu'il connaissait pour ses fonds un emploi plus avantageux. En les affectant, par exemple, à l'achat d'une propriété quelconque qui aurait pu perdre de sa valeur, en cas de vente immédiate, mais qui était conservée jusqu'à ce que la crise du marché monétaire se fût éloignée, le capitaliste dont nous parlons pouvait alors se défaire de cette propriété avec des bénéfices bien supérieurs à ceux que lui eût procurés un prêt à intérêt. Il y avait ainsi de nombreux modes de placements dont l'examen toutefois échappe à ma compétence ; mais il était bien entendu, d'autre part, que l'intérêt de l'argent ne devait pas dépasser un certain taux.

412. N'y a-t-il pas toujours une masse considérable d'argent qui ne sert qu'à des transactions de prêts à intérêt ? — Oui.

413. Si la loi ne tolérait pas un taux supérieur à 5 0/0, pensez-vous que cette masse d'argent viendrait s'offrir sur le marché à ce taux ? — J'en doute, car les détenteurs de fonds préféreraient acheter des bons du Trésor, qui rendent, il est vrai, un intérêt inférieur à 5 0/0, mais qui constituent une garantie incontestable et une marchandise dont on peut disposer à tout instant. Cette appréciation n'en laisse pas moins subsister ce fait que l'argent peut être, dans certaines circonstances, susceptible de rendre un intérêt plus ou moins élevé. Quant à la question de savoir si l'intérêt est élevé, dans quelle proportion ou quels bénéfices procureraient un emploi différent du capital, je ne me sens pas assez compétent pour

exprimer une opinion à cet égard ; mais je suis certain que l'on peut arriver à voir clair dans cette question.

414. Dans ces circonstances, un prêteur qui, ayant l'habitude d'affecter son capital à un emploi spécial, ne retirerait plus de cet emploi des bénéfices comparables à ceux que lui offriraient d'autres entreprises, ne serait-il pas amené à modifier ses opérations ? — Certainement.

415. Supposons qu'un commerçant parfaitement solvable, mais dont tous les fonds se trouvent pour le moment convertis en marchandises, ait besoin d'argent pour quelque motif spécial et n'en puisse trouver à 5 0/0 ; s'il recule devant un taux d'intérêt plus élevé, lui restera-t-il d'autre alternative que de vendre une partie des marchandises qu'il avait achetées antérieurement ? — Non.

416. Alors il y aurait avantage pour lui à subir un intérêt élevé ? — C'est en effet ce qui arriverait s'il avait besoin d'argent pour faire face à ses obligations, par exemple, et ne possédait que des marchandises auxquelles le marché se trouverait pour le moment défavorable. A moins de pouvoir, au moyen d'un emprunt temporaire, attendre l'amélioration des cours, il serait forcé de vendre avec une perte excédant de beaucoup les 3 ou 4 0/0 qu'il aurait dû payer en sus de l'intérêt ordinaire pour obtenir des fonds.

417. Et s'il ne pouvait obtenir d'argent qu'à 20 0/0, par exemple ? — 20 0/0 par an représenteraient pour les trois mois pendant lesquels le commerçant en question aurait besoin des fonds, un sacrifice de 5 0/0 seulement, tandis que les pertes résultant d'une vente forcée sur le marché seraient très-probablement beaucoup plus considérables.

418. Mais vous admettez que ce commerçant serait le meilleur juge de ce qui lui conviendrait de faire dans les circonstances auxquelles vous avez fait allusion ? — Naturellement.

419. Dans ces circonstances, un commerçant que les lois sur l'usure empêcheraient de s'adresser aux prêteurs de la classe la plus honorable ne serait-il pas amené à recourir à cette classe moins respectable à laquelle vous avez fait allusion dans votre déposition, et qui ne se fait aucun scrupule d'éluder la loi par toutes sortes d'expédients ? — Ou il adopterait ce parti ou, ce qui est selon moi plus probable, il suspendrait ses paiements.

420. C'est-à-dire qu'il n'aurait qu'à choisir entre payer un taux énorme d'intérêt, en se mettant par cela même hors la loi, et se déclarer en faillite ? — S'il ne préférait toutefois sacrifier son avoir.

421. Antérieurement à la modification de la loi, avez-vous vu se déclarer en faillite beaucoup de gens vraiment insolvables et incapables de payer? — Non ; à ma connaissance beaucoup de gens ont dû suspendre leurs paiements ou faire faillite (ce qui, dans la plupart des cas, est la même chose) faute d'avoir pu se soutenir quelques mois de plus, pendant lesquels le marché leur aurait certainement fourni une occasion favorable pour se relever; mais ne pouvant attendre cette occasion, ils ont été sacrifiés.

422. Les faillites de cette nature forment-elles la règle générale ou sont-elles simplement des exceptions? — Je ne pourrais répondre d'une manière exacte à cette question ; mais il est certain que constamment telle ou telle espèce de marchandise est dépréciée sur le marché. Personne n'ignore que certaines denrées de première nécessité, que chacun peut se procurer à bas prix aujourd'hui, auront augmenté demain dans une proportion énorme ; c'est sur ce principe que sont basées les énormes fortunes de quelques spéculateurs qui, au lieu de prêter leur argent à intérêt, attendent que la marchandise soit dépréciée, l'achètent et la gardent jusqu'à ce que l'amélioration du marché leur permette de la revendre et de réaliser par ce moyen des bénéfices considérables.

423. Reprenons la question principale. Vous avez établi que la présente loi est avantageuse pour le haut commerce, quelquefois gênante pour le commerce de second ordre, et toujours ruineuse pour ceux qui viennent à faire faillite ; pouvez-vous nous dire en résumé si les changements qui ont été faits à cette loi ont été, aussi bien au point de vue de la prospérité matérielle que du progrès de la moralité commerciale, plutôt avantageux que nuisibles au commerce de la cité de Londres ? — Mon opinion est que ces changements ont été plutôt avantageux que nuisibles. La seule question que j'ai toujours cherché à résoudre à cet égard est celle de savoir si nous devrions ou non fixer une limite au taux de l'intérêt maintenant que nous avons pu juger des résultats des premières modifications de la loi.

424. Mais vous vous êtes au moins mis d'accord avec vous-même sur ce que devrait être cette limite ? — Il me serait très-difficile de répondre à cette question. Mon impression est qu'il doit exister un taux d'intérêt, un taux que chacun puisse payer, mais qu'il serait illégal de dépasser et ruineux d'accepter à cause de son élévation même ; mais où est le juste-milieu ? c'est à peine si j'ose m'avancer sur ce terrain. Néanmoins, j'ai bien longtemps réfléchi à la question,

et je crois pouvoir dire que la fixation de l'intérêt à 10 0/0 nous éviterait la nécessité de payer un taux d'intérêt plus élevé et qui irait toujours croissant.

425. Mais la fixation du taux de l'intérêt à 10 0/0 empêcherait-elle un commerçant qui se trouverait embarrassé, comme vous le disiez tout à l'heure, et qui serait disposé à donner plus de 10 0/0, l'empêcherait-elle, dis-je, de s'adresser à la classe méprisable des prêteurs d'argent et de courir ainsi à sa ruine? — Je ne saurais croire que des commerçants honorables consentissent à emprunter de l'argent par des moyens illégaux. Il y a, je le sais bien, une certaine classe d'individus qui emprunteront toujours à n'importe quel taux et sans s'inquiéter aucunement de la légalité ; mais lorsqu'arriveront les faillites, il restera sur eux une espèce de flétrissure qui empêchera toujours les gens honorables de s'engager dans la même voie illégale.

426. Vous pensez que la fixation de l'intérêt à 10 0/0 aurait pour résultat de rendre les emprunts accessibles à un plus grand nombre de commerçants honorables et de mettre les commerçants à même de faire face aux fluctuations du crédit et aux embarras du marché monétaire? — Autant qu'il est possible d'exprimer une opinion sur un sujet aussi difficile, c'est bien certainement là le but que je voudrais voir atteindre.

427. Si la législature fixait le taux maximum de l'intérêt à 10 0/0, ne penserait-on pas dans le public que, par cela même, 10 0/0 représentent l'intérêt naturel de l'argent, susceptible plutôt d'accroissement pour l'avenir que de diminution pour le présent? — Ainsi que vous, je me suis adressé cette question ; mais nous savons tous que, lorsque le taux légal de l'argent était de 5 0/0, on pouvait toujours emprunter à un taux de beaucoup inférieur.

428. Et, d'ailleurs, la concurrence du marché viendrait tout d'abord démontrer au public qu'il s'est trompé sur la portée de la fixation à 10 0/0? — J'en suis certain. Je ne puis concevoir, au reste, que, parce que l'on aurait fixé le taux maximum de l'intérêt à 10 0/0, ce serait une raison pour que, dans la plupart des cas, le commerce payât 10 0/0: il pourrait être exigé, néanmoins, dans les quelques cas où l'emploi du taux légal est de règle.

429. Vous êtes donc bien certain que le sentiment dont j'ai parlé serait bientôt détruit? — Je suis persuadé qu'il en serait ainsi indubitablement.

430. Ne pensez-vous pas alors qu'il serait préférable de laisser le commerce de l'argent complétement libre, ou, si vous l'aimez mieux, réglé seulement par l'intérêt réciproque des contractants? — La seule objection que je voie à ce système, c'est qu'en ne fixant absolument aucune limite, vous mettez tous ceux dont le crédit n'est pas suffisamment solide à la merci de ceux auxquels ils s'adresseront; toute cette classe, dis-je, devra payer pour son manque de crédit et non en raison de la valeur de l'argent. Mon impression est qu'il faut toujours payer l'argent ce qu'il vaut réellement; mais autre chose est de subir un taux élevé d'intérêt parce que l'on n'est pas en excellente situation de crédit, et de payer ce même taux élevé parce qu'il représente la valeur réelle de l'argent.

431. Alors, vous conseilleriez d'adopter une limitation pour la protection de ceux qui, à cause de leur situation, ne peuvent obtenir facilement crédit? — Oui.

432. Mais il deviendrait alors impossible à ceux qui paient actuellement 10, 12 et 15 0/0 de trouver de l'argent à emprunter? — Oui, et cela n'en vaudrait que mieux.

433. Ne pensez-vous pas que les gens qui paient 10, 12 et 15 0/0 sont bien près d'une faillite? — Oui, ils font généralement faillite.

434. Savez-vous si, par le moyen d'emprunts à des taux supérieurs à 5 0/0, quelques personnes ont continué leurs opérations commerciales plus longtemps qu'elles n'auraient dû ou voulu le faire en d'autres circonstances? — J'ai vu souvent arriver que des commerçants ont pu, au moyen d'emprunts à des taux élevés, continuer leurs opérations plus longtemps qu'ils n'auraient dû honorablement le faire, et la preuve de cela, c'est que, lorsque leur faillite était publiée dans la *Gazette*, leur actif se trouvait réduit à presque rien.

435. Si, pour obtenir un emprunt, les gens dont vous parlez avaient dû recourir à des moyens illégaux, pensez-vous qu'ils se fussent servis de ces moyens ou qu'ils eussent préféré suspendre leurs paiements plus tôt? — Je pense qu'ils auraient suspendu leurs paiements plus tôt.

436. D'autre part, pensez-vous qu'il arrive fréquemment que des personnes, qui possèdent des biens immeubles dépréciés pour le moment, puissent sortir de leurs embarras au moyen d'emprunts à des taux élevés? — Oui.

437. Et en même temps éviter la faillite? — Certainement.

438. C'est votre opinion, n'est-ce pas, que, chaque fois qu'une faillite est évitée, il en résulte un grand avantage non-seulement pour celui qui échappe au sinistre, mais encore pour tous ceux qui tiennent plus ou moins à lui par leurs relations? — Indubitablement.

439. En conséquence, si ces faillites pouvaient être évitées par des emprunts à intérêt élevé, n'en résulterait-il pas que non-seulement l'individu en cause échapperait lui-même au désastre, mais encore que les intérêts du public, ou tout au moins d'un très-grand nombre de gens, se trouveraient sauvegardés? — Indubitablement; il est impossible de se figurer le mal que fait, dans certains quartiers, une suspension de paiement.

440. Pourriez-vous nous dire si l'actif de ceux qui déposent leur bilan et font appel à tous leurs créanciers réunis se trouve plus généralement épuisé depuis la modification de la loi qu'antérieurement à cette modification? — Telle est certainement mon opinion; l'actif des personnes qui font faillite aujourd'hui se trouve presque toujours réduit à néant, ce qui n'avait pas lieu antérieurement.

441. Aujourd'hui les gens qui se trouvent dans l'embarras ne font appel qu'à une partie de leurs créanciers, et, quant au reste, s'en vont emprunter de l'argent à n'importe quel taux? — Oui.

442. Mais ne tenez-vous donc pas compte de ce qu'un grand nombre de personnes peuvent échapper à la faillite, en conséquence de la facilité que le rappel des lois sur l'usure leur a donné de trouver à emprunter? — Je n'ai pas du tout l'intention de nier que ce soient là des avantages réels.

443. Vous avez proposé de limiter le taux de l'intérêt à 10 0/0; pouvez-vous indiquer au Comité quelque autre modification de la loi qui, tout en procurant les mêmes avantages que les changements déjà faits, puisse en même temps remédier aux maux qui résultent, d'autre part, de ces changements? — J'avoue que je ne suis pas préparé à répondre à cette question. Néanmoins, et entre autres choses, je conseillerais fortement de ne pas fixer de limite à la durée des prêts; car, par exemple, je regarde comme contraire à l'esprit des lois sur l'usure toute distinction faite entre les billets, suivant qu'ils doivent arriver à échéance dans un délai plus ou moins rapproché. D'autre part, je ne sais pas si j'ai donné à cette question toute l'attention qu'elle mérite; mais j'avoue que je ne vois pas moi-même comment vous pourrez conserver aux uns l'avantage qu'ils retirent de pouvoir, suivant leurs besoins, emprunter de l'argent, moyennant le paiement d'un intérêt supérieur à l'intérêt ordinaire et, en même temps, éviter de laisser les autres soumis à une injuste oppression ou à une extorsion, comme vous voudrez l'appeler.

444. Pensez-vous que la nouvelle loi soit en vigueur depuis assez longtemps pour avoir donné tous ses résultats? — Oui, ce qui n'empêche pas que nous ne sommes pas encore actuellement fixés sur sa portée; c'est une question qui intéresse beaucoup quelques-uns d'entre nous et qui, je l'espère, sera bientôt résolue.

445. Sur quels points existe-t-il encore de l'incertitude? — Je ne puis dire, en ce qui me concerne personnellement, que je partage cette incertitude; si j'en parle, c'est parce que j'ai entendu émettre sur les points en question des opinions très-différentes. On se demande donc si, excepté en ce qui concerne les garanties sur biens immeubles, il est bien vrai que les lois sur l'usure soient entièrement abrogées. Par exemple, l'acte du Parlement dit que tout contrat passé à l'occasion d'un prêt d'argent échappera à l'action des lois sur l'usure, et cependant il a été introduit dans l'acte certaines indications relatives aux billets à un an, indications qu semblent vouloir signifier que si un billet a plus de douze mois à courir, il tombe dans le domaine des lois sur l'usure. En outre, si, comme le dit l'acte en premier lieu, aucun contrat relatif à des prêts d'argent n'est soumis à l'action des lois sur l'usure, un contrat relatif à une lettre de change ayant cinq ans à courir ou toute autre valeur de même nature ne doit pas être considéré comme usuraire. Cependant l'acte garde sous son action les lettres de change ayant une certaine période de temps à courir.

446. En résumé, considérez-vous cette partie de l'acte du Parlement comme signifiant que les lois sur l'usure n'ont aucune action sur les contrats passés pour des périodes de temps indéfinies? — Oui, c'est ainsi que je l'interprète; tant que l'acte sera en vigueur, je considérerai les lois sur l'usure comme abrogées, parce que la seule loi contre l'usure est celle qui défend d'établir par contrat un prêt d'argent à un intérêt supérieur à tel ou tel taux. Dès lors, si les lois usuraires n'ont aucune action sur ce contrat, il n'y a pas d'usure.

447. Mais la citation que vous venez de faire ne se rapporte-t-elle pas à des considérations précédentes, et le mot « contrat » ne peut-il pas s'appliquer au contrat qui n'est fait que pour douze mois seulement? — Autant que je puis le comprendre, cette inter-

prétation n'est pas conforme à l'esprit de l'acte, et je ne puis l'admettre.

448. Mais cette interprétation n'est-elle pas celle de beaucoup de personnes? — J'ai déjà eu l'honneur de dire que les opinions n'étaient pas d'accord à cet égard, et je connais beaucoup de gens qui ont jusqu'ici réservé leur appréciation.

449. Pensez-vous qu'il y ait une nombreuse classe de billets ayant plus de douze mois à courir? — Non, je ne le crois pas; mais il a été fait des contrats de prêts d'argent, stipulant des intérêts supérieurs à 5 0/0 et des périodes dépassant une durée de douze mois, des périodes qui ne seront pas arrivées à leur terme lorsque le présent acte du Parlement cessera d'être en vigueur.

450. Pensez-vous que sous le régime actuel et d'après l'interprétation donnée par vous à la clause qui nous occupe, pensez-vous qu'une obligation stipulant un intérêt de plus de 5 0/0 par an échappe à l'action ou ne tombe pas sous le coup des lois sur l'usure? — Mon opinion est qu'une semblable obligation échappe aux lois sur l'usure, quand même l'époque stipulée pour le remboursement du prêt devrait être postérieure à celle où l'acte du Parlement doit cesser d'être en vigueur, et que, pour quelque durée que le contrat ait été consenti, il échappe à l'action des lois sur l'usure par ce fait seul qu'il a été établi sous le régime du présent acte.

451. Est-ce que cette faculté que possèdent certaines personnes, adonnées aux spéculations commerciales, de pouvoir emprunter à des taux d'intérêts très-élevés n'est pas favorisée et mise à profit par les détenteurs de capitaux, pour en apparence prêter à de gros intérêts, mais dans le fait pour participer aux bénéfices que peuvent procurer ces spéculations, tout en restant dégagés de la responsabilité prévue par les lois sur l'association? — Oui, je crois, en effet, que de semblables combinaisons ne sont pas impossibles.

452. Elles l'étaient à l'époque où l'intérêt ne devait pas dépasser 5 0/0? — Alors les choses se seraient passées différemment. Aujourd'hui le prêteur ne veut pas être associé responsable; mais il prêtera son argent à la spéculation, pourvu que le spéculateur lui assure 10 0/0. Sous l'ancienne loi, le prêteur ne pouvait prélever 10 0/0, parce que, le faisant, il devait être considéré ou comme usurier ou comme associé responsable, tandis que maintenant je puis prêter mon argent à un spéculateur, à condition qu'il me donnera 10 0/0, en vertu de cette considération : « Avec les fonds que je
» vous prête, vous ferez un bénéfice de 20 0/0; donnez-moi la

» moitié de ce bénéfice. » La transaction s'accomplira et je n'en demeurerai pas moins irresponsable.

453. Quelle espèce de garantie donnent les personnes qui empruntent à 12 ou 15 0/0 ? — Des lettres de change.

454. Mais ces lettres de change ne sont pas considérées comme de bonnes valeurs ? — On les regarde comme des valeurs douteuses.

455. A quelle époque pratiquait-on ces taux élevés d'intérêt auxquels vous avez fait allusion ? — Je puis dire que plus ou moins ils ont été jusqu'ici en usage, parce qu'ils sont réglés plutôt suivant le besoin que l'emprunteur peut avoir des fonds qu'il demande que d'après la valeur de l'argent.

456. Ne pensez-vous pas aussi que le taux de l'intérêt est réglé d'après les risques de perte que le prêteur craint d'avoir à courir ? — Certainement ; il est tenu compte en cela aussi bien du manque de crédit de l'emprunteur que du besoin qu'il a des fonds qu'il demande.

457. Alors, la différence existant entre le taux ordinaire de l'intérêt du marché et le taux élevé dont nous parlons peut être considérée comme une prime d'assurance prélevée par le prêteur pour se couvrir des risques que lui fait courir une opération qu'autrement il aurait refusé de faire ? — Précisément.

458. Est-ce que les anciennes lois sur l'usure ne servaient pas de prétexte pour demander des primes encore plus fortes qu'aujourd'hui ? — Sous le régime des anciennes lois, les transactions dont il s'agit ne pouvaient être effectuées que par une violation de la loi, et toute personne qui ne craignait pas de s'engager dans cette voie devait subir un taux d'intérêt bien plus élevé que maintenant ; car il lui fallait payer et pour son manque de crédit et pour le risque d'être découvert.

459. Pouvez-vous nous dire quel est, à votre connaissance, le taux d'intérêt le plus élevé qui ait été demandé, j'entends le taux d'intérêt y compris la commission ? — J'ai vu, l'autre jour, une personne qui payait 5 0/0 pour deux mois, avec renouvellements, et cela devait continuer pendant un an.

460. Au total, quel intérêt cela produit-il ? — 30 0/0 ; mais je crois que de semblables occasions se présentent très-rarement.

461. Ne pensez-vous pas que l'on pourrait mettre fin aux pratiques de cette sorte, sans affecter aucunement la liberté de ceux

qui font d'honnêtes opérations ? — J'ignore comment on pourrait atteindre ce but, et le seul moyen, je crois, consisterait à ranger les pratiques dont il s'agit au nombre des délits que punit la loi ; mais alors la difficulté serait de définir exactement le délit, et il s'élèverait des discussions interminables sur la question de savoir si telle ou telle opération a été faite loyalement ou si elle n'est qu'une honteuse extorsion.

462. Dans quelles circonstances le taux exorbitant d'intérêt dont vous avez parlé tout à l'heure a-t-il été conclu ; l'emprunteur était-il ou non en crédit ? — L'emprunteur ne pouvait recourir ni à l'argent du marché ni à l'argent des honnêtes prêteurs. S'il avait pu s'adresser à quelques honnêtes gens qui le connaissaient, nul doute qu'il n'eût obtenu ce dont il avait besoin au taux usuel ou à peu de chose près ; mais il dut se priver de cette ressource parce qu'il avait besoin du secret et qu'il était assuré de le trouver auprès de certains individus moyennant certaines conditions.

463. A combien se montait la somme empruntée ? — A £2,000 environ.

464. Ce besoin de secret dont vous venez de parler, n'est-il pas une considération qui pousse le plus souvent les gens à emprunter à des taux élevés ? — Oui, chaque fois que le motif de ce besoin de secret n'est pas avouable.

465. Si les gens qui se trouvent dans cette situation paient un taux d'intérêt dont sont exemptes les personnes qui jouissent d'un bon crédit, n'est-ce pas souvent pour conserver le crédit qu'ils peuvent avoir qu'ils désirent le secret ? — Oui, c'est ce qui arrive assez souvent ; mais généralement ce secret n'est confié qu'au courtier qui trouve les fonds. Dans le cas pourtant dont j'ai parlé, la transaction ne fut pas faite par l'entremise d'un courtier.

466. Cette transaction se fit-elle au moyen d'une lettre de change ? — Oui ; remarquez bien que je ne mentionne pas ce fait comme un exemple de ce qui se fait journellement ; si j'en ai parlé, c'est que je n'avais jamais vu le taux de l'intérêt aussi élevé qu'à cette occasion.

467. Mais au-dessous de ce que vous appelez le taux de l'intérêt le plus élevé, vous avez dû voir des transactions s'effectuer à de très gros intérêts ? — Oui.

468. Au-dessus de 10 ou 12 0/0 ? — De 10 à 12 et 15 0/0, sans compter la commission.

469. Et ces opérations sont assez fréquentes ? — Oui.

470. Connaissez-vous bien les transactions qui s'effectuent sous le régime des lois sur les rentes (*Under the Annuity Acts*)? — Je ne possède à cet égard que des notions générales, et je ne suis pas familiarisé avec les détails des opérations de cette nature.

471. Antérieurement à la modification des lois sur l'usure en ce qui concerne les lettres de change et autres valeurs, les transactions dont je viens de parler n'équivalaient-elles pas à une dérogation complète aux lois sur l'usure? — Oui, indubitablement; mais cela constituait un moyen d'emprunter que n'employaient jamais les commerçants.

472. Mais il était employé par les personnes dans l'embarras ou qui n'avaient pas d'autres garanties à donner que leurs rentes? — Certainement.

473. Mais les commerçants n'y avaient jamais recours? — Non.

474. Avez-vous quelque moyen de savoir si les transactions sur rentes viagères ont augmenté ou diminué depuis la modification des lois sur l'usure? — Je ne possède aucun document à cet égard; mais il est facile de connaître cette proportion, puisque les transactions de cette nature sont toutes enregistrées.

475. D'après l'expérience que vous pouvez avoir en cette matière, regardez-vous comme possible que beaucoup de personnes qui, antérieurement à la modification des lois sur l'usure, pouvaient obtenir des avances à plus de 5 0/0, aient eu recours depuis aux emprunts sur rentes viagères? — C'est très-vraisemblable, car c'est le plus souvent la seule manière d'emprunter qui reste aux personnes qui ont des rentes viagères et ne peuvent disposer du principal.

(*Traduit par* M. Raoul Dubois.)

www.ingramcontent.com/pod-product-compliance
Lightning Source LLC
Chambersburg PA
CBHW072004150426
43194CB00008B/996